國家社科基金重大項目（10&ZD104）

上海師範大學古籍整理研究所編
項目首席專家、主編　戴建國
主編　朱易安　傅璇琮　周常林

全宋筆記

第十編　十

国家出版基金项目
NATIONAL PUBLICATION FOUNDATION

大象出版社

顧　　問　王水照　朱瑞熙　徐　規　李裕民

項目首席專家、主編　戴建國

主　　編　朱易安　傅璇琮　周常林

編纂委員會（以姓氏筆畫爲序）

王劉純　朱易安　李亞娜　周常林　俞　鋼　查清華

徐時儀　陳　新　張劍光　傅璇琮　虞雲國　戴建國

目録

黄氏日抄（五）

黄震撰

〔宋〕黄震 撰

黄氏日抄（五）

王廷洽 整理

校勘記

【一】蘇子古史　「史」原作「文」，正文第五十一卷作「蘇子古史」，據改。

目録

【二】慎子　「慎」原作「真」，慎子爲戰国法家代表人物，名到。據正文改。

【三】賈誼新書　「書」原作「言」，漢文帝博士賈誼所著書爲《新書》，據正文改。

卷五十

讀史五

本朝名臣言行録

趙忠獻普

啓太祖釋藩鎮兵，殘唐五代之患遂絶，庶幾爲萬世開太平者歟？人所當用，雖萬乘之怒不移，焚利害文字於通衢，使小人生事之徒不得逞，可謂得大臣體。或猶議其嘗封趙保吉，生邊患。嗚呼！獨不觀其留太原、置幽燕於太祖時者耶？獨未知太祖若尚在，混一天下後，所以謀除虜患者安出耳？

曹武惠彬

下江南、蜀、廣、湖南四國，未嘗殺一不辜，天生藝祖，以仁濟世。吉德參會，武惠之助多焉。平生惴惴廉謹，接小吏未嘗以名呼，雖蟄蟲不忍傷其生，而能獎率三軍，令行禁止，仁者之勇夫。

范魯公質、竇內翰儀、李文正昉

范質、李昉皆先朝舊臣，王師入京，質頗誚讓，昉獨不朝，蓋賢於一時。其後質相太祖，昉相太宗，質以兢謹，昉以寬恕，皆爲名臣。亦盛矣。昉能預知王旦爲太平宰相，而不能救東封西祀，尤絶識者乎！然面取進止，命坐之禮廢自質始，時政記進御自昉始，竇儀有識操，多知故事，不肯短趙普，既全國體，亦以自全。

吕文穆蒙正

太宗初臨軒，首擢公冠甲科，其後三入中書，以功名終始，國朝科目得人之效，公、昉焉。嘗觀其對治道寬猛之論，則欲漸行清淨之化；對輦卒私市之説，則謂正合黄老之道。不納照二百里鏡，懇辭子弟起家員外郎，不欲聞指嘲參政時朝士姓名。自其修身，推之治道，往往清心省事，似從道家來。惟其遇事敢言，夾袋儲材，識夷簡、富、韓公爲宰相器，所以異於飲醇不事事之曹參，而卓然以儒術著歟。然東封西祀之不諫，豈亦以其道家事耶。嗚呼！干戈方息，休養以成太平，則公之力爲多也。

張文定齊賢

公以布衣干太祖，卒相太宗，以致君之術自負，往往涉踈闊。然大中祥符間，請罷土木，則其論切矣。戚里爭財，甲乙相易，此特公處事之細者。

吕正惠端

公清静簡易，持重得大臣體。定議立真宗，上殿審視，然後拜，奏事。賞之不喜，折之不懼，屹然社稷之鎮也。請善視繼遷母於延州，此謀雖萊公不及。

糊塗讀作鶻突。太宗謂公大事不糊塗。

錢宣靖若水

公自爲同州推官，活寃獄。二歲中擢置樞府。先朝不次用人如此哉。廷争李繼遷之誣奏，面折趙鎔之迎合，風節矯矯，善謀能斷，真足當大用而年不待。惜夫！

李文靖沆

真宗初，公首勸抑浮薄喜事之人，涵養成就，以至仁宗久享太平者，諸臣重厚力也。公之爲國家計，顧不久大深長矣乎！真宗欲以某氏爲貴妃，手焚其詔。仁宗欲以駙馬石保吉爲使相，三問不從。國有社稷臣，行法自貴近始，天下事尚何不可爲者？劉元城有言：「本朝名相，惟李沆最得大臣體。」以不行利害文字，專奏水旱盜賊爲證。愚亦妄謂本朝名相度量無如王公旦，膽略無如寇公準。公預憂禱祠土木之事作，則王公旦所不及。預知丁謂不可在人上，則寇公準所不及。

王文正公旦

公静密有謀，遭值真宗厭兵，國家無事，爲相十年，一意休息。納萬物於大度包荒之內,天下陰受其賜多矣。使不作天書使,豈不誠大臣歟?

向文簡敏中

呂蒙正罷相,上意其目穿望復位,劉昌言稱無之。劉昌言罷,上意其涕泣,錢若水稱無之。向敏中除僕射,上意其甚喜,又意其賀客必多。李昌武往視,皆無之。士大夫苟賤,取輕人主既久,雖真宗不免於疑公清節重德,默動上心。大耐官職之褒,豈特公一身之榮,一時之譽而已哉?

陳晉公恕

世言三司使,以公爲稱首,此以才言耳。慮生人主侈心,不肯進錢穀大數,此爲賢於人。然當時東封西祀,皆公應辦力也。

張忠定詠

公剛大多智數,方面材無比者。李順、王均亂後,前後兩鎮蜀,易嚴爲寬,蜀人畏愛入骨髓。使還,謂王旦太平宰相,卒以此不遇,豈命也夫。然乞斬丁謂、王欽若一疏,至今光熖燁燁斗牛間,天書迎合事,千萬世賴之雪耻矣。

馬正惠知節

公智勇兼濟,平蜀守邊,多雋功。廷叱丁謂、王欽若輩欺罔,幾欲以笏擊死之。祥符、景德間全人也。

曹武穆瑋

公爲將四十年，無敗衄。招攜戰守，曲盡其智，求之古邊將，殆頗、牧、李廣流亞歟。其言臨敵斬不用命者非治内郡法，可覘公本心。丁謂指以萊公黨斥之，可覘公素守。特視其父武惠王寬仁之味差薄耳。

畢文簡士安

真宗以契丹故謀相。文簡薦萊公，遂共議幸澶淵事，定擇邊守，定法制，致太平，公有力焉。身没家貧，帝聞之，賜其妻子白金云。

萊公

澶淵非萊公，不待靖康而後南渡。靖康有萊公，中原至今我有也。功孰與儔？而欽若輩欲以矯天誣人事掩之耶！欽若無責也。王旦平生愛助公爲，何如一旦乃與欽若比，反陷公，使與朱能同詐。故愚嘗謂王旦改節不在晚年，買沈倫銀花籃，萊公受辱不在晚年，丁謂逐爲海康行。京兆府獻天書一署字，可使志士淚落也。噫！

高烈武瓊

高烈武協贊北伐，遂可與萊公同傳。亦盛矣，然猶武臣職也。衛士訴米腐，禁切甚嚴，一旦中貴人以聞，人賜精米一斛，公即歎而辭典軍。嗚呼！使將相人人如公，又安有隳法市恩，下陵上替，使天下胥爲人情，世界敗壞而不可容聲也哉。愚於是尤三歎三詠於烈武！

楊文公億

公一代文豪，性剛寡合，素薄王欽若、丁謂。聖眷雖渥，卒以譖行。然玉皇加尊號，亦求陪預何耶？萊公被誣，卒賴公封留事迹，仁宗用以昭雪，公議遂明，此功亦大。

王文康晦叔

公治蜀尚嚴，守洛陽，御史如束濕，雖歐陽公猶不免怨之，決非苟徇人情者。玉清昭應之災，復能抗疏乞罷禱祠，其正直如何哉？而乃誘其婦翁萊公獻天書，何歟？所未諭也。

王沂公曾

公重厚守正，不動如山。方仁宗幼沖，能止劉太后不稱制，黜逐丁謂、曹利用，辨絶王欽若，宫觀欽奉之説，可謂社稷臣矣。乃力薦吕夷簡，卒爲其操入室之戈，知人之難如此哉！

李文定迪

諫立劉后，保全東宫，公蓋素以直著。調陜西兵，出内藏金，攪墨熟水，使八大王元儼者不敢留禁内，公亦處事從容者。而兩相人主始爲丁謂逐，後爲吕夷簡去，人情之難防，賢者之不可自信如此！

魯肅簡宗道

飲酒肆以實告，不欺君若此，故能諫止太后不立劉氏七廟。獨不任子弟於館閣，不自私如此，故能在政府七年，務抑僥倖，貴戚畏憚，至以魚頭參政見稱。嗚呼！士大夫欲行道於天下，亦行諸身而已。

薛簡肅奎

公以嚴治京師，以寬治蜀，皆以最稱，此猶吏能也。力止太后冕服，廷論大臣被酒欲繩，天下事無細大一入規矩，不可其意，輒憂愧臥家。後世有此參政否耶？

蔡文忠齊

丁謂許以知制誥，不往見；羅崇勳諭以參政事，不作記。止楊太后稱制，止陳氏女爲后，寬京師飛語之獄，磨萊公被謗之碑，兩居憲臺，彈劾不避，及在政府，浩然以天下爲憂，公真偉人哉！公平生嗜飲，初筮仕，得賈同一詩，即戒之終其身。用心之剛若此，《易》所謂「風雷益」也，將何嚮不濟！

吕文靖夷簡

公用事，動必以術，雖當時大賢如韓、如富、如范、如王皆爲公所忌，其薦也或間之，終身進退幾顛倒於其手。三入中書，皆善候主意，預求去以得之。仁皇帝亦終身悦其有餘不盡之意，而不暇省。然其間諸賢也，亦以成國家之事而不陷之罪，如以韓、范西，富公北，其後使范公折而請守邊，富公亦使河北竟守邊之類是也。其結主知也，如早策曹后以制中宮爲説，如請刊章獻遺詔而止尊楊太后於禁中，如臨終又能薦韓、范、文潞公之類是也。方章獻臨朝，仁宗尚幼，防微杜漸，有社稷功。乞厚葬章懿，聞促召徐行，請都知押班，保舉同罪，而宦者之監軍遂絶。皆術之用於正者。雖駡希文以賣宋庠，易詔旨以誑王洙，賢者所必不爲。尺玉未可以微瑕指也。公，文穆猶子也，公之用文穆，内舉也。家學源流有自來矣。豈變而不失其正者乎？然刺市井軍，創南班官，至今國用爲屈，可惜也！必爲後訓其文穆乎！

陳文惠堯佐

公爲太常丞十三年，起居郎七年，爲丁謂所絀，在外十五年，其不苟進若此。十典大州，六爲轉運，戮鱷魚，食飢民，減課賦，鑿太行之險，護滑州之堤，縱惡人而京師無犯，所至以善政顯。及爲相以老成鎮撫，其不負進用又如此。秦國公省華三子，長堯叟、次堯咨皆進士第一人，位至將相，而公之德業尤著云。

晏元獻殊

公爲相務進賢，與范仲淹、韓琦、富弼同任，而面斥張耆。平生嚴謹，未嘗爲子弟求恩澤，可謂賢矣。

宋元憲庠

奏罷寺觀祈福，奏絶内降私恩，奏西師置大將，内地他帥各當一道，自爲言官，參大政，遇事多明白可否。及既登庸，天下無事，惟務清淨，再用，頗事浮沉矣。然公之言曰：「殘人逞才，逆許恃明，吾終身不爲也。」旨哉言乎！豈老成涉歷，蓋自有見而然耶！初，公解、省試皆第一，及廷對，太后又易其弟祁居第十，而擢公第一，自布衣時，二宋已名動天下，而公爲謹飭云。

韓忠憲億

公治郡多善政，爲御史，權勢畏之，以范文正薦參大政，不喜捃官吏過失，欲天下皆得其所。惟治家以嚴。初，與李參政若谷力貧致成立，清苦終其身。

程文簡琳

公治蜀、治開封有聲。爲三司，不肯併民税名目，不肯募商賈漕米，皆爲久遠慮。守延州不受元昊之誘，元昊死，諫止分攜三將之議，以昭大信。其參大政，非幸會矣。奈何請建劉氏七廟耶？然仁宗卒相之，可謂聖度如天也。

杜正獻衍

公治京師，權要不敢干。居審官，銓吏不得與。爲宰相，封還内降，至人主藉以杜私謁。而戒門生小吏，乃使無露圭角，惟默而行之，無愧於心。此意豈淺丈夫可識哉！方議大舉伐夏，雖韓公亦不疑，獨公以爲必不可。契丹與夏戰河外，雖范公亦以兵從，獨公以爲必不來。可謂有大過人之識。公清苦自律，而均給下僚【一】，歷知州、提轉、安撫，未嘗劾一官，此又大臣之德量然也。然公越人也，自十五六詣河陽，七十而致仕，寓居南京十年薨。豈未嘗歸越歟？公嘗言天下惟浙人褊急易動，柔懦少立，某至監司，人尚不信，越殆無以繫公之思歟？爲浙人者，可勉也。

【一】而均給下僚　「僚」原作「隙」，據明本、文津閣本改。

范文正公

本朝最多名臣，然未有過於范文正者也。而本朝名臣之不遇，亦未有甚於范文正者也。然則豈無任其咎者耶？公爲言官，以諫廢郭后，罷爲開封推官，以進百官圖，又罷。人皆知呂許公之爲，而不知其後薦之者，亦罷之也。公任西事，許公薦也，外得長者名，而實則陰間之。幸公全材，投之危地而名愈顯。居二歲，恩信大洽，方將決策取横山、靈武，遽以召回，功業已不及竟。公悲之爲作《閲古詩》。公參大政，又許公薦也。外得進賢求致太平之美名，而實促之更張弊政。使衆不悅而謗興，纔一歲罷，凡所施行事皆罷，公雖參預與未嘗參預等。猶未也，遣公使河北，尚猶許公既老之密謀，將行，復佯問之，若不知者，諭以去則不復還。而公卒老于行矣。嗚呼！公以命世之才，事仁宗不世出求治之主。使許公不先有以結主知，而仁宗得以任許公者任公，天章閣雖不必開，太平自可以徐徐致。奈何君臣離合之數，終身陰制於許公操縱之手耶！太平果可朞月致，驟革弊果不犯衆怒，許公自爲之矣。何公之薦雲上天而離之。此昌黎公所以訟風伯也。歐陽作墓誌，稱二公釋憾交驩。范氏子弟削其語不刊。

种染院世衡

城清澗、守環州，羌戎皆悦服，土人皆精射，又行間殺野利、天都二大將，而元昊服矣。西師惟公之勞第一。

龐莊敏籍

公初爲御史，沮章惠臨朝，諫仁宗奢靡。爲開封判官，拒尚美人稱教旨，奏范諷不遵禮法，爲國家慮已深長矣。其帥延安，每不奉詔，必欲屈元昊稱臣，措置城築、運聚糧芻，無一事煩民，可爲萬世法。其爲樞密使，贊韓公汰冗兵六萬餘人，陝西民力爲蘇。其爲相，力主狄武襄平儂智高，南方以寧。出將入相，功效卓然，而成就司馬公之益尤大云。

狄武襄青

帶銅面具，大小二十五戰，勝元昊，易虎翼旗，勝党項，裨將事也。立軍制，明賞罰，以翦平儂智高，大將事也。公兩得之，其爲大將曰：「寧失智高，不敢欺朝廷。」此非將之大有識者不可及。至若過故鄉下車趨謁縣令，容狂生劉易叫怒，不祖狄梁公，而拜韓魏公廟庭下，終身執門人禮。雖古名將不及矣。

吴正肅育

公爲政嚴簡，審而後發。行相矣，以心疾不果。方元昊欲叛，獨公謂不若因之賜國號，後卒如其議云。

王文忠堯臣

體量西事，凡山川要害，人物臧否，後率如其言。爲三司推見本末，一爲條目，轉耗弊成厚積。爲樞副六年，恩倖悉從裁抑，賴上深知免禍云。

包孝肅拯

公一笑比黄河清，關節不行惟閻羅、包老【二】。而能恕人以情。

王武恭德用

太后補軍吏，公不奉行。軍吏訴黑米，公呼專副與軍士對，剛執而善處事者。至律己尤清謹，惟名動天下，故人或忌之云。

諫議田公錫 内翰王公禹偁 侍講孫宣公奭

三君子皆太宗、真宗時從班名臣也。錫質重，禹偁明峭，奭剛正，皆以直言聞當時。然當是時，太平日久，所最防者禱祠邪説也。錫請封禪，奭力諫，禹偁不諫亦不請。風節雖相上下，學識有不同者矣。

【二】惟閻羅包老 「羅」原作「老」，據明本、文津閣本改。

李恭惠及

王文正公以公代曹瑋守秦，謂重厚能守瑋規模也。守亦難哉，有曹參然後能守蕭何之清淨，有萊公然後能守陳恕之條式。能守，必重厚之士哉！公守杭中，貴人過之，雖勢傾天下不爲動。林處士怡然清談者，竟日嘗置《白集》一部，猶自以爲恨，以其守杭者觀守秦，重厚謹守可知矣。豈在戮一攫金之卒云乎哉。王文正公任人如此，真足以相天下士也。

孔中丞道輔

公自在寧州，嘗笏斷妖蛇，正直聞天下。他日廷列曹利用、羅崇勳罪狀，大呼諫廢郭后，至切責宰相呂夷簡，視猶前日妖蛇耳。治馮士元獄，以張士遜故略全程琳一綫情，即坐黜感憤死矣。故夫君子與小人殊途，小人行私無所不至，君子必盡純乎公而後可【三】。

尹師魯洙

公論郭后事，四賢之一也。其後始終西師五六歲，效謀居多，議訓士兵代戍卒以減邊費，此國家至計。豈特西師宜然？然而從事西師者，屈鬱莫公爲甚。涇原宜援也，夏竦以專罪之，洛水城不當築也，鄭戩以沮格罪之。孫用借俸錢已還，無欠也，劉湜承時宰意，鞠置獄以盜贓，幾殺之。嗚呼！豈特公之不幸，人各爲説，賞罰不明，此西師所以久無功。而狄武襄目擊其弊，反其政以用之，所能一舉平嶺南也。若公文行節義，則自有韓、

【三】君子必盡純乎公　「乎」原作「手」，據明本、文津閣本改。

范、歐陽公公論在，紛紛者何能疵。

余襄公靖

諫貶范文正公，諫脩開寳寺舍利塔，諫用張堯佐提點開封府事，皆犯人所難。出使契丹，折其助。討夏人之請，西北二邊以寧。始經制儂賊事，賊平撫綏，嶺海肅然。其後交趾寇邕州，公復移檄而定，南方之寧，又多其力。論諫如此其凛凛也！功烈如此其彰彰也！布衣時不幸辱於忍忌者之手，不得已易名取解以仕。可以此疵公萬一耶？公韶州人，元名希古。

待制王公質

訟婚無貲者與之俸，爲盜迫寒者與之衣，以術鉤私盜鑄者譏之，使緩其獄。凡犯法非害于物者，皆矜恕之。轉運荆湖，當用兵急財賦時，使一路獨蒙福。公，寬仁人也。從文正公家法來，扶病獨送被謫范希文，願預黨人爲幸，斬斬出鋒稜，此又文正公家所未有。適不幸小人連興大獄，坐廢群賢。公竟憤痛劇飲卒。悲夫！豈量之不文正若耶？

侍讀孫公甫

公之用，以祁公薦也。保州兵變，祁公不時發，公乞罪，祁公論晏殊懷安，罷之。薦富公相，不用，而相陳執中，公諫不聽，遂行。與凡所論宫禁事，皆盡言無私【四】，公真諫臣也。滕宗諒坐法，杜公欲重其罪，范公欲輕之，富公兩不敢決。公竊歎，謂：「當自人主

【四】皆盡言無私　「私」原作「思」，據文津閣本改。

一斷之法。」既即憂慶曆諸臣，致太平事已無望。嗚呼！此其識慮精深，又豈直堪諫臣而已耶！不受硯。

希夷陳先生穆修、种放、李之才、魏野、林逋附。

周世宗問黄白不對，而對以蒼生爲念。宋琪等問修養道不對，而對以合德爲治。歷五季，聞革命輒顰蹙，太祖登極，則驚喜大笑，曰：「天下自此定矣。」嗚呼！先生雖隱，豈忘世獨善者哉。數學傳之穆伯長，伯長，豪士，不禮丁謂，雖登第，老益貧，以古文爲天下倡。又傳至李挺之，挺之亦登第，倜儻坦率，不視勢輕重，取重范忠獻。挺之傳之康節，而學益顯。象學傳之种放，放，隱者也。以骨相當貴，致顯官。晚節驕侈，已不謹希夷之戒。放傳許堅，堅傳范諤昌，學益微矣。魏野隱陜之東郊。林逋隱杭之西湖，皆於希夷學無預而以詩名世。野之《贄王旦詩》譏以封祀禮畢。逋之《臨終詩》自喜無《封禪書》。愚謂野與逋，非詩人也，超然高識之士也。可以一洗种放終南之羞矣。

安定胡先生翼之

先生明體周之學，用范文正公薦，白衣召對，教授湖學，又主太學，師道之立，自先生始。然其始讀書泰山，十年不歸，及既教授，猶夙夜勤瘁二十餘年，人始信服。立己立人之難如此。非篤實力行何以哉？

泰山孫先生明復

先生力貧養親，讀書泰山之陽，魯之名士石介以下皆師事之。丞相李迪以弟之女妻之，給事中孔道輔聞其風，就見之。范公、富公薦之天子，爲直講，行無隱而不彰，真積力久，效固應尔。此猶豈弟之士能之也。張貴妃幼隨其父堯封，常執事先生左右，既貴，數遣使致禮先生，先生閉門拒之。終其身倚於家，而不壞於天子之庭，無侵尋富貴心。所謂「豈弟君子，求福不回」，非歟？嗚呼！不可及也已。

徂徠石先生介

先生，奇士也。折節師事泰山孫先生，拜起必扶侍。嘗躬耕徂徠山下，葬不葬者七十喪。高風篤行，有益世教爲多。惟其志存憂國，作爲文章，極陳古今，指切當世，自謂吾言不用，雖獲禍死不悔。致夏竦輩深恨之，幾不免身後剖棺之禍。悲夫！此孔子所以拳拳於中行之士也。張安道直指先生爲姦邪，過矣！

老蘇先生洵

雷霆久蟄，一旦迅烈，天地爲之震動，起視草木皆甲坼矣。先生特起之學有焉。然先生之學不及用於世，張安道表而出之，明其灼然可用於世者，以其能辨王安石之姦也。安石之禍誠大矣。然温公目擊其弊，身與之伍，終不以爲姦，但言不曉事，又執拗耳。豈固各自有見耶？先生《權書》、《衡論》等作，若施之用，亦必有雷霆迅烈之勢，特未知果能速致陽和否耶？故士必用而後知。

韓魏公

國朝盛時，偉人輩出，卓然爲之冠冕者，韓公、范公也。二公共西事，功烈相上下。元昊既請和，並召爲兩府，責以朞月致太平。革弊，衆不悦，而范公卒老於邊守矣。公獨入相十年，定策立英宗、神宗。當危疑艱難他人無所措手足時，處之安若泰山，國以乂寧，功成身退，三判鄉邦。及王安石行新法，棄地契丹，貽禍無窮之初，尚能極口論列，感悟上聽。雖卒爲小人沮抑不行，小人終亦莫之能害。公德業爛然，照耀無極。嗚呼盛哉！古無有也，古無有也！

富韓公

本朝以仁立國，藝祖世乂天下未盡一，其後邊酋久任之法壞，河東既下，不思固圉反輕取幽燕以挑之。故我朝所最患者，在夷狄。善論人臣之功者，亦於此乎覘焉耳。寇公首決策親征，國家獲安靜者三十九年。富公以片言繼，折服其狂謀，不煩一鏃，前好益堅。使王安石不生事擾之，塞上之安猶可保，二公之功不其大矣乎？而王欽若乃謂寇公以陛下爲孤注，王拱辰亦謂富公但能增金帛厚夷狄。二公之功高見嫉，大略亦相似。然真宗之疾，寇公欲身任社稷安危，不幸中小人丁謂之禍。富公當英宗被疾，與韓公、歐陽公議不合，翩然絶去之。至終其身不通問。賴韓公、歐陽之賢，待公加厚，既相神宗，雖不幸值王安石得君,公又能見幾而作,卒以功名始終云。

歐陽文忠公

公貽書責司諫高若訥,力辨范文正非辜,坐貶夷陵令。地遠無書可讀,翻閱架閣陳年公案,見枉屈不可勝數,仰天誓心,遇事不敢忽。其後爲數郡,皆寬簡不擾。使河東,則議麟州不可廢。使河北,則謂脅從不可殺。議河決,則謂横隴工大難開,六塔河狹小,不能受大河,惟當增堤浚淤,以免民患。在兵府,考兵屯地理,更爲圖籍。在政府,考官兵吏財,集爲總目。皆一仰天自誓之心推之歟!故公於後學從游,多談吏事,且曰文學止於潤身,政事可以及物。嗚呼!公一代文章宗師。東坡先生所尊事,昌黎公以來一人而已,所言猶若是。後之欲爲文者,可以觀矣。

文潞公

公爲成都,不抑市價,而十八處減價糶賣。爲永興,民疑鐵錢不用,則私出縑帛,召絹行人收鐵錢。凡處小事類此。爲參政,請往貝州督戰,潛穴城以擒王則。爲宰相,值仁宗感疾,託名設醮,宿殿廡,使中貴人悚息聽命,以至疾瘳。凡處大事類此。皆不動聲色,隨事密制於無形者也。故能爲四朝元老,位將相五十餘年,壽九十有二,名動四夷。方初進用,吕許公歎其爲大有福人。自今觀之,宗廟社稷之福也,豈公一身福哉!一安石得君,文、富、韓、歐諸老雖具在,而力不及救。悲夫!

趙康靖公槩

歐陽公於公爲後進，同在館，意輕公躐知制誥。歐陽公被謗，獨奮身爭之，重厚寡言，盛德人也。冷清詐稱皇子，考得其實而誅之。庶幾仁者之勇云。

吴文肅奎

公爲諫官，褫奪僥倖。舊恩如郭承佑，戚屬如張堯佐，皆彈劾不避。神宗時爲參政，地震之災，獨公言小人黨盛。退考其私，則族有義莊，子無居宅，可謂正直無私者矣。方天下盛推王安石可致太平，公謂安石心强性狠，不可大用。雖韓魏公亦歎其有識云。

張文定方平

初元昊欲叛，獨公與吴育勸順適之，以其暇除器，不聽。兵既用，公勸屯河東，示形勢，入寇，則自麟府不十日擣其穴，不聽。已而禁兵皆西，諸路兵揀赴闕，刺陜西、河東、京東西弓箭手充宣毅保捷軍。公爭之，又不聽。四路連敗，始聽公，罷夏竦。用兵六年，上厭之，始聽公。因赦，招元昊降。公雖不預西事，始終謀議居多。愚嘗考其故，兵久不用，驟用之必敗。西事之始，當從公言。歷戰既久，智勇方奮。元昊困不支，決策取横山、靈武。西事之終，當從韓、范言，公之謀，始不用而終用。兩失之矣。徒弊中國。惜夫！免摧河北之鹽，畫浚汴漕之策，料南詔必不與儂賊。至斬妄言者，而蜀晏然。公之爲國家謀類有大過人者。辟王安石於貢院，見其紛更輒斥之，尤明而果。然公尊嚴者也。務欲天下士視朝廷如雷霆，鬼神不敢議。故斥石守道激烈爲姦邪，而温公亦以姦邪論公。必如公所見，恐頗類秦、漢，無復三代氣象爾。蘇氏父子之顯，公薦之也。公之墓，東坡蘇公誌之也。以雄文善論飾奇材壯志，世莫得其間云。

胡文恭宿

公篤孝謹默人也。論致仕，當使人自言，論樂，當用舊律，論貢舉，當用舊制。方群臣議更法開邊，公一一力爭，議論率歸於忠厚。而必不肯草楊懷敏之制，必欲加包拯三司吏之罪，則其發也不可回。尤精陰陽之學云。

蔡端明襄

作四賢一不肖詩，作三諫官詩，才名表表，亦因以預增置四諫之一，權倖畏歛，裨益爲多。唐介論文潞公罷，公獨論其忠，吕景初等論梁丞相罷，公不草其制。其升也，或推之，其墜也或援之。公又諫官之都護歟！一不勝於陳執中，執中既相，公遂歛，惠福州，興經術，禁浮圖、巫妖、蠱毒之患爲絶。其後治開封，治三司，皆號精明，惟知泉州，罪章拱之，卒爲士論所少。豈朝端風采施之外服或過耶？然公能文章，尤工於書，不肯爲仁宗寫温成碑，此其介然於中者，何如也。

王懿敏素

公，文正公子，起少年，慷慨論天下事，號獨擊鶻，帥西邊，吏士驩呼，虜不敢犯。公固偉人也。然公平生淫侈，蓄聲妓誇客，乃必欲其君逐女口。古稱無諸己而後非諸人，况於君耶？

劉集賢敞

公，仁宗信倚之臣也。吴充以罰禮生罷，救之。馮京以言事奪職，救之。蔡襄、歐陽修乞外，又救之。諫温成之立忌，辨郭后之祔廟，奪夏竦之美謚，宦者石全彬除觀察使，則直封還其詞頭。富丞相欲加上尊號，既抗疏力爭，文潞公欲加龍昌期五品服，則又力爭，言無不從，皆犯人所難。治揚、治鄆、治長安，所至寬簡而肅清。考公平生治行，毫髮無媿焉。公博學無不通，仰觀天文可知人事，不溺偏曲而挺然以直大稱，可爲後學師表矣。不讓官。

唐質肅介

公論張堯佐，并論文彦博，嘗濱於死。再召居言路，無所避如前時。兖國公主夜開皇城門，樞密陳升之連姻内侍，公皆抗言之，可謂剛也已。或謂公居政府，少建明，聲名減臺諫時，不然也。王安石得君，元老大臣如韓、富諸公，無所致其力，於公何有？公與安石屢爭上前，不能勝，疽發背死。不獨可爲公痛惜！可爲世道痛惜耳！

趙清獻抃

公治虔州、成都、杭、越，爲政愷悌，不嚴而肅，雖古循吏無以過之。其在言路，彈劾不避權貴，號鐵面御史。論陳執中、陳升之章，至二十餘上。及參大政，會王安石行新法，極言其不可而去之。平生出處之大要如此。公日所爲事，夜必衣冠焚香九拜手告于天。一身之間，常以天自律。此其所以終始無愧歟！

呂中丞誨

當英宗被疾，公委曲開陳兩宫，劾讒人任守忠竄之，當神宗倚王安石求治方，新法猶未行，諸賢交薦，四海延竚。公獨首論其必誤蒼生。言雖不用而去。其後猶忍死囑温公再致元祐之盛。公雖不及坐廊廟，隱然有社稷之功矣。劾公主夜開門，劾歐公王濮議，未足盡公萬一也。

彭中丞思永

帥成都，盜賊爲絶。帥河朔，驕兵大戢。爲御史，痛抑張堯佐、王守忠不得封，卒以諫濮議，攻歐陽公罷。凛然大丈夫也。公自童幼能還吏所失金釵，冬處被則思天下寒，宜其成就之大若此。

范蜀公鎮

請約官吏兵財，以賦入十七爲經費，而儲其三。請中書、樞密通知兵民財利，而宰相制國用。請免百官郊迎宰相，而除其謁禁。凡所陳，關涉甚大。首乞仁廟擇宗室爲皇儲，章十九上，待罪百餘日，鬚髮爲白。此爲天下孤忠。極論王安石新法不便，六十三致仕而去，迄不爲元祐一出。此爲天下高節。温公謂公異姓兄弟，且作傳，稱其大勇云。

曾魯公公亮

公自嘉祐秉政，至熙寧，熟朝廷事。嘗與韓魏公共政務，去民疾苦，處西北邊事，亦善謀畫，年高而力不衰。臺諫無非之者，其後李復圭有老鳳之譏，乃致仕去。然公嘗薦安石，或云以間魏公云。

王荆公

王安石以文行稱天下，歷事三朝。仁宗惡其詐，不用。英宗建立時有異議，自慊不求用。愈不用，名愈顯。神宗立，遂驟用之，天下方翹首望太平，乃盡壞祖宗法度，聚斂毒民，生事開邊，卒亂天下。何哉？正坐博學自矜，視天下無人而行其獨耳。愚謂此其爲安石之不學歟！夫學者，將以明理而施之，用六經治道之根源，諸史行事之龜鑑，固非山經海志、野史、小説、神仙傳、天竺書、索隱務奇之爲博也。國朝開國元勳無如趙韓王，守成賢相無如李文靖。韓王每斷大事，惟讀《論語》，曰：「佐藝祖定天下，纔用得半部。」文靖作相，亦嘗讀《論語》，曰：「節用愛人，使民以時。兩句尚未能行。」嗚呼！必若是，斯可言大臣之讀書矣。張乖崖譏萊公不學無術，彼所謂學，雖獨指區區之智術而言。然語已怪而不倫。安石又面罵諸公不讀書，此正安石自道耳。《孟子》「何必曰利」一語，三尺童子所知，安石尚不能行，又烏得誇讀書。故愚嘗謂安石本效商鞅而才不及鞅。雖負小人不世出之才，亦藉秦積威，人心素脅息凛凛而後令必行。使鞅生我仁厚之世，人心素恃上恩，雖鞅之才尚不能行，況安石乎？猶賴我朝仁厚，根本深固，國以再延，安石亦賴以免。不然其弟安國蓋預嘗憂其滅門矣。嘻！若安石果讀書，何至是耶！安石字介甫，平生執拗，稱其名字，惜不曾思及下文見幾而作一句耳。

温公

漢武帝好大喜功，海内虚弊，晚年託孤博陸侯，漢以再安。我朝神宗鋭意太平，王安石誤以生財用兵，幾亂天下；晚年議建儲，亦指司馬公爲師保，太后承其意相之，再致元祐之盛。事有適相似者，三代後功業，類豪傑士智力所就耳。至誠動物，真儒顯效，獨温公一人。固不當以博陸侯同日語。然博陸死，丙、魏繼之，漢遂稱中興。温公爲相數月薨，繼之者反丙、魏不如，天下事遂不忍言。日將暝也大明，元祐之盛類焉。嗚呼！惜夫王安石引進小人之罪，於是又有甚於變法者矣。雖然，微温公人心我怨，禍不止夷狄，中興事未可知。晦庵次公言行於安石後，其《剥》之《復》歟？

公之子諫議大夫康

三代後，功名士未必知道德，道德士未必就功名。功名從道德中來者，温公也，顧猶不喜孟子，識者疑焉。愚嘗求其故，孟子勸時君行王道以救世，隨其資稟如誘小兒，多方順適，使之悦聽。如色可使好，如勇可使好，明堂可使無毁，其要皆歸於誘之及民。此孔子之所謂可與權者。而公也平生誠實，一語不妄，視議論之出於權者，宜非其所樂歟？諫議孝友篤實，本無異於公，而獨喜孟子稱其醇正。其殆有見於孟子之心者乎？可以補温公之闕矣。善繼善述，諫議有焉。

吕正獻公著

公初與温公薦進王安石。安石行新法，二公皆以爭論去。元祐初，二公復並相，共除安石新法。温公薨，元祐之政尚賴公扶持，如不肯與西夏地，賜詔乾德而夏人服。大臣韓維，諫臣王覿之罷，皆爭之。然公慈恕，多務包容，進退廢置無復温公剛大之氣。公薨，邦國悴矣。

吕滎陽公希哲，字原明。

公遍師當世諸儒，篤實踐履。王安石謂：有官而事科舉，爲僥倖利達。公遂棄不爲。自小官不干薦舉，進退必視其時。公，文穆之從曾孫，文靖之孫，正獻之子，生三世相門而衣食或不給，豈獨公之賢，亦可觀公之家學。公自幼，其母申國夫人篤教甚嚴，動必循規矩。正獻公作相，遺公書曰：「善士無不用，獨尔以吾故不及。」夫人張氏笑曰：「是亦未知其子。」豈獨公之賢？亦可觀公之家化。晚年名益重，遠近師尊之，陳忠肅至拜公堂下，豈獨公之家可敬可慕，亦可想見政和間前賢流風遺澤猶有存者，使人歎息不已。然公習静，至轎卒溺死，不爲動。夫子厩焚傷人之問，恐不其然。又直截捷徑以造聖人。

近世超悟之學，亦豈聞其風而效之者乎？

曾中書鞏弟翰林學士文昭公肇

曾氏兄弟以文鳴世，兄文尤著，世所號南豐先生也。今觀南豐挺立無所附，在朝之日淺而居外庸之日多。治齊、治越、治閩皆有顯績，寬期守信，委任責成，往往不勞而治，可以爲世法。文昭歷十一州，惠利亦多，而立朝之績尤顯。方徽廟初【五】，切劘上聽，保護善類。辨大中至正之論，隱然有社稷功。元祐士大夫再謫，而公乞與之俱矣。然則曾氏兄弟豈徒以文鳴者哉！不徒以文鳴而今徒以文鳴，可爲世變，長太息也已！南豐好憑勢陵民，嘗爲人所訟，似猶不護細行。文昭則端嚴可畏，有大臣風。歿之日，闔門貧無所歸。此又豈以文爲高下哉！

東坡潁濱

新法之行，東坡力爭不勝，擾擾垂二十年。天下幾危，温公革弊一新，五年而吕大防、劉摯調停之説起【六】，潁濱爭之。又四年，李清臣用而紹述之説起，新法復行。潁濱爭不勝，天下事去矣。二公議論關係之大若此。若其文章聲望，兒童所共知，此不暇復論云。

韓獻肅絳弟門下侍郎維

子華渾厚，爲郡多善政，嘗出將，以慶州兵亂罷。嘗入相，以繼安石後，言不盡用，

【五】方徽廟初　「徽」原作「微」，據明本、文津閣本改。

【六】劉摯調停之説起　「停」原作「亭」，據明本、文津閣本改。

求罷。最精役法，仁宗、神宗、哲宗朝皆力言之。持國，神宗潛藩宮僚也。自英宗時力排濮議，救吕誨、范鎮諸賢，議論凜凜。事神宗，爭新法，因亢旱，謂詔求直言。上嘗感悟，人情大悦矣。卒以議不合罪去。二聖臨朝，忠言讜論，裨元祐之政尤多。視子華風采，過之。

傅獻簡堯俞

公在仁宗朝，斥離間主壻之内臣，窮誣告富人之皇城卒，劾妄舉内臣之都水監。英宗時，黜讒間兩宮之任守忠。神宗時，罷鈐轄陝西之李若愚，彼皆城狐社鼠，公皆奮擊不顧。若建儲，若濮議，若新法，凡國有大事，公又一一力爭，可謂骨鯁臣矣。哲宗登極，拾遺補過，而不捃摘人細故。蔡確既貶，乞置其餘，議論和平，又視時而不同。以法從名流，貶黎陽倉草場，迎拜州掾甚恭，寒暑坐倉，不少懈。《傳》曰：「君子時中。」又曰：「君子無入而不自得焉。」吾於傅公見之。

彭尚書汝礪，狀元。

公，孝謹人也。而諫中人主兵，論元豐將順，言詩賦、回河事尤力，風節表表，其仁者之勇歟。嘗論吕嘉問治其獄，則不阿執政，嘗忤蔡確，論安州詩所以爲羅織。公真中立不倚者哉！

范忠宣純仁

公，文正子也。世濟清賢，爲孝子。事君爭新法，爭紹述，以罪去，爲忠臣。然公，平恕人也。温公改新法，公謂非所先。章子厚、鄧綰得罪，公力爲救解。宣仁后上仙，又首用李清臣、鄧温伯名調停，原其用意，慮反覆耳，及其後終不免反覆，公雖平恕，亦身不免。大抵上智下愚不移。鴟鴞未嘗可化爲鸞鳳。向使四凶不去，堯之後豈有舜之治。嗚呼！元祐微温公，新法至泯泯胥敗，無復爲我朝立赤幟者，萬世羞也。反復之禍繼温公者弱耳，豈温公誤歟？向使文正在，吾知未必爲忠宣之爲也。孝耶？忠耶？豈易盡者耶！

王左丞存

公，平恕人也。官制行多收拔，熙寧後言事得罪者，在政府遇事多爭。温公稱並馳萬馬中能駐足者，其王存乎！

蘇丞相頌

公爲政平恕，論事謹審，輔相多奉行故事，使吏各守其職，粹然君子人也。以佐守成則有餘，大略與范忠宣諸賢相類。奈何以處元祐之後耶？

劉忠肅摯

公自熙寧論新法去國，踰十六年。當元祐初，復任言責，知無不言，未幾大用。吕大防以減吏額事忌公，引楊畏論公交通邢恕及章子厚，公遂罷相，謫死新州。然公實首論蔡確、章子厚，而邢恕又以文及甫私書示蔡，渭【七】感其稱父蔡確寃，以訟公者也。

王樞密岩叟

公，元祐初諫臣也。論君子小人不可參用，最關世道。

劉元城安世

公師温公，温公當元祐初去新法，公當紹聖初諫紹述。温公爲相，於人情久鬱之後得行其道。公爲諫官，於小人報復之時不得行其言。效驗雖異，直大則同。所謂元祐全人也。

范内翰祖禹

本朝侍講，無出於伊川者矣，伊川自謂乏公温潤之氣；論事無出於東坡者矣，東坡見公之奏，至於不肯自出其藁。當元祐時，已預言范純仁以兼容小人爲寛，天下事豈堪小人再壞。公言不用。元祐一變爲紹聖，天下事遂不忍言。公之關係世道者又如此。

鄒侍郎浩

公諫立昭懷劉后，得罪貶去。田晝戒其無以此舉自滿，此又增人忠壯一等矣。

陳忠肅公瓘

紹聖革元祐之政，公力陳其不可，建中革紹聖之弊，公又戒其欲速。嘗主別試，前名

【七】蔡渭　「渭」原作「謂」，據《宋史》卷四七一《蔡確傳》改。

盡取王氏之學，曰：「順時所以救時，不必求快目前也。」其從容遠慮若此。首辨蔡京姦邪，蔡氏黨欲殺公者百計，公終不慴，非剛柔適中者能爾乎？大厦之顛，雖非一木能支，而著《日録辨》、著《尊堯集》，又著《四明尊堯集》。章、蔡誣謗，卒賴以一洗之，有功我宋多矣！

邵康節雍

先生洞觀天地萬物之變，超然獨樂於其間。然其言曰：「新法固嚴，能寬一分則民受一分之賜。投劾而去，何益？」此可爲憂世者明訓也。郭林宗生亂世而皇皇，先生生治世而熙熙。其爲超然之趣則同。

陳密學襄

公平生歷州縣，孜孜以教育人材，講求萬民利害爲念。失官錢不辨，而出己俸償之，固篤厚人也。爭新法不聽，遂辭知制誥不就，蓋與温公辭樞密副使同。此一心又守道不回者也。執法不行權貴人。寺觀名額，似雖小事，所識尤高。

劉秘丞恕

公該給剛毅，温公平生所信倚。王介甫深愛之，爭新法遂絶。介甫嘗笑公耽史而不窮經，然介甫窮經之效，視公耽史竟何如耶？

徐節孝積

先生篤孝至行，以正治心，以直養氣者。其學也，嘗謂兵者實大賢盛德之事，非小才小智所能用。而酷慕諸葛武侯。

陳后山師道

先生居都下，逾年未嘗一至貴人之門。章子厚欲見之，終不可得。傅欽之薦公者也，以其貧，懷金欲餽之，竟不敢出口。先生之高行若此，而世獨稱其詩何耶？豈世之知公者淺耶？抑詩亦賢者之累耶？

此録名臣之言行備焉。《近思録》諸儒之講明詳焉。彼此參驗，環循閱習，以其行稽其所言，以其言進其所行。晦菴之望後學者，其庶乎。

此録雖雜取傳記之言，然諸賢出處之本末備矣。豈獨諸賢，凡國朝盛衰之故，亦莫不隱然備見其間矣。如釋藩鎮兵權而天下定，取幽燕、納李繼捧而狄患啓。李文靖鎮以清靜而民生安。寇萊公決策親往而邊好久。王文正苟且順從天書禱祠之妄作，而國力幾弊。王沂公相仁宗初年，韓魏公保佑英宗、神宗初年，而主少國危之日，安若泰山。王安石行新法，開邊隙，而天下幾危。宣仁聖烈太后相司馬公，而天下再安。范純仁兼用小人，致章子厚、蔡京輩紹述安石，而國家遂有南遷之禍。盛衰大要不出此數者，皆可考見。然則此録豈特記諸賢之言行而已哉！愚嘗謂史無定體，《書》隨事爲篇，《春秋》紀年以書，班、馬以來分紀傳，而此録亦朱文公陰寓本朝之史。

卷五十一

讀雜史一

蘇子古史

蘇子既爲《古史》，而又自序之，曰：古之帝王其道以無爲爲宗。故其推之以治天下者，有不可得而知。孔子知之至矣，而未嘗言。孟子知其一二，時以告人，而天下亦莫能信。太史公始記五帝三王以來，然其爲人淺近而不學，疏略而輕信，故其記堯、舜、三代之事，皆不得聖人之意。余竊悲之，因遷之舊，追録聖賢之遺意，以明示後世。愚謂蘇子之志則大矣。而蘇子之説則尚有可疑者，且道以無爲爲宗，此戰國處士好高無實之言。聖人未嘗以是言道，姑勿論也。既曰推之以治天下，則其迹顯然，安有不可得而知。孔子正以此道詔天下萬世，何嘗不言？孟子明王道而黜伯功，正提其綱要以示人，所知何止一二，而可厚誣哉？且既謂不可得而知，又欲以明示後世？其説亦自背馳矣。惟其謂史遷不得聖人之意，而自謂追録聖賢之遺意，則非參考不可見，故即《古史》與太史公所記參而録之下方。

《五帝紀》，太史公《黄帝紀》記載頗詳，《古史》節略者太半，反增入醫家之説，謂其師岐伯，既鄙矣。又增入道家之説。謂黄帝之書與老子相出入，以無爲爲宗，其設施於世者，皆其見於外者也。然則蘇子正惟不以聖人之施於治者爲道，而必欲他求其道於荒忽無形之中。不以太史公載聖人之治爲足，而必自指其荒忽無形者爲得聖賢之遺意，此《古史》之所以作歟？

《史記》曰：「諸侯咸尊軒轅爲天子，代神農氏，是爲黄帝。」《古史》曰：「諸侯咸尊軒轅，代神農氏爲黄帝。」以文法言之，「爲天子」三字與「是爲」之「是」字恐皆不可去。《史記》曰：「官名皆以雲命，爲雲師。」《古史》曰：「爲雲師而雲名。」文雖本《左傳》反不若《史記》尤明白。其他類此甚衆。以是知文不可以省字爲工，文而可省【一】，太史公省之久矣。

《堯紀》，太史公不載茅茨土階之説，而《古史》增之。愚意茅茨土階殆墨氏借以言儉，而形容浮實之言。恐非盛帝垂衣裳氣象。《史記》於堯、舜全述二《典》，而間易古爲今，如以「疇咨若時」爲「誰可順此事」？已非二《典》之比。《古史》剿而裁之，似又非《史記》比矣。

《史記》載堯妻舜之後，瞽叟尚欲殺舜。《古史》本《尚書》，瞽亦允若，堯聞其賢，然

【一】文而可省　「文」原作「女」，據明本、文津閣本改。

後妻之。於理爲長,合從《古史》。

《夏本紀》,《史記》謂禹名文命。《古史》删之。按諱名而用謚法,始於周。以堯、舜、禹皆爲謚,而反用《尚書》所謂放勳、重華、文命爲三聖之名。蓋漢儒之未考,《古史》删之爲是。《史記》又以鯀爲顓頊之孫。《古史》以其世太促而祖班固《律曆志》,以禹父鯀爲顓頊五世孫。亦當從《古史》。《史記》載禹全用《禹貢》等篇,而《古史》删之,或者史遷之世,書未盡出,故須兼載。至《古史》之作,則事在《尚書》,不必重述也。兩皆無害。

《史記》載太康失國,太康崩,弟仲康立。《古史》載羿逐太康而立其弟仲康【二】。按薛常州士龍説,《書》謂仲康乃在五子之數,傒于洛汭,不在禹河北舊都。非羿所立。愚意若果逐太康而立仲康,則不待太康之既崩,太康崩而後仲康立。蓋傷宗國之墜祀,而兄弟在外者,自以次續之,於義爲順,於經亦合。當從《史記》。

《史記》止載仲康崩,子帝相立,帝相崩,子少康立。《古史》載羿既放太康,羿又爲寒浞所奪,浞滅帝相,相后逃歸。有仍生少康,少康既長,誘殺浞二子,而後中興。愚按二史詳略不同,豈史遷之世未有寒浞滅夏之説耶?抑未備耶?《古史》可以補遺。

《殷本紀》,《史記》稱契封商,《古史》作封殷。按初封本商也。《古史》不必改爲殷。《史記》載伊尹以負鼎説湯,《古史》去之。《史記》不載禱雨事,《古史》增之,皆當從《古史》。武丁學于甘盤,既乃遯于荒野。《史記》不載而《古史》載之,舊説遯于荒野者,爲甘

【二】古史載羿逐太康而立其弟仲康　「逐」原作「遂」,據明本、文津閣本改。

盤，而《古史》指爲武丁，曰：「欲以習知民事。」與《無逸》書及近世朱文公《書説》合。此其於義爲精。西伯陰修德，《古史》止云「修德」，足明聖人之心。斬紂之事《古史》不載，其亦爲賢者諱耶？

《周本紀》、《史記》載堯命棄爲農師【三】，舜封棄於邰，號曰后稷。《古史》改云：「堯舉以爲后稷，封之於邰。佐禹治水。」愚按禹言，暨稷播奏，乃治水，後種穀，未聞佐禹治水之事。封邰亦在播奏艱食有功之後，非封邰而後播奏。未詳《古史》何見而改？然於經不合。《史記》載公劉復修后稷之業，自漆沮度渭，取材，行者有資，居者有畜積。《古史》改云：「用兵征伐，斥大豳土。然猶處於復穴，無宫室之美。」愚按《詩》詠公劉遷豳有曰「弓矢斯張」，乃遷豳時衛儀。有曰「其軍三單」，乃遷豳後生聚。公劉初無征伐之事，又陶復陶穴，乃太王事，非公劉事。公劉既卒，子孫中微。故詩人形容太王復興之初艱難如此。安有公劉遷豳，止基迺理，國家方興，而身處復穴之間者？未詳《古史》何見而改？然於經不合。蘇子謂《史記》踈略而作《古史》而乃如此何也？《戰國策》載齊求九鼎之説，謂顔率稱周伐殷，得九鼎，凡一鼎九萬人輓，九九八十一萬人。齊王乃止。此游士飾虚之言，殆類小説。《史記》不載，而《古史》增入，又何取乎？

《秦本紀》、《古史》於《史記》載昭襄十一年六國攻秦之事【四】，即其未書之年衰爲據，改爲齊、韓、魏三國攻秦。雖世遠難知其詳，然即《史記》攻《史記》，史遷若在亦自無

【三】堯命棄為農師　「命」原作「舜」，據文淵閣本改。

【四】史記載昭襄十一年六國　「載」原作「所」，據文淵閣本改。

辭。又其贊論，謂戰國苟能自修而不爭，如商、周先君，庶可服之。且以魏文侯、齊君王后爲證，是可垂訓，兼足輔孟子仁義之説。

《秦始皇紀》，《史記》載始皇正月生於邯鄲，及生名爲政。《古史》作正月旦生於邯鄲，因名政。語簡而意益明。特本知增旦之一字，何所據？豈因其名而意之歟？其餘多襲《史記》之舊，無以議爲。惟太史公贊論全載賈生之語，宏肆駿逸。而蘇子去之，乃特爲李斯雪不師古始使秦孤立之譏。謂秦已削平諸侯，雖建子弟，君民不親，如措舟滄海之上，大風一作，漂卷而去。愚謂秦劫天下而帝之，自無可久之理耳！向使不至於甚失天下心，則安有天子爲民置君，而民不親者。乃謂已削諸侯，難建子弟耶？且其謂秦若能與民休息，可與三代並隆，此又史遷責子嬰之遺論。漢明帝嘗闢其不然者也。秦之得天下何如？而可以三代望之哉！

《吴太伯世家》，《史記》載太伯、仲雍知太王欲立王季，乃奔荆蠻，文身斷髮，示不可用，以避季。《古史》據《左傳》謂太伯端委而治，至仲雍而後文身斷髮。愚按《古史》之駁《史記》多以《左傳》爲據，然去古既遠，安知《左傳》者必爲是，而《史記》者必爲非耶？若據《論衡》之言，則曰：「太伯知太王欲立王季，入吴采藥，斷髮文身，以隨吴俗。太王薨，太伯還，王季辟主，太伯再讓，王季不聽，三讓曰：吾之吴越，吴越之俗，斷髮文身。吾刑餘之人，不可以爲宗廟社稷主。王季始知其不可而受之。」此其所載頗詳，且與吾夫子三以天下讓之説合。恐必有自來。況太伯兄弟遠入吴，若不容不從俗，則太伯即斷髮文身矣。若我可以易俗，則太伯既嘗端委以治，仲雍亦將端委以繼之。不應於國家既立，君臣既定之後，復又斷髮文身，自同於民庶也。大率《古史》之作實祖《索隱》，《索隱》不敢輕議史遷，而特以異同者隨事疏其下，俟來者擇焉。使蘇子亦如之，則盡善矣。

夫差二十一年，《史記》惟繼上文「句踐伐吴」之語，書曰：「遂圍吴。」《古史》則增公子慶忌驟諫於王，曰：「不改必亡。」遂適楚，聞越將伐吴，請歸平越，遂歸，欲除不忠者以説于越，吴人殺之。按公子慶忌者，王僚之子。《吴越春秋》載闔閭二年已刺殺之。今方於夫差二十一年稱越人殺之。而《史記》不載，未詳孰是？若夫差之死，《史記》以爲自剄，《吴越春秋》以爲伏劒。伏劒亦自剄也。《古史》改曰「縊」，亦未知何據？

夫差與晉會黄池，越乘虚伐之也。《史記》載曰：「夫差惡其聞也，或泄其語。吴王怒，斬七人於幕下。」《古史》易之曰：「王惡其聞也，自剄七人於幕下。」雖本《左傳》，不若元文明白，此類極衆。

《齊太公世家》，《史記》載太公以漁釣干西伯。《古史》去之，而載聞西伯善養老，往歸之。善矣。然下文即綴以隱於漁者，西伯因獵得之，乃與上文往歸之説正相反。何自背馳之速耶？《史記》於太公歸周之後復兼述，或者數説以存疑，規模宏衍，非《古史》可望矣。吕伋爲周虎賁，《古史》據經增入爲是。《史記》載桓公之入，先表以桓公元年，而後追叙其事。《古史》連叙桓公之立於公子無知見殺之下，桓公遂無元年。法殆未然，文亦不及《史記》。載雍林人殺無知。《古史》改爲雍廩。此亦據《左氏》以改《史記》，實則當兩存以考異耳。餘多類此。

《魯周公世家》，《史記》首載周公輔翼武王耳。《古史》載其迨文王世任以國事，邑之於周。凡周之内治始於室家，而至於國人者，屬之周公。凡周之外治所以交接四鄰、至於江漢之國者，屬之召公。故《詩》有《周南》、《召南》，此不惟周公之始事瞭然，其所以發明二南之義甚明，太史公未之及也。獨其以既獲仁人爲指周、召，則未必然耳。周、召何侯於獲也哉！《史記》以成王出郊，爲改葬周公，而《古史》易之。此其授經而得之者也。《史記》不載僖公治兵、牧馬、修泮宫、閟宫，而《古史》增之，此則信經而未之詳者也。

《燕召公世家》，《古史》比《史記》頗多增修，其考訂《史記》之誤，蘇子自注本文之詩乃歌頌之詞，豈必有其事？果有之，《春秋》書之久矣。何侯《古史》。下，其論燕、吴皆起於僻陋之中，而奮於諸侯之上，非如商、周先王以德服人，故皆爲禍。其説亦當。

《蔡曹世家》，《古史》視《史記》微有損益，然皆於大誼無關。惟《古史》論贊謂聖人雖與世同處，而其中浩然，彼其食粟衣帛蓋有不得已耳。此却異乎所聞，蓋食粟衣帛，人事之常，聖人豈有異於人。蘇子平生服氣求真，想自視以爲不得已耳。而以誣聖人乎！

《陳杞世家》，《古史》據《左傳》改《史記》者二處。《史記》以佗爲蔡出，蔡爲佗殺五父子，太子免而立佗。《左傳》謂佗即五父，非蔡出。蔡出者，乃躍也。佗殺太子免自立，蔡爲殺佗而立躍，是爲厲公。《史記》載靈公死，太子午奔晉。徵舒自立爲陳侯。《左傳》靈公死明年，陳侯盟辰陵。是太子未嘗奔晉，而徵舒未嘗爲君。

《衛世家》，《古史》比《史記》增入衛武公，年九十五猶箴儆於國之事，及衛文公大布衣、大帛冠之事，皆是也。惟增入滅邢得雨，似不足爲訓。討有罪可也，滅人之國不可也。雨特偶然耳。豈以興師殺滅之故哉！

《宋世家》，《史記》先載微子數諫，紂不聽，欲死之，未決，謀及太師、少師。而後叙太師箕子，以及少師比干，又然後再合其事於微子。舒徐明盡，萬世如見。《古史》乃裁節而總言之。首曰：「微子，紂之庶兄也，其父師曰箕子，少師曰比干。」文意不白，幾若以箕子爲微子之父師，餘亦文窒而意不全，其不迨《史記》遠矣。乃自疏其説，以爲《史記》所載，徒見三人各以其意行，而未見其所處之義。不知所行即其義之所在也。事具而義見，尚何義他求哉！惟太史公贊宋襄公泓之師爲禮讓。蘇子辨之，謂襄公淩虐小國，至使邾人用鄫子于社，雖桀、紂有不爲，乃欲以不鼓不成列，不禽二毛求爲文王。不亦過甚矣哉！此其剖析瞭，太史公不及也。

《晉世家》，平王命晉文侯爲諸侯伯。《史記》不載，《古史》據《尚書》增入，是也。餘多以《左傳》之文而黜《史記》之文，則是非相半焉。如《史記》載獻公私謂驪姬，欲廢太子，立奚齊。驪姬泣曰：「太子之立，諸侯皆已知之，而數將兵，百姓附之，奈何以賤妾之故廢適立庶，君必行之，妾自殺也。」驪姬佯譽太子而陰令人譖惡太子，此事正足以見驪姬之奸。而《古史》據《左傳》以删之。又《史記》載驪姬謂太子祭齊姜，歸釐於君。獻公時出獵，驪姬使人置毒藥胙中。居二日，公還，欲饗之。驪姬從旁止之，曰：「胙所從來遠，宜試之然後及。」祭地，地墳等語，方有理脉。今《古史》直曰：「公至，毒而獻之，公祭之地，地墳。」文雖省，而失事情矣。晉悼公之立，《史記》載誓衆之語，極有禮而文。《古史》所易，亦淺薄少味，他多類此。惟太史公論晉之衰由御下失道，而推其原於忘介子推，似未得晉事之要領。《古史》論晉文公靖以待其自集，悼公一合諸侯，未嘗一與楚戰。子孫長久，終必賴之。其説殆過史遷。夫晉以諸侯伯天下，則晉之卿以私門强公室，其勢則然。而介推特從亡中一碌碌者，禄未及而忿然自絶，狷僻如此，其人亦可知矣。據《左氏傳》注，謂推爲文公微臣，此亦何至傷晉文大體，而遽謂晉之御臣失道始此耶？然以文論，則史遷之贊，山峭水潔，不可尚也矣。

《楚世家》，《古史》比《史記》多用《左傳》、《國語》增入，如《史記》以楚之先爲重黎，《古史》謂重黎爲二人。重，少昊之後，爲南正，司天以屬神。黎，高陽之後，爲火正，司地以屬民。楚之先實黎，而非重。至帝嚳之世，始以黎兼重，是《史記》稱重黎本無害。《古史》辨釋之，則明矣。《古史》以《左傳》爲據，改楚文王十三年爲十五年，堵敖五年爲三年，二書不同，固未詳其孰是。《史記》載簡王八年，周以韓、趙、魏爲諸侯，《古史》據《世家》、《年表》而改入声王之五年。《史記》載懷王二十年合齊。《古史》據《年表》而改入二十二年。此《史記》一書而自爲牴牾，合從考異之例君。《史記》以懷王十一年，六國攻秦，爲蘇秦，而《古史》刪之。則此時蘇秦已爲齊人所殺也。《史記》以考烈王六年爲遣景陽救趙，而《古史》改稱春申君。則春申、平原《傳》與《年表》皆言春申也。此可改之而疑。

《鄭世家》，鄭桓公友者，周宣王庶弟，宣王立二十二年而友封鄭，封三十三年百姓愛之。而幽王以爲司徒，周民説之。爲司徒一歲，幽王以褒氏，故諸侯畔之。而桓公謀於太史伯，始言於王遷民雒東【五】。《史記》之所載如此。《古史》皆節略之，止曰：「宣王二十三年封鄭，幽王八年爲周司徒。」幾於没桓公之賢矣。又鄭人欲立靈公弟去疾，去疾讓曰：「必以賢，則去疾不肖，必以順，則公子堅長。」堅者靈公庶弟，去疾之兄也。於是乃立子堅，是爲襄公。《史記》之所載如此。《古史》亦節略之，止曰：「諸大夫欲立公子去疾，去疾辭，曰公子堅長。乃立堅爲襄公。」又幾於没公子去疾之賢矣。其他類比甚衆，不可枚舉。大抵《史記》、《古史》二書單看《古史》自成一家，參看《史記》即《古史》如草茅。自用之士，立乎風流藴藉貴公子之側矣。太史公何可當也。蘇子輕以踈略目

【五】始言於王遷民雒東　「雒」原作「踓」，據文淵閣本改。

之哉！

《古史》贊曰：鄭桓、武之後惟莊公爲賢，然叔段之亂，明足以制之，釋而不問，俟其惡成，加以大戮，此非不忍，忍之至也。孔子深探其心【六】，書曰：「克段于鄢。」而丘明謂之「鄭志」【七】。愚按莊公叛周，射王中肩，何賢之有。封段乃迫於母命，段之罪未形，莊公不敢輕動，蓋亦母子之間有難處者。固非不忍，亦豈可言忍之至。書「克段」者，克者，勝之名，兄弟之惡自見。孔子書其實，非探其心。而爲《春秋》傳者，又非丘明之左氏也。近世吕東萊祖此説爲博議，蓋東萊最年少時所作，亦未暇平心而深考。

《越世家》，句踐其先禹之苗裔，少康封於會稽以奉禹祀。《古史》改以奉禹祀之語爲謂之越子，殊非本旨，豈以奉祀非支庶事耶？記句踐射傷闔閭於檇李，《史記》止數句而語潔意明。《古史》雖增多，不迨遠甚。句踐平吴，誅太宰嚭。《史記》吴、越兩《世家》所載同。《古史》據《左傳》而盡删之，是亦主一而廢一。《史記》贊句踐、范蠡臣主之盛，而《古史》反以立國東南爲不可有爲，至下取六朝蔡謨之説，夫事變無常，成敗在人。烏可以六朝爲監？而槩謂東南不可立國，且以遠證事哉？

《趙世家》，造父御穆王見西王母，《史記》載而《古史》删之。按：此《列子》寓言也，删之爲是。程嬰、杵臼脱趙孤，《史記》載而《古史》删之。按：屠岸賈何人？敢搜及公宫之姬，殆俗傳也。删之亦是。簡子夢遊帝所，未寤，而扁鵲能預知。《史記》載於《世

【六】孔子深探其心　「探」原作「深」，據明本、文淵閣本改。

【七】而丘明謂之鄭志　「丘」原作「兵」，據明本、文淵閣本改。

家》而《古史》止存其載《扁鵲傳》者，按此妄誕無理，殆好事者爲之。《古史》姑以備伎術之異聞，亦庶幾乎是。《史記》載張孟談爲張孟同，此避父史談之名也，《古史》改之曰談，皆是。

《魏世家》，《史記》以畢爲周同姓，《古史》據《左氏》以爲文王之子，又據《尚書》增入畢公相康王，及保釐成周，足補《史記》之缺。《古史》謂魏文侯可比漢文帝，卻恐不同。

《韓世家》，《史記》載聶政刺俠累在烈侯三年，韓嚴弒哀侯又後二十六年，本是兩事，不同時也。《古史》據《戰國策》「嚴遂使聶政刺俠累，并中哀侯」一語，而盡反之，且自謂嚴遂是時去韓已久，而今書嚴遂弒哀侯者，亦《春秋》書趙盾弒君之義。愚按聶政刺俠累於相府，非刺於君所也，何緣并中哀侯？弒哀侯者，韓嚴也，何以知即誘使聶政之嚴遂。《史記》載事之書，而《戰國策》乃游士之誇辭，類多架虛，非載事書也，何所考而可主彼以廢此？且《史記正義》、《紀年》亦載韓山堅賊其君哀侯，而立韓若山。《大事記》謂韓山堅即韓嚴，是權臣弒一而立一，非刺其相而及其君也。蘇子去之千載之下，輒書曰「嚴遂弒哀侯及相韓傀」，亦太果矣。又自謂用《春秋》書趙盾之法，果合乎否耶？然《史記·韓世家》載「烈侯三年，聶政殺俠累」，而《刺客傳》乃載嚴仲子事哀侯，與俠累有郤，使聶政刺之，亦自牴牾。此則東萊《大事記》嘗考之，以《刺客傳》爲誤。

太史公贊謂韓以存趙而興，固未必然。蘇子又以爲后稷濟飢之報，尤覺遼邈。大抵有德則興，否則亡。豈可專指一事以求合報應之説哉？

《齊世家》，太史公紀載之法，非蘇子所可改，既明矣。田氏，齊之賊也。而又每事輒爲之辨。如《史記》書田乞樹黨於諸侯，則爲删去之，而爲之辨曰：「非樹黨。」《史記》書陳成子弑簡公，懼諸侯誅己，盡歸之侵地。則亦删去之，而爲之辨曰：「本非成子自完之計。」《史記》書成子通賓客，出入生子七十餘人。則又删去之，而爲之辨曰：「成子必不爲此失行。」嗚呼！何其黨賊至此耶？

《伯夷傳》，太史公載伯夷采薇首陽之歌，爲之反覆嗟傷，遺音餘韻拱挹莫盡。君子謂此太史公託以自傷其不遇，故其情到而辭切。然非伯夷怨是用希之心也，故後世高其文而非其旨。今蘇子易之，録其讓國、叩馬二事，謂夫子言其不怨，以讓國言；言其不辱，以去周言。雖夫子發言之意未必盡然，而旨義則過史遷矣。

《管晏傳》，《管仲傳》先叙管、鮑之交，語精意婉，讀之令人三嘆，蘇子全祖史遷而不敢易，是矣。然史遷本祖《列子》之文而節其後語，若參以《列子》全文，則史遷所述尚有未盡者，蘇子雖併增入之可也。《史記》叙仲之行事，歸之因禍爲福，轉敗爲功，蓋指仲以權術成伯業。而蘇子易之，謂其來之以禮，服之以義，不以力勝，幾於過其實。惟其闢管仲之書，爲戰國諸子之所增益，多申、韓之言，非管子之正，足爲管子辨誣，真公論也。《晏子傳》增入晏子處崔杼之變，知陳氏之奸，諫煩刑、諫誅祝史，與言梁丘據同而非和。

數事亦足補遺。

柳下惠、曹子臧、吴季札、范文子、叔向、子産諸傳，於《史記》無之，皆蘇子據《左氏傳》增立。始末備具，不以年隔，殆《左氏》類書之要者，可觀也。惟其於季札贊有曰：「所以養心者至矣。雖禄之，天下將有所不受。」愚謂此異端之所謂養心。於子産贊有曰：「孟子言子産惠而不知爲政，非子産之實。」愚謂此世俗之所以謂政，非吾儒之所以論政。

《孔子傳》，太史公作《孔子世家》以次三代諸侯之列，若曰古昔聖王之後以位顯者如彼，以德顯者如此，故本所自來而表異之也。孔子雖不待此而尊，而太史公之知尊孔氏爲可知。蘇子乃降之爲列傳，以居叔向、子産之後，則異乎太史公之心矣。太史公之於孔子，自少至老歷叙其出處之詳，必各記之曰：時孔子年若干歲，至其卒也。則又叙其葬地，叙其弟子之哀痛，叙其魯人之從冢而聚居，叙其世世相傳之祠祭，叙高皇帝過魯之祠，以至諸侯卿大夫先謁然後從政。若曰夫子生而關世道之盛衰，没而爲萬世之典則，故其反覆惻怛若此。孔子雖不待此而尊，而太史公之知尊孔子爲可知。蘇子乃略之，止斷以欲居夷浮海，非其誠言，亦異乎太史公之心矣。太史公之贊謂：「高山仰止，景行行止。雖不能至，然心嚮往之。余讀孔子書，想見其爲人。適魯，觀夫子廟堂，低回留之不能去。天下君王至賢人衆矣，當時則榮，没則已焉。惟夫子常無窮，可謂至聖矣」。若曰：自開闢以來惟孔子一人，故其尊慕稱誦如此。孔子雖不待此而尊，而太史公之知尊孔子爲可知。蘇子乃反之，獨以其求用於世而不已，爲孔子之所獨。又異乎太史公之心矣。嗚呼！夫子天地也，若之何形容；夫子日月也，若之何繪畫。若敘其出處以傳後世，則太史公爲庶幾。獨其信齊東野人之語，謂夫子由野合而生爲可鄙耳。蘇子不能本《家語》顏氏擇壻之事以易之，而徒紛紛亂其不可易者。蓋蘇子雖假夫子之説以發身，而實則《老子》之學，故其失若此。

《孔子弟子傳》，蘇子辨宰我無從叛之事，辨子貢無亂齊之事，皆有功聖門。至其贊子夏則曰：「異哉！今世之教者，聞道不明而急於夸世，非性命道德不出於口。教者未必知，而學者未必信，務爲大言以相欺，天下之僞由是而起。」此則陰詆程氏之學，而後來僞學之禁殆本此也。若夫傳首舉孔子四科之説，而斷之曰：「其賢者凡十人而已。」此語亦未然。其傳有若也，常斥太史公載有若貌類孔子，而弟子師事之説。至援商瞿四十而生五子之説，以爲此卜祝之事，而鄙儒以論孔子，其説正矣。及其傳梁鱣也，正載夫子言商瞿過四十當有五丈夫，其事乃太史公之所未嘗載者，何其自相矛盾耶？

《老子申韓傳》，太史公作《老莊傳》，辭簡意足，曲尽老、莊之本旨，而又即以申、韓附之，若曰：清淨無爲，其勢必不足以治，及其不治，其勢必不得不以法繩之。而老子之無爲，常欲自利，其藏於心者，已有陰術。《莊子》之寓言破壞尋常，其矢於口者已無忌憚【八】，以陰術之心行肆無忌憚之説，而處不得不以法繩之勢，慘刻不道，尚復何疑！此申、韓之出於老、莊而惟太史公能窮極源委而言之。嗚呼！可謂卓識已。蘇子於其傳多所增損，已不知太史公之本旨。而又於老子之贊曰：孔子之爲人也周，故示人以器而晦其道。老子之自爲也深，故示人以道而略其器。三代之後，釋氏與孔、老並行。其所以異者，體道愈遠而立於世之表。其説又老氏之眇也。嗚呼異哉！是何言歟？於《列子》之贊曰：今觀穆王與化人游，若清都紫微，鈞天廣樂，帝之所居。而夏華所言四海之外，天地之表，無極無盡。此固後世仙佛之常言，理之當然，而漢之儒者未聞焉耳。嗚呼異哉！是何言歟？班孟堅譏太史公先黃、老而後《六經》。愚謂太史公本未有此失也。蘇子《古史》則不惟有此失，而又甚焉。

《孟子荀卿傳》，太史公略叙孟子游説不遇，退而著書。即開説當時餘子之紛紛，然後結以荀卿之尊孔氏，明王道，及其名傳獨以孟、荀，而餘子不及焉。其布置之高，旨意之深，文辭之潔，卓乎不可尚矣。蘇子取而焚之，已不知其用心之所在。至其論贊獨以仁義爲可化强暴，又於孟子之言仁義獨取「不嗜殺人」一語，殆所謂窺豹一班者耶？若其謂孟子學於子思，得其説而漸失之，反称譽田駢、慎到之徒【九】。而又謂其爲佛家所謂鈍根聲聞者，且謂田駢之徒既死，而後荀卿得爲祭酒。何哉？蘇子之立言也。

《伍員傳》，《史記》載伍員事詳，而《古史》裁之，蘇子不及史遷。《史記》贊伍員棄小

【八】其矢於口者　「矢」原作「矣」，據文津閣本、文淵閣本改。

【九】慎到之徒　「慎」原作「悼」，據文津閣本、文淵閣本改。

義，雪大耻，而《古史》罪之，史遷不及蘇子。

《孫武吳起傳》，蘇子於《孫吳傳》全祖史遷，惟據《左傳》無燕、晉伐齊之事，而删《穰苴傳》。

《范蠡大夫種傳》，太史公屈范蠡於《貨殖傳》，而功名則附之《越世家》。蘇子顧之《世家》，參之《吳越春秋》作《種蠡傳》，補史遷之不及矣。

《葉公傳》，葉公，《史記》無傳，蘇子采《左傳》而增立之。葉公有存國之功，而不享存國之利，是不可以不傳。

《商君傳》，《古史》傳商君皆本《史記》，惟贊文易其舊，然視《史記》費辭矣。

《蘇秦傳》，《蘇秦傳》亦本《史記》而贊不及其高古。

《張儀傳》，張儀、陳軫、公孫衍同傳，文皆因《史記》。然以二史之贊參之，文章之高下瞭然矣。

《樗里子甘茂傳》，《古史》視《史記》多省文，《史記》曰：「母，韓女也。樗里子滑稽多智。」《古史》曰：「母，韓女也。滑稽多智。似以母爲滑稽矣【一〇】。然則樗里子之文，其可省乎？《史記》曰：「甘茂者，下蔡人也。事下蔡史舉，學百家之説。」《古史》曰：「下蔡史舉學百家之説」，似史舉自學百家矣。然則事之一字其可省乎？省其文而增入《戰國策》。按《史記》、《戰國策》兩各成書，雖不混爲一亦可。若蘇子此贊特借以譏人，視

【一〇】似以母爲滑稽矣　「以」原作「似」，據文津閣本改。

《史記》贊之雅潔，又遠矣。

《穰侯傳》，《古史》視《史記》微有損益，然不必損益亦可也。《史記》贊蓋有所託以歎君臣始終之難。《古史》贊責范睢，則正論，然甚矣滿盈之不可不戒也。

《白起王翦傳》，《古史》多因《史記》，蓋其紀攻戰之事工矣。《史記》贊謂二人各有所短，《古史》贊二人持論之不妄。然其殺戮之慘，開闢以來所未有，尚忍言之而惜其死耶？

《孟嘗君傳》【一一】，孟嘗君自滅其家，自削其國。太史公謂其閭里多暴桀，蓋譏之矣。而《古史》誇其與韓、魏伐秦爲壯。

《平原君傳》，《古史》不改《史記·平原君傳》，贊亦推衍其説，皆是。而改同傳之虞卿以附《魯仲連》，尤善區別。

《公子無忌傳》，《古史》傳無忌文皆因《史記》，而論斷尤精，曰：「無忌之名發於侯生，而全於毛、薛。侯生之奇，毛、薛之正，廢一不可而正之，所全者多矣。」

《春申君傳》，《古史》此傳亦因《史記》而贊不同。然亦因《史記》并言吕不韋亂秦之微意而發之耳。

《范睢蔡澤傳》，《古史》於《范睢蔡澤傳》不敢易《史記》之舊，惟於范睢憂懼事增入《戰國策》所載，睢亡封邑，欺昭王謂不憂，而爲蒙驁探得其情一事耳。然昭王之疎睢，本

【一一】孟嘗君傳　「嘗」原作「常」，據文津閣、文淵閣本改。

由睢殺白起而用鄭安平，王稽敗事。昭王憂及楚患，睢計無所出，遂爲蔡澤乘間。昭王非以語言之，不惟遽疏母舅也。《史記》載睢之亡入秦也，謂秦謁者王稽問魏有賢人可與俱西游者乎【一二】？《古史》節之曰：「魏有賢人可與俱遊者乎？」去一西字，失其本意矣。《史記》載睢之將見逐也，謂昭王欲以激勵應侯，應侯懼不知所出。《古史》節之曰：「欲以激勵睢，懼不知所出。」省一睢字，無所分句矣。他多類此。太史公頗稱二子羈旅遭遇【一三】。而《古史》罪其自爲身謀，於秦無益，其説過史遷。然范睢遠交近攻之説，雖發於問穰侯之取剛奇，實於秦之兼并最爲要術，未可盡謂無益於秦。若蔡澤真以口舌攘攫富貴，又豈可與范睢同日語？顧其以此而得，以此而失，則螳螂黄雀之勢，啓之者范睢。

《樂毅傳》，《古史·樂毅傳》多遵《史記》，時節略一二字，似不必也。毅一舉而下齊七十城，齊爲無道，毅乘諸侯共怒之心也。毅五歲而不能下莒、即墨二城，毅自爲無道，適以堅齊人必死之心也。二史乃皆譽毅。

《廉頗藺相如傳》太史公作《廉頗藺相如傳》而附之趙奢、李牧，趙之興亡著焉。一時烈丈夫英風偉槩，令人千載興起，而史筆之妙，開合變化，又足以曲盡形容。真奇事哉！《古史》因之，不敢易一字，亦宜矣。

《田單傳》，《古史》用《史記·田單傳》而增入《戰國策》所載田單三事，惟魯仲連教之攻翟一事，可垂訓後世爲將者。

【一二】問魏有賢人　「魏」原作「媿」，據明本、文津閣本改。

【一三】太史公頗稱二子　「子」原作「字」，據明本、文津閣本改。

《屈原傳》，太史公先叙屈原以讒見疏於懷王作《離騷》，而發明其所以作《離騷》之意。復叙屈原勸懷王殺張儀，不從；諫懷王毋入秦，不從。而又發明其惓惓宗國以及人君知人之難。然後叙其見放，作《漁父》問與《懷沙賦》，而終之以自投汨羅。此必有得於屈原行事次第之實，而文亦宛轉有餘味矣。《古史》謂作《離騷》當在懷王末年，故以其見讒及勸殺張儀，諫勿入秦，三事連叙，方述太史公形容作《離騷》之説。至其形容屈原惓惓宗國與人君知人之難者，則删之。太史公文章之妙，破碎不全矣。

《虞卿傳》，太史公先叙虞卿謀趙事，而後及其棄趙相印，赴魏齊之急困於大梁，作《虞氏春秋》以終焉。《古史》反之，謂先困大梁，而後謀趙，是虞卿相趙既棄去後，窮而復歸相趙。似非虞卿烈丈夫之氣。且太史公嘉其謀趙之工，責其以匹夫窮交，而一旦棄趙當矣。蘇子反贊其爲義俠。亦各有見歟！

《魯仲連傳》，《古史·魯仲連傳》襲用《史記》，間删其字耳。太史公謂魯連指意雖不合大義，蘇子謂戰國一人而已。愚按魯連不肯帝秦，最合大義，射聊城則聊城人實由之而死。二史之贊可以參考，若以其無一毫利心其間，則信乎戰國之士無與並者。

《吕不韋傳》，吕不韋，大賈也【一四】。以君之子爲奇貨而居之，竊寵利既多，禍敗乃宜。太史公以爲此孔子之所謂聞者誤矣。蘇子斷以嬴氏先亡，蓋亦一説，而《傳》則全用《史記》。

【一四】大賈也　「大」原作「太」，據明本、文津閣本改。

《李斯傳》，《史記》責李斯不能輔君，否則且與周、邵列【一五】，殆於失言【一六】。《古史》謂國破家滅，非其不幸，此爲近之。趙高雖熏腐之餘，實包藏逆謀。方其殺扶蘇立胡亥【一七】，已爲身計，至殿欲壞者三，然後以歸子嬰耳。李斯不知其心，而與之爭，見殺，不亦宜乎。斯教秦殺奪，餘二十年以一天下，高之殺斯又司造者假手耳。尚何足論云。傳依《史記》舊文。

《蒙恬傳》，蒙氏於秦世以凶德參會，誅死已晚矣。太史公責以人臣之常理，似非所宜施。而《古史》亦費辭。

《扁鵲傳》，《古史》謂於《趙世家》刪所記簡子妖夢而歸之《扁鵲傳》。然《史記》於《扁鵲傳》固自兼載其事，《古史》特去一而存一耳。

《刺客傳》，太史公傳刺客五人，稱其立意較然，名垂後世。蘇子非之，謂「考之《春秋》，無曹沫劫盟之事。而四人者亦皆非賢。於《春秋》法，皆當書盜而不名」。嗚呼偉哉！惜不併四人者删之耳。彼凶愚小人狂惑輕生，何足垂世而以傳爲？雖曰豫讓志在報君【一八】。然所事智伯者何人，其執迷至死。晏子有言「君爲社稷死則死之」。

《滑稽傳》，太史公傳滑稽者三人，皆伎止優戲耳。西門豹，古之良吏。東方朔，亦漢之名臣。褚氏例取而附之優戲之列。何哉？褚氏不足責也。蘇子明言西門豹非滑稽，而不與分置《列傳》。然則何以改作《古史》爲？

【一五】否則且與周邵列　「否」原作「杏」，據明本、文津閣本改。

【一六】殆於失言　「失」原作「朱」，據明本、文津閣本改。

【一七】方其殺扶蘇　「扶」原作「夫」，據明本、文津閣本改。

【一八】豫讓志在報君　「志」原作「去」，據明本、文津閣本改。

【一九】

公怒　「怒」原作「恕」，據明本、文津閣本改。

【二〇】

可爲萬世戒者久　「戒」原作「戎」，據明本、文津閣本改。

附抄　初縣秦武公十年伐邽冀戎，初縣之。　納粟秦始皇初立三年蝗，百姓納粟千石，拜爵一級。　私學秦始皇三十四年，李斯言私學相與，非法殺人。　追刺衛武公作《抑》，追刺厲王。　焚尸衛出公之亂，掘褚師定子之墓而焚之。　韈而登席褚師比有足疾，韈而登席。　公怒【一九】，欲斷其足。　立子立弟《宋世家》溼口謂殷人立弟，周人立子。　立弟者，太子死則立太子之弟。　立子者，太子死則立太子之子。　近世誤以爲立時君之子弟。　臧孫謂御説有恤民之心御説者，宋桓公也。　嘗大水，對魯之弔，故云及立，未嘗有恤民之事。　疾日晉師曠云：辰在子卯，謂之病日。　君撤宴。　鄭突與祖同名《索隱》謂鄭掘突，厲公名突，豈有與祖同名者。　愚恐二名不偏諱，時質或然耳。　中山中山無世家，散見《史記》者三處：趙獻侯十年云「中山武公初立」；　魏文侯十七年云「伐中山，使子擊守之」；《樂毅傳》云「樂羊取中山」。　其後中山復國，至趙武靈王時復滅中山。　魏惠王二十八年又云「中山君相魏」。《戰國策》又云「犀首立五王，齊王羞與中山並王」。　秀才趙公子成諫武靈王胡服，書云俗辟者民易則，是吳越無秀才也。　陘陘者，山絶之名，見《趙世家》徐廣註。　刑棄灰《李斯傳》。

堯、舜、三代之事可爲萬世法者，孔子於定《書》備矣。　東遷而後之事可爲萬世戒者久【二〇】，約之而作《春秋》矣。　太史公取孔子已棄而不載者，復爲《史記》，殆不過博聞，於義理似無責。　然太史公生長於黄、老荒唐謾語中，乃能推尊孔子，黜黄帝乘龍上天之事不載，而極老、莊流弊使與申、韓同《傳》，可不謂豪傑之士哉！　蘇子悲其不得聖人之意，爲改作《古史》，意其果有得於聖人者。　及今參考，乃不過於《帝紀》增入道家者説，謂黄帝以無爲爲宗，其書與老子書相出入耳。　於《老子傳》附以佛家者説，謂釋氏視老子，體道愈遠而立於世之表耳。太史言申不害學本黄、老，蘇子則諱而改之曰：「緣飾以黄、老。」太史公言韓非其歸本於黄、老。蘇子則諱而改之曰：「借老子爲説。」凡其論贊之間，又往往顯斥孟子而陰詆正學。嗚呼！以是爲得聖人之意，《古史》不若不作之愈也【二二】。此儒者之學必先於致知歟！咸淳六年庚午八月二十二日，後學慈溪黄震敬書於紹興府貢闈。

【二二】不若不作之愈也　第二個「不」原作「石」，據明本、文津閣本改。

卷五十二

讀雜史二

汲冢周書

《汲冢周書》七十篇。自《度訓》至《小開解》凡二十三篇，皆載文王遇紂事，多類兵書而文澁難曉。自《文儆》至《五權》二十三篇，載文王薨武王繼之伐商事。其文間有明白者，或類《周誥》。自《成開解》至《王會解》十三篇，載武王崩，周公相成王事，間亦有明白者，多類《周誥》。自是有《祭公解》、《史記解》，穆王警戒之書也。《職方氏》繼之，與今《周礼》之《職方氏》相類。《芮良夫解》訓王暨政臣之書也。《王佩解》亦相類。自《周祝解》至《銈法解》不知其所指。終之以《器服解》，而器服之名多不可句。

水旱飢荒其至無時，非務積聚何以備之？《夏箴》曰：「小人無兼年之食，遇天飢，妻子非其有也。大夫無兼年之食，遇天飢，臣妾輿馬非其有也。國君無兼年之食，遇天飢，百姓非其有也。戒之哉！弗思弗行，至無日矣。」

諸橫生盡以養從生，從生盡以養一丈夫。橫生，萬物。從生，人也。一丈夫，天子。言兆民所奉者天子也。《文傳解》

若農之服田，務耕而不耨，維草其宅之，既秋而不穫，維禽其饗之，人而獲飢，云誰哀之？《大開武解》【一】

天道尚右，日月西移；地道尚左，水道東流；人道尚中，耳目役心。吉禮左還，順地以利本；武禮右還，順天以利兵；將居中軍，順人以利陣。《武順解》

水泉深而魚鱉歸之，草木茂而禽獸歸之，稱賢使能官有材而賢歸之。若冬日之陽，夏日之陰，不召而民自來。此謂歸德。《大聚解》

周公正三統之義作周月，惟一月斗柄建子。日月俱起于牽牛之初，右回而行。月周天起一次而與日合宿。日行月一次，而周天曆舍于十有二辰。凡四時成歲，春夏秋冬各有中氣以著時應。春三月中氣：雨水、春分、穀雨；夏三月中氣：小滿、夏至、大暑；秋三月中氣：處暑、秋分、霜降；冬三月中氣：小雪、冬至、大寒【二】。閏無中氣，斗指兩辰之間。夏數得天，有王所同。商以建丑爲正，亦越。我周改正，以垂三統，至於敬授民時，巡狩烝享，猶自夏焉。是謂周月。《周月解》

謚法：經緯天地曰文，道德博厚曰文，學勤好問曰文，慈惠愛民曰文，愍民惠禮曰文，錫民爵位曰文，謚一而義不同如此。曰武者五，曰恭者九，其他類此。《謚法解》【三】

【一】大開武解　「開」字原脱，據《逸周書》補。

【二】大寒　「寒」原作「雪」，據明本、文津閣本改。

【三】謚法解　「謚法」原作「時訓」，據《逸周書》改。

民至億兆，后一而已，寡不敵衆，后其殆哉。禍發於人之攸忽，咎起於人之攸輕，心不存焉，變之攸伏。以言取人，人飾言無庸，飾言事王，王貌受之，面相誣蒙，難至而悔，將安及。《芮良夫解》

不幸在不聞過，福在受諫，尊在慎威。《王佩解》

國所以爲國者，以有家。家所以爲家者，以有人。天下非一家之有也，有道者之有也。

右明白有理可讀者。

謂惡率諸侯以朝賢人，而已獨不往。謂五年之積者霸，愚恐周初興時無此説。謂武王既勝殷，庶方不服者，分師俘之。凡憝國九十有九，服國五百六十有二。愚按：此與一戎衣而天下大定之説相反。然孟子亦自言滅國者五十。又謂殷之五子亡伯禹之命，用胥興作亂。是與《五子之歌》相反。謂湯將放桀，先居中野，民皆歸之。桀乃致國於湯，湯不受。桀南徙千里，民復奔歸湯，桀又徙魯，民歸湯如初。桀復去，湯乃放桀而復薄。又以國讓三千諸侯，而後即位，是夏、商乃禪也，非伐也。恐亦未必然。

右可疑者如此。

謂文王受命九年，謂文王忌商，謂文王在酆聞密命，寤人將爲傑謀周。謂武王將起師伐商，召周公曰：嗚呼！謀泄哉。今朕寤有商驚予。夢爲商所伐。

右可參訂。按周自太王肇基王跡，實始剪商。商周勢不兩立，勢或有之。謂周無心得天下，而非漢人受命之説，自歐陽公始耳。

子母幣租輕，乃作子以行其母。《大廷解》。少庭昧爽立于少庭。《酆保》。輕吕劍名，武王伐紂擊之以輕吕。反玷乃立五宫，咸有回阿反玷。注：反玷，外向室也。《作雒解》。王會主王城既成，大會諸侯及四夷。繁露注：冕之所垂也。《王會解》。爻閭《王會》張赤帟於四隅，諸侯欲息者息焉。命之曰爻閭。桴苡其實如李，食之宜子。同上。胄子胄子，成人能治上官謂之士，注：胤也。

此書出汲冢，多類兵書。後多類《周誥》。然伐商遷雒之事多與今《尚書》合，而文無一語相合。將戰國之士倣而爲之歟？然不可曉也。

國語

《國語》起穆王伐犬戎，訖越句踐滅吴，分國以紀謀議。凡陰陽、律吕、天時、人事、逆順之數焉。其文宏衍精絜。韋昭注文，亦簡切称之。昭謂左丘明作。迹其事事必要禍福爲驗，固與《左傳》類。然考其歲月，《春秋傳》以謚載趙襄子，已非出於孔子所称之丘明。今《國語》避漢諱，謂魯莊嚴公，又果左丘明之作否耶？惟事必稽典刑，言必主恭敬，周衰之祟虚邪説一語無之，是足詔萬世也。

召穆公謂民當道之使言而不可防。芮良夫謂利當布之上下而不可專。此萬世不刊之明訓，足以進之《六經》，正不俟厲流彘而後知其言之足信也。萇弘之見殺，特坐右劉文公，以預晉范氏亂耳。若曰：天之所壞不可支，而罪其城成周。則凡國家中微，皆當棄之不爲，而爲之輒爲逆天乎！且天亦何嘗不欲支人之國耶？

賓服者享，荒服者王遠夷世一見王也。農祥房星也。立春農祥正。一墢一耜之墢也。王耕一墢，班三之。料民料，数也。三川涇、渭、洛。按《戰國策》注謂羲、陽、邑。地震陽伏而不能出，陰廹而不能烝。杜伯射宣王于郭注謂殺杜伯非辜，明年伯射殺王。穆王册朱馮房后生穆王。全烝全体升之，烝，升也。房烝半体。殽烝解体而折之，俎謂折俎。舌人導四方之志。天根亢氏之間也。天根見而水涸，謂寒露後五日。吕吕，姓；吕膂也。夏大也。成王不敢康云道成王之德也。成王能明文昭，能定武烈也。泉右曰泉，轉曰錢。母子相權物輕而作重幣行之，爲母權子；物重而以輕幣權之，爲子權母。榛楛濟濟作盛世氣象，不作比興。曹好曹惡注：曹，群也。立飫謂礼之立成不坐也。

右《周語》

魯臣謀議雖必于典禮，抑亦其文耳。三家日强，公室日卑，禮於何在？惟季冶爲季武子紿使迎襄公，而璽書繆以取卞，爲卞人叛。既而知其使予欺君也。致禄不出，此爲知禮。

右《魯語》

管仲爲游士八十人，奉以車馬使説諸侯，異日卒以捭闔亂天下者，此殆其作俑歟？

右《齊語》

晉文公讀書三日，曰：「行未能咫，聞則多矣。」其臣趙衰行年五十，守學彌惇，悼公之幼事單襄公也，立無跛，視無還，言敬必及天。嗚呼！世豈有不學而可以爲國？又豈有空文無實而可以言學者哉？

女戎史蘇謂戎必以女戎報晉。豕牢太姒少溲于豕牢而得文王，注：溲，便也。豕牢，則也。逆旅旅客也，逆客而舍之也。跗注兵服也，自要以下注於跗。無德而隆猶無基而厚墉。春秋司馬侯謂悼公曰：羊舌肸習於《春秋》。注云：紀人事之善惡，而目之以天時，謂之《春秋》之法也。時孔子未作《春秋》。又《楚語》莊王使士亹傅太子，申叔時告之曰：教之《春秋》，以成勸其心。九京趙文子與叔向游于九京，注：京，當爲原，晉墓也。忨日激歲秦后子言趙孟也，注：忨，偷也。激，遲也。壘培荀寅所作壁壘【四】。雀入海化爲蛤，雉入淮爲蜃，蛇成鱉黿，石首成鯢小曰蛤，大曰蜃。

右《晉語》

方幽王時，史蘇謂鄭桓公曰：成天地之大功者，其子孫未嘗不章，虞、夏、商、周是也。周衰，晉、楚、齊、秦必將代興。謂楚之祖祝融，司天。齊之祖伯夷，典禮。嬴之祖伯翳，能議萬物以佐舜。晉則武王之後，惟晉在也。已而皆然。然其所由興者，非其道矣。其子孫之責歟！抑世變耶？

祝融祝，始也。融，明也。九藏胃、旁光、腸、膽并正藏五，爲九。數極於姟萬萬曰姟。檿弧箕

【四】荀寅所作壁壘　「荀」原作「荷」，據《國語·晉語九》改。

服，實亡周國宣王時有童謡云：有夫婦鬻是器者，王戮之於路。哀棄路之女，夜妝之，長爲褒姒。

右《鄭語》

觀射父對昭王重黎之問，稱：古者民神不雜，自少皡衰，九黎亂，夫人作享，民匱於祀，顓頊受之，乃命南正重司天以屬神，命北正黎司地以屬民。使復舊常，是爲絶地天通。其後三苗、九黎之亂德，堯乃育重黎之後，以至夏、商，故重黎世叙天地，而别其分主。愚謂楚俗尚鬼淫祀，至今觀射父之論極其本本源源矣。

芰菱也，見嗜芰注。三拜椒舉降三拜於蔡聲子。

右《楚語》

古之邇讎人而見殺者，齊騶馬繻以胡公入於具水。邴歜、閻職戕懿公於囿竹。晉長魚蟜殺三郤於榭。魯圉人犖殺子般於次。

闔閭親見殺於越，夫差忘不共戴天之讎，而甘其子女土木之啗，此豈足與謀國？而子胥依之不去，復强諫取禍，意者進專諸以弑君僚，進要離以戕慶忌，進孫武教兵禍楚，以鞭親嘗北面平王之尸。胥之禍結在吴，有不容逭者歟！

天王越之行成於吴，曰：「昔者越國得罪於天王。」注云：尊之。庮旁擊曰庮。越五大夫舌庸、苦成、大夫種、范蠡、臯如。

右《吴語》

春秋戰國近五百年，以功名始終者，惟范蠡一人。且其言曰：君辱臣死。昔者君王辱於會稽，所以不死者爲此事也。今事已濟，請從會稽之罰。陳誼堅謙而不可破，吴滅即行，曾不留刻。蠡真烈丈夫哉【五】！

子胥曰：三江環之，民無所移。注：松江、錢塘、浦陽也。言二國之民三江繞之，遷徙非吴則越也。及越欲釋吴。范蠡諫曰：與我爭三江五湖之利者，非吴邪！又戰於五湖。注云：「五湖，太湖也。」五湖既即今太湖，内分五名。則三江必非書解所遠引之三江。又《越絶書》出三江之口，入五湖之中，越伐吴路也。按五湖即今太湖，則三江似指今吴松江口，《書》注：遠引他水者注。又《秦語》，越王禽之於三江之浦。

困鹿空虚員曰：困方曰鹿。浹日從甲至甲爲浹，浹，匝也。《周語》注自今至于初吉。上文先生春六日告稷，則初吉者，孟春之初。注引《詩》爲二月初吉，合考。

右《越語》

戰國策

甚矣！三代既降，人才隨世以就功名，尚皆依倣先王之餘。至戰國而後肆無忌憚也。管仲之所營者，功利也。然必假大義而後能致諸侯之服從。子産、叔向之所優者，詞

【五】蠡真烈丈夫哉　「丈夫」原作「文未」，據諸本改。

辨也，亦必昭舊典而後能却强國之侵暴【六】。更春秋入戰國，七雄爭强，風俗益變。雖使管仲復生，盟誓已無所施；雖使子産、叔向可作辭命，已非所恤。惟日夜鰓鰓然謀所以侵人之國，亦日夜惴惴然懼人之侵其國。利害交戰，志念摇蕩。士生其間，始習爲揣摩之術，以軒輊之，朝秦暮楚，倏寒忽暑。舉四海生靈之命，盡簸弄於游士三寸之舌。諸侯明知爲其所詐，而不敢問；明知爲其所敗，而不敢殺。何也？忤於此必逸於彼，毒於我將滋甚也。殺其一必杜其餘，我將無與共國也。嘻！其無忌憚也，固宜然。

今考其所謂揣摩，大要不過合從離横之兩端。要其節目，又不過獻地於彼，取償於此，或陰合以緩兵，或中立以乘弊之數説。展轉相因，無非故智，投機輒用，有同套括。如馮章之獻漢中以紿楚，即張儀之獻商於紿齊。如陳翠之説燕太后以質子，即左師讋之説趙太后以質子。獻珥立后，昭惠所用伺楚，即薛公所嘗伺齊夜行自喻。段産所用説新城君，即白珪所嘗説新城君。忠妾進酒之喻，蘇秦既嘗用之以鉗燕，蘇代又復用之以鉗燕。王斗説齊宣王爲冠必使工，爲國不使工而使便僻，魏牟説趙爲冠必待工，爲天下不待工而使幼艾。他日客有謂買馬必待工者，亦此類也。淳于髡謂兔犬俱斃而田父取之，蘇代謂蚌鷸相持而漁人得之，他日陳軫謂兩虎既斃，一舉盡得者，皆此類也。甚至道聞土梗之鄙語，蘇秦既施於孟嘗，再施於李兑。脅以他有美女之細術，張儀先用於鄭褏以取金【七】，後用於鄭褏以脱身。儀、秦之於戰國，所謂傑然其間爲游説宗師者，且一説而一身襲用

【六】亦必昭舊典　「典」原作「吴」，據文津閣本、文淵閣本改。

【七】張儀先用於鄭褏　「褏」原作「褒」，據《戰國策·楚策四》改。

之，況於其餘固可槩見。特以天下分裂，辨説交馳，此之不容，彼之必售。一時諸侯不得不屈以聽之，其所以毬生民之禍，蓄時人之怒者，蓋非一日之積。七雄既并而爲秦，士之見賤也亦勢矣。嗚呼！士所以措天下於治者也，而反以助天下之亂，尚得謂之士乎！愚嘗謂戰國二百餘年間，惟魯仲連正名義，止帝秦，爲天下士。惟孟、荀明王道，宗孔氏，爲萬世士。彼紛紛者，不足言士。

前輩謂蘇秦約從，秦兵十五年不敢窺山東。乃游士誇談，本無是事。今觀《戰國策》謂齊之君王后事秦謹，王建四十餘年不受兵。謂孟嘗君用馮諼之言，相齊數十年無纖毫之禍。實則齊建日爲秦侵削至亡，孟嘗亦亡滅無噍類。《戰國策》出於其徒自爲之故，類張皇欺世如此。

世之罪秦者，謂其廢封建也，壞井田也。然封建非秦所除，井田非秦所壞也，春秋、戰國以來諸侯之得地者皆縣之，則久矣，其封建之除也。自作丘甲、田賦以來，諸侯之予人田者或萬畝，亦久矣，其井田之壞也。以德相服，諸侯無敢變法易令，計不過五帝、三代始興之時爲然。人亡政息，各逞其私，自炎帝政衰以相侵伐，自此暫定復擾，極而至於七雄，如蠻傜蠱毒，聚衆毒於一器，不併滅於一則不止，秦特蠱毒之最後死者耳。蓋自生民以來，相生、相養、相保、相聚之天下，其弊於此乎極。澒洞瀾倒，彼自莫知其所以然。秦何能除封建、壞井田，而秦亦烏能久存於六國既滅之後哉！

魏惠王問公叔痤病，痤薦其子公孫鞅，且曰：「弗能聽勿使出竟。」惠王謂其言悖。鞅果之秦，而魏日削。策曰：此非公叔之悖，惠王之悖。悖者，固以不悖者爲悖。愚謂戰國亦何事而非悖哉！惠王不能信痤之言，固悖矣。痤爲人父而屬其君殺其子，非悖乎？鞅爲人子而削其父所事之國族，非悖乎？且《史記》載鞅爲痤之中庶子，中庶者官称，非嫡庶之庶也。策之所載亦自悖矣。

戰國之臣惟簸弄其君以竊富貴，甚者，倚勢於國而取重於人之國。又甚者，給取其禄而反禍其國，或竊禄其鄰以自禍其宗國。忠於所事者惟虞卿。

《國語》之文出一手，《戰國策》多脱誤不可曉。韋昭注《國語》，簡明。高誘注《戰國策》，不全，而存者亦未必盡然。如天下陰燕陽魏，直以燕北魏南，南北勢相表裏耳。注乃云陰小而陽大。誤矣。如薛公入魏，而出齊女，韓春勸秦取之，以齊、秦劫魏。此謂魏出齊女而秦取之耳。注乃云：婦人大歸曰出。誤矣。如吕不韋謀立秦之質子異人，而説太后弟陽泉君曰：子異人，賢才也。注云：子異，人名。語若以子異二字爲人之名，而不以子字爲公子之子，又不以異人二字爲公子之名，語亦不白矣。

柱國見《東周》第一卷。府聚也，見《秦一》注。旗以青與赤爲文，赤與白爲章見《秦一》注。孝己商高宗之子，見《秦一》注。三川義陽州。見《秦二》注。槈暴皆而轉，見《秦四》注。末路行百里者半於九十，此言末路之難，見《秦五》。許古伍字，見《秦五》注。上舍靖郭君善齊貌辨，居之上舍。見《齊一》。

猲虚喝之喝作猲。見《齊一》注。與國相爲黨與也，見《齊二》注。曲逆今濟陰縣，見《齊二》注。荼與鬱雷鬼門二人。見《齊二》注。五大夫杜赫説楚取趙，楚予之五大夫。又魏信陵君使人謂安陵君曰：其遣環高，吾將仕之以五大夫。又秦使五校大夫王陵伐趙。見《中山》。安語助，奉禍安移。見《趙一》注。坔本武后地字，而《戰國策》與《鶡冠子》、《亢倉子》皆有之。見《趙四》注。接手意猶拱也。見《趙四》注忌。盱夷姓名也，魏作于夷，見《魏一》注。欒音鸞，漏流水也。見《魏二》注。前和和謂棺之前也。見《魏二》注。孿子雙生也，見《韓三》。摩笄山趙以姊爲代王妻，因飯以食斗尾擊殺代王，其姊摩笄自刺。白璧玉環也，見《衛》注。

吴越春秋

太伯三讓而周興，季札三讓而吴亡。以季札爲賢，王季其不賢者乎？札，周之後也。不慕其前文人，而區區慕一曹子臧。且闔閭爲亂，札反爲之使晉，以觀諸侯之變。曾不聞一語諫止，何耶？吴之有季札，猶宋之有公子目夷也。目夷既遜位襄公，襄公用鄫子諫，圍曹諫，求諸侯諫，楚半濟而不擊又諫。襄公雖不用而目夷於宗國之義盡矣。札偏憂他國之存亡，於宗國獨忘言焉，又何耶？然則札未得與目夷比，其聞於後世者，博學耳。

子胥之所當讎者，費無忌也。楚既爲之殺無忌，滅其家，昭王又使人謝先王之過而勉之歸，則子胥亦可已矣。而至鞭平王尸，世豈有不忠而可言孝者哉。夫差不可與言【八】，

【八】夫差不可與言　「夫」原作「未」，據明本、文津閣本改。

功成不去而强諫取死，且屬其子於齊鮑氏，以開讒間者之口，又幾於閹者之爲。何也？《吴越春秋》紀越王出師次第，令人興起於千載之下。然多誣誕，全類野史，如謂湛廬之劍，水行入楚；如謂公孫聖既死，三呼三應；如謂天美禹德，使百鳥還爲民田；如謂越絶無祀，有人生而言語，自稱無余君之苗裔；如謂越之怪山，自瑯琊一夕自來；如謂天生神木，一夜而大二十圍；如謂越女教劍，見袁公飛上樹，化爲白猿；如謂子胥之靈能拒越兵，以須髮射人。誣誕至此，豈作史垂世之義乎！

作膾自闔閭燕功臣始。冰厨越王食處。

越絶書

越絶之義，取句踐功成能絶人之惡，於理既無當矣。謂子貢所作，又疑子胥所作，而所載乃及建武二十八年，何其自爲矛盾耶？其書大抵祖襲《吴越春秋》，而文則雜而不倫矣。

《史記》載楚滅越，殺無疆。諸侯子爭立於江南，而《吴越春秋》載無疆卒，子玉立，玉卒，子尊立。子親始失衆。自句踐後立八王，皆稱霸，徙瑯琊者，二百二十四年而徙於吴。《越絶》則謂無疆名之侯，之侯子尊，尊子親，親失衆，楚伐之，走南。止此爲不同，

就李即《史記》稱檇李。越五劒勝邪、巨闕、魚腸、純鈞、湛盧。吴三劒龍淵、泰阿、工布。又干

將、莫耶以鑄劒夫婦姓名稱。金穰出《越絶書》，計倪云：太陰三年處金，則穰。三歲處水，則毁。三歲處木，則康。三歲處火，則旱。凡十二歲一飢。

卷五十三

讀雜史三

春秋世紀用竹湖李参政韶所編抄其要。

王世紀

自平王迄敬十三王，書於經者凡十二事。前此未言天王法天之號，自春秋始。前此未書京師衆大之名，自《春秋》始。凡皆致意於本原，欲因其不正以反其正。

齊桓公

黜其義而録其功，王禁明而王臣不下聘者六十年，盟會同而諸侯無私爭者三十年。序績召陵而荆帖，陳旅聶北而狄退，獻捷過魯而戎弭，貫澤而下，葵丘以前，衣裳不歃血，兵車無大戰。仲尼称其一匡【一】，孟子與其爲盛。此凡桓公定霸之目。九國叛而萌振矜，管仲死而放繩墨，城杞貶於城邢，救徐怠於救許，伐黄則外憂啓，滅項則衆志離，會下則家法隳，霸功亦以不終矣。

校勘記

【一】仲尼称其一匡　「匡」原作「正」，據文淵閣本及《論語·憲問》改。

宋襄公

宋襄伐喪以立威，則非仁致夷，以謀□□□□□□無功而又階亂。

晉文公

晉自武公併吞專立，《春秋》黜晉不書。文公復國，無所禀承。勤王特爲求諸侯之計，《春秋》亦没其行事。爲國五年，當僖公二十八年，晉、楚之爭，乃關夷夏之盛衰，非止一國之得失。方六挈晉侯以書之，抑楚之深，故與晉之亟也。然以晉視齊，城濮之功雖多於召陵，温之事雖敏於葵丘，三會諸侯莫有不至，雖盛於桓公，而桓公得江、黄，不用於伐楚。而文公則譎【二】，非致秦不可與楚爭，楚抑而秦興矣。桓公會不迩三州，盟不加王人。文公會畿内，盟子虎矣。桓公寧不得鄭不納子華，懼其獎臣抑君。文公則爲元咺執衛侯矣。此夫子所以有正譎之辨。

晉襄公

襄之繼伯，由殽之功，而《春秋》不書君將，獨言晉人以喪不興戎，義不可也。方文公之没，敵國並興，襄公夏戰殽以却秦，秋敗箕以剪狄，冬伐許以離楚，一年之間三敵悉退，可謂有霸者之略。外患既息，舉動即異。伐衛則損威，會公孫敖則毁烈。士縠主盟則權散；陽處父救江則謀怠。其規模又淺於文公甚矣。

【二】而文公則譎　「譎」原作「諸」，據文淵閣本改。

晉靈成景厲悼公

晉靈公政墮柄分，楚人之言曰：「晉君少，不在諸侯，比方可圖也。」成公黑壤與扈二會，僅能合列國。而楚人三歲三伐鄭，不能興攘卻之師【三】。景公蟲牢、馬陵、及蒲之盟，雖得諸侯，竟莫駕楚。厲公交剛敗狄，會京師伐秦，戰鄢陵勝楚，會鍾離成吴，四鄰無釁，而諸侯反貳，蕭墻反危。惟悼公年十四即位，入國之明日，逐不臣者七人，即位之一月，取六官於民譽。能服諸侯，得鄭而駕楚，然能駕楚而不能蓋誘吴之非。平公繼之，五盟六會，而溴梁之會授權於大夫，宋之盟授權於夷狄。昭公一會一盟，坐視諸侯之去而不之顧。晉日卑矣。頃、定之世，私門强，諸侯貳，吴、楚强，然終乎黄池。聖人猶以霸繫晉。

晉文未霸以前别紀

晉自鄂侯後入《春秋》，皆爲曲沃殺奪，武公始併晉國。《春秋》皆削而不書。

魯

謂《春秋》多内魯之文，尊魯之至者，責魯以備也。家法不設，君柄不收，故多變故。

蔡

蔡自宣訖成十二君，以宗盟之長，汙於事楚而不知變。惟文公嘗謀事晉，畏楚而不

【三】不能興攘卻之師　「攘」原作「穰」，據文津閣、文淵閣本改。

得行。昭公遭拘郢之辱，絶楚事晉。晉人求貨而辭蔡，蔡乃假手於吴，雖釋憾一時，終爲楚所併。

曹

曹在春秋十五君，事夏盟最謹。與諸侯敦睦，惟偪而無禮，不能自立，病於戎，困於晉，亡於宋。當哀八年。

衛

衛在春秋十一君，兵爭最少，人才特多，與魯俱称望國。而適庶亂，兄弟乖，父子睽，變故繁興云。

鄭

鄭近王畿而介齊、晉、楚之間。蓋春秋要領之國。其初周鄭交惡，爲王室之罪人。其中堅於從楚，爲霸者之罪人。其後轉移於七穆之手，有罪不討，又爲諸侯之罪人。

滕

滕之可考者纔五君。其與諸侯睦，其事霸主謹。惟偪而無禮，故逼於宋，畏於齊、楚，無以自立。

邢

邢滅於衛，衛文之罪著矣。而邢不度德，不量力。不親親，與狄伐衛，以速其亡，其罪尤大。

郕

郕之書於《經》者四，既降齊七十一年而奔魯，是其不得免焉。必未有罪，聖人以伯書，明周公大封同姓之意。左氏以爲太子朱儒，必不然矣。凡皆姬姓。

微國世紀

虞號焦滑之屬，皆同姓，自尋斧於本支。

陳

陳，舜之後，國於荆河，邇强楚而遠齊、晉，堅於事楚，非得已。故聖人不忍貶絶，而十二公悉著册。

杞

杞，夏之後而用夷禮。聖人不忍絶也，故書子二、侯三，人五百二十八【四】，因其善惡而著之。

宋

宋，湯之後。春秋二百四十二年，常書公以列於諸侯之上。反覆十三君，行事非有可称，而聖人拳拳焉。特以著三統之相，承明王澤之當續爾。

【四】五百二十八　「百」原作「伯」，據明本、文津閣本改。

庶爵世紀

齊

齊自僖公入春秋,參盟胥命,諸侯以稍稍宗嚮之矣。桓公霸業雖隳乎孝公,猶世爲諸侯之雄。景公授政强家,陳氏得售濡沫之惠於民,而齊國微矣。

許

許初從齊,猶未病也。齊霸既衰,一意從楚,而終爲鄭所併。

莒

莒近齊,偪於齊最甚,而又怙其强暴,首入人之國,取人之地。《春秋》夷之,略見於《經》。

薛

薛,諸任之國。自奚仲爲夏車正,而遷于邳。仲虺爲湯左相,而居於薛。然自入春秋以來,役於宋,偪於齊【五】,臨之以齊、晉,微弱無以爲國矣。

郳

郳,小國也。交鄰睦,事霸謹,君臣多賢,庶幾守禮義者。故能介數大國之間,與春秋始終,迄戰國而未亡。

【五】偪於齊　「偪」原作「福」,據文津閣本、文淵閣本改。

郳

小郳亦曹姓之國，介在海濱，畏齊事魯，而偪於宋。乃能以禮通諸侯，與春秋始終焉。叔孫昭子於其賦《菁莪》，有曰：「不有以國，其能久乎？」

鄫

鄫，微乎微者也。立所出以爲後。《春秋》書曰：「莒人滅鄫。」

紀

紀、齊同姓。紀爲齊弱而挾魯、鄭以戰齊，三邑既遷於紀，季入齊，紀侯去國矣。

微國

微國如魯入極，鄭取戴齊人、降郕之類，聚以紀之，以見周禮之衰。

夷國世紀

楚

楚在春秋始曰荆，繼曰楚，始曰人，繼曰子。蓋當時夷狄之爲中國患，未有若楚人之暴且久。有方城以爲城，有漢水以爲地，有申、吕之田以禦外，有申、息之門以備内，有成、莊、共、平、康、昭爲之君，有子文、孫叔、子庚、子木、子蕩爲之臣，所能世抗齊、晉，與春秋始終，至靈、康以後，雖專令諸侯，喪敗相尋矣，然《春秋》書法之嚴，則又以其私竊名號而夷之爾。

吴

吴，姬姓之長，《春秋》以其假竊名號而夷之。其始也，晉方患楚，未暇憂吴，其後吴甚有意於駕晉，又其後吴所爭不在晉而在楚，又其最後楚亦不能强，而吴之所患者在越矣。

秦

秦自穆公以貪伐喪，爲殽之戰，遂有彭衙之戰、令狐之戰、河曲之戰，暴兩國之衆，興數十年報復之師，更四君而未已。秦之爲狄，其始於殽之戰歟？

越

越，少康之後。入春秋百九十餘年始見《經》，常不過以國稱，僻陋甚矣。獨句踐與吴之事可以勵臣子之節。蓋越自楚靈之强，嘗從之伐吴，而闔廬之立，遂因以仇越，是以夫差敗於檇李，而懷必報之忿。及句踐困於夫椒，而遂成不釋之讎。仇吴之念隱於柔服之初，拳吴之計蓄於臥薪嘗膽之時，而沼吴之志卒遑於生聚教訓之後。二十年間所欲盡從，興事造業者可以略觀之矣。

戎

戎之類有六，曰山戎、北戎、姜戎、雒戎、茅戎、陸渾之戎。東遷以來，恣睢莫甚。齊桓大振治戎之旅，而戎始戢。及晉惠之反，誘戎遷於伊，晉襄之霸，挾戎戰於殽，其勢不得不至於陸梁。異時徐吾之役，既平茅戎於周，而復敗王師。是齊有攘戎之功，晉有致戎之罪。

狄

狄比戎患尤甚，《春秋》書狄者三十六，有長秋、赤狄、白狄，而潞氏、甲氏、留吁，又赤狄之種，惟獨名者最强。齊桓畢力治楚，置狄不問，無損霸業之盛。晉自景公諸侯盡離而閉南關，以北尋治狄之忿。雖剪除之功居多，捨内事外，霸業衰矣。

夷

夷之微國如介、如徐、如舒、如庸，莊、僖以後累累而書。巴以人稱，甲潞以氏稱，鮮虞、膚咎如以號稱，皆聖人預爲中國慮。齊桓之霸，能帖荆於召陵，而不能止江、黄之伐。晉文之霸，能致秦敗楚於城濮，而不能保鄀、六之不亡。小國尚安所恃，而不奔走於夷狄，故崇屬於秦，郯屬於吴，沈、徐、胡、頓屬於楚，勢不免焉爾。

春秋臣傳因蜀人王當元編而以所見爲評。

魯

臧氏

盛哉！臧氏之代不乏人也。僖伯諫觀魚，哀伯諫取郜鼎，至臧孫辰復能以言立，後之卿大夫皆宗之。方東門襄仲之子歸父欲去三桓，季孫行父欲追怨，逌其後獨臧宣能斥以後之人何罪。皆可謂賢也已。臧武仲以智稱，乃阿季武子之私，廢長立庶，卒見惡孟氏而奔齊。臧氏遂衰，豈所惡於智者爲其鑿之類耶？

季孫

魯桓公生莊公，復生慶父、叔牙、季友。莊公薨，叔牙欲立慶父，季友殺叔牙，而立閔公。及慶父殺閔公，季友復殺慶父而立僖公。季友雖於次最幼，而殺二兄立二君，勢最强，叔牙之後爲叔孫氏，慶父之後爲孟氏，與季氏爲三桓，而季孫遂爲稱首。季孫行父相二君，妾不衣帛，馬不食粟，最號賢者。然强私家，弱公室，小廉適足爲濟私之具。東門歸父謀去三桓，及宣公之死，行父宣言於朝，欲修怨焉。曾謂賢者而有是乎？莒僕弑逆，以寶來奔，公命與之邑，曰：「今日必授。」行父命出諸境，曰：「今日必達。」公固失之矣。然行父人臣，盍以逆順告諸君，以君命出諸境乃可耳？君命而己反之，何其自專，且自謂有舜大功二十之一，亦豈臣子之所宜言乎？一傳而季武子遂四分公室，而專其二。再傳而平子遂逐其君，使死於乾谿。習於惡既熟，不復知惡之爲惡，而勢亦駸駸難返矣。故至季桓子之世，雖以夫子、子路不能盡墮三都，栢子生不用孔子，而死囑康子。康子舍孔子而召冉子，是皆習於惡之既熟，膠於勢之難返。雖有良心，亦陽爲空言而止爾。

叔孫

莊公薨，無適嗣。叔孫欲以次立其兄慶父，不果，爲弟季友所酖。莊叔嗣封，傳子穆叔，視三桓子孫爲最賢。季氏三分公室，穆叔獨不可，固請而後盟之，猶使其乘之人獨盡爲臣。季氏瀆盟伐莒，穆叔使晉被執，臨危守節，不以貨免。既歸，出見季氏，指楹曰：「雖惡是其可去乎？」是亦異於季孟之心矣。雖以妖夢溺於豎牛，二子殲焉，此私門之禍不足以掩其公室之義。昭子以庶獲繼，不以豎牛立己爲勞而殺之。日食不伐鼓知季平子有異志。平子出昭公，昭子實從于齊，謀納公，不果而祈死。其志爲可哀，亦足世穆叔之賢矣。叔孫雖不賢，子路之謀墮三都也，尚能順之墮郈。

孟孫

慶父以逆誅，公孫敖以淫逐，而子孫乃多賢。敖之二子文伯、惠叔兄弟相及，其奔於莒，己氏所生之二子，亦耻以惡聲聞。文伯之子蔑，是爲孟獻子，孔子称其加人一等，孟子称其有友五人，其後僖子亦耻不閑於禮。聞正考甫鼎銘，而囑懿子學禮於孔子。斯皆可謂賢矣。然郈氏伐季氏，而共執郈昭伯，殺之，使季氏得逐公於齊者，正懿子也。仲由謀墮三都，叔孫氏已墮郈，季氏已墮費，而孟氏獨不墮成，使孔子不得成相魯之功者，亦懿子也。豈僖子囑使之學禮者，特威儀之爲禮而已耶。

端木賜

子貢欲免齊伐魯耳，乃一出而亂齊、破吴、强晉、霸越，率天下而兵，其禍豈止壑鄰國哉？且田常欲爲亂，而反教之以孤主制齊可乎？謂賜而爲之，何足爲賜？謂非賜所爲，其辨説之辭雖儀、秦不之及，何物史臣能僞爲此？是當缺疑。

子家羈

子家羈聞昭公將伐季子之謀而不洩，既伐季氏，季氏請以五乘亡，勸公許之，不聽。公孫于外，子家羈從亡，備嘗艱難。公薨于乾侯，季氏欲仕之而逃。持心堅正，義不忘君，進退審處，動與理合。魯之群臣未有賢於子家羈者也。

齊

管仲

商、周之初，伊、吕皆得聖君而輔之，而又諸侯皆未强大，故有德易以興。其後諸侯爭强，其勢不歸於并滅不止，而生民之禍烈矣。管仲起其間，先以法制富國强兵，爲威制張本。然後教其君不背曹沫之盟以示信，命燕君復納貢於周以示義，伐楚不服，則責以包茅不貢而楚服。鄭伯逃歸不盟，則亦却其太子華之讒而鄭伯請盟。力既足以勝，然後假仁義以行之。故能不以兵革而一正天下，其有功生民豈細哉！然自開闢以來，功利實自此始。後世皆陰用其術，而陽諱其名，功不及之而禍反滋焉。此君子所以不貴倖成之功。雖當世賴之，而識者譏之歟！

晉

六卿范氏、中行氏、智氏、韓氏、趙氏、魏氏

晉称六卿，雖下陵上替之積，子孫至於分晉，名教誅之。然其初興，皆才智有過人者，君子取節焉，未可盡以下體廢也。抑亦以才智而能守正者，其范氏之士燮、中行氏之荀吴、知氏之荀罃、趙氏之趙衰、趙武、魏氏之魏絳乎？

士蔿教獻公盡殺游氏之族，又以術驕虢而滅之，此小人之才耳。士會得政，晉盜奔秦，其才爲可知，將老而戒其子燮以從二三子惟敬，庶知本原者。然會，晉人也。在秦即侵晉，仁者爲之乎？惟燮也不矜功，不受賂，謂外寧必有内憂，而不事爭强，視其時爲獨能守正。若匄也，以愛其子鞅之故，盡殺欒氏，召亂以覆宗，雖才何稱焉。此范氏惟燮爲可稱也。

荀林父將伐晉、伐齊，而皆取其賂。先縠違節制，敗於楚，僅以滅潞爲功，抑末矣。如庚、如偃才皆碌碌，惟吴也不受鼓之叛者，鼓力竭而後取，鼓再叛，猶予之田而使其忠臣相之。視其時亦爲守正。至寅，即與范吉射攻趙氏，而覆宗矣。此中行氏惟吴爲可稱也。知氏之有荀罃，迎立悼公，修政施德，再避楚師，兩聽鄭平，皆不責人而求之己，功烈於晉爲中興，而未嘗有一毫苟以成之之意。非守正而能爾乎？

趙衰審所可從而獨從重耳，視荀息、里克等溝瀆愚見，天壤不侔，勤王定霸，未嘗不告君以正。趙武承其餘烈，幾漸復興，薄幣諸侯，歸邑齊、魯，以信自將，不虞楚之詐，厥功茂焉。趙簡子殺趙午，納陽虎，慚德非少，獨以受周舍之直諫，晉人懷之，子孫勃興，殆亦趙衰、趙武之遺休爾。

魏犨尚力，不足以訓。而絳事悼公，戮公弟楊干之僕，遭值明主，超將新軍，三駕而諸侯平，九合諸侯而尚勉君以思其終，殆皆於其正焉基之。此趙之趙衰、趙武、魏之魏絳皆可以守正称也。若魏舒舉十縣大夫，謂非賢於人不可也。然滅公族而縣之，舒實預焉。縣大夫得人，正其植私之計。《左氏》以爲孔子賢之，吾斯之未能信。

韓氏之可稱者韓宣子也。然反戚田於衛，致閻田於周正矣。易縣於宋，求玉於鄭，何不能推其類乎？善乎蜀人王當之言，曰：「豈禮義可爲於顯而棄於幽耶？否則國可弱，而家不可以不强也。」

狐偃諸臣附

狐偃。重耳外祖而傅申生，驪姬之難，教申生逃，不果，卒杜門不仕。其子舅犯從重耳於秦，偃雖死，不敢教之貳。犯遂佐晉安天下，功光前人，其積有自來矣。狐夜姑乃不量己，怨陽處父之易其位，擅殺以逃，復返於狄，豈夷之不可華也哉？荀息從君於惡，强立非所當立之奚齊、卓子，皆陷之死。里克傅當立之申生【六】，顧受驪姬之間，持

【六】里克傅當立之申生「克」原作「子」，據文淵閣本改。

兩可不救，迨禍成事極，奚齊、卓子已立爲君，乃犯大不韙以殺之。之二人者之死，曾自經溝瀆者不若也。好忠而不好學，其弊乃爾，亦可悲矣。慶鄭一諫，惠公之背秦而不聽，卒誤其君而陷之敗，此凶人耳。瑕吕飴甥辨於秦以歸惠公，其辭粲然，足全國體，於晉亦有一時之功。

冀芮教夷吾賂秦求入，視舅犯之教重耳，天淵不足以喻高卑矣。文公既立，尚執迷不悟，而謀作亂，宜一絶矣。冀缺乃以敬德嗣興，執晉國柄。郤至不忍一婦人之笑，而伐齊修怨。郤至本無大過，反以才辨自務，與錡、犨同稱三惡，竟覆其宗，禍福無不自己，豈繫其世也哉！

先軫以晚出之英，超將中軍，城濮之戰，策勳第一，乃以忠憤不顧而唾，卒於自討，識者悲之。使其幸遇明君，豈至是哉？伯宗事君以忠，用兵以義，卒爲三郤所害，豈亦不能善用其剛者歟？州犂奔楚，曲爲逆圍之謀，忝厥父矣。司馬女齊不瘠魯肥杞，而能勸晉遊楚，言必本理，叔向所相與始焉終焉者，可謂賢矣。祈奚外舉不避讎，内舉不避親，至公一忱，可詔千載。士伯瑕多知天道，其子弥牟常勤王而責宋之不共，亦足名家。陽處父輕易夜姑之位而見殺，幾於自取。苗賁皇雖有功於晉，終不免楚人狙詐之習，此無足云。惟叔向淹博多文【七】，能以禮信爲國，超然一時，乃違母命，以女禍覆宗，悲夫！

【七】惟叔向淹博多文　「淹」原作「也」，據文淵閣本改。

介推

有功名之士，有澹泊之士，介推雖從亡，特澹泊而沽激之人耳。出無共濟艱難之謀，甫入而文公遭變，禄未暇及，推即憤怨而去。雖推不去，亦豈若趙衰、舅犯輩能佐其君以興晉哉？推反譏二三子爲貪天之功，過矣！

宋

公子目夷、向戌、樂喜、華元

公子目夷不受襄公之讓國，賢矣！襄公失德，而屢諫不足以遏之，其所能者在己，其所不能者在人，目夷亦奈何哉！向戌辭偪陽之邑，以歸諸公，乃自詭弭兵，而求公賞邑，爲善不根於實心，有時而必敗耳！樂喜責向戌之弭兵，謂無威則驕，亂生則滅。凜然憂國之盛心，雖一介夫之死，猶哭之哀，良以不貪爲寶，力辭獻玉，其心純乎公故也。華元殺楚使而致兵，未爲善量勢者，蕩澤之亂，國賴以安。

衛

石碏祁子　孔達悝　孫良夫林父　甯莊子武子殖喜　北宫文子　蘧伯玉

石碏大義滅親，此不幸處人道之變，非所忍言。石祁子執親喪，不忍以嗣位，故佩玉卜兆，是不足以見人心本然之天乎！孔達不量强弱，挑晉取禍，自經溝瀆曰利社稷，恐善謀國者不爲也。孔悝以舅甥之親，出輒而立蒯聵。自衛而言，父子之名雖順，自悝而言，君臣之分則乖。夫亦當感輒以人心天理之正，不可則去之耳。孫良夫違衆犯齊，既敗，則又依晉，以敗齊專而生事，國何賴焉？其子林父逐其君獻公，以戚叛歸晉，晉反爲臣而執其君，何哉其爲盟主也。甯莊子扶立文公，衛以再造。甯武子輔成公，雖再出而不至失國。調護於難危之中，庶幾世濟忠力者。奈何甯殖既逐獻公，甯喜欲納獻公，反弑殤公，爲惡滋甚，善惡固不繫其世耶？北宫文子善覘人之國。蘧伯玉於獻公之去國復國也，皆避而不與，善處亂世，殆東漢郭有道之徒歟，然有道未嘗居其位。

鄭

七穆

穆公之子十一人，子然士，子孔先卒。子孔專而見殺。子羽不爲卿，存而顯者。稱七穆：子罕、子駟、子良、子國、子游、子卬、子豐是也。然多骨肉相殘，惟子國之子子産賢，又惟子罕之孫子皮知其賢而授之政。子産没後，賢而有禮者子太叔。

吴

季札

季札生蠻夷中，以禮義智識聞天下。聞樂而知古人之治亂，歷聘而知列國之興衰，燭照龜卜，莫喻其明矣。然吴至其父壽夢始大，壽夢賢而欲立之，不可，其兄諸樊讓之，不可，其兄餘祭、餘昧以次相傳，必欲致位於季，又不可。餘昧之子王僚嗣立，而諸樊之子闔閭弑之，曰：「致季可也，否則我當立。」吴之暴亂遂自此始。

楚

令尹子文　孫叔敖　沈諸梁

楚介在遠夷，而雄於中國，夫豈偶然之故哉！令尹子文爲相四十年，家無一日之積，孫叔敖身已貴而意益下，位已高而心益恭。國有人焉若此，國欲無興得乎？沈諸梁當白公勝之亂，國人望之如父母。一舉而定之，功成不居，亦賢矣哉。

秦

孟明　百里奚　蹇叔

孟明不知鄭之不當襲，又師出而輕。雖王孫滿尚幼，猶知其必敗。雖再敗之餘，鼓勇焚舟，不過晉不與爭而已，豈嘗有功於秦者哉？秦之能霸，穆公之賢而秦固强耳！世乃以其焚舟之勇，傳誦爲美談。不知秦、晉報復，暴兵千里，更四君而不休，皆孟明啓之。外誤其君，内違其父，不才孰甚耶？其父百里奚間關險阻，浮沉亂世，一爲穆公所禮，致即薦蹇叔二老，隨事略言，應輒如響。惜穆公用不盡其才而反用其子爾！

卷五十四

讀雜史四

東萊大事記

始於周敬王三十九年，首書魯人獲麟，孔子作《春秋》。又别爲《大事記》之解題，首載伊川《春秋傳序》。蓋記以上續《春秋》，解題以上續《左氏傳》。而載伊川《傳序》所以明《春秋》之義，而寓所以繼之之心也。温公作《通鑑》，始於威烈王二十三年，後於獲麟七十八年，始於三晉大夫封諸侯，特以繼《左氏》末年，載智伯事，蓋自處以史而已。《大事記》既以繼獲麟之絶筆，而入《通鑑》以後，又皆搜《通鑑》之所不載，豈其意未以《通鑑》爲足哉？然朱文公作《通鑑綱目》，亦惟始於三晉大夫，其事惟史。雖不以大事爲名，而綱即所以繼《春秋》，目即所以繼三《傳》，剪裁出入，首尾貫通。視《大事記》又不同矣。顧《大事記》多主《戰國策》，而以《史記》、《汲冢書》考究異同，其於名義、地理爲詳，學者亦不容不考。

周赧王四十一年四月，書孔子卒，是爲魯哀公十六年。孔子生於魯襄公二十二年，至是年七十三。

田桓滅齊族之强者，《解題》云：欒、郤、胥、原不微，則三家不能分晉國，高、鮑、晏不滅，則田氏不能篡齊。

越侵楚，《解題》曰：以誤吴也。吴伐楚，《解題》曰：爲越所驕也。得其情矣。

周貞定王元年，魯哀公及越后庸盟于平陽，《解題》云：三子皆從，康子病之。杜預曰：耻從蠻夷盟。愚意康子恐其君借勢於越以去己，故病之。與越將妻公，康子納賂太宰嚭而止，同一私心。豈以盟蠻夷爲耻哉？

張孟談既爲趙襄子滅智氏，而去之耕於負親之丘。愚謂與范蠡泛五湖同風。

貞定王二十八年崩，哀王立三月，弟思王弑之，思王立五月，弟考王又弑之。考王既立，遂封其弟揭於河南，爲河南桓公，修周公之職。其後遂爲西周，而東周於是又有東西周之分矣。

初，周之方興，所謂西周者，豐鎬也，所謂東周者東都也。東都之地有二：其一在河南，即郟鄏，郟者，山名，鄏者，地邑。周公卜澗水東者也，是爲東都之王城，惟天子時會諸侯則居之，否則虚。其一在洛陽，即成周。成周本并河南之總名，而遷殷頑民於成周，實在此洛陽。周公卜瀍水東者也，是爲東都之下都，則保釐大臣如君陳、畢公治事者居之。幽王既失豐鎬，平王遂遷東都之王城。王子朝之亂，敬王又遷東都之下都。

至是考王以王城故地封其弟，惟曰：河南桓公，東西之名未分也。桓公卒，威公立，威公卒，惠公立，秉政三世，益專，惠公别封少子班於鞏，以奉王號。東周其惠公獨擅河南，而不復奉王歟！東都者，指威烈王所居之洛陽，而鞏者班之采邑，是班秉政於洛陽而食采於鞏。班亦稱惠公，是爲東周惠公焉。至顯王二年，韓與趙分周爲二，東西周始名，爲列國不復相關。顯王在東周，特建空名於其上，而韓、趙分周之師，意者爲西周而舉歟！後五十三年顯王之孫赧王立，又自東周徙都西周，特主其祭耳，土地、人民、政事皆西周惠公之子武公者專之。赧王十五年，東周與西周戰，韓救西周，未幾韓又徵甲與粟於東周，蓋東周時服於韓。二十五年東周君朝秦，五十九年赧王與諸侯欲伐秦，秦使將軍樛伐之，赧王入秦，盡獻其邑三十六。又七年東周君復與諸侯謀伐秦，秦使吕不韋滅之，河南、洛陽東西周之地盡以封吕不韋。自周武王至此合八百六十七年，凡東西周之詳，東萊隨年考之，而今摠録於此。

赧王之父慎靚王二年，魏惠王命諸侯于臼里，將復尊天子，不克。東萊曰：按《韓非子》魏惠王爲臼里之盟，將復天子。彭喜謂鄭君曰：君勿聽，大國惡有天子？小國利之，君與大國不聽，魏焉能與小國立之，所謂將復立天子者。是時七國既稱王，不以周爲天子也。或者猶咎孟子勸諸侯行王道。何哉？

周威烈王四年，秦作上下畤。先是，秦襄公既侯，居西垂。自謂主少皡之神，作西畤，祭白帝。後十六年秦文公作鄜畤，祭白帝。後八十四年秦宣公作密畤於渭南，祭青帝。後二百五十年秦靈公作上下畤於吴陽，上畤祭黄帝，下畤祭炎帝。太史公續《秦紀》，至秦襄公作西畤曰：「僭端見矣。」

威烈王八年，越滅郯，郯，今海州。方春秋時，太皡之後有任、宿、須句、顓臾四國，少皡之後有莒、郯二國，至於戰國，獨任國僅見於《孟子》。

威烈王九年，秦初君甥妻河，用諸河以求福也。戎狄之俗也。鄴爲河伯娶婦，西門豹禁止之。魏與秦鄰，染其俗歟。《索隱》君甥作君主，謂取他女爲君主，猶公主也。

威烈王十二年，中山武公初立。先是，魯昭公十二年晉假道於鮮虞以滅虢，杜預曰：鮮虞，白狄别種，在中山。新市縣中山名見於傳，始此。及定公四年，晉合諸侯伐楚，荀寅曰：諸侯方貳，中山不服。是中山是時勢已漸强。至是武公初立，意始備諸侯之制與諸夏抗歟。威烈王十八年，魏文侯克中山，後三十八年其子武侯之世，又與中山戰于房子。其時蓋已復國。後七年中山築長城以備趙，又後二十六年魏以中山君爲相。則此時中山服屬於魏。又二十年韓、燕、中山皆稱王，則中山益强。又十八年趙武靈王攻中山，中山獻四邑以和。又五年趙再攻中山。又四年當赧王十九年，趙遂滅中山。戰國惟中山世系不明，愚故摠録於此【一】。

【一】愚故摠録於此　「愚」原作「患」，據文津閣本改。

威烈王十三年，晉河岸崩，壅龍門至于底柱。《解題》云：春秋後河患始於此。漢待詔賈讓曰：齊與韓、魏以河爲竟，各去河二十五里爲隄，水時至而去，則填於肥美，民耕田之，或久無患，遂成聚落。時至漂没則湛溺，自其宜也。愚按此年乃岸崩壅水，賈讓所言乃河溢決堤，事本不同。而賈讓於河患極見本末，程尚書大昌作《禹貢辨》，其説出此。

秦初令吏帶劍，又百姓帶劍。《解題》曰：佩玉，三代也。佩劍，秦也。

威烈王十九年，魏李悝著《法經》六篇，以政莫急於盜賊，故始於《盜律》、《賊律》；盜須劾捕，故著《囚》、《捕》二篇；其輕狡越城，博戲、假借不廉，淫侈踰制，爲《雜律》一篇；終以《具律》，具其加減，猶今之《名例律》也，凡六篇。商君受之以相秦，遂變法，又置法官。《解題》曰：法始於伏羲而備於周，雖其間有詳有略，要之皆本於伏羲也。法變於秦而極於五代，雖其間有因有革，要之不能大異於秦也。愚意揚雄稱法始於伏羲，成於堯者，殆指典章法度而言。今李悝所著，商鞅所用乃刻覈戕民之具，非法度之法也。自蚩尤作五虐之刑，曰法。至春秋如鑄《刑書》之類，惟戮是聞。及李悝撰次諸國之法而加刻焉，秦遂緣之立爲法官，愈傳愈密，而民無所措手足。秦之所變，豈變伏羲以來之所謂法而可並言哉？

威烈王廿三年，《通鑑》所始之年也。《通鑑》始於三晉大夫爲諸侯，《大事記》始於九鼎震，云三晉篡盜之應。

周安王四年，書列禦寇爲李耳之學，楊朱亦師耳。與墨翟春秋後各以其學行天下。《解題》曰：《列子》多引《黄帝書》，蓋古之微言，傳久而差。孔子定《書》，始《堯典》，其有以哉。愚按《列子》之言類楊朱，而後世以黄、老並言者，恐亦借古聖人爲重。如神仙則言黄帝，儉則言堯，許行並耕則言神農，皆起於後世耳。古豈有此哉？

安王十八年，秦止從死。秦自武公以人從死，獻公即位始止之。愚謂初政如此，所以能徙治櫟陽，修穆公之政而興其國歟！

顯王五年，秦敗魏、趙、韓，斬首六萬級。以萬計級自此石門之戰始。

顯王八年，秦孝公下令求能出奇計强秦者，公孫鞅自魏入秦，用之變法，秦自此强。東萊謂法之始行，民亦苦之，及其既久，能攻戰，能告訐，能損下益上者，皆得志。宜孝公以爲百姓果便之。彼貧弱者日以失職，怨氣滿腹而不敢吐，孝公安得而知之哉？

顯王十九年，秦壞井田，開阡陌。《解題》曰：阡陌，田間之道也。蔡澤稱商君之功，亦曰決裂阡陌。決裂云者，井田之制分畫堅明，封表深固，非大用力以決裂之，不能掃滅其迹也。東萊此語明矣。又繼之曰：變井田爲阡陌，爲之字義又與決裂相反，當以朱文公阡陌辨爲正。

秦令民父子同室内息者爲禁。《解題》曰：内者，納也。息者，子也。子弟納妻而生子，則不許同居也。商君初令有二男以上不分異者，倍其賦。及是雖止有一男納妻生子，亦分異矣。商君嘗謂趙良曰：始，秦戎翟之俗，父子無別，同室而居。今我更制其教爲男女之别，禮不下庶人，命士以上父子始異宫。今商君制禮乃過先王，豈其情歟？愚謂命士以上父子異宫者，屋室廣而侍者衆，故於所居各爲自便，非分離而各居也。商君欲增户口而使父子分離，各從征役耳，非使男女有别也，緣古説以欺人也。東萊猶以正禮責之，何待之厚耶？

顯王二十年，秦初置有秩史。《解題》曰：井田既廢，比閭之制亦壞，故置有秩史以董之。漢《百官表》載縣萬户以上爲令，秩千石至六百石，不滿萬户爲長，秩五百石至三百石，皆有丞、尉，秩二百石是爲長吏。百石以下有斗食，佐史之秩，是爲少吏。大率十里爲亭，亭有長。亭長持三尺板以劾賊。亭，停也。蓋行旅宿會之所館，一亭一鄉，鄉有三老，以德齒表率其鄉，有有秩，掌一鄉人。有嗇夫，鄉小者不置，有秩則置。嗇夫職聽訟、收賦税。又有游徼，循禁賊盜，皆秦制也。

顯王三十年，楚聘莊周爲相。愚按史無此事，而列禦寇、子華子凡方外横議之士，多自誇時君聘我爲相而逃之。其爲寓言未可知，又時君尚攻戰、權術，未必有禮聘岩穴之事。雖孟子之於梁、齊，亦聞其好士而往説之，非聘也。縱其聘之，何至預名爲相而聘之就使，欲聘爲相，何關世道。而乃以所未必有之事，著之信史耶！

《封禪書》載九鼎没于泗水彭城下，時在楚興師求九鼎之後。東坡曰：此周人毁鼎以緩禍，而假之神妖以爲説也。《封禪書》又曰：秦滅周，九鼎入秦。東萊曰：使鼎果入秦，則秦皇過彭城，何爲齋戒禱祠，使千人没泗水求九鼎哉？

顯王三十四年，趙起壽陵。《解題》曰古者凶事不豫，壽陵之名始此。墓之稱陵，古無貴賤之别。《國語》管仲曰：定民之居，成民之事，陵爲之終。是民之墓亦稱陵也。秦記載諸君之葬，至惠文王以後始稱陵。

顯王四十一年，魏納上郡十五縣於秦。《解題》曰春秋時郡屬於縣。趙簡子誓衆謂上大夫受縣，下大夫受郡是也。杜預註曰：《周書·作雒篇》千里百縣，縣有四郡。戰國時縣屬於郡，此云上郡十五縣是也。秦孝公并小鄉爲大縣，未有郡之稱。魏納上郡，後十餘年始置漢中郡，或者山東諸侯先變古制而秦效之歟。

顯王四十五年，秦惠王後元年。《解題》曰《本紀》書更爲元年，蓋如《竹書紀年》魏惠王復改元。

慎靚王三年，韓、趙、燕、齊帥匈奴攻秦，匈奴始見於此。

赧王二年，屈原作《離騷》。愚按史之所書者，國事也。前此書孔伋作《中庸》，此已不待史而傳屈原作《離騷》。又非子思作《中庸》比也。不知止書楚放屈原而疏作《離騷》於下，何如？

赧王六年，秦初置丞相。《解題》曰：丞相之名始此。

赧王八年，秦立芈八子爲太后聽政。《解題》曰：芈，楚姓也。八子，婦官，視千石。後世婦人預政始此。其異父弟魏冉爲將軍用事。後世外戚預政始此。

赧王十四年，秦蜀郡守李冰鑿離崖，避沫水之害，穿二江成都中。《解題》謂：江水出岷山，東南過氐道縣，又歷都安縣，又徑臨卭縣、江源縣，又東北逕郫縣，又東逕成都縣，又東南過犍爲武陽縣。沫水從東南來，合而注之。沫水一自蒙山至南安，而溷崖水脉漂疾害舟。李冰鑿平溷崖，通正水路，溷崖即離崖也。

赧王十九年，趙主父滅中山，酺五日，《周禮・族師》祭酺註曰：酺者，爲人物災害之神也。漢律三人以上無故群飲酒，罰金四兩。横賜得令群飲者謂之酺。東萊據此謂群飲之禁遠自周公賜酺之制。亦必非始於趙也。愚按《周禮》出於漢末，謂酺爲祭神，恐未可知。而破群飲之禁以賜酺，則始見於此爾。

赧王三十二年，燕昭王使方士入海求三神山。《解題》曰：此後世人主求仙之始也。自齊桓、宣、燕昭使人入海求蓬萊、方丈、瀛洲，世主莫不甘心焉。

赧王三十六年，秦、趙會澠池。趙以藺相如爲上卿。《解題》載龜山楊氏之言曰：古有以皮幣珠玉而不得免者，況一璧乎？雖與之可也，全璧歸趙，何益哉！至於澠池之會，相如智勇不足重趙，乃欲以頸血濺之，所謂暴虎馮河，死而無悔者歟！愚按《戰國策》或謂韓王曰：秦之欲并天下而王之也，不與古同。事之雖如子之事父，猶將亡之也，行雖如伯夷，猶將亡之也。雖善事之，無益也。可謂得秦之情矣。趙之危急非周大王方興比也，秦之强暴非狄之西陲荒惚可遷避比也。奪之璧，脅之兵，彼尚知趙有人而少紓其侵暴。予之璧，爲之擊缶，而不敢較，彼且臣妾我，而禍又速矣。藺相如，烈士也，處萬死一生之地，安若無事，何可當也！龜山之論雖揆正誼，我輩書生平居坐談，但有媿嘆耳。

秦昭王五十二年，是歲秦既滅周，以秦年統諸國。然始皇二十六年以前秦固未嘗敢稱天子。

莊襄王元年大赦。《解題》曰：秦、漢以後初即位肆赦始此。

始皇四年，蝗疫，令百姓納粟千石，拜爵一級。《解題》曰：入粟拜爵始此。

魏公子無忌卒。初，周赧王五十年，魏被齊、楚兵【二】，賴秦救而定，欲親秦而伐韓。無忌曰：秦有虎狼之心，非盡亡天下之國不休。願王速受楚、趙之約，而挾韓之質以存韓、安魏。當是時范雎爲秦謀主，以破韓爲首務，所以親魏者，特欲孤韓之黨耳。信陵君之言深識天下之大勢，使魏王能用其計，糾率楚、趙，竭力助韓，則韓不至於失上黨，趙不至於敗長平，六國亦不至爲秦所吞矣。謀既不用，又以矯殺晉鄙，流落於外。秦已滅周，六國垂亡，魏始再用之，猶能收合諸侯，折强秦之鋒。向若用之於上黨、長平

【二】魏被齊楚兵　「被」原作「破」，據耕餘樓本、《大事記》卷五改。

未敗之前，雌雄之勢殆未可量也。

其收合諸侯以折强秦也，實當秦莊襄王三年，敗秦軍於河外，走蒙驁，乘勝逐秦軍至函谷關。秦兵不敢出，公子威震天下。明年公子即以毁廢，蓋安釐王始畏公子賢能，不敢任以國政。魏、趙，唇齒國也。秦圍邯鄲，公子數請賓客辯士説王萬端，豈獨爲其身計哉？及奪晉鄙軍以存趙，則遂爲魏王所深讎，雖迫於危亡，不得已而再用之。然魏王之猜且闇猶夫人也，故秦間得行。公子既廢，日夜飲酒，四歲病卒。秦聞公子死，蒙驁始攻魏，拔二十城，置東郡，其後稍蚕食魏，十八歲而滅之。公子之存亡關魏之存亡如此。故漢高祖自少時聞公子賢，及即天子位，每過大梁，常祠公子。十二年擊黥布，還，爲公子置守冢五家，世世歲以四時奉祠。愚按四公子惟無忌有功當世，前史以矯殺晉鄙事短之，東萊獨發明其韓、趙、魏存亡相依之情，以白其心。凡書公子事必再三致其意，故摠録於公子既卒之下。

始皇六年，楚徙都壽春，命曰郢。《解題》曰楚都所至命曰郢，晉都所至命曰絳。

始皇九年，毐嫪作亂，夷三族。《解題》載嫪矯發兵縣卒、及衛卒、及官騎、及戎翟君公、及舍人，蓋秦之兵制，見此凡五也。王攻毐嫪，戰咸陽，斬首數百，皆拜爵。宦者在戰中亦拜一級。亦者，秦之宦者本無拜爵之法也。

始皇十年用茅焦諫，迎太后于雍。《解題》曰：《本紀》載茅焦言：大王有遷母之名,恐諸侯由此倍秦。又《戰國策》載頓弱面詆始皇不孝,始皇怒,弱告以山東戰國六,威不掩於山東而掩於母,乃霽怒。然則始皇所重者獨兼并諸侯耳。茅焦特以諸侯倍秦恐之,非以母子天性感悟之也。

以尉繚爲國尉。《解題》曰:大梁人尉繚説秦曰:恐諸侯合從,願賂其豪臣以亂其謀,不過亡三十萬金,諸侯可盡,卒用其策。大略與李斯同,不過以金啗之。前此范雎之散合從,後此陳平之間項羽,同出一術。蓋亂世風俗貪鄙,故此術每用每中。

始皇二十六年滅齊,初併天下,置三十六郡,内史爲首,所治秦之三輔及弘農郡,其後并南越、閩越,置桂林、南海、象郡、閩中,合四十郡。秦初三年一郊,收太半之賦,貧民耕豪民田,以十五輸本田主。愚按田主得其半,若官又收太半,於其田主,將何從出耶?亦可疑。

始皇三十一年使黔首自實田。《解題》曰:爲此阡陌之弊。愚按:阡陌乃井田之阡陌,秦開而去之,非爲之也。東萊於孝公之下自載秦人之説,以爲決壞阡陌,今其自説乃以爲開創,恐不相合。此事朱文公考之甚詳。

《大事記》以義帝紀年,恐别有見耳。義帝本楚懷王之孫,流落牧豎,項羽以人心爲楚不平,借之以從衆望,所謂弁髦耳。豈真天下之共主哉!

張良教太子致四皓,高祖不敢廢太子。伊川《易傳》用爲納約自牖之證。温公以其爲脅君而删之，二説不同。而《大事記》載《易傳》。愚謂兩説自可並存，蓋高帝懼太子羽翼有人，廢之必有後患而止，非喜太子之能用賢，可付託天下而不廢也。爲史者但存其事，是非自見，似亦不必删。

高帝既崩，吕氏欲盡誅將相而後發喪，賴酈商説其所私審食其者，乃獲免。其後諸吕欲爲亂，又賴酈商之子酈寄説吕禄解將印之國，導之出游獵，而太尉得入北軍以誅諸吕。酈氏父子有大功於劉氏宗社矣。張良智高一世，佐漢開基，其子辟疆乃教陳平啓吕氏王諸吕以保身，幾滅劉氏。一於機智苟濟目前，不復顧大體之所在，其弊乃如此，雖謂良之不才子可矣。《解題》謂高后欲王諸吕，故諸劉之望皆見厚，則天欲帝武氏，故諸李之望皆見屠。愚按：吕氏以朱虚侯劉章爲材武而結之，妻以吕禄之女。其後知諸吕之遂謀者，正此女，而手殺諸吕者皆劉章，此殆天意耳。若吕氏之欲誅滅劉氏，其心豈可測哉！

賈誼《服賦》稱單閼之歲，蓋丁卯也。時絳侯已就國，灌嬰已死，則絳、灌無由譖誼。《大事記》移之甲子歲，然當缺疑耳。且絳、灌漢初醇厚，賈生年少好議論，絳、灌非之，亦老成者之常情，縱有之，不可言譖。

謂賈誼《政事疏》引君當道者獨缺焉。

論漢用人必先曰長者，舉事必先曰大體。各引其證甚詳可讀。見文帝十年。

除田租，《解題》曰：晁錯鬻爵之策，積粟既多，故除田之租税。除戍役令，用晁錯募民戍邊之策，應募者衆，不必勞民更戍。

漢景二年，申屠嘉死。漢相之威權遂奪。

中四年作德陽宫，此景帝廟也。諱不言廟，故言宫。

孝武元光二年立太乙祠。《解題》曰太乙之名古無有也。古之醫者觀八風之虚實、邪正以治病，因有太乙九宫之説。其説具於《鍼經》。今繆忌新奏太乙方曰：天神貴者太乙，太乙佐曰五帝。古者天子以春秋祭太乙東南郊，用太牢，七日爲壇，開八通之鬼道，是果安所從救哉。元鼎五年，甘泉太乙祠壇而五帝祠壇圜其下，又以太乙爲尊於天帝矣。

元封四年夏大旱，關東流民二百萬口。《解題》曰：公孫卿謂乾封三年，今四年而旱益甚，不正其欺罔之罪而行誅，何哉？愚謂縱非四年而旱益甚，國家亦何利於三年之旱，而必封禪以求之，封禪豈爲祈天降災而設哉？封禪二字已爲欺罔，不待四年旱而後爲欺也！

元封五年初置刺史部十三州。《解題》曰：漢丞相遣使分刺州，不常置，武帝初置部刺史，掌奉詔，條察州司隸校尉部，豫州部、冀州部、兖州部、徐州部、青州部、荆州部、揚州部、益州部、涼州部、并州部、幽州部、交州部凡十三。

巫蠱。按武帝好方士而女巫往來宮中，教美人度厄，每屋埋木人祭祀之。因妬忌恚詈，更相告訐，以爲呪詛，其禍遂至殺兩公主，殺太子，殺丞相公孫賀，殺衛皇后之親黨。武帝好神仙之效如此，而道家所謂度厄，亦略可觀矣。

吴人棲句踐之地南至句無，今諸暨地，北至禦兒，今嘉興地，東至鄞，今慶元地，西至姑蔑，今衢州地。琅琊今沂州。徐州即舒州，見《史記》正義。又郐，亦音舒。南鄭鄭桓死於犬戎，其民南奔，故以南名，即漢中地，今興元府。新鄭鄭在宗周畿內，幽王時遷於河南。臨晉秦築高壘，以臨晉國，故名。毌丘毌音貫，即古貫字。在今濟陰縣南。扞關周安王二十五，楚爲扞關以拒蜀。蘇秦云：趙之扞關，陸道之關也。楚之扞關，水道之關也，張儀脅楚曰：舫舡載卒，不十日而距扞關。李熊説公孫述曰：東守四郡，拒扞關之口，《史記》正義謂在峽州巴山縣。黄池吴王夫差、晉定公會處，在今開封府東平丘縣。見顯王十二年。咸陽在渭水之北，九嵕諸山之南，皆陽也。故名咸陽。舊亦別名長安。漢高六年遂改曰長安。商於商落縣在商州東，本周之商國也。於林在鄧州，古於邑也。汨羅《史記》正義云：在洪、饒等州，楚之東境。三州河、洛、伊也。漢分爲河南、河內、河東，號三河。龍兑兑音奪，趙地名。遼東秦、漢皆爲郡，漢末公孫度據，司馬懿滅之。西晉慕容廆據，後魏滅之。其地尋入高麗。唐李勣平之，置安東上都護府，至德後廢。荆楚也，秦避莊襄王諱，改云荆。鴻溝浚儀縣西北，渠水東經大梁城南，又北屈分爲二渠，其一東南流，爲鴻溝，其一東經陽武縣，爲官渡。汜水有二：一在成皋城東者，音祀；一在濟陰，高帝即位處，音敷劒反。京索京故城在鄭州滎陽，東京縣有大索城、小索城。蜀始見於《牧誓》。周元王元年，蜀始聘秦。三郡高帝定天下，分三秦爲三郡。渭南，即景帝右内史，武帝京兆尹之地。河上，即景帝右内史，武帝左馮翊之地。中地，即景帝右内史，武帝右扶風之地。蓋秦内史掌治京師，項羽分其地爲雍、塞二國。高帝分三郡，復隸内史。而景、武之世更其名。楚有三自淮北沛、陳、汝南、南郡爲西楚；彭城以東，東海、吴廣陵爲東楚；衡山、九江、江南、豫章、長沙爲南楚。出漢《食貨志》。北河秦築長城，並河以東屬之陰山，因河爲塞。又云運芻粟北河，蓋河自西域注于蒲昌海，隱淪不見，復出於積石山，屈而東北流，徑於析支東北，逕歷燉煌、酒泉、張掖南，又東過隴西、金城、天水，又東北過安定、朔方，又屈而北流，爲北河。秦之轉輸率三十鍾致一石。方與趙縣名，音房豫。山東秦、漢間稱山北、山南、山東、山西，皆主太行。太行在漢屬河内，在今屬懷州，在天下之中，故指此山以表地勢。見高祖十一年《解題》。羌道凡縣有蠻夷稱道。

右地理

關内侯有侯號而居畿内，無國邑。見顯王十七年，秦二十爵注。佽飛秦時少府有注戎，漢武帝改爲佽飛。郎括蒼鮑氏曰：郎與廊同，《戰國策》云至郎門而反，郎，秦官也，掌守門户。中郎、侍郎、郎中爲三郎。中丞相趙高，宦者，故名中丞相。三老秦法也。漢置縣鄉三老，民年五十以上有修行，能率衆爲善者爲三老。鄉一人，又擇鄉三老一人，爲縣三老。九賓周謂公、侯、伯、子、男、孤、卿、大夫、士。漢謂王侯、公卿，二千石、六百石，下及郎、史，匈奴侍子。臚句傳上傳語告下爲臚，下告上爲句。見高帝七年注。五百晁錯言四里一連，連有假五百。東萊注云：五百之名始此。翁主諸王女爲翁主，言其父自主之。

右官稱

北闕未央宫雖南嚮，以北闕爲正門，名玄武門。又有東闕東門，名蒼龍門。而西南兩向無門缺，蓋蕭厭勝之術。冀闕冀，記也。記教令於此門，索隱云。顧成廟制度卑狹，若顧望而成。罘罳連闕曲閣也。其形若罘罳。桶周顯王二十一年，秦平斗、桶、權、衡、丈尺。鄭玄云：桶音勇，今之斛也。屬車周末諸侯有貳車，九乘，秦滅九國，廉其車服，故屬車八十一乘。幘秦滅趙，以其君之冠賜近臣，名惠文冠。所謂貂蟬也。秦雄諸侯，乃加其武將首爲絳帕，表其貴賤。其後稍稍作顔題，謂之幘。貂蟬同上。袀音鈞，皂也。秦尚水德，郊社服用皆以袀玄。黄屋左纛車以黄繒爲蓋，又以毛爲幢，置車衡左方上爲纛。此戰國以來稱王者之儀，漢遂爲定制。行高七年《本紀》行如雒陽，秦、漢謂乘輿爲行如，《始皇紀》行所幸，有言其處者死。即阼文帝即阼，《曲禮》曰：踐阼，臨祭祀。阼東階也。王人所升降。《士冠礼》注曰：阼猶酢也。所以答酬賓客。褚竹吕反，以綿裝衣曰褚。見文帝遺匈奴書。比余漢遺匈奴之物，辮髮之飾也。《漢書》作比疏。犀毗胡帶之飾，亦曰鮮卑。張晏曰：鮮卑，瑞獸名。銅虎符、竹使符銅虎符第一至第五，文帝始以銅爲之。竹使符皆以竹箭，凡五枚，長五寸，鐫刻篆書第一至第五。符以代古之圭璋，各分其半，右留京師，左以予郡國。郡用銅虎符之守，國用竹使符之相。國家當發兵，遣使合符，符合乃聽受之。尺籍伍符尺籍所以書軍令，伍符五五相保之符信。朱兩轓轓音反，車耳反。出爲蔽也。二千石朱兩轓，千石至六百石朱左轓。

右宫闕器物

龜貝右以玉爲瑞，龜爲寶，貝爲貨。戰國以後尚金錢，而龜、貝委之泥沙不用矣。錢高帝十一年定郡國之獻，人歲六十三錢，又漢爵一級直錢二千，又漢律人出一筭百二十錢，又民賦四十，又景帝詔，訾筭十以上乃得官，今訾四得官。注云：訾万錢，筭百二十七，十筭十萬也。赤側以赤銅爲錢之郭。緵祖工反，八十縷也。租挈《溝洫志》今内史稻田租挈重，不與郡同。挈，苦計反。收田租之約令也，然則今之租契。綺今之細綾羂織也。

右錢幣

藺石鐵蒺藜也。渠答城上雷石也。《墨子》曰城上二步一渠，二步一荅。虎落若今竹虎，以竹篾相連遮落之。穹廬旃帳也。其形穹窿，故曰穹廬。祓灞上祓音廢，三月上巳，鄭會溱【三】、洧祓除不祥。漢祓霸上，魏以後不用。勸駕高帝十一年求賢詔云：必身勸爲之駕。縱横連關中之謂横，合關東之謂縱。上計秦制：凡郡以春行縣，勸農桑，振乏絶。秋冬遣無害吏間，因歲盡上計。見秦昭五十二年注。法酒以禮飲也。高七年注。來置酒始皇十年，齊王、趙王來置酒。《解題》曰：凡諸侯相朝至國，設燕饗以禮之，未有賓客反置酒者。蓋齊、趙畏秦而然。愚謂此近出移厨之始。頭會箕斂服虔云：吏到其家，以人頭數出穀，以箕斂。端月秦、楚之際，月避始皇嫌名，改正爲端。耏音而。輕罪不至髡，完其耏鬢。陸海秦、豳之地，以其膏腴，號稱陸海。倍稱晁錯書謂舉一償二，稱舉也。今謂舉錢。舅父母之兄弟爲舅父。齊王舅父駟鈞。詳見文帝三年注。蘄讀芰同。泰階六符三合也。每二星上階爲天子，中爲諸侯、卿大夫，下爲庶人。星皆明，則太平，故曰符。酺周赧王十九年，中山膚施大赦酺。按《周礼·族師》各掌其族之戒令、政事。《春秋》祭酺亦如之。註謂酺者，爲人物災害之神，因祭酺而與其民以長幼獻酬，馬疏謂祭酺而民相獻酬，必合錢爲之。故《禮記·曾子》曰：《周禮》其猶醵與。東萊云：漢三人無故群飲，罰金四兩，詔横賜得令群飲，謂

【三】鄭會溱　「會溱」原作「曾秦」，據文淵閣本改。

之酺。群飲之禁遠自周公，賜酺之制亦必非始於趙也。

右雜類

東萊先生吕氏作《大事記》將以上續《春秋》下訖五代，天不假之年，修至漢武帝征和三年而絶筆矣。大要括類《史記》、《漢書》之事，凡散見《表》、《志》而不載《本紀》及其餘記傳涉秦、漢事者，總爲《大事記》。及參訂諸書異同，使之歸一，或與易置其先後。及考究地理、制度、名物纖悉者，别爲《解題》。又始於《書序》、《詩序》及《論語》、《孟子》及時事者，與太史公自序，胡五峯假陸賈對而終之以董仲舒策，再爲《通釋》，其書凡三。其用工甚至，其考訂甚詳。晦庵嘗見其書於身後，答書於其子弟而稱之。他日答沈叔晦書亦言東萊文惟《大事記》有益，此其大約也。

卷五十五

讀諸子

老子

《老子》之書必隱士嫉亂世而思無事者爲之，異端之士私相推尊，過爲誣誕。如《序》稱葛仙翁所作，謂老子出於無始之劫，以道爲天地萬物母，至周衰，道不行，始西去。不知洪荒未嘗以治稱，黄帝、堯、舜之治，皆以仁義禮樂，初無用乎老子虚無之道。聖王不行而周衰，初非老子之道不行。使道不能行而去之，則天下於老子之道何賴而劫者？後世佛氏之説亦不當淆入以論老子也。至八十一章之解，直謂河上公坐虚空中授漢文帝。其事發於裴楷，不知漢文帝在位二十三年，僅嘗勞軍及郊雍，未嘗幸河上，而裴楷乃晉人非漢人也。一本作裴偕，又未詳其何人。且史稱河上丈人爲安期生之師，六傳而至蓋公，蓋公尚在文帝之前，河上公豈當文帝之世？其説不經，全類市井小説，略不知古今，辱老子之書又甚矣。姑辯其妄而録老子書之有補於世者，因其舊分二章。

保身章第一

不見可欲，使心不亂，身與貨孰多？甚愛必大費，多藏必厚亡。知足不辱，知止不殆，知足之足常足。輕諾必寡信，多易必多難。柔之能剛，弱之能强。强梁者不得其死。夫惟不爭，故天下莫能與之爭。故善人者不善人之師，不善人者善人之資。天之道，其猶張弓乎，高者抑之，下者舉之，損有餘而補不足。金玉滿堂，莫之能守，富貴而驕，自違其咎。功成名遂身退，天之道。

保國章第二

天之道不爭而善勝，天得一以清，地得一以寧，王侯得一以天下正。江海所以能爲百谷王者，以其善下之。夫我有三寶：一曰慈，二曰儉，三曰不敢。爲天下先，人之所惡，惟孤、寡、不穀而王公以爲稱，治大國若烹小鮮。圖難於其易，爲大於其細。爲之於未有，治之於未亂。合抱之木生於毫末，九層之臺起於累土，千里之行始於足下。聖人無常心，以百姓心爲心。其政悶悶，其民醇醇，其政察察，其民缺缺。禍兮福之所倚，福兮禍之所伏。見小曰明，守柔曰强。以道佐人主者，不以兵强天下。師之所處，荆棘出焉，大軍之後，必有凶年。佳兵不祥之器，不得已而用之。戰勝以喪禮處之，含德之厚，比於赤子。

後辯：其書謂道非明民者，見之偏；欲絶仁棄義者，言之激。翕張予奪者，陰謀。玄之又玄者，彼自不知其所以言，何詰焉？

莊子

莊子以不羈之材，肆跌宕之説，創爲不必有之人，設爲不必有之物，造爲天下所必無之事，用以眇末宇宙，戲薄聖賢，走弄百出，茫無定踪，固千萬世詼諧小説之祖也。然時有出於正論者，所見反過《老子》。《老子》之説可録者，不過卑退自全。莊生之説可録者，往往明白中節。今隨其篇録下方。

內篇

爲善無近名，緣督以爲經。仲尼曰：天下有大戒二：其一命也，其一義也。子之愛親，命也，不可解於心；臣之事君，義也，無適而非君也。無所逃於天地之間，是之謂大戒。是以走事其親者，不擇地而安之，孝之至也；夫事其君者，不擇事而安之，忠之盛也。知其不可奈何而安之若命，德之至也。兩喜必多溢美之言，兩怒必多溢惡之言。尅核大至，則必有不肖之心應之。安時而處順。

外篇

麤而不可不陳者，法也；親而不可不廣者，仁也；節而不可不損者，禮也；一而不可不易者，道也。愛人利物之謂仁。上必無爲而用天下，下必有爲爲天下用。此不易之道也。夫尊卑先後，天地之行也，故聖人取象焉。宗廟尚親，朝廷尚尊，鄉黨尚齒，行事尚賢。

無財謂之貧，學而不能行謂之病。貴賤之分在行之美惡。平爲福，有餘爲害，物莫不然，而財其甚者也。

雜篇

後辯：《莊子》之可録者固過於《老子》。然其悖理者，則又甚於《老子》。蓋《老子》隱士之書，而《莊子》亂世之書也。其所以變亂天下之常者，不過借天下之不常以亂其常。如麋鹿食蔗，則因謂民食芻豢者爲非正味；如巨盜負篋，則因謂緘縢防盜者爲盜積；如瞽者不見文采，聾者不聞鍾鼓，則因謂文采、鍾鼓爲無用。於是乎混而殽之，謂是即非，非即是，而是非之兩忘。於是乎復蕩而空之，謂人不必有材，心不必有知，而天下生生之理盡絶。於是乎又復引而神之，謂入水不濡，入火不焦，爲天下之至人。嗚呼！此誠亂世之書，而後世禪學之所自出也。是非之理判然，安得而使之無；人生而有血氣必知，安得而使之無。果如其説，心定神全，入水入火，不驚不悸，猶可也。安得而不焦不濡。此固天下所必無之理，童子猶將笑之。奈何其文奇説誕，人情易惑，雖老師宿儒反或溺之耶？嗚呼！悲夫！盍火其書？

道家者流謂黄帝上天，謂老子西出關爲長生不死之證。然黄帝之墓，好道之漢武親過之。老聃之死，好道之莊子親載之。莊子生於戰國，六經之名始於漢。而《莊子》之書稱《六經》，意《莊子》之書亦未必盡出於莊子。

荀子

余讀荀卿書，然後知昌黎公之不可及，雖歐陽子最尊昌黎公，其議論亦有時而異者。大抵誦述正論於義理開明之日易，辨明正理於是非迷謬之世難。自戰國縱横之説興而處士横議之風熾，極而至於莊周，并收一世之怪，大肆滑稽之口，以戲薄堯、舜、禹、湯、文、武、周公、孔子之道，而天下之正理世無復知。於斯時也，知尊王而賤霸，知尊孔氏而黜異端，孟子之後僅有荀子一人。而世不稱荀子。何哉？蓋嘗考其故，由漢及唐皆尊老、莊，其間溢出而爲禪學者，亦莊、老之餘漲，而荀子嘗斥老聃爲知詘而不知伸，斥莊周爲蔽於天而不知人，其説正與由漢及唐之學者相背馳，宜其不之稱也。獨一昌黎公奮自千載無傳之後，破除千載謬迷之説，尊孟子以續孔氏，而表荀子以次孟子。卓哉！

正大之見，孔、孟以來一人而已。其關繫正邪之辨爲何如哉！迨至我朝理學大明，三尺孺子亦知嚮方矣。老蘇以傑然不世出之才，反獨遠追戰國縱横之學，此與荀子正相南北，識者已疑之。歐陽子一見乃驚嘆，以爲荀子。夫荀子明儒術於戰國縱横之時，而老蘇祖縱横於本朝崇儒之日，同耶異耶？而謂蘇爲荀耶？或者特於其文而言之耶？

後辯：昌黎稱荀子大醇小疵，世之因而指實其小疵者，曰：非子思、孟子也；曰謂性爲惡，而謂爲善者僞也。若然，則豈止小疵而已哉。余觀其非子思、孟子，蓋其妄以知道自任，故欲排二子而去之，以自繼孔子之傳，其意盡於篇末可見，其失正坐不自量耳。至其以爲善爲僞，則其説雖可驚，其意猶可録。蓋彼所以僞者，人爲之名而非詐僞之謂。若曰人性本惡，修爲斯善，其意專主習而不主性，其説遂墮一偏。而又古今字義漸變不同，如古以媚爲深愛，而後世以爲邪；古以佞爲能言，而後世以爲諂。荀子之所謂僞，殆類《中庸》之所謂矯，而擇言不精，遂犯衆罵。不然，何至以爲善爲詐僞之僞也哉！惟其本意之所指，初不其然，此昌黎姑恕其説，而指爲小疵歟。抑荀子之小疵，雖其議論之近理者，亦或不免，不但非孟言性而已也。大抵荀子之所主者在禮，而曰禮之敬，文也，則禮之本於内心者。卿殆未之深考，故其議禮之效，惟欲辨分以足用。其於論王伯曰：粹而王，駁而伯。曰義立而王，信立而伯。幾謂王伯無異道，特在醇不醇之間。至於内心義利之分，則略不之及。又謂能治其國，則文繡爲當然，而厚葬爲無害。其與他日譏齊桓淫泆而猶許其有大節者無以異。然則使荀卿而用於世亦不過富國强兵，善致鄰國，成霸功爾。

荀子注於駑馬十駕之下云有缺文。愚按駑馬十駕，功在不舍。此二句正相聯屬，若曰馬駑而能致十駕之遠者，功在於行行而不止耳。又於以狐父之戈钃牛矢，注云：喻以貴用賤，其説未聞。愚按此章戒鬬，謂好鬬者不足與之較也。狐父之戈，良器也。牛矢，至賤也，而钃之，是自褻其良也。君子與小人鬬之譬也，若曰千鈞之弩，爲鼷鼠發機云爾。何未聞之有。

揚子

《揚子》終篇稱王莽之勤勞過於阿衡，是豈可齒善類？猶以知尊孔子、得名諸儒。然自漢武以來，孔子之褒顯尊異爲已久，正不待揚雄而後尊。而此時亦非有異端之可闢，如孟、荀不幸生處士橫議之時也。跡其言議，況多粗淺。首章謂倥侗、顓蒙恣于情性，是既不知有物則秉彝之理矣。如曰學，行之上也，言之次也，教人又其次也。亦豈孔門之旨耶！孔門之學，致知思辨爲先，而雄遽以行先之。學不厭，教不倦，仁智兩盡之事。而雄反以教人又次爲言。果可爲《法言》之首乎？愚嘗謂孟子之論於其心，故可以繼孔子之傳。荀子之論止於事，故不能如孟子之醇。揚子當正論已明之後，不過掇拾緒餘以盜名。故雖以温公之淳厚，終身爲其所欺，表而尊之，與曹操預正統等。而世亦終不謂操爲西伯，謂雄爲孟子也。公理昭昭天地間，是豈一人之力可强而易置之耶！

文中子

《文中子》之書以《易》、《老》並言，以釋、老與儒爲三教。蓋亦六朝流習耳。跡其言議，多有近理，如曰廉者常樂無求，貪者常憂不足；如曰人有不及，可以情恕，非意相干，可以理遣；如曰易樂者必多哀，輕施者必多奪。問何以息謗？曰無辯。問何以止怨？曰無爭。然要其指歸大要，亦不出老子慈儉之説，於聖門未有得焉。至其主標枝野鹿之説，謂上無爲，下自足；至治之代，人老死不相往來。則習老子之説而不之考也。古者鴻荒之世，人之異於禽獸者幾希。聖人者作，教之以相生相養之道，然後漸有倫理以趍於治。太古何嘗有治，至後世聖人然後有治耳。且上果無爲，則下亦烏能自足耶？若夫帝國戰德，皇國戰無爲，德與無爲而以戰言，雖老子未嘗道。甚至借聖門以掩釋、老之弊，謂《詩》、《書》盛而秦滅，非仲尼之罪；虚玄長而晉亂，非老、莊之罪；齋戒修而梁亡，非釋迦之罪。嗚呼！晉則長虚玄矣，梁則修齋戒矣，秦果盛《詩》、《書》者乎？嗚呼！曾謂文中子而有此，恐亦後世附會之爾！

曾子

近世劉子澄□□□□□□□□□□子爲曾子與此不同之□□□□□□。

曾子之書，不知誰所依倣而爲之。言雖雜而衍，然其不合於理者蓋寡。若云與父言言畜子，與子言言孝父，與兄言言順弟，與弟言言承兄，皆世俗委曲之語。而良賈深藏如虚，又近於老子之學，殊不類曾子弘毅氣象。若樂正子下堂傷足之事，尊其所聞則高明，行其所知則光大之説。亦皆粹會此書，亦有足觀。特以天圓地方之説爲非，而謂天之所生上首，地之所生下首，上首之謂圓，下首之謂方。雖務博而未必然。

子華子

子華子，晉人程本，子華其字，自稱孔子與之傾蓋者也。事亦見《孔叢子》。劉向序其書謂：趙簡子欲仕之，逃而之齊，館於晏子，簡子死，而反於晉以卒。蓋本其書多晏子答問之辭，未知然否。書凡十卷，雖本《老子》虚無之説，而能自攻其徒欺誕之語，且尊孔氏，而其文亦蔚乎可觀，賢於諸子遠矣！要亦不可以治世，而向乃悲其不遇。余謂縱不生齊、晉間，亦豈有遇世之正學哉？今釐其説之正偏爲二。

公仲承問黄帝采銅於首山，作大鑪，鑄神鼎於上。鼎成，群龍下迎，乘彼白雲，至于帝鄉。程子曰：否，甚矣世之好譎怪也。人之異於龍，龍之異於鼎，鼎之異於雲，惡足相感召而賓使之耶？千世之後必有人主好高而慕大，以久生輕舉而羡慕者。夫生而少壯，轉而爲衰老，轉而爲死亡，聖凡之所共也。甚矣世之好譎怪也。宋有丁氏，家故無井而出溉汲焉，常一日而一人居外，懲其如是也。鳩工而穿井於庭，家相與語曰：今吾之穿井得一人矣。有聞而傳之者曰：丁氏穿井而得一人也。黄帝之鑄鼎，是井中人之譬也。晏子曰：堯不以土階爲陋，而有虞氏怵戒於塗髹。子華子曰：土階、塗髹之説，野人之所稱道而傳所不傳者也。夫堯、舜之備物也。如此烏有所謂土階三尺，茅茨不翦者？惡有所謂塗髹以自怵戒者？凡其辨誣如此，皆説之正者也。

太初胚胎實生三氣：上氣曰始，中氣曰元，下氣曰玄。栖三陰之正氣於風輪，其專精之名曰太玄；柄三陽之正氣於水樞，其專精之名曰太精。又曰大道生三元，縱而守之爲三極，衡而施之爲三紀，上下貫焉爲三才。通於一，萬事畢。凡皆虚無而無當於理如此。善弗去，亂未央也。又曰有意於治則亂矣。凡其立異而自畔於理如此，皆説之偏者也。

管子

《管子》之書不知誰所集，乃厖雜重複，似不出一人之手。然諸子惟荀卿、揚雄、王通知宗尚孔氏，而未知其儻用於世，果何如？餘皆處士横議，高者誣誕，下者刻深，戲侮聖言，壞亂風俗，蓋無一非孔門之罪人。其間嘗獲用於世，而卓然有功，爲孔子所稱者，管子一人而已。余故讀其書而不敢忽,爲之復熟再三而條列之。大抵《管子》之書其別有五,《心術》、《内業》等篇皆影附道家以爲高;《侈靡》、《宙合》等篇皆刻斲隱語以爲怪。管子責實之政,安有虚浮之語。使果出於管子,則亦謬爲之以欺世,殆權術之施於文字間者爾,非管子之情也。管子之情見於《牧民》、《大匡》、《輕重》之篇,然《牧民》之篇最簡明,《大匡》之篇頗粉飾,《輕重》之篇殆傅會。《牧民》之要曰:「倉廩實則知禮節;衣食足則知榮辱。禮義廉耻,國之四維。四維不張,國乃滅亡。」此管子政經之綱,苟得王者之心以行之。雖歷世可以無弊,秦、漢以來未有能踐其實者也,其説豈不簡明乎。

《大匡》之要曰:桓公入國踐位之年【一】,欲修兵革,仲諫不可,公不從。二年欲繕兵,仲諫不可,公不從,果敗於宋。公以勇授禄,仲諫不可,公不從。明年公伐魯,仲諫不可,公不從,果敗於魯。四年公興兵十萬圍魯,仲諫不可,公不從。魯去國五十里爲關,以請盟。仲諫不可,公不從。魯果劫盟。五年欲伐宋以救杞,仲諫不可,公乃始用其謀,不伐宋而城緣陵以封杞。明年狄伐邢,又用其謀,城夷儀以封邢。明年狄伐衛,又用其謀,城楚丘以封衛,捐齊之有,封三亡國,恩足以結四鄰,無兵爭矣。公問將何行?乃請寬關市之征。又問何行?乃請輕諸侯之幣。又問何行?乃請賞其國以及諸侯之國。又問何行?乃請隰朋爲東國,賓胥無爲西土,而又游公子開方於衛,游季反於魯,游蒙孫於楚,以親附四方之諸侯。方是時,齊之勢駸駸乎如春,斯達乎!狄反不量德而伐之,齊於

【一】桓公入國踐位之年　「桓」原作「相」,據文津閣本、文淵閣本改。

是請救於諸侯。諸侯之來救者，皆以其所獲予之，惟北州之令支不來，則稱兵而伐之，齊之恩威遂四達於天下，而猶未試也。乃教諸侯足民食兵備，乃教諸侯正君臣父子，乃又罰其不盡君臣父子之道者。夫然後兵車之會六，乘車之會三，諸侯莫不賓從，而夷狄以服，中國以安。蓋自東遷，諸侯爭强，僅同泥中之鬬獸，未嘗有一念能出於兵爭之外。至管子始一切反之，而有以弭其爭。此管子行事之目聚見此書，其次第皆可按而考，然其説似粉飾之以誇功矣。

若《輕重》篇則何其多術哉？管子雖多術，亦何至如此之屑屑哉？伐菹薪，冬煑鹽三萬六千鍾爾。謬稱妨農而春禁之，使價長至十倍乃糶之於鄰國，得黄金萬一千斤。復請於周以黄金賀獻，使金價百倍焉。築陰里三墻九門，使玉人所刻爲璧者，乃石爾，謬請於周，非彤弓、石璧不得朝獻，而使天下諸侯盡輸金珠穀帛於齊，以易石璧焉。北郭掘闕而得者一龜爾，謬以十乘之使，百金之裝，賜其家爲中大夫，名其龜曰無貲之寶，以質丁氏粟，三軍之師五月之粮，賈至四千金焉。凡其張無爲，有善於富國如此。穀賤將流而他也，則以石璧聘囷京之家，而民爭藏穀。民貧無以償貸也，則以石璧聘稱貸之家，而人皆折券。士大夫之家不恤其族也。則滅城陽大夫之位，而人皆散財發粟。死事之後無以賞之也，則縞素朝豪家，使爭藏粟爲備，俟賈長四十倍而官出四十倍之粟以振之。凡其轉虛爲嬴，善於足民如此。通杭莊之水以致梟鳥，商人挾丸彈而商以貧。沐途旁之樹以絶遊息，農人皆務本業而農以富。沐，去樹枝也。商重農輕，則下令藏穀，而農商以平。西飢東豐則稅錢准穀，而東西以平。稅錢三十，西准穀三斗，東准穀三釜。藏粟者不出，則下令出師，俾有粟者不行，於是盡知困窌之數。窌，力救反。弓弩多匡軫，善禮反，礙也。則下令聘鵠鵠之所在，而民皆習遠射，於是自無匡軫之患。皮幹筋角之徵重，則下令高杠柴池，使牛馬罷絶，皮幹筋角委積，而諸侯之牛馬皆來。凡其量低與昂，善於權民物之宜如此。而又推其術以戕鄰國焉。嘗一朝素賞四萬二千金，即以虚聲攻萊，而盡并其地。魯、梁出綈，則身先國人以衣綈，使魯、梁皆棄農而織綈，俟其田荒而倏賤之，閉關不與通。魯、梁民飢，歸齊者十六而魯、梁服。萊、莒生柴，則鑄金境上以市柴，使萊、莒皆棄農而採柴，俟其田荒則倏止之，閉關不與通。萊、莒民飢，歸齊者十七而萊、莒服。鹿生於楚，狐白出於代，器械出於衡山，則買鹿、買狐白、買器械，使其國皆棄農而爭應之，民既飢困而歸齊。楚與代與衡山又皆服。不寧惟是，龍鬭而稱天使臨郊，亦因以動八侯之朝；彗出而稱國有大事，亦因以裒百姓之積。

凡皆駕虚翼空，隨物生智。其在國者，則神之以富其國。其在鄰者，則愚之以戕其鄰。雖其在天者，亦假之以威動天下。而獵取爲利，顛倒一世，如弄嬰兒於掌股之上，要皆多爲之術以成其私。至若欲魚價之增，而立五厲之祭；幸柴價之增，而賀北澤之燒。燒，去声。古人之教藝畜，不過使之自養。今顧色色，鼓舞之以爲己利，甚至鹽計食口，鍼、刀、耒、耜每加分以盡其利，其亦瑣屑甚矣。未必皆管子之真。愚故疑其爲附會，抑此以其政言也。若其書載鮑叔薦仲與求仲於魯，及入國謀政，與弋麋鴻飛，四時三幣，臨死戒勿用豎刁、易牙、開方等説，皆屢載而屢不同，或本文列前，而解自爲篇，或併篇，或無解，或云十日齋戒以召仲，觴三行而仲趍出。又云樂飲數旬而後諫。自相矛盾，若此不一。故曰厖雜重複，似不出一人之手。揚忱序《管子》，論高文奇，雖有作者，不可復加一辭矣。張巨山謂其《心術》、《内業》等篇爲管氏功業所本，意巨山好道家學，故云爾。

本書既雜然矣，爲之註釋者復多抵牾。《四傷》之篇誤名《百匿》，而以《四傷》名《七法》之篇。《幼官》篇首章云：若因夜虛守靜人物，則皇其後方之圖，本可覆也。乃衍「人物」二字不知參對，而以「夜虛」爲句，「守靜人物」爲句，方以「人物則皇」爲句。而曲爲之説曰：聽候人物也，守靜豈聽候之義乎？《幼官》、《五圖》皆以「形生理」爲句，而中央之註獨以形生屬上文。《明法》篇以「比周以相匿」爲句，而下又云「是故忘生死交」。其後方之《明法解》，可覆也。乃政一故字不知參對，而以「相爲匿是」爲句，而曲爲之説曰「匿公是而不行也」。不知「比周以相匿」者，匿其非爾。比周何是之有乎。《形勢》篇云：「天地之配也。」地字誤作下字，亦未正。《五法》之章曰：天下不患無財，患無人以分之。分如分地之利之分，言有人次有財耳。乃釋云：可以分與財者賢人也。殊非章旨。《立政》之章曰：道塗無行禽。指人言之，謂其爲能行之禽爾。乃釋云：無禽獸之行，是以行爲去聲，亦覺不倫。其他難槩舉。《版法》篇末云：「四悦在施愛，有衆在廢私。」今因缺文而云：「悦在施有衆在廢私。」不成文矣。

掙擿擋掙，宅耕反，擿，丁歷反，擋，丁用反。鼓声也，見《宙合篇》。准準字下不从十。草封澤言草之多也。滿盛之家不可以嫁子十三卷。履大方地也。十六卷。正鹽筴正，稅也。當與征也。見《王篇》。筴者，是管仲施於國者，皆名筴。穀賊田中木也。見二十一卷。終則有始與天壤爭言鹽也。卷廿四。券契分曰券，合曰契。見卷二十四。歲有四秋春耜鐵，夏蒜，秋五穀，冬紡績也。卷二十四。斥薪芻所生之地也。卷二十四。絏繑上息列反，下丘喬反，連續也。卷廿四。孟行高言孟行注云：孟，大也。見第四十五篇。

列子

列子才穎逸而性冲澹，生亂離而思寂寞，默察造化消息之運，於是乎輕死生。輕視人間死生之常，於是乎遺世事。其靜退似老聃，而實不爲老聃。老聃用陰術而列子無之。其誕謾似莊周而亦不爲莊周，莊周侮前聖而列子無之。不過愛身自利，其學全類楊朱。故其書有《楊朱篇》，凡楊朱之言論備焉。而張湛序其書，乃謂往往與佛經相參。余按列子鄭人，而班、馬不以預《列傳》。其書八篇，雖與劉向校讎之數合，實則典午氏渡江後方雜出於諸家，其皆《列子》之本，真與否殆未可知。

今考辭旨所及，疑於佛氏者凡二章。其一謂周穆王時西域有化人來，殆於指佛。然是時佛猶未生，而所謂騰而上中天化人之宫者，乃稱神游歸於説夢，本非指佛也。其一謂商太宰問聖人於孔子，孔子歷舉三皇五帝，非聖而以聖者歸之，西方之人殆亦指佛。然孔子決不黜三五聖人，而顧泛指西方爲聖。且謂西方不化自行，蕩蕩無能名。蓋寓言華胥國之類，絶與寂滅者不侔，亦非指佛也。使此言果出於《列子》，不過寓言，不宜因後世佛偶生西域而遂以牽合。使此言不出於《列子》，則晉人好佛，因《列子》多誕，始寄影其間，冀爲佛氏張本爾。何相參之有哉？且西域之名始於漢武，《列子》預言西域，其説尤更可疑。佛本言戒行，而後世易之以不必持戒者，其説皆陰主《列子》，皆斯言實禍之，不有卓識，孰能無惑耶？

中山公子牟悦楚人公孫龍詭辭，而樂正子輿非之。至斥以設令發於餘竅，子亦將承之。其論甚正。而《列子》載焉，此誕説波流中砥柱也。又謂慎爾言，將有知之；慎爾行，將有隨之。廢在身，稽在人。湯武愛天下故王，桀紂惡天下故亡。此所稽也。又謂嘗觀神農有炎之德，稽虞、夏、商、周之書，度諸法士賢人之言，所以存亡廢興，而不由此道者未之有也。凡皆異乎《列子》平日之言，爲八篇之最粹，楊朱拔一毛利天下不爲，而列子宗之。蓋愛身者也。然謂舜、禹、周、孔之聖爲自苦，謂桀、紂之縱爲自得。謂子産屈於公孫朝，公孫穆荒淫酒色之辨，而謂朝穆真人，且力排貴生愛身之爲非，是又何自背其平日區區之守耶？此爲八篇之最外。九淵之説出於《列子》，謂列子之師壺子示神巫季咸以未始出吾宗，而季咸走滅者也。此所謂以無所考相欺，而近世名儒陸象山以之自名，豈別有所本耶？

墨子

墨子之説似是而實不可爲治。殆不止如韓昌黎之議荀、揚，擇焉不精而已。而昌黎乃儕墨子於孔子，何哉？且昌黎不過謂墨氏尚同，而孔謂居是邦不非其大夫。《春秋》譏專臣亦尚同爾。然不非其大夫者，惡居下訕上，譏專臣者，惡以臣逼君。孔非尚同也。墨之言尚同，謂天子所是皆是之，天子所非皆非之，與孔門所謂如其不善而莫違之戒正相反。顧可謂其與孔子同乎？又不過謂墨氏兼愛，而孔謂泛愛親仁，以博施濟衆爲聖，亦兼愛爾。然仁者則親之，既異於愛衆，而博施爲仁。雖堯、舜猶病之，孔非兼愛也。《墨子》之言兼愛，謂法其父母與法其君，皆爲法不仁，惟當法天。與孔門所謂孝弟爲仁之本者正相背。顧可謂其與孔子同乎？謂墨尚賢，而孔子賢賢，疾没世而名不稱，是亦尚賢。然賢之當尚，雖愚不肖者亦同此心，何獨孔、墨之同。顧墨氏之尚賢，乃謂惟賢爲尚，親戚則不可使富貴，正與吾儒親親尊賢之義又相背耳。謂墨氏明鬼，而孔子祭如在，曰我祭則受福，是亦明鬼。然鬼神之當敬，雖愚不肖者亦同此心。何獨孔、墨之同。顧墨氏之明鬼乃謂聖王明天鬼之所欲，而避天鬼之所憎，是亦率天下萬民祭祀天鬼，又與吾儒報本反祭之義亦相反耳。

昌黎嚴於荀、揚擇焉未精之辨，何獨恕於墨子似是而非耶？《墨子》之書凡二，其後以論稱者多衍複；其前以經稱者善文法。昌黎主文者也。或者一時悦其文而然歟。昌黎曰：孔子必用墨子，墨子必用孔子。愚曰孔子必不用墨子，墨子亦必不能用孔子。雖然儒名而墨行者，昌黎固嘗揮之矣。

文子

文子者，云周平王時辛妍之字，即范蠡之師計然，嘗師老子而作此書。其爲之注與序者，唐人默希子，而號其書曰《通玄真經》，然僞書爾。孔子後於周平王幾二百年，及見老子，安有生於平王之時，已先能師老子耶？范蠡戰國人，又安得尚師平王時之文子耶？此僞一也。老子所談者清虚，而計然之所事者財利。此僞二也。其書述皇、王、帝、霸，而霸乃伯字，後世轉聲爲霸耳，平王時未有霸之名。此僞三也。相坐之法，咸爵之令，皆秦之事，而書以爲老子之言。此僞四也。僞爲之者，殆即所謂默希子，而乃自匿其姓名歟。其序盛稱唐明皇垂衣之化，則其崇尚虚無，上行下效，皆失其本心爲可知。明皇之不克終於是乎兆矣。豈獨深宫女子能召漁陽鞞鼓之變哉？

書之每章，必託老子爲之辭，然用老子之説者，文衍意重，淡於嚼蠟【二】，否者又散漫無統，自相反覆。謂默希子果有得於老子，吾亦未之信。

今略類分其説，如稱爲惠者生姦，此法家之説。政勝，其民不附其上，此術家之説。國之所以强者必死也，此兵家之説。而《上德》一篇又全引諸子譬喻語，凡其散雜類此。既曰道滅而德興，又曰道之中有德；既非仁義矣，又曰治之本仁義也；既非禮義矣，又曰不知禮義法不能正。凡其反覆類此。而其言之偶合理者有二：曰不法其已成之法，而法其所以爲法者，與世推移；曰自天子至於庶人，四體不勤於事，求贍者未之聞。其言之最害理者亦有二：曰任臣者，危亡之道也，尚賢者，癡惑之原也；曰去恩意，舍聖智，外賢能，廢仁義，禁姦僞，則齊於道矣。

亢倉子

亢倉子名楚，説本老子，文類莊子。亦有近理者，如曰所謂國鬱者，主德不下宣，人欲不上達也；如曰士有天下人愛之者，有其主獨愛之者，用天下人愛者則天下安，用主獨愛者則天下危；如曰理人者先務農，人農則樸。農，音農。此其近理者也。亦有背理者。如曰大亂之本祖乎堯、舜；如曰蜕地之謂水，蜕水之謂氣，蜕氣之謂虚，蜕虚之謂道；

【二】淡於嚼蠟　「淡」原作「莰」，據四庫本改。

如曰安知天下之正汙潔。此其背理者也。

至其妄自標榜以欺世，則謂靈王使祭公致篚帛，有禳水旱之問，謂熊圉拜爲亞尹，嘗微服而逃。則有不能自掩其欺者矣。蓋其書稱自鄉而縣，縣而州，此後世之區畫也。稱被以青紫章服，此後世之品式也。稱吾無誰私兮，羌忽不知其讀，此傚後世之《楚詞》。而字多用古文，又欲以自蓋其今文而益彰者也，曾謂周靈、楚國之世而有此哉。其書有云：意氣谷神，以谷爲似，與《老子》所稱谷神不同。

關尹子

《關尹子》九篇，其一曰《宇》，注云道也；其二曰《柱》，云建天地也；三曰《極》，云尊聖人也；四曰《符》，云精神魂魄也；五曰《鑑》，云心也；六曰《七》，云形也；七曰《釜》，云化也；八曰《籌》，云知也【三】；九曰《藥》，云雜治也。序以爲關尹喜之書。漢有方士來上，則其僞可知矣。且其文陋弱，其言道皆歸之於無。果無，則又安有所謂道？而爲是費辭哉！如曰爲者必敗，執者必失，故聞道於朝，可死於夕。此爲粗可曉者，然與《老子》、《論語》本旨不合。此襲之而不善用者也。如曰一日死者如一息，得道十年、百年死者如歷久得道。是人生惟以速死爲幸，而不欲天下之有生也。何等立言哉！

【三】八曰籌云知也　此句原脱，據文淵閣本補。

鶡冠子

《鶡冠子》言之害理者，如曰聖人貴夜行。其近理者如曰富者觀其所予，貴者觀其所舉，貧者觀其所取，賤者觀其所與，及不殺降人之類，皆其間見一二耳。餘率晦澁，詞繁理寡。韓文公顧有取焉，何哉？嘗考其五至之説，見於首篇，始謂北面事君，則伯己者，至謳藉誒咄，則徒隸者，至是痛上之人不禮下也。中流失船之説見於《宋篇》，謂賤生於無用之，若中流失船，一壺千金，是傷己之不遇時也。文公豈有感於其言者乎？然文公獵取此一二語，其餘十五篇無留良矣。伯己言其才之百倍於己。

鬻子

鬻子名熊，逢行珪序其書云：熊，楚人，年九十見文王，王曰：「老矣。」熊曰：「使臣捕獸逐麋已老矣，使臣坐策國事尚少也。」文王遂師之。故其書首之以《文王問》。此必戰國處士假託之辭，蓋自漢《藝文志》已有其篇目。其語亦多可采，如以知其身之惡而不改，爲大忘；如以自謂賢者，爲不肖；如曰察吏於民。凡皆足以警世。其餘則載五帝、禹、湯之政，皆主得人，文亦不煩，異乎諸子之寓言虚誕者矣。然每篇多以政曰起語，而以昔者追述文王之問。既託文王，而下及魯周公【四】，且亦未知自稱政曰者爲誰？逢行珪

【四】而下及魯周公　「及」原作「又」，據文津閣本改。

既不能明言，而反釋以爲政術之問，則非辭矣。

商子

《商子》者公孫商鞅之書也。始於墾草、督民、耕戰，其文煩碎不可以句。至今開卷於千載之下，猶爲心目紊亂，況當時身被其禍者乎？然殿中與御史之號實用此書，事必問法官亦出此書，後世一切據法爲斷者，亦合省所自出矣。或疑鞅亦法吏之有才者，其書不應煩亂若此，真僞殆未可知。書以詩、書、禮、樂、善、修、仁、廉、辨、惠十者，皆避農戰而禁之。

韓非子

韓非盡斥堯、舜、湯、武、孔子，凡先王之道爲亂，而兼取申不害、商鞅法術之説，加深刻焉。至謂妻子亦害己者而不可信，蓋自謂獨智足舞一世矣。然以踈遠，一旦説人之國，乃欲其主首去貴近，誰将汝容耶？送死秦獄，愚莫與比，何物惡氣，鍾此醜類。老聃氏自全自利，一切無情之流弊亦詎料至此？嘻！亦可悲矣。

然觀其書，猶有足警後世之惑者。方是時，先王道熄，處士横議，往往故爲無稽寓言以相戲劇。彼其爲是言者，亦未嘗自謂真有是事也。後世襲取其餘而神之，流俗因信以爲真。而異端之説遂至禍天下。奈何韓非之辨具在而不察耶！非之言曰：白馬非馬，齊稷下之辯者屈焉。及乘白馬之賦，而籍之不見其非白也。蓋虚辭空辯，可以勝一國；考實按形，不能漫一人。今人於異端有嘗拈其實者否耶？

非之言曰：宋人有欲爲燕王削棘刺之端爲猿母者，必三月齋然後能見，知王之必不能久齋而紿之爾【五】，王乃養之三乘。冶工言王曰：果然，則其所以削者必小。今臣冶人也，無以爲削此不然物也。王因囚而問之，果妄，乃殺之。今人於異端，果嘗有訊其妄者否耶？鄭人爭年者謂我與黄帝之兄同年，非能笑之。今異端自謂出於無始之前，其爲黄帝之兄甚矣，而人莫不信。趙主父施鈎梯而緣播吾刻人迹其上，廣三尺，長五尺，而勒之曰：「主父常遊此。」非能笑之。今異端往往鑿跡崖石之巔，其爲播吾之跡愈悖矣。而人反以爲神。非之辨誣若此者衆。姑取節焉，以告惑者。

覆廩即近世所謂盤量。見卷十韓路侯。射隱即近世所謂猜謎。卷十六齊桓。啞歎息声，卷十五。

慎火塗隙謂竈突也。

鄧析子

鄧析者鄭人，好刑名，撰《竹刑》之書，嘗數難子産之法。子産卒二十年，駟顓乃殺其人而用其書。甚哉！小有才之適足以殺其身也。其書以《無厚》名首篇，則其發於心者

【五】知王之必不能久齋　「齋」原作「濟」，據文津閣本、文淵閣本改。

爲可知。而韓昌黎所斥「聖人不死，大盗不止」之語正出此書。一死猶未足以盡其罪者矣！或者猶謂用其道不當棄其人耶？

慎子

慎子者瀏陽人，慎到之書也，始於《威德》，終於《君人》説五篇，數百字，各自斷其説，大約謂立天子以爲天下，非爲天子。民雜處而各有所能，因其長短而用之，臣有事而君無事。説無背理，亦無過於人。其書無叙，古稱田駢、慎到，殆此爾。

其言依法以治，曰投鈎分財，投策分馬，非鈎策爲均也，所以塞怨望也。愚謂此一斷於弊法者耳。若以理爲斷，則以吾心而裁，輕重何嫌耶？然《子華子》亦曰分財賄而投鈎策，非以夫鈎策者爲能均也，使善惡多寡無所歸怨也。蓋當時之論已然矣，殆以戒人情之任私者耶？世俗分物，折其物爲曲折而藏其中，以折數之多寡爲説，而探取之，此鈎也。今易以鬮字，當考。

公孫龍子

公孫龍者，戰國時肆無稽之辨，九流中所謂名家，以正名爲説者也。其略有四：一曰「白馬非馬」，謂白所以名色，馬所以名形，形非色，色非形也。其二曰「物莫非指」，謂指者，指斥是非之名，物各相指，是非混亂，終歸於無可指也。其三曰「雞三足」，謂雞足一，數足二，二而一，故三也。其四曰「堅白石」，謂目見石之白而不見其堅，手知石之堅而不知其白，是堅與白爲二物。其無稽如此，大率類兒童戲語，而乃祖吾夫子正名爲言。嗚呼！夫子之所謂正名者，果如是乎？若臧三耳之辨，亦卒公孫龍，然《孔叢子》與《吕氏春秋》載之，此書不及焉。

尹文子

《尹文子》二篇，以「大道」自名，而所學乃公孫龍之説。九流所列爲名家者也。因緣白馬非馬之説，而生好牛好馬之説，復掇拾名實相亂之事以證之。無理而迂，不足言文，而顧以夫子正名爲據。嗚呼！夫子之所謂名者，果此之謂乎？道喪俗壞，士有謬用其心如此者。

淮南子

《淮南鴻烈》者，淮安王劉安以文辯致天下方術之士，會粹諸子，旁搜異聞以成之。凡陰陽造化，天文地理，四夷百蠻之遠，昆蟲草木之細，瓌奇詭異，足以駭人耳目者，無不森然羅列其間。蓋天下類書之博者也。而愚謂此劉安之所以滅歟！夫聖人之治天下，君臣父子以相生，桑麻穀粟以相養，其義在《六經》，其用在民生日用之常，如此而已耳。自周衰，天下亂，諸子蜂起，爭立異説，而各以禍其人之國。漢興，一切掃除，歸之忠厚，諸子之餘黨紛然無所售。諸侯王之好事而不知體要者稍稍收之，亦無不以之自禍。安不幸貴盛而多材，慷慨而喜事，起而招集散亡，力爲宗主。於是春秋戰國以來，紛紛諸子之遺毒餘禍皆萃於安矣，安亦將如之何而不誅滅哉？其徒乃羞之，託言上升，雞犬預焉。嗚呼！凡世之自詭仙去者，皆淮南上升之類爾。

孔子不語怪力亂神，諸子之所語者，怪而已。古語有之：「君子道其常，小人道其變。」諸子之所道者，變而已。自莊、列以來，無一不然。于以汩天下之正理，惑生民之耳目。《鴻烈》所集，大率此類。而於其紛然類集之中，乃有自反其説，足以明天下之常者，如曰橘柚冬生，而人曰冬死。死者，衆也。薺麥夏死，而人曰夏生。生者，多也。江河之回曲亦時有南北，而人謂江河東流者，以大氐爲本。此爲反本之名言。又云言其所不行，行其所非，此足爲警世之精語。又云毁譽之於人，猶蚊蝱之一過。此最爲誤人之鄙論。始作衣者一人耳，十三卷以爲伯餘，十九卷以爲胡曹。此則集衆爲書，不相參照之弊云。

九方皋，皋字作堙。見十二卷。丈人，謂老而杖於人者。見十二卷注。蛤梨十二卷。舟以離岸爲張，傍岸爲歙。十四卷。介子龍蛇之歌。十六卷。薦梅六卷。

抱朴子

《抱朴子》其僞書哉。不然葛稚川何獨誤天下後世之愚不肖者耶？夫道，即日用常行之理。不謂之理而謂之道者，道者，大路之稱，即其所易見，形其所難見。使知人之未有不由於理，亦猶人之未有不由於路，故謂理爲道。而凡粲然天地間，人之所常行者，皆道矣。奈何世衰道微，横議者作，創以恍惚窈冥爲道。若以道爲别有一物，超出天地之外，使人謝絶生理，離形去智，終其身以求之，而終無得焉。吁！可怪也。

道固無所不在，而人則未必盡能合於道。時則有備道之聖人，作爲君師而人道以立。自羲、黄、堯、舜以至於今，弟弟相承，以維持人道於不壞不泯，皆聖人力矣。奈何世衰道微，横議者作，創爲真人、至人之目，反以聖人爲未嘗聞道。不知彼所謂真人、至人者所生何時？所行何事？其姓名聲跡所載何書？是特一時故爲寓言，而人猶或想像歆慕，信以爲真有其人焉。吁！可怪也。

然雖可怪，要其所誤者，不過世所指爲過高之人，心之妄想，雖喜談虚無之道，身之實用終不能自外吾聖人之道。其間槁馘山林，確守不移者，萬不能一二，亦不過生養休息於吾道覆露之内。彼愚不肖者，猶未爲其所誤也。誤天下後世之愚不肖者，非《抱朴子》之書而誰耶？《抱朴》之言曰：人皆可以不死。世無不死之人，則以龜鶴爲證。嗚呼！

龜鶴亦何嘗不死耶？天生萬類，各得其得。人之生也，自晝作而夜息。龜鶴之生也，自陽動而陰蟄。人之生也，自以百歲爲壽，龜鶴之生也，自以千歲爲壽。奈何人而欲强同龜鶴耶？人之所以貴於天地間者，以其能輔相天地，宰制萬物耳。如必與萬物銖較長短，飛風已不若蜉蝣之微，游水已不若魚蝦之細。豈但壽不龜鶴之若，而獨羨之耶？人物之有死生，即一氣之消息。惟其有生而有死，所以生生而不窮。此亦何足異，而必思長生以免之。此既決無之理矣。

而考其所以長生之術，乃尤無理。始之以導引，中之以房中術，終之金丹大藥。導引之説，欲如胎息。夫人生在胎，以母之息爲息，胎亦何息之有？及其既生，則以天地之氣爲息，何能使之不息？復如在胎時就使堅忍不息，亦徒自苦。寒暑推移，時至亦終於死耳。房中之術則謂必待口傳。夫男女之欲，陰陽之常，順其陰陽之常而節其情欲之過，所可言者不過如此。必待口傳，則鄙俚難形紙筆爲可知。是又使人縱于情慾，以速其死耳。金丹大藥，則謂鍊他物爲金，金成先以祀神，否者必被殃咎。祀神之數，天二十斤，河伯十二斤，北斗、太乙各八斤，日月井竈社五斤。夫謂祀神則成仙，將天神地祇可與之分贓乎？不祀則受咎，將天神地祇視苞苴之有無爲禍福乎？河伯之賂多於北斗、太乙天神不若地祇乎？日月之賂僅與井竈等，日月下同井竈乎？狂謬無稽，一至於此。甚至謂煮白石而食之，亦足延年。吁！果金銀玉石而可服也，是尤速其死耳。凡其長生之術，無非速死之具。而顧乃力主其説，譊譊幾十萬言。

孔子，萬世帝王之師也。以其不言長生，則力排孔子。莊子正其所主虛無之師也，以其嘗言齊死生，則併排莊子。甚至天地萬物之父母也，以其爲能制死生，則又併排天地。謂天地非萬物父母，而壽夭之事不在天地。嗚呼！抱朴亦何必如是之費辭哉！抱朴自謂此術左元放傳之吾從祖仙翁，仙翁傳之鄭君，而鄭君又傳之抱朴。使元放不死，仙翁不死，鄭君又不死，抱朴自能與其徒，又皆不死，則聖賢自然成空言，天地自然成長物。今元放死，仙翁死，鄭君死，抱朴亦身將老且死。舉四海之衆，歷百世之久，皆未嘗見一長生者，而徒一則曰長生，二則曰長生。吾誰欺？欺天乎？而徒使天下後世之愚不肖者用其導引之術，以欹偃道傍，流落乞丐；用其房中之術，以游蕩不檢，縱慾傷生；用其金丹黄白之術，以燒假煅僞，終無一成，徒罄賣其祖父之田廬以至貧窶。愚故曰《抱朴子》其僞書哉。不然葛稚川何獨誤天下後世之愚不肖有耶？

昔有古强自言已四千歲，識堯、舜、孔子、秦皇、漢高，有揚州嵇使君信之【六】，嘗贈玉卮。古强昬耄易忘，一日請嵇使君曰：此得之安期先生，其謬遂敗，尋客死壽春黄整家。又五原有蔡誕者，求仙不驗，無以自解，自詭成仙逃入異界源山中，賣薪易衣食，困劇自還，紿其家云爲老君牧龍崑崙山，龍失，得謫而逃。歷言所見崑崙仙家，富貴人亦多信者。又河東蒲坂有項曼都者，學仙十年而歸，紿其家云謁天帝失儀而

【六】有揚州嵇使君　「嵇使」原作「稽吏」，據文津閣本改。下文同。

見斥，河東遂號曼都爲斥仙人。洛中有道士忽自稱爲古之仙人白和，壽已七千八百歲。人競趍之，後忽不見。未幾河北又有稱白和者，洛之弟子趍往見之，乃别一人，其一人遂亡走。凡皆《抱朴子》所載，謂彼之言仙者皆妄，唯我之言仙者爲真。雖同浴譏裸，退不自思，然亦足爲世誡矣。故併録之。

劉子

《劉子》之文類俳，而又避唐時國諱，以世爲代，往往雜取九流百家之説，引類援事，隨篇爲證，皆會粹而成之，不能自有所發明，不足預諸子立言之列。播州録事袁孝政注而序之【七】。乃盛稱譽，且謂五十五篇取五行生成之數，於義無考焉。然又謂劉子名晝，字孔昭，而無傳記可憑。或者袁孝政之自爲者即！

聱隅子

《聱隅子》者，本朝仁宗時蜀人黄晞之書也。效揚雄《法言》而文則衍。然其識有過於雄者。雄之首章曰：學，行之上也，知之次也。晞則曰：知而不能行，與不知同，知而能行者尚矣。其闢封禪則曰：天生財以阜吾民，今竭其財以奉天，猶割肉以啗其口。其闢異端則曰：腐薪不可以撻兵，涣泥不可以膠物，猶釋、老不可以持天下。或問扶蘇立則

【七】播州録事袁孝政注而序之　「袁」原作「湶」，據文淵閣本改。

如之何？曰：千里之旱，一雨或能救其將枯，綿年之病，丸藥或能救其少死。然而秦之勢亦已去矣。或問韓非、莊生何如人？曰終日求道德而智巧入焉，終日求真僞而浮僞入焉，古之譁人也。其論君子曰：小之於洒掃，大之於天下，無不任也。其論治道曰：百官謬濫，非無賢也，賞罰之箭差其的耳。其論處世曰：惠不在大，以赴人之急爲至。又曰財豐者用益勞，而又謂使夫子之有餘蘊者，子淵也。性與天道而世不聞焉。文中子之道不傳於世，傳之者諸子訛言而已。凡皆切近於理，雖王通亦雜於異端，不能及也。豈義理至本朝類開明歟？然其言性，謂形變則性，性變則神，神變則情，則其繆戾又自昔言性者之所未有也。惜其未遊於濂、洛之門【八】。

宋齊丘化書

始余端平甲午讀書餘姚，見同舍生有《宋齊丘化書》，覽之欣然，輒用其氣之說，答權政氣略策，以氣貫權政略三事。文亦竊效之。主司湛太僕鶩喜【九】，及拆試卷，手持草卷，先聲之衆曰：有卷合寘魁，而文怪不可，今寘第四。一時朋友亦爭傳視，傳至湛太僕監宅石橋孫氏，此卷不還矣。今去之三十六年，再閱《化書》，乃大不然。

其書之目凡六。一曰《道化》，則竊用莊、列之故智，借物類偶然之變，以槩人事實然之常，因謂彼可化，此亦可化。不思人與物異，此非彼比也。二曰《術化》，則陰祖呪術之

【八】惜其未遊於　「其未遊於」四字原脱，據文淵閣本補。

【九】主司湛太僕鶩喜　「僕」原作「博」，據文淵閣本改。

小見，指蕩穢者能召五帝之氣，與伏虺者能役五星之精，因謂風雲可拔，江海可覆。不知乞食之虛喝，非立言之援證也。三曰《德化》，謂儒者之講五常，如醯雞之遊太虛，井蛙之浮滄溟，必忘其名而得其理，忘其理則得其情。苟德可以將，何必廣布帛。有此理否耶？其殆以儒爲戲之劇語耳。四曰《仁化》，謂德清淨也，無以自用，故授之以仁。仁不足則義濟之。木伐火也，不有和睦焉。得仇讎不有賞勸，焉得鬬爭。有此理否耶？其殆聖人不死，大盜不止之狂論耳。五曰《食化》，多爲之説以明食之重可也。謂食爲五常之本，五常爲食之末。既異於「自古皆有死，民無信不立」之説矣。其謂民事莫急於食，而王者奪其一，則君不知有君，是得許行之説，而又推衍太過也。六曰《儉化》，多爲之喻以明儉之益可也。謂儉爲五常之本，五常爲儉之末，既異於儉不中禮之譏矣。其謂禮貴於減，儉貴於不盛。則儉與禮相背。是得《墨子》之説而又刻畫太深也。

凡此六化，謬妄曉然，而昔乃嘗惑焉。蓋其引類多巧，造語多華，其文簡縮絶，與今異焉耳。故各章既標説其非，而又總記其要，以自誌其悔，亦欲來者毋蹈余之悔而已。若齊丘者，敢竊犯先聖之諱。至自謂能與之齊，其人亦何足責。且其對徐知誥畫爐灰謀僭僞，意莫急於兵與粟矣。今謂兵必可廢，粟不必廣，其説又何足辨？然其《仁化》有謂異類懷仁義之性，人殺之，反不仁不義。《儉化》有謂奢者富不足，儉者貧有餘。此雖老子慈儉之餘説，亦足警愚俗。不以人廢言。

子家子

子家子者，近世眉山家頤養正所著也。謂人心惟危，道心惟微，惟精惟一，允執厥中，心若不精一，則流而雜矣。又謂不食無妄之粟，不衣無妄之帛，皆誠身也。其言之易如此。此其所以著書歟。然多律己處世之言，有補世俗。如世所編《省心》、《雜言》之類。惟其言理義勿於傳註中求，但於性根上求，却恐未安。夫《六經》所以載理，傳註所以明經，以此爲戒，而求之性。此不立文字而見性成佛也。

卷五十六

讀諸子二

吕氏春秋

《吕氏春秋》者，秦相吕不韋耻以貴顯而不及荀卿子之徒，著書布天下，使其賓客共著《八覽》、《六論》、《十二紀》，竊名春秋。高誘爲之訓解。淳熙五年冬，尚書韓彦直爲之序，謂士之傳於天下後世者，非徒以其書。夫子之聖，則書宜傳，孟子之亞聖，則書宜傳。過是而以書傳者，老聃以虚無傳，莊周以假寓傳，屈原以《騷》傳，荀卿以刑名傳，司馬遷以史傳，揚雄以《法言》傳，班孟堅以續史遷傳。然槩之孔、孟宜無傳，而皆得並傳者，其人足與也。《吕氏春秋》言天地萬物之故，其書最爲近古，今獨無傳焉。豈不以吕不韋而因廢其書耶？愈久無傳，恐天下無有識此書者，於是序而傳之。括蒼蔡伯尹又跋其書之後曰：漢興，高堂生、后倉、二戴之徒取此書之《十二紀》爲《月令》，河間獻王與其客取其《大樂》、《適音》爲《樂記》，司馬遷多取其説爲《世家》、《律曆書》。孝武藏書，以預九家之學；劉向集書，以繫《七略》之數。今其書不得與諸子爭衡者，徒以不韋病也。然不知不韋固無與焉者也。

十二紀

《孟春紀》與《月令》孟春同字，語則微有異。如《月令》鴻鴈來此則云候鴈北。服蒼玉則云服青玉，草木萌動則云草繁動，草木蚤落則云草木早槁，猋風暴雨總至則云疾風暴雨數至。《孟春紀》之次曰《本生》，言生之者天地，養成之者人。立官者所以全生，多官而反害生，則失所爲立。意謂孟春爲生之始，因欲爲人上者，保其人之生也。次曰《重己》，言以頤養性而保長生，又欲人之各自保其生也。次曰《貴公》，言處大官者不欲小察。次曰《去私》，以去私而後能公也。凡皆演所以生之之道也。此卷載荆人遺弓而不索，曰「荆人遺之荆人得之」，孔子聞之曰：「去其荆而可矣。」老聃聞之曰：「去其人而可矣。」故老聃則至公矣。愚謂亡弓而索之者，人情也，事理也。亡而不索，已非矣。謂孔子爲欲去其荆，已度越而爲好高之説，孔子必無此言。謂老聃欲去其人，又過高而爲蕩空之説，老聃亦未必有此言。然層進一層，覽者脱然，此後世曠達之所從始，以爲至公之證。誤矣。

元日注：元，善也。日從甲至癸也。元辰注：元，善也。辰從子至亥也。近世以正旦爲元日，三命家又有元辰，與此不同。輦人引車曰輦。出門乘車，入用輦。聾者之養嬰兒也，方雷而窺之於堂。烏獲疾引牛尾，尾絶力勯。音單，盡也。而牛不可行逆也。五尺孺子引其棬，而牛恣所以之，順也。注之誤。命之曰招蹷之機，注云：蹷機，門内之位也，遊翔至於蹷機。愚按：此章以車輦爲招蹷之機，以酒肉爲爛腸之食，以聲色爲伐性之斧，三條並列，旨義甚明。蹷者，蹷蹶顛沛之意，若曰自佚太過，乃招致蹷蹶之機耳。若以蹷機爲門内之位，則下文以腸食爲一味，以性斧爲一物，可乎？聲禁重，色禁重，禁聲色太過耳。注誤以聲爲聲譽之聲，不欲虚名過實。此説亦非。

《仲春紀》次曰《貴生》，言耳目鼻口必有所制。然謂不以天下國家害其生，則老、莊之説耳。次曰《情欲》，以早嗇精神爲説，以春多雨則夏必爲旱爲喻，此亦道家養生之説。次曰《當染》，因《墨子》歎染絲之説，謂國亦有染，學亦有染，欲所染者得當。次曰《功名》，謂善釣者出魚乎十仞之下，餌香也。善弋者下鳥乎百仞之上，弓良也。聖王不務歸之者，而務其所以歸。凡又因貴生而展轉其説者也。

彭祖注七百歲。缶醯，黄蚋聚之，徒水則必不可。以冰致蠅，雖工不能。以茹臭去蠅，蠅愈至。茹，臭也。讀如茹漏舡之茹。舍采舍，猶置也。初入學官必禮先師，置采帛於前，以贄神也。

《季春紀》次曰《盡數》，謂當察陰陽之宜，辨萬物之利以便生，而年壽得長焉。今世尚卜筮禱祠，故疾病愈來。次曰《先己》。謂爲天下者，不於天下於身。故《詩》曰「執轡如組」。孔子曰：審此言也，可以爲天下。謂其爲之於此而成文於彼也。次曰《論人》。

謂無以害其天，則知精。次曰《圜道》，謂精氣一上一下，無所稽留，爲天道圜，聖王法之，而令圜則無所擁矣。凡又因貴生盡數，而展轉其説者也。此月薦鞠衣，注云：春皆尚青薦鞠衣，未通。按月令注：黄桑之服，將蚕祈福也。鼽鼽，鼻窒不通。

《孟夏紀》次曰《勸學》，謂先王之教莫榮於孝，莫顯於忠，而始於尊師。次曰《尊師》，謂顔涿聚，梁父之大盜也，學於孔子；段干木，晉國之大駔也，學於子夏、高何；縣子石，齊國之暴者也，學於墨子。次曰《誣徒》，謂人之情不能樂其所不安，不能得於其所不樂，反諸人情則得所以勸學矣。次曰《用衆》，謂善學者假人之長以補其短。天下無粹白之狐，而有粹白之裘，取之衆白也。凡皆以學爲説。

魁士名人魁，大也。紂作胡粉出《用衆篇》注。

《仲夏紀》次曰《大樂》，謂音樂本於太一，太一出兩儀，道也者，至精也。不可爲形，不可爲名，彊謂之太一。次曰《侈樂》，謂亂世之樂愈侈而民愈鬱。宋之衰也，作爲千鍾；律名。齊之衰也，作爲大吕；楚之衰也，作爲巫音。次曰《適音》，謂欲之者耳目鼻口也，樂之弗樂者心也。太鉅、太小、太清、太濁皆非適也。次曰《古樂》，謂古朱襄氏炎帝别號。多風而陽氣畜積，故士達作五絃瑟以來陰氣。陶唐氏陰多滯伏，作爲舞以宣導之。黄帝命伶倫作律，帝堯立瞽叟，乃拌分也。五絃之瑟，作十五絃之瑟，命曰大章。舜立又益之爲二十三絃。凡皆以樂爲説。

長至日，注云：夏至之日，晝漏刻六十五，故日長至。愚按《月令》稱日長至，此云長至日，恐字誤倒耳。此書《仲冬》亦曰日短至。可參證也。長至者，日長之極，世俗多誤冬至爲長至，不知乃短至也。含桃鸎桃也，鸎鳥所含食。太一《勿躬篇》又曰神合乎太一，見上文。此時未爲神名也。谿虛也，見《適音篇》，云以危聽清其耳谿極。闋終也。見《古樂篇》歌八闋注。注之誤齊之衰，作大呂，注云：陰律十二月也。愚按樂毅伐齊，遷其大呂。蓋齊初爲樂器之大者，非十二月之律名。

《季夏紀》次曰《音律》，言十二律相生，三分所生益之一分以上生；三分所生去其一分以下生。黄鍾、大呂、太簇、夾鍾、姑洗、仲呂、蕤賓爲上，林鍾、夷則、南呂、無射、應鍾爲下。而分之十二月，又極之十二月之人事，殆《月令》要語也。

注云：律呂相生，上者上生，下者下生。次曰《音初》，謂禹行功，塗山氏女作歌爲南音。周公、召公取風焉，爲《周南》、《召南》。昭王征荆，涉漢梁敗，辛餘靡振王北濟。殷整甲徙宅西河，猶思故處，實始作爲西音。秦繆公取風焉，實始作爲秦音。有娀氏飲九成之臺，二女爭搏燕，覆以玉筐，少選發，燕遺二卵，北飛不返，二女作歌，始爲北音。孔甲取民室之子以歸，斧斫其足，曰命矣夫，作《破斧之歌》，始爲北音。凡皆載音之初也，恐未必然耳。次曰《制樂》，言周文王地動而享國五十一年，宋景公熒惑守心，而星退三舍。次曰《明理》。言天變妖孽，亦皆以樂爲説。

虷馬蚿也，音如虫蹊。一曰螢火。少選須臾也。盲風盲，瞑也。彀生此書爲湯。

《孟秋紀》次曰《蕩兵》，謂未有蚩尤之前，民固剥林木以戰，勝者爲長，長猶不足治，故立君，君又不足治，故立天子。天子之立也，出於君，君之立也出於長，長之立也，出於爭。愚謂此柳子厚《封建論》之所祖也。次曰《振亂》，謂世濁已極，兵當爲義，次曰《禁塞》，謂救守之兵皆不義。次曰《懷寵》，謂先發聲兵以救民，以家聽者禄之家，以鄉聽者禄之鄉，以邑聽者禄之邑。凡以秋故言兵。

《仲秋紀》次曰《論威》，謂必反於己，則三軍可使一心。次曰《簡選》，以湯、武、齊桓、晉文、吴闔廬爲證。次曰《決勝》，以必義必智必勇爲本。次曰《愛士》，謂秦繆公飲盜駿馬者以酒，而脱韓原之急。趙簡子以白騾救其臣陽城胥渠之疾，而獲翟人之首。凡以秋故言兵。

《季秋紀》次曰《順民》，謂湯禱桑林以身爲犧牲，文王辭千里地爲民請炮烙之刑，句踐有酒流之江與民共之。然愚恐皆未必有此事耳。次曰《知士》，謂靖郭君善劑貌辨，劑貌辨以死而面齊宣王之怒【一】，得再相齊。恐亦戰國策士之夸辭爾。次曰《審己》，謂湣王、越授，皆不知其所以亡。次《精通》謂兔絲無根，非無根也，伏苓是已。慈石召鐵，或引之也。月望則蚌蛤實，月晦則蚌蛤虚，月形乎天，而群陰化乎淵。養由基射兕中石，矢乃飲羽，誠乎兕也。伯樂相馬，所見無非馬，誠乎馬也。庖丁解牛，所見無非牛，誠乎牛

【一】面齊宣王　「面」原作「回」，據文淵閣本、《吕氏春秋·季秋紀·知士》改。

也。鍾子期夜聞擊磬而知其悲，申喜聞乞人歌於門而乃其母，而精相得，此豈待言哉。凡又因兵而及感動之道也。

射石没羽，此以爲養由基，此事每載不同，要皆野人相承之妄言耳。此類甚衆。

《孟冬紀》次曰《節喪》，戒侈葬也。謂葬必於高陵以避狐狸之患，水泉之濕，而忘盗賊寇亂之難，豈不惑哉。侈葬非爲死者慮也，生者以相矜尚也。次曰《安死》，謂天墓無不抇也，而世皆爭爲之，豈不悲哉。季孫有喪以璵璠收，夫子曰「以寶玉收，譬猶暴骸中原也」。次曰《異寶》，今以百金與摶黍示兒子，兒子必取摶黍矣，以和氏之璧與百金示鄙人，鄙人必取百金矣，以和氏之璧、道德之至言示賢者，賢者必取至言矣。次曰《異用》，謂湯祝網，文王葬枯骨，孔子荷杖問，人之公，摶杖問其父母，置杖問其兄弟，皆得人心。按冬藏也，故言葬。餘皆衍此。

《仲冬紀》次曰《至忠》，謂子培射隨兕，文摯怒齊王。怒音弩，激之怒也。皆代其君死。次曰《忠廉》，謂要離殺慶忌，弘演報命於衛懿公之肝【二】。凡皆戰國之言。次曰《當務》，謂齊人好勇者相飲，相啖其肉至盡。愚恐無此事。次曰《長見》，謂周公、大王預知後世，吴起知去魏而魏失西河之外，公叔痤知衛鞅出境而魏不安。凡以附仲冬之後，不曉所謂。

《季冬紀》次曰《士節》，謂北郭騷謁晏子，辭金而受粟，後以死報晏子。愚恐士節不如是。次曰《介立》，以介子推逃去，爰旌目吐盗之食而死爲介。次曰《誠廉》，謂夷齊如

【二】弘演報命於衛懿公之肝　「演」原作「湮」，據文淵閣本、《吕氏春秋·仲冬季·忠廉》改。

周至岐陽，而文王殁矣。武王使周公盟膠鬲，使召公盟微子開。夷齊去之，至首陽餓焉，與正史絶不同。次曰《不侵》。謂公孫弘爲孟嘗君説秦昭王。凡亦於季冬事無預。右十二紀終，而綴之以序，意主豫讓云。

八覽

《有始覽》謂天地有始，天微以成，地塞以形。天地合和，生之大經也。注：天虚而能施，地實而能化。天有九野，中央曰鈞天，東曰蒼天，東北變天，北方玄天，西北幽天，西方顥天，西南朱天，南方炎天，東南陽天。各以二十八宿分屬之。自鈞天，星角亢氐，至陽天，星張翼軫。地有九州，豫州周也；冀，晉也；兖，衛也；青，齊也；徐，魯也；揚，越也；荆，楚也；雍，秦也；幽，燕也。九山則會稽、太山、王屋、首山、太華、岐山、太行、羊腸、孟門。九塞則大汾、冥阸、荆阮、方城、殽、井陘、令庛、句注、居庸。九藪則越之具區、楚之雲夢、秦之華陽、晉之大陸、梁之圃田、宋之孟諸、齊之海隅、趙之鉅鹿、燕之大昭。六川則河水、赤水、河出崑崙東北，赤水出東南。遼水、出砥石山自東北、北東流。黑水、崑崙西北。江水、淮水、凡四海之内，東西二萬八千里，南北二萬六千里。次曰《名類》，言帝王禎祥，以及周尚火，代火者必水。水氣至而不知數備將徙，是爲秦設也。次曰《去尤》，謂亡鈇者意其鄰之子，動見其竊鈇，此尤也。郲爲甲裳以帛，公息忌勸用組，因令其家爲組，人有傷之者。郲君復下令爲甲毋以組，此亦尤也。愚謂郲君固惑矣，公息忌豈可身自建議而身自利之？亦何怪人之傷而君之惑耶？次曰《聽言》，謂攻無辜之國以索地，誅不辜之民以求利，而欲宗廟之安，社稷之不危，不亦難乎？愚謂此語足盡戰國之情。次曰《謹聽》，謂天子已絕，以兵相殘，今世當之矣。次曰《務本》，謂民之治亂在於有司。次曰《諭大》，謂山大則有虎豹，水大則有蛟龍。此篇載禹一沐而三捉髮，一食而三起，以禮有道之士。愚意此形容之語，本無其事，而世又以言周公。

《孝行覽》謂治必務本，務本莫大於孝，而載曾子言孝，及樂正子春下堂傷足之事。理正而文顯，可讀也。次曰《本味》，載伊尹說湯以至味，備物産之美，皆傅會之言，且曰非先爲天子不可得而具，是湯爲口腹之故伐夏也。次曰《首時》，載墨者田鳩欲見秦惠王，三年不得見，往見楚王，楚與將軍之節以如秦，因見惠王。告人曰：「之秦之道乃之楚乎！」物固有近之而遠，遠之而近者，時亦然。次曰《義賞》，載晉文公城濮之戰，用咎犯之言，而賞先雍季，以雍季不肯用詐，百世之利也。趙襄子晉陽之圍，用張孟談之謀而賞先高赦，以高赦危殆中獨不失君臣之禮，賞一人，而爲人臣者莫敢失禮也。次曰《長攻》，載越滅吴，楚絀蔡滅息，趙襄子以姊嫁代君，飲酒而以大金斗擊滅之。然愚謂楚、趙之事，盜賊之事也。次曰《慎人》，謂功名大立，天也。爲是故因不慎其人不可。次曰《遇合》，載客善吹籟，見越王，越王不善，爲野音而友善之。人有大臭者，親戚兄弟妻妾知識無能與居，自苦而居海上。海上人有說其臭者，晝夜隨之而弗能去。陳有惡人曰敦洽讎糜，陳侯甚悦之，使之楚，楚王怒，興師伐陳。次曰《必己》，載單豹好術，離俗棄塵，不食穀實，不衣芮温，芮，絮也。身處山林岩堀，以全其生，不盡其年而虎食之。

此篇載伊尹生於空桑，謂其母居伊水之上，孕，夢有神告之曰：臼出水而東走。母明日視臼水出，告其鄰，東走十里而顧其邑居爲水，身因化爲空桑，故命之曰空桑。愚意空桑地名，好事者因爲之説耳。此書弟五紀云顓頊生自若水，實處空桑，則前乎伊尹之未生已有空桑之地矣。何一書而自相背馳耶？

此篇載郢人以兩阪垣也，吴起變之，教之用四而見惡。氐羌之民，其虜也，不憂繫纍而憂死不得焚。凡言風俗之難變。又載趙襄子擊智伯，斷其頭以爲觴。愚按正史云漆爲飲器，飲器非酒具也。此恐弗考。又載舜自爲詩曰「普天之下，莫非王土」云云，不知何故。

《慎大覽》載湯令伊尹往視夏，恐其不信，湯親自射伊尹。愚恐未必然。又載趙襄子攻翟，一朝而兩城下，有憂色，孔子賢之。愚恐襄子之詐術，孔子未必爲其所欺也。次曰《權勳》，以豎陽穀進子反以酒爲小忠，大忠之賊，虞受晉賂而假道爲小利，大利之殘。又智伯欲伐中山，鑄大鍾以遺之。次曰《下賢》，載周公、齊桓、子産、魏文侯爲證。次曰《報更》，載骫桑餓人之言曰：臣宦於絳，歸而絶糧，羞行乞而憎自取，故至於此。又載淳于髡爲孟嘗君説齊救薛云：薛不量力，爲先王立清廟。故善説者，陳其勢，言其方，豈用强力哉？次曰《順説》，云順風而呼，聲不加疾也；際高而望，目不加明也，所因便也。次曰《不廣》，載北方有獸曰蹶，鼠前而兔後，趨則跲，走則顛，常爲蛩蛩距虚取甘草。蹶有患也，蛩蛩距虚必負而走。此以其所能託其所不能。又載鮑叔、管仲、召忽三人謀，獨管仲謂小白無母，國人憐之，事未可知。故使鮑叔傅小白。次曰《貴因》，云如秦者立而至，有車也，適越者坐而至，有舟也。秦、越遠塗也，竫立安坐而至者因其械也。審天者察列星而知四時，因也。推曆者視月行而知晦朔，因也。次曰《察今》，云有道之士以近知遠，審堂下之陰，而知日月之行，陰陽之變。見瓶水之冰，而知天下之寒，魚鱉之藏也。嘗一肘肉而知一鑊之味、一鼎之調。楚人有涉江者，劍自舟墜水，遽契其舟。從其契者入水求之，舟已行矣而劍不行。求劍若此，不亦惑乎！有過江上者見人方引嬰兒欲投之江，嬰兒啼，人問其故，曰此其父善游。其父善游其子豈遽善游哉？

此篇載孔子之勁，舉國門之關而不肯以力聞。墨子爲守攻，公輸般服而不肯以兵知。愚按此言孔子雖未詳，而其説可以訓。

齊王知顔色，注：知猶發也。出《報更篇》。又此書《不苟》論云：文侯不説知於顔色。愚謂此見於顔面之意，《左傳》喜可知也之證車依輔，輔亦依車注：車，牙也，輔，頰也。

《先識覽》載夏將亡也，太史令終古執圖法奔商，殷將亡也【三】，内史向摯載圖法亡周。晉太史屠黍見晉亂，以圖法歸周。周威公問孰先亡？曰晉先亡。居二年晉果亡。

【三】殷將亡也　「殷」原作「敫」，據明本及《呂氏春秋·先識覽》改。

又問孰次之？曰中山。居二年中山果亡。又問孰次之？不對，固問焉？曰君次之。威公懼，求諫臣，去苛令，以告屠黍，對曰其尚終君之身乎！威公薨，周分爲子。白圭之中山，辭去之齊，又辭曰：之二國，皆將亡。次曰《觀世》，云登山者處已高矣，左右視，尚巍巍然山在其上。賢者之所與處，有似於此。身已賢矣，行已高矣，左右視尚盡賢於己。因載晏子禮越石父爲客，列子辭鄭子陽之粟。次曰《知接》，載桓公問疾，管仲言豎刁、易牙、啓方不可用之詳。其文可誦。次曰《悔過》，秦繆公違蹇叔，敗殽之詳。其文亦可誦。次曰《樂成》，載孔子用魯，子産治鄭，民皆始毀而終譽，魏文侯匿謗書，樂羊得成中山之功，魏襄王信史起，鄴令得成決鄣水之功。故哅哅之中不可不味也。次曰《察微》，載子貢贖魯人於諸侯，而讓不取其金。孔子曰：「賜失之矣，自今魯人不贖人矣。」子路拯溺者，其人拜之以牛。子路受之，孔子曰：「魯人必拯溺者矣。」愚謂此可與《論語》所記辭粟請益事參看。又載女子爭桑，而吴、楚連兵；羊斟爭羊，而敗宋之師；郈氏介雞，而召季氏之亂。次曰《去宥》，載鄰父有言鄰之梧樹不善者，鄰人伐之，鄰父因請以爲薪【四】。其人不説曰：鄰者若此其險也。齊人有清旦衣冠往鬻金之所攫之者。吏縛之，問曰：「人皆在，子攫人之金，何故？」對曰：「殊不見人，徒見金耳。」次曰《正名》，謂齊者太公之所老也，桓公嘗以此霸矣。湣王知説士，而不知其所謂士，國殘身危。

《先識覽》載武王言【五】：紂辟遠，其子爰近，姑與息。然則姑息二字也。此篇

【四】鄰父因請以爲薪　「請」原作「讀」，據《吕氏春秋·先識覽·去宥》改。

【五】先識覽　「識」原脱，據《吕氏春秋》補。

又載《孝經》曰「高而不危」之「和其民人」。然則《孝經》固古書也。

《審分覽》謂人與驥俱走，則人不勝驥。居於車上而任驥，則驥不勝人。人主好治人臣之事，是與驥俱走也。次曰《君守》，以靜而無知爲君道。次曰《任數》，以耳目心智爲不足恃。次曰《勿躬》，謂聖人之所不能，所以能之也。管仲，人臣也，不任己之能，以盡五子之能，況人主乎【六】。次曰《知度》，言去想去意，靜虚以待。愚按此虚無之説，而近世張横浦諸人主之者也。次曰《慎勢》，言吞舟之魚陸處則不勝螻蟻，又載《慎子》之言曰：「一兔走，百人逐之，非一兔足爲百人分也，未定也。積兔滿市，過者不顧，非不欲兔也，分已定矣。故治在乎定分。」次曰《不二》，謂聽群衆議以治國，國危。愚按此近世國是説所由出也。次曰《執一》，謂一則治，兩則亂。

此篇載顔回攫食事，謂孔子望見，與《家語》所載不同。選間選間，須臾也，意與少選同。二十官自大橈以下皆作始之人。象譯狄鞮東方曰羈，南曰象，西曰狄鞮，北曰譯。皆傳通其言也。

神農十七世有天下。

《審應覽》謂人主言不欲先，所執要矣。次曰《重言》，謂人主言不可不慎。次曰《精諭》，載齊桓公欲伐衛而衛姬先知。晉襄公欲襲周而萇弘先知。與前篇所載管仲欲伐莒東郭牙知同。次曰《離謂》，載鄭之富人有溺者，人得之，富人請贖之，其人求金甚多，以告鄧析，析曰：安之，人必莫之賣矣【七】。其人又患之，以告鄧析，析曰：安之，此必無所

【六】況人主乎 「乎」原作「子」，據文津閣本及《吕氏春秋·審分覽·勿躬》改。

【七】人必莫之賣矣 「賣」原作「買」，據《吕氏春秋·審應覽·離謂》改。

更買矣。析之反覆，一事而兩爲之謀如此。子産治鄭，鄧析務難之，與民之有獄者約，大獄一衣，小獄襦袴。民之獻衣襦袴而學訟者不可勝數。以非爲是，以是爲非，是非無度，而可與不可日變。鄭國大亂，民口讙譁。子産患之，於是殺鄧析而戮之。然則析蓋世所謂教唆者之祖矣。次曰《淫辭》，載孔穿析公孫龍之辨，唐鞅勸宋王不辨善惡皆罪之，而宋君殺唐鞅。舉大木者前呼輿謣。輿謣，歌聲也。後亦應之，此其於舉大木者善矣。豈無鄭衛之音哉，然不若其宜也。夫國亦木之大者也。次曰《不屈》，載魏惠王欲傳國惠子，是欲惠子之爲舜也，是惠王欲爲堯也。堯、舜之作他行稱此，今無其他，而欲爲堯、舜。次曰《應言》，載魏敬諫魏王入秦【八】，及凡辨説之事。次曰《具備》，載宓子賤治亶父，請吏二人書而動掣其肘，魯君使其自爲之，三年而漁人不敢欺於闇行。

此篇載海上之人有好蜻者，每朝居海上，蜻之至者百數而不止【九】。其父告之取而來，明日之海上，蜻無至者矣。愚謂此即海鷗之説移用，未必有其事也。呿而不唫呿，開。唫，閉。煙視媚行言新婦。

《離俗覽》載舜讓石户之農，又讓北人無擇，湯讓卞隨，又讓務光。愚謂因莊子寓言，堯讓許由，而世因增衍至此。又載齊平阿之餘子，亡戟得矛，不自快，戰而死，令此將衆，必不北矣。齊之賓卑聚，夢有唾其面不自快，索其形不得，死之，謂此《當務》，則未也。其心之不辱有以加乎！次曰《高義》，載子囊石渚之死。然愚以爲義則未也。次曰《上

【八】載魏敬諫魏王入秦　「載」原作「戴」，據明本、文津閣本改。

【九】百數而不止　「數」原作「教」，據文津閣本及《呂氏春秋·審應覽·精諭》改。

德》，載墨者孟勝爲楚之陽城君而死，弟子死之者百八十三人。次曰《用民》，載闔閭試其民於五湖，地流血幾不可止。句踐試其民於寢宫，民爭入水火。次曰《逼威》，言桀、紂之禁不可勝數，言令煩也。次曰《爲欲》，謂群狗相與居，投以炙雞則爭矣。次曰《貴信》，以齊桓不背曹劌之盟爲證。次曰《舉難》，以齊桓舉甯戚爲證。

此篇載曹共公欲觀重耳駢脅，使袒而捕池魚，與《左傳》不同。然恐無此理，當從《左氏》。禹時萬國，湯三千餘國。

《恃君覽》謂人之所以群者，以君道立也。次曰《長利》，謂利雖倍於今而不便於後，弗爲也。次曰《知分》，載次非刺蛟，禹濟江，黄龍負舟之事。次曰《召類》，宋司城子罕南家之墻犨於前而不直，西家之潦徑其宫而不止，而弗徙也。次曰《達鬱》，謂人皆説鏡之明己也。次曰《行論》，謂人主不得以快志爲事。次曰《驕恣》，載魏武侯矜謀事之當，李悝諫之。齊宣爲太室，春居諫之。次曰《觀表》，載郈成子受右宰穀臣之璧，穀臣死於甯喜之難，使人迎其妻子，隔宅而異之，分禄而食之，其子長而返其璧。

此篇載列精子高顙推之履，注：弊履也。袪步堂下，注：袪步，舉衣而行也。

六論

《開春論》以春始雷而蟄蟲動，爲善説者之諭。惠施説魏太子緩葬，期封人子高説段喬緩城築，祁奚説范宣子釋叔向【一〇】，皆善説者。次曰《察賢》，言魏文侯禮賢，國治身

【一〇】釋叔向　「向」原作「尚」，據文津閣、文淵閣本改。

逸。宓子賤鳴琴不下堂。巫馬期以星出入。巫馬期問，故宓子曰：我任人，子任力。次曰《期賢》，謂爚蟬者，務明其火振其樹。人主有能明其德者，天下之士歸之，若蟬之走明火也。次曰《審爲》，載子華子諫韓昭釐，愁身傷生以憂爭地。中山公子牟謂詹子曰：身在江海之上，心居乎魏闕之下，奈何？詹子曰「重生」。次曰《愛類》，載公輸般設攻宋之機，墨子設守宋之備，九攻之不入，楚輟不攻宋。次曰《貴卒》，謂所爲貴驥者，爲其一日千里也，旬日取之與駑駘同。荆王死，貴人相與射吴起，起伏尸插矢而疾言曰：群臣亂王，吴起死矣。公子糾與小白爭先入，管仲射小白中鉤，鮑叔御小白僵，管仲以爲小白死矣。鮑叔因疾驅先入，鮑叔之智應射而令。凡所載皆捷於應變者。然則貴卒之卒音猝。

此篇魏闕注，魏魏，高大。故曰魏闕。又載禹疏河決江爲彭蠡之障。愚按於地里不合。

《慎行論》載費無極讒太子建，慶封與崔杼弑君，而又殺崔杼之惡，後皆族滅。次曰《無義》，載公孫鞅詐其友公子卬而擒之，鄭平欺其交應侯去秦而莫之與，續經欺公孫與仕趙，而人莫與同朝。次曰《疑似》，載黎丘丈人遇奇鬼似其子，而至殺真子。次曰《壹行》，謂行人見大樹必解衣懸冠倚劍而寢其下。大樹非人之情親知交也，而安之若此者，由信也。陵上巨木，人以爲期，易知故也，而況士乎。次曰《求人》，載堯讓天下於許由，由曰：鷦鷯巢林，不過一枝，鼠飲於河，不過滿腹。歸已君乎！惡用天下？此雖寓言，然已卑矣，不過匹天知足耳。次曰《察傳》，載舜稱夔者一而足矣，而世因謂夔一足。宋丁氏穿井，免人外汲，如得一人之使，而世因謂穿井得一人。衛有讀晉師三豕渡河，子夏證其爲己亥。愚謂此則有合於察傳之義。

此篇載舜爲御，堯爲左，禹爲右，入於澤而問牧童，入於水而問漁師，奚故也？其知之審也。愚謂此即管仲知路不如老馬之喻也。

銘乎金石注：金，鍾鼎也。石，豐碑也。

《貴直論》謂所以貴士，爲其直言也。載能意於齊宣，狐援於齊湣，燭過於趙簡子，皆直言，然亦龐厲矣。次曰《直諫》【一二】，載鮑叔奉杯爲壽，勸桓公無忘在莒，管仲無忘在魯，甯戚無忘在車下。此可言直諫。若葆申謂楚文王罪當笞。愚恐曉人不當如是也。次曰《知化》，載子胥諫夫差不從，次曰《過理》，載齊湣王亡國居衛，帶益三圍。次曰《壅塞》，載亡國之主，不可直言之事。次曰《原亂》，載驪姬之禍。

《不苟論》公孫枝請秦繆公見齊、晉之使，以非其事而擅請也，罪之。趙衰辭伐鄴之賞，曰：賞其本乎賞其末乎？賞其末則騎從者存，賞其本則臣聞之郤子虎。文公召子虎，將賞之，曰：言之易，行之難。次曰《贊能》，謂得十良馬不若得一伯樂，得十良劍不如得一歐冶。鮑叔薦管仲而齊霸，沈尹莖薦孫叔敖而楚霸。次曰《自知》，謂敗莫大於不自知。有得鍾者，欲負而走，不可，以椎毀之，鍾況然有聲，恐人之奪己也，遽揜其耳，惡人

【一二】直諫「直」原作「真」，據諸本改。

聞之可也,惡己自聞之悖矣。次曰《當賞》,民無道知天。民以四時寒暑、日月星辰之行知天。四時寒暑、日月星辰之行當,則諸生有血氣之類皆得其處,而安其產。人臣亦無道知主。人臣以賞罰、爵禄之所加知主,主之賞罰、爵禄之所加者宜,則親疏遠近賢不肖皆盡其力,而以爲用。次曰《博志》,謂精而熟之,鬼將告之。甯越之學,人休吾不敢休,人卧吾不敢卧。矢之速也而不過二里止也,步之遲也而百舍不止也。次曰《貴當》,載荆有善相者,謂非能相人也,能觀人之友也。齊人有好獵者,不得獸則狗惡也。欲得良狗,則家貧無以,於是還疾耕,疾耕則家富,家富則有以求良狗,狗良則數得獸矣【一二】。

《似順論》事多似倒而順,如尹鐸爲晉陽,簡子曰:往夷而壘。鐸往增之,卒以免難之賞賞尹鐸。次曰《别類》,草有莘有藟,獨食之則殺人,合而食之則益壽。高陽應將爲室,匠對曰:未可也。木尚生,加塗其上,必將撓,以生爲室。今雖善,後必敗。高陽應曰緣子之言,則室不敗也。木益枯則勁,塗益乾則輕,以益勁任益輕則不敗。匠人無辭以對而爲之。室之始成也善,其後果敗。驥驁緑耳背日而西走,至乎夕則日在其前矣。次曰《有度》,言賢主有度而聽,故不過。次曰《分職》,夫馬者伯樂相之,造父御之,賢主乘之,一日千里,無御相之勞而有其功,則知所乘矣。次曰《處方》,章子爲齊將,攻荆,六月而不戰,齊使周最趣之。章子對曰:殺之,免之殘其家,王能得此於臣。不可以戰而戰,可以戰而不戰,王不能得此於臣。次曰《慎小》,巨防容螘而漂邑殺人。突泄一熛而焚宫燒

【一二】狗良　「狗良」原作「良狗」,據文淵閣本、《呂氏春秋》卷二四《貴當》改。

積。人之情不蹙於山而蹙於垤。

《士容論》謂士之柔而堅、虛而實者，其狀朖然不儇。次曰《務大》，鷩爵爭善，處於一屋之下，突決棟焚而不知變。爲人臣而免於鷩爵之智者寡矣。次曰《上農》，男女貿功以長生，敬時愛日，非老不休，非疾不息。次曰《任地》，冬至後五旬七日，菖始生。菖者，百草之先生者也，於是始耕。菖蒲，水草也。冬至後五十七日始生，則土發，故耕。次曰《辯土》【一三】，謂地竊、苗相竊、草竊爲三盜。去三盜而後粟可多。次曰《審時》，謂禾麻菽麥各欲得時。

此篇載唐尚畝年爲史畝年者，年相若之名也。肥者欲棘，注：棘，羸瘠也。詩云「棘人欒欒」。六盡耜所以成畝，其博八寸，所以成甽，注：耜六尺，其刃廣八寸，居者以耜耕，廣六尺爲畝，三尺爲甽。愚意耜者今之犂，廣六尺，旋轉以耕土，其塊彼此相向，亦廣六尺而成一疄，此之爲畝。而百步爲畝，總畝之四圍，總名。其博八寸，所以成甽者，犂頭之刃，逐塊隨刃而起，其長竟畝，云起而空之處與刃同其闊。此之謂甽：注以三尺爲甽，恐於正文不合。又云耨柄尺，其耨六寸，注：耘，器也。愚按今浙西耘尚用苗間之器。

黃石公素書

《素書》六篇。曰《原始》、曰《正道》、曰《求人之志》、曰《本德宗道》、曰《遵義》、曰

【一三】次曰辯土　「辯」原作「辨」，據文津閣本改。

《安禮》。其説以道、德、仁、義、禮五者爲一體。雖於指要無所取，而其間言語雜出，多主於卑謙損節，背理者寡。特非圯上老人授子房乎，亂世之書耳。張商英乃妄爲訓釋，取老子失道而後德，失德而後仁，失仁而後義，失義而後禮之説以言之，與本書五者一體之説正相反。甚至爲之後序，謂晉亂，有盗發子房塚【一四】，於至枕中獲此書。何其鄙歟？幸此言出於商英，識者固所不屑觀爾。

陸賈新語

《新語》十二篇，漢太中大夫陸賈所撰。一曰《道基》，言天地既位而列聖制作之功。次曰《術事》，言帝王之功當思之於身，舜棄黄金，禹捐珠玉，道取其至要。三曰《輔政》，言用賢。四曰《無爲》，言舜、周。五曰《辨惑》，言不苟合。六曰《慎微》，言謹内行。七曰《資質》，言質美者在遇合。八曰《至德》，言善治者不尚刑。九曰《懷慮》，言立功當專一。十曰《本行》，言立行本仁義。十一曰《明試》，言君臣當謹言行。十二曰《思務》，言聞見當務執守。此其大略也。往往多合於理，而又黜神仙之妄，言墨子之非，則亦有識之言矣。然具文煩細，不類陸賈豪傑士所言。賈本以《詩》、《書》革漢高帝馬上之習，每陳前代行事，帝輒稱善，恐不如此書組織以爲文。又第五篇云：今上無明王聖主，下無貞正諸侯，鉏奸臣賊子之黨。考其上文雖爲魯定公而發，豈所宜言於大漢方隆之日乎？若賈本

【一四】有盗發子房塚　「塚」原作「家」，據文津閣、文淵閣本改。

旨謂天下可以馬上得不可以馬上治之意，十二篇咸無焉。則此書似非陸賈之本真也。

賈誼新書

《過秦上》論秦興亡始末，而歸之仁義不施，攻守之勢異。論正而語卓。《過秦下》謂天下向秦，冀得安其性命，使秦並殷、周之迹以制御其政，猶未傾危。使二世有庸主之行而任忠賢，即海内歡然，各自安其處。使子嬰有庸行之材，而僅得中佐，山東雖亂，三秦之地可全。愚謂秦以威并天下，非天下向風【一五】。子嬰之世，大勢已去，三秦無可全之理。惟二世能反秦政，天下或可未亂。然千百年戰爭，勢至此極，秦亦不容不亡。秦之事非可以古帝王當道論也。

《宗首》係《治安策》今或親弟謀爲東帝一段文有略增處。

《數寧》係《治安策》竊惟事勢，可爲痛哭流涕太息，至射獵之娱一段，而其文有增。又痛哭作痛惜。

《藩傷》係《治安策》分建一段，而文不同。

《藩彊》係《治安策》彊者最先反一段。

《大都》係《治安策》尾大不掉一段，而先引楚靈王大城陳、蔡、葉與不羹四邑，後遂作亂之事爲證。終之曰可痛哭者，此病是也。

【一五】非天下向風　「向」原作「白」，據文津閣、文淵閣本改。

《等齊》言漢天子與諸侯無别，天子列卿秩二千石，諸侯列卿秩二千石，則臣已同。天子之御號大僕，銀印，秩二千石，諸侯之御號太僕，銀印，二千石，則御已齊。天子親云太后，諸侯親云太后；天子妃曰后，諸侯妃曰后，宫門皆曰司馬，闌入者皆爲城旦，殿門俱爲殿門，闌入之罪俱棄市，曰令、曰陛下、曰乘輿，皆同。可謂長太息者此也。

《服疑》言天子之於其下也，加五等已往則爲臣。例臣之於下也，加五等以往則爲僕，僕亦臣禮也。然稱僕而不敢稱臣者，尊天子、避嫌疑也。是以高下異則名號異則權力異則事勢異則，旗章異則符瑞異則，禮寵異則秩禄異則，冠履異則衣帶異則，環珮異則車馬異則，妻妾異則澤厚異則，宫室異則牀席異則，器皿異則食飲異則，祭祀異則死喪異。

《益壤》請割淮陽北邊二三列城與東郡以益梁，梁足以捍齊、趙，淮陽，足以禁吴、楚。則陛下無山東之憂。

《權重》諸侯勢足以專制，力足以行逆，雖令冠處女，勿謂無敢。勢不足以專制，力不足以行逆，雖生夏育，有仇讎之怨，猶之無傷也。

《五美》係《治安策》分王子弟，使天下咸知陛下之明、之廉、之仁、之義而誦聖一段。

《制不定》係《治安策》髖髀之喻一段，先引黄帝誅同父母親弟炎帝以定天下爲證。

《審微》引孔子謂不如多予邑，及宓子寧使齊寇得麥，毋使不耕者得穫爲證。

《階級》係《治安策》體貌大臣一段。

《俗激》係《治安策》定經制一段。

《時變》係《治安策》家貧子壯出贅一段，文稍增。

《瑰瑋》謂瑰政予民而民愈貧，瑋術奪民而民益富。蓋以抑末趨本爲説。

《孽産子》係《治安策》牆屋被文繡一段，而此尤詳。結云可爲長太息者此也。

《銅布》係議鑄錢禁之文，亦結之曰：可爲長太息者，此其一也。

《壹通》謂建武開函谷、臨晉關，爲備山東諸侯，豈若定地勢。

《屬遠》謂遠徭之弊。

《親疏危亂》係《治安策》言諸侯王一段。

《憂民》係《蓄積疏》言三年耕，餘一年食。

《解縣》係《治安策》天下之勢方倒懸一段，結云可爲流涕者此也。

《匈奴》謂匈奴不過漢一大縣，建三表，設五餌，以此與單于爭其民，則下匈奴猶振槁也【一六】。一表諭陛下之愛，一表諭陛下之好，一表愛人之狀，好人之技，此謂三表。錦繡車騎以壞其目，一餌；飲食醯醢以壞其口，一餌；婦人樂舞以壞其耳，一餌；堂宇囷蓄以壞其腹，一餌；佐酒戲弄以壞其心，一餌。凡以施之降者，以誘其衆來下，此謂五餌。三表已諭，五餌既明，南鄉歸漢，猶水流下。單于無臣之使，無民之守，遠期五歲，近

【一六】則下匈奴猶振槁也　「下」原作「不」，據文津閣、文淵閣本改。

期三年，匈奴亡矣。

《勢卑》歲致金繒，是入貢職於蠻夷也。勢既卑辱，禍且不息。以臣爲屬國，行臣之計，休屠繫頸以草，膝行頓顙，請歸陛下之義。臣歸田廬，不復洿末廷，忠臣之志快矣。

《淮難》恐接王淮南王子，以白公勝報父仇爲戒。

《無蓄》係《積貯疏》，亦終之曰：可爲流涕者又是也。

《鑄錢》欲使天下公得顧租鑄錢。

《傅職》保傅皆言教太子而保傅之，文則《治安策》之文也。

《連語》說主從諫【一七】，以紂死左右弗助爲戒。以陶朱公決梁疑獄，上璧異價，厚者價貴爲勸。

《輔佐》有上執政、中執政、下執政之分。

《禮》首載周文王使太公望傅太子發，嗜鮑魚而公弗與，曰：禮，鮑魚不登於俎。又《曲禮》道德、仁義，非禮不成。至恭敬、撙節、退讓以明禮一章在焉。又訓釋《詩》「一發五豝，于嗟乎騶虞」。騶者，天子之囿也。虞者，囿之司獸者也。天子佐輿十乘，以明貴也。僨牲而食，以優飽也。虞人翼五豝以待一發，所以復中也。人臣於是所尊敬，不敢以節待，敬之至也。甚尊其主，敬慎其所掌職，而志厚盡矣。故其嘆之也長，曰：「于嗟乎！」古之善爲臣者，亦若此而已。

【一七】連語 「語」原作「證」，據《新書》卷五改。

《容經》志有四興，容有四志，言有四術。朝廷、祭祀、軍旅、喪紀，四者也。端股整足，體不摇肘，曰經立，因以磬曰共立，因以磬折曰肅立，因以垂佩曰卑立。立容。胻不差而足不跌，視平衡，曰經坐，微俯視尊者之膝，曰共坐，仰首視不坐尋常之内，曰肅坐，廢首低肘，曰卑坐。坐容。行以微磬之容，臂不摇掉，肩不下上，身似不則從之而任。行容。趨以微磬之容，飄然翼然，肩狀若沶，足如射箭。趨容。旋以微磬之容，其始動也，穆如驚倏，其固復也，旄如濯絲。跘然之容。跘，蒲官切。跪以微磬之容，揄右而下，進左而起，手有抑揚，各尊其紀。跪容。拜以磬折之容，吉事尚左，凶事尚右，隨前以舉，項衡以下寧速無遲，背項之狀如屋之氏。拜容。拜而未起。伏容。

《佩玉》上有雙珩，下有雙璜，衝耳捍珠，以細其間，琚瑀以穎之。蓋圜以象天，二十八撩以象列星軫，方以象地，三十輻以象月。

《春秋》楚惠王食寒葅，得蛭而呑之。鄒穆公食梟鴈必以粃，寧二石粟以易一石粃。晉文公見大蛇横道，不忍攻之，三日夢天誅蛇，視之蛇魚爛矣。胡亥爲公子饗群臣，視其履狀善者，因行殘敗，及即位，皆知天下之棄也。

《先醒》懷王問賈君曰：人謂知道者先生，何也？對曰：爲先醒也。世主未學，忳忳然猶醉也。學問不倦，昭然先寤，故曰先醒。故世主有先醒者，有後醒者，有不醒者。

《耳痺》載子胥吴越事。

《諭誡》文王晝卧，夢人登城而呼己曰：「我東北陬之槁骨也，速以王禮葬我。」文王曰：「諾。」召吏視之，信有之。文王曰：「速以人君禮葬之。」吏曰：「此無主矣，請以五大夫。」文王曰：「吾夢中已許之矣。奈何其倍之也【一八】。」士民聞之，曰：「我君不以夢之故，不背槁骨，况生人乎！」

《退讓》梁大夫宋就爲邊縣令，與楚鄰界，梁楚之邊亭皆種瓜，梁數灌，瓜美，楚希灌，瓜惡。楚亭惡梁亭之賢己，夜竊梁亭之瓜，有死焦者。梁亭請其尉亦欲竊往敖搔楚亭之瓜。宋就教令人往爲楚亭夜善灌瓜，楚亭旦而往，瓜已灌矣。瓜日以美，察之乃梁亭也。楚王聞之，乃謝，重幣以交於梁，梁、楚之驩由宋就始。

《勸學》以南榮千里重繭以問老聃爲證。

《道術》謂其本謂之虚，其末謂之術。

《六術》謂道、德、性、神、明、命六者，德之理也。他事亦皆以六爲度，六親始於父，父有二，父之昆弟。以至從父兄弟、從祖兄弟、曾祖兄弟、曾祖兄弟又有子爲族兄弟，凡六。故六爲制而止矣。愚按此説則六親者，諸父也，諸父兄弟也，從父兄弟也，從祖兄弟也，曾祖兄弟也，族兄弟也。

《大政》、《修政》叙黄帝至成王之言，皆諸子之説。

《禮容語》載魯、晉禮容之事，多《左傳》所載者。

【一八】奈何其倍之也　「之」原作「民」，據《賈誼集》改。

《胎教》言教子。

《立後義》言立子。

右賈誼《新書》十卷，淳熙辛丑歲湖南漕使程公以家藏本刊於長沙。所論漢事，皆見於《治安策》，及論積貯，諫禁鑄錢者，殆平日雜著所見，而他日總之以告君歟。三表、五餌之説，詳見此書，謂可坐威匈奴，至今疑其大言，然不過欲誘致降者，使其衆漸空，非謂必以兵勝。以誼奇才，得爲典屬國以試之。匈奴雖無可滅之理，勢須漸弱，未可以大言而少之。若其分王諸侯，施行漢事，後多卒如其説，真洞識天下之勢者也！然要其本，説以道爲虚，以術爲用，則無得於孔子之學。蓋不過以智略之資，戰國之習，欲措置漢天下爾。文王葬槁骨之言，世多以爲鑿靈沼得之，此以爲夢。意古有此説而傳者不同，未必有其實。若于事情，則此事爲近之。

新序

《新序》十卷，漢劉向之所集，本朝曾鞏之所校者也。周秦至漢，君臣言行苟足爲世教者，類在焉。其前五卷皆曰雜事，警戒居多，惟江乙謂昭奚恤爲狐假虎威。此乃小臣離間之言，恐不當録，使昭奚恤非其人而楚用之，併楚君亦且與之俱輕矣。北方豈其以君之故而畏之哉？樂毅挾四國之兵，屠齊七十餘城，掠重器貨寶而去之。此盗也，縱惠王不信讒而易將，毅亦必無以勝二城必死之守。世乃以毅與管仲同稱，何哉？

次六曰《刺奢》。自桀、紂以來戒之詳矣。惟孟獻子誇得顔回、茲無虛二生爲富，則未必然。蓋顔子未嘗仕於大夫之家也。次七次八曰《節士》。曹子臧致國於殺奪之成公，亦異於太伯、伯夷之讓矣。季札乃慕而效之，寧滅其宗國。若魯公子肹不義宣公之殺奪，而終身不食其食，此爲能審所處爾。晉太子避蛇祥而伏劍，石奢以不私其父而刎頸，李離多殺不幸而自戕，介之推怨懟而就焚，申徒狄嫉世而沉河，果其輕生如此，此皆死非其所，不可言節。齊太史死於職，此真足言守節之士。屈平不忍宗國之將亡而自殞，其志爲可悲。而餓者不食嗟來之食，袁族自欲歐出其盜之食，書之亦可厲天下後世之無耻者矣。程嬰既立趙後自殺，以下報杵臼。劉向以爲過。然使果有此事，而事定嬰不死，是給杵臼使之先死也，於義亦合有所處。次八曰《義勇》晏子獨免崔杼之盟，王子閭不受白公之立，最爲得義。如弘演輩死非其所，當死矣。次九次十曰《善謀》戰國謀臣皆苟焉一時耳。至漢張良始多善謀，然封信、越以分地，所能助帝滅楚者此，謀而殺信、越者亦此。謀召四皓以輔太子，所能護惠帝者此，謀而殺戚夫人者亦此。謀以偶諸沙上者爲謀反，所能封雍齒安一時者此，謀而啓帝疑心，叛者九起，致帝卒斃於行者亦此。謀大抵機動於此，功成於彼，成其一必不能保其二。未嘗明白一言，以義理而折衷之，俾相安無後患焉。殆亦權謀耳，亦未得爲盡善也。

偏袒一卷，趙臣推車。朧種朧種而退，第三卷。二子乘舟詩黍離以爲壽閔其兄而作。皆第七卷。

説苑

《説苑》者劉向之所校讎，去其複重與凡已見《新序》者【一九】，而定爲二十卷，名《説苑》。然自今觀之，其間煩重與《新序》混淆者尚亦多有，且亦多傅會，如唐、虞、三代，孔門問答，其詞旨、議論殊非聖賢氣象。楚莊王賢君，而謂其築臺殺諫者七十二人。秦皇嚴誹謗之誅，而反謂其能受茅焦、鮑白，令與侯生三人之極諫，凡欲言其臣之節，必先甚其君之惡，形容文致，殆非人情。曾參大賢，謂其因耘瓜而擊其子幾死。子路高弟，謂其欲釋古學撰之事，理皆未必然。又桑穀之祥，既以爲太戊，又以爲武丁。於《書》則武丁，乃鼎雉之事耳。龍蛇之章既以爲介之推，又以爲舟之僑，於《傳》則僑，乃戮於城濮之役耳。鴻鵠六翮之喻，《新序》以爲因桑告晉平公，《説苑》以爲古乘告趙簡子。不屑扶君之事，《新序》以爲虎會事趙簡子，《説苑》以爲隋會事晉文侯。君不能致士之説，《新序》以爲大夫對衛相，《説苑》以爲田饒對齊相。宗衛解衣就鼎以諫佛肸之説，《新序》以爲田單，《説苑》以爲田基。是二書定於一人而自爲異同。若嚴則喑聾之訟，一以爲公叔文子告楚，《説苑》以爲晏子告齊。是一書重出而亦自異同。劉向自以爲去其複重，而尚若是。何哉？方南豐編集時，官書僅有五卷，後於士大夫間得十五卷以足之，則後世之殘斷錯

【一九】凡已見新序者　「序」原作「字」，據文津閣、文淵閣本改。

誤，非必皆劉向本文耳。然其指歸皆出於勸善懲惡，冀扶世教，雖不盡純，而最多精語，過於諸子之雜書横議遠矣。君子亦不可以不觀也。而南豐乃譏其徇物者多，自爲者少。

一枝梅越使送梁王。半棄酒管仲十卷。免相謂舊相也。見十一卷。蹷與蛩蛩巨虚，二者相假相愛。龍化爲魚被射，天帝不罪射者。九卷。梟不更鳴，東徙，亦惡子之聲十五卷。御呼驂亦呼同憂也。十一卷。承明承明堂之後。率禮不越今《詩》禮作履。太公望老婦之棄夫八卷。長年尊上之稱。第四卷。孔子譽趙襄子，管仲哭鮑叔。此二事歲月先後皆合考。三歸之臺管仲以避得民而作。祠田之祝禮少求多，淳于髡云。

春秋繁露

《楚莊王》楚莊王殺陳夏徵舒，不予專討也。靈王殺齊慶封而直稱楚子，何也？曰齊桓不予專地而封，晉文不予致王而朝，楚莊弗予專殺而討，此楚靈所以稱子而討也。愚謂諸侯專殺，直書而罪自見。子者，楚之爵，非稱子以討其罪也。凡例之陋説耳。此篇又載春秋分十二世爲三等，哀、定、昭三世，君子之所見也。襄、成、宣、文四世，君子之所聞也。僖、閔、莊、桓、隱五世，君子之所傳聞也。又援《詩》「率由仇匹」，今《詩》作群匹。

《竹林》謂邲之戰，楚莊舍鄭，美矣。而晉欲擊之，故晉變爲夷狄，楚變爲君子。謂司馬子反爲其君使，廢君命與宋平，是内專政而外擅名。謂鞍之戰，齊頃公被獲，自是恐懼，不聽聲樂，不食酒肉，内愛百姓，外敬諸侯，終其身安寧，是福生於憂。謂鄭伐許、伐喪、叛盟，故夷狄之。

《玉杯》謂譏文公以喪娶。公乃四十一月方娶，納幣之月在喪之分也。謂趙盾殺君四年，而後别牘復見在，不討賊而已，猶子不嘗藥，加之弑父。

《玉英》謂爲善不法，不可取亦不可棄。如公子目夷之類。

《精華》謂小夷言伐而不得言戰，大夷言戰而不得言獲，中國言獲而不得言執。謂大旱者，陽滅陰也。拜請之而已。大水者，陰滅陽也。故鳴鼓攻之。謂齊桓五年不能致一諸侯，柯之盟，見大信，一年而近國之君畢至，鄄、幽之會是也。後二十年尚未能大合諸侯，救衛、邢，見存亡繼絶之義，明年而遠國之君畢至，貫澤、陽穀之會是也。其後矜功而不修德，楚人滅弦而不憂，江黄伐陳而不救。不救陳而責陳不離。不安鄭而必之以兵。自是日衰，九國叛矣。謂晉僖以亂即位，親任季子而二十年安寧。

《王道》歷言五帝三王之治，桀、紂之暴，以及周衰，而舉春秋災異爲言。又歷舉春秋君臣行事，而總以觀乎二字條舉而斷之，凡連用二十一觀乎字，此篇粗有文法。

《滅國》言春秋失國之君三十一，亡國之君五十二，主天地之間，根本微者不可遭大風疾雨。

《服制象》劍在左，青龍之象；　刀在右，白虎之象；　韍在前，赤烏之象；　冠在後首，玄武之象。

《考功名》聖人之爲天下興利也，其猶春氣之生草也，各因其生之小大。其爲天下除害也，若川瀆寫之於海也，各隨其勢之傾側。

《官制象天》天之大經三起而成，三日而成規，三旬而成月，三月而成時，三時而成功。寒暑與和三而成物，日月與星三而成光，天地與人三而成德。人之身有四肢，每肢有三節，十二節相持而形體立矣。天有四時，每時有三月，十二月相受而歲數終矣。官有四選，每選有三人，十二臣相參而事治行矣。四選者公、卿、大夫、士。

《調均》凡衣裳爲蓋形煖身也。然而染五采飾文章者，非以爲有益於養肌膚血氣也，將以貴貴尊賢，而明別上下之倫爲治也。

《爵國》謂天子千里，公侯百，伯七十，子男五十，附庸字者三十，名者二十，氏者十五里。萬人曰英，千人曰俊，百人曰傑，十人曰豪。

《仁義法》以仁安人，以義正我。仁之爲言人也，義之爲言我也。我無之而求諸人，我有之而非之人，人所不能受也。目弗視不見，心弗慮不得。雖有天下之至味，弗嚼弗知其旨也。雖有聖人之至道，弗論弗知其義也。

《身之養莫重於義》體莫貴於心，養莫重於義。有義者雖貧能自樂，無義者雖富其能自存。忘義而狥利以賤其身，而禍其家。此非其自爲計不忠也，知之不能明也。今握棗與錯金示嬰兒，嬰兒必取棗而不取金也。握一斤金與千萬之珠以示野人，野人必取金而不取珠也。故物之於人，小者易知也，其於大者難知也。今利之於人小，而義之於人大，無怪民之皆趨利而不趨義也，固其所闇也。

《對膠西王越大夫不得爲仁》正其誼，不謀其利；明其道，不計其功。詐其人而勝之，雖有功，君子弗爲。

《實性》謂性已善，不幾於無教。性有善姿，惟待漸於教訓而後能爲善。聖人言善人，吾不得見，使民性皆善，何爲不見也。

《深察名號》陰之行不得干春夏，而月之常厭於日光，乍傷乍全。天之禁陰如此。

《五行》地出雲爲雨，氣爲風，地不敢有其功，一歸于天。

《爲人者天》云天亦人之曾祖父也。

《五行》謂木五行之始，水五行之終，以相生而言。

《陽尊陰卑》謂天之大數畢於十旬，陽氣以正月始出於地，至其功必成也積於十月，人亦十月而生。

《王道通三》謂古之造文者，三畫而連其中謂之王。三畫者，天、地、人，而連其中者，通其道。

《天容》謂聖人祖天而行。

《天辨在人》謂陰陽之會，遇於南方以中夏，遇於北方以中冬者。金、木、水、火各奉所主以從，陰陽相與一力而并功，故少陽因木而起，助春之生也。大陽因火而起，助夏之養也。少陰因金而起，助秋之成也。大陰因水而起，助冬之藏也。

《陰陽位》陽以南方爲位，北方爲休。陰以北方爲位，南方爲休。

《陰陽終始》北方者，天之所終始也。

《陰陽義》陽者，天之德；陰者，天之刑。

《陰陽出入上下》春出陽而入陰，秋出陰而入陽，夏右陽而左陰，冬右陰而左陽。

《天道無二》一而不二者，天之行也。

《煖燠》天之道，出陽爲煖，以生之；出陰爲清，以成之。

《基義》謂凡物必有合。

《四時之副》謂煖暑、清寒，異氣而同功。

《人副天數》謂天德施，地德生，人德義。

《同類相勸》平地注水，去燥就濕，均薪施火，去濕就燥。

《五行相勝》、《五行相生》、《五行逆順》、《水治五行》，並言隨時施政。

《治亂五行》言相干則災。

《五行變救》云木冰、春多雨之類，皆以人事救之。

《五行五事》言證應。

《郊語》言事天子之義。有缺文。

《郊義》言王者歲一祭天，必於正月上辛。

《郊祭》言喪不廢郊祭。

《四祭》四時祭先祖父母。此篇云：已受命而王，必先祭天乃行王事。文王之伐崇是也。《詩》曰「濟濟辟王，左右奉璋」，此文王之郊也。「周王于邁，六師及之」，此文王之伐崇也。

《郊祀》言文王受命伐崇，又證以文王受命有此武功。

《順命》言天子之義畏天之説。

《郊事對》載漢遣廷尉湯問仲舒，郊事問答。

《執贄》謂鴈有行列之治，羔有角而不任，類仁。殺之，不諦類死義者。跪乳，類知禮者。羊之言猶祥，王有似乎君子。

《山川頌》山則巃嵸巑㠑，摧嵬㠑巍，久不崩弛，似仁人志士。水則源泉混混沄沄，晝夜不竭。或養萬里而必至。

《求雨》四時各以其日與其方，隨其色爲土龍，闔南門。置水其外，而開北門。又《止雨》反此。

《祭義》五穀天所以賜，人受賜而薦之宗廟。

《循天之道》天有兩和，謂中春、中秋。

《天地之行》言服食當順時。

《威德所生》春者，天之和；夏者，天之德；秋者，天之平；冬者，天之威。爲政不可不察。

《如天之爲》陰陽之氣，在上天，亦在人。在天者未嘗滯鬱。在人亦宜行而無留。若四時之條條然也。

《天地陰陽》謂天、地、陰、陽、木、火、土、金、水與人而十，人超然萬物之上，最爲天下貴。

《天道施》聖人見端而知本，得一而應萬。

《董仲舒傳》説《春秋》事得失，《聞舉》、《玉杯》、《繁露》、《清明》、《竹林》之屬數十篇，十餘萬言。顔師古注【二〇】：皆其所著書名。本朝《崇文總目》：《繁露》七十卷八十二篇。與隋、唐《志》卷目同，且謂其義引宏博，非出近世。然總以《繁露》爲名，又即用《玉杯》、《竹林》題篇，已疑後人附著矣。及《中興館閣書目》止存十卷三十七篇，新安程大昌讀《太平寰宇記》及杜佑《通典》，見所引《繁露》語言，今書皆無之，因知今書之非本真。又讀《太平御覽》古《繁露》語特多。《御覽》，太平興國

【二〇】顔師古注　「師」原作「思」，據明本、文津閣本改。

間編葺，此時《繁露》尚存，今遂逸不傳。合此三説觀之，是隋、唐、國初，《繁露》已未必皆董仲舒之舊。中興後《繁露》又非隋、唐、國初之《繁露》矣。近世胡尚書榘爲萍鄉宰日，刊之縣齋，僅此三十七篇而已。其得攻媿樓參政校定本，十七卷八十二篇之舊復全。其兄胡槻既刊之江東漕司，其後岳尚書珂復刊之嘉禾郡齋，世遂以爲定本。攻媿謂爲仲舒所著無疑，而取《楚壯篇》第一，謂爲潘氏本有之，至於《調均》一篇，萍鄉本列置第二十五，及攻媿再定本，乃不及此篇。則不知何説也。又程氏謂《通典》載：劒在左，青龍象；刀在右，白虎象；韍在前，朱雀象；冠在首，玄武象。謂此數語今書所無。而今書《服制象》篇，此語實具存【二一】。程氏以爲無之，不知又何也。

愚按今書惟《對膠西王越大夫之問》，辭約義精，而具在本傳，餘多煩猥，甚至於理不馴者有之，如云宋襄公由其道而敗，《春秋》責之。襄公豈由其道者耶？如云周無道而秦伐之，以與殷、周之伐並言，秦果伐無道者耶？如云志如死灰【二二】，以不問問，以不對對。恐非儒者之言。如以王正月之王爲文王，恐《春秋》無此意。如謂黄帝之先謚四帝之後，恐隆古未有謚。如謂舜主天法商，禹主地法夏，湯主天法質，文王主地法文。於理皆未見其有當。如謂楚莊王以天不見災而禱之于山川。不見災而懼可矣，禱于山川以求天災，豈人情乎？若其謂性有善姿而未能爲善，惟待

【二一】此語實具存　「具」原作「其」，據明本、文津閣本改。

【二二】如云志如死灰　「如」原作「妃」，據明本、文津閣本改。

教訓而後能爲善。謂性已善，幾於無教。孔子言善人，吾不得而見之。而孟子言人性皆善。過矣。是又未明乎本然之性也。漢世之儒，惟仲舒仁義三策炳炳萬世。曾謂仲舒之《繁露》而有是乎！歐陽公讀《繁露》，不言其非真，而譏其不能高其論，以明聖人之道且有惜哉惜哉之歎。夫仲舒純儒，歐公文人。此又學者所宜審也。

卷五十七

讀諸子三

論衡

王充嘗師班彪，博學有獨見。既仕不偶，退而作《論衡》二十餘萬言。蔡邕、王朗嘗得其書，皆祕之以爲己助，蓋充亦傑然以文學稱者。惜其初心發於怨憤，持論至於過激，失理之平正，與自名《論衡》之意相背耳。如謂窮達皆出於命，達者未必賢，窮者未必不肖，可矣。乃推而衍之，至以治和非堯、舜之功，敗亡非桀、紂之罪，亦歸之時命焉。可乎？甚至譏孔、孟而尊老子，抑殷、周而誇大漢，謂龍無靈，謂雷無威，謂天地無生育之恩，而譬之人身之生蟣蝨，欲以盡廢天地百神之祀。雖人生之父母骨肉，亦以人死無知不能爲鬼而忽蔑之。凡皆發於一念之怨憤，故不自知其輕重，失平如此。至其隨事各主一説，彼此自相背馳，如以十五説主，土龍必能致雨矣，他日又曰仲舒言土龍難曉。如以千餘言力辨虎狼食人，非部吏之過矣，他日又曰虎狼之來，應政失也。凡皆以不平之念，盡欲更時俗之説，而時俗之説之通行者，終不可廢。矯枉過正，亦不自覺其衡決至此也。惟其辨訛正謬，有裨後學見聞者，則取節以列下方。

辨三代姓。世稱禹以含薏苡而生，故夏姓姒；卨以含燕子而生，故商姓子；稷以母履跡而生，故姓姬。薏苡，草也；燕子，鳥也；大人迹，土也。皆非氣，安能生。且帝王之妃何爲適草野，何爲浴於水。或禹、卨、后稷之母適欲懷妊，偶呑薏苡、燕子、履大人迹，世好奇怪因以爲姓。三卷。

辨胥濤。浙江山陰江、上虞江皆有濤，蓋水發海中漾馳而已，入江淺狹，水激沸起，故騰爲濤。猶廣陵曲江有濤。文人賦之，稱大江浩洋。曲江有濤，亦以隘狹也。溪之深者安洋，淺者激揚爲瀨，夫濤瀨一也。謂子胥爲濤，誰居溪谷爲瀨乎？按濤入三江，江岸沸踊，中央無聲。必以子胥爲濤，子胥之身聚岸漼也。濤之起也，隨月盛衰。如子胥爲濤，子胥之怒以月爲節也，三江時風，揚疾之波，亦溺殺人。子胥之神復爲風也，始皇渡湘遭風，問湘祠堯女舜妻，怒斬其樹。夫謂子胥之神爲濤，猶謂二女之神爲風耳。

辨齊桓公。桓公妻姑姊妹七人，此因如夫人者六人而誤耳。又謂其負婦人以朝諸侯，或婦人立於後耳。桓公，千歲一出之主也。葵丘稍驕，畔者九國，况於禽獸之行，無禮而可留諸侯哉！

辨星退舍。宋景公一坐有三善言，星徙三舍【一】，如有十善言，星徙十舍乎。善言延

【一】星徙三舍　「徙」原作「徒」，據明本、文津閣本改。

壽二十一歲，堯、舜獲壽千歲乎！太卜欺齊景公以能動地，晏子謂鉤星在房、心之間，地自當動。子韋之言星徙，猶太卜之言地動。宋無晏子之智臣，故子韋售其欺耳。四卷。

辨射日。射不過百步，日之行天去人以萬里數。堯上射之，安能得日？日，火也，雖中安能滅之？世稱桀、紂之惡，射天毆地，高宗之德，政消桑穀。今堯不能以德滅十日而必射之，是德不若高宗，惡與桀、紂同也。

辨武王瞋怒風止。武王誅紂是乎？天當安靜以祐之。妃誅紂非乎，而天風者怒也。武王瞋目，重天怒也，風何止？或時風偶自止耳。

辨魯襄與韓戰。麾戈日返三舍，一麾安能返日？日，一日行一度，退三度是日却三日也。或戰時日正卯，戰迷謂之暮，麾而轉左曲道，日若卻耳。

辨燕丹。燕丹誓天，使日再中，乃得脱秦。何湯困夏臺，文王拘囚羑里，孔子厄陳、蔡，天不能祐。

辨杞梁妻哭而城崩。鄒衍仰歎而霜隕，師曠鼓琴而晉旱，皆適然耳。師曠初學時，非直一再奏，風雨當至久矣。

辨天雨穀。穀生草野，成熟委地，疾風暴起，與之俱飛，風衰穀集，謂之雨穀。天施地生，凡有葉實可食者，皆地所生，非天所爲也。

辨梁山崩壅河。伯宗以輦者之言，令景公縞哭，乃流。實則山初崩，土積，水未盛，三日之後水盛土散，竟流東去耳。五卷。

辨黃帝葬衣冠。衣不離形，如仙去，衣冠不宜遺。黃帝實仙，不死而升天，臣子乃葬不死者之衣冠，與實死者無異。非臣子實事之心別生於死之意也。七卷。

辨稱孔子于七十國。增之也，至不能十國。八卷。

辨太公殺隱士。狂譎華士云，堯不誅許由，唐民不皆櫟處。武王不誅伯夷，周民不皆隱餓。愚謂太公安有殺隱士之理？太公始亦隱士耳，謂其殺隱士，必欲人皆致命於國者，韓非等妄言以售私說耳。此不待辨。十卷。

辨謂箑脯、扇涼。蓂莢、數日。屈軼、指佞。觟䚦、觸罪。倉光，水獸覆舟。皆妄。

附雜録

孟子以眸子觀人正否。眸子稟於天【二】，不同與性善之説自異。

微子曰我舊云孩子王子不出，謂識紂惡於孩子之時。按今本作刻子。

禮曰刻尊爲雷之形，一出一入，一屈一伸，爲相校軫則鳴。盛夏太陽用事，陰氣乘之，陰陽交爭，則相校軫。如以斗水灌冶鑄之火，氣激烈若雷之音矣。六卷。

宋有御馬者不進，剄而棄之溝，又駕一馬又不進，又剄而棄之溝，若是者三，以此威馬至矣。然非王良法也。十卷。

禹鑄鼎象物，使不逢不若。蓋使人識而避之耳。《論衡》辨其不能辟除神姦，非也。

【二】眸子稟於天 「天」原作「矢」，據明本、文津閣本改。

樹檀以五月生葉，後於春榮之木，其材强勁，車以爲軸。不崇朝輒成賈者，菜果之物也。

陽温陰寒歷月，乃至災變之氣，一朝成怪。

天且風，巢居之蟲動，且雨，穴處之物擾。夜及半而鶴唳，晨將旦而鷄鳴，物應夫氣之驗也。

雨自有時，非雩祭可得也。慈父之於子，孝子之於親，知病之必不可治，終不肯安坐待絶，猶卜筮求禱、召醫和藥者，惻痛殷勤，冀有驗也。雩祭者之用心，慈父孝子之心也。十五卷。

鱉三足曰能，龜三足曰賁。十七卷。

子雲作《太玄》、《法言》，張伯松不肯一觀。十八卷。又蜀富人賫錢千，願載於書，子雲不聽。十九卷。

襲舊六爲七。十九卷。

忽其父而稱異人之翁。

天晏暘者，星辰曉爛。人性奇者，掌文藻炳。又曰察掌理者，左右不觀，左文明也。

鬼神，陰陽之名也。陰氣逆物而歸，故謂之鬼，陰氣遵物而生，故謂之神。神，伸也。伸復無已，終而復始。人未生在元氣之中，既死復歸元氣。

尹齊死，怨家欲燒其尸，亡去歸葬。或時吏知怨家之謀，竊舉持亡。愚按：漢注謂鬼有知而亡去。每疑棺尸無亡去之理，今《論衡》之説近之矣。二十一卷。

甲乙日病者，生死之期常在庚辛。

世間所謂妖祥，所謂鬼神者，皆太陽之氣爲之也。夫人之所以生者陰陽氣也。陰氣主爲骨肉，陽氣主爲精神。人之生也，陰陽氣具，故骨肉堅，精神强。骨肉、精神合錯相待，故能常見而不滅亡。太陽之氣盛而無陰，故徒能爲象，不能爲刑，無骨肉，有精神，故一見恍惚，輙復滅亡也。二十二卷。

夫毒，太陽之熱氣也。鴆、蛇、冶葛、巴豆皆生南方【三】，熱氣所鍾也。太陽火氣常爲毒也。五行二曰火，五事二曰言。言與火直，故南越之人祝禁輙效，口舌爲毒也。

諱西益宅者，尊長在西，尊無二上，故不可益。諱刑徒不上丘墓者，爲媿見祖父，皆義理之諱，非凶惡之忌。

世諱作豆醬惡聞雷，不欲積家踰至春也。二十三卷。

漢俗解除之祭，先爲設膳食已，驅以刃杖。

衰世好信鬼，愚人好求福。

漢俗解土爲土偶像鬼，令巫祝之。

《讖書》謂孔子預知秦皇上我之堂。按始皇實不至魯。詹何知牛，介葛盧知牛，楊翁

【三】冶葛　「冶」原作「治」，據文津閣、文淵閣本改。

仲知馬眇，皆古射事之類也。

謂三易皆六十四卦，文王、周公因象十八章究六爻，非演爲六十四也。

謂《六典》不與今禮相應，按今《禮經》不見《六典》。

謂《論語》之篇但八寸尺，不二尺四寸者，懷持便也。漢自武帝得之孔壁，皆名之曰《傳》。至孔安國以教晉人扶卿，始曰《論語》。

彈雀則失鶡，射鵲則失鴈，方員畫不俱成，左右視不並見。

玉屑滿篋，不成爲寶。二十八卷。

墨家薄葬右鬼，厚其精而薄其屍，自相乖反。

《左傳》出孔壁，《國語》左氏之外傳。

公孫龍、鄒衍書虛誇，與管、商書相反，而太史兼紀《三代世表》【四】，言帝王皆黄帝子孫，而殷、周不紀，謂玄鳥大人之精氣亦兼紀。

孔子失馬於野，野人閉不與。子貢妙稱而怒，馬圉諧説而喜，曉俗而以鴻文，猶和神仙之藥以治鼿欬，制貂狐之裘以取薪菜也。故斷決知辜不必臯陶，調和葵韭不俟狄牙，閭巷之樂不俟韶武，里母之祝不待大牢。牛刀割雞，舒戟采葵，鈇鉞裁箸，盆盎酌巵，大小失宜，善之者希。見三十卷終。

兒生啼聲，鴻朗高陽者壽。

【四】三代世表　「代」原作「伐」，據明本、文津閣本改。

人壽以百歲爲正，人形以一丈爲正，故名男子爲丈夫，尊公嫗爲丈人。一卷。

歷陽之沉，長平之坑，同命俱死者，國命勝人命。

水潦降，不獻魚鱉，以蟲蛇新化魚鱉。

物多變，人獨不變者，稟得正也。刑不可變，則壽不可增。牛壽半馬，馬壽半人。

陽燧取火【五】，五月丙午日中，鍊五石鑄器，磨礪生光，仰以向日則火來。至今以刀劍之鉤月，摩拭向日亦得火。

伊尹母夢，謂臼出水，疾東走。且如其言，顧其鄉皆水矣。二卷。

古公曰我世當有興者，其在昌乎！太伯知而避之，文王受命已在生時。《書》稱天乃太命文王者，與天合同，若天使之。

周人世碩作《養書》，謂人惟有善、有惡，在所養焉。董仲舒因孟、荀言性不同，作情性之説，謂性生於陽，情生於陰，曰性善者見其陽，謂惡者見其陰。劉子政反之，以性在身爲陰，以情形於外爲陽。三卷。

五月之時，晝十一分，夜五分。六月晝十分，夜六分。從六月至十一月，減一分。歲，日行天十六道。

日月行遲，天行疾，故日月實東行而反西，旋若蟻行磑上。

天不動，氣不施，氣不施，物不生，日月星辰之行，皆施氣。十一卷。

【五】陽燧取火　「燧」原作「烽」，據文津閣、文淵閣本改。

蝢牟掇芥，磁石引針。

漢制立春東耕，立土象人，男女各二。

射布名侯，示射無道諸侯也。

凡蟲爲風之字，取氣於風，故八日而化。

神農藏種方，煮馬屎以汁漬種，令禾不蟲【六】。

虞舜重瞳，王莽亦重瞳，晉文駢脅，張儀亦駢脅。

少正卯在魯與孔子並，孔門三盈三虛。十六卷。

神荒忽無形，出入無門，故謂之神。今作形像，與禮相違，失神之實。歆者，內氣也。

漢祭靈星，即古雩祭，春求雨，秋求實，一歲再祀。漢春雩之禮廢，秋雩之禮有。又或訛爲祭明星，又曰歲星實龍星也。龍星三月見，則雩，祈穀雨。龍星八月將入，則秋雩，祈穀實。愚謂《論衡》釋靈星之名似矣。實則古之雩祭，止因龍見而雩，此祭之候也，未必祭其星也。

牒截竹爲筒，破以爲牒，加筆墨乃成文字。牘斷木爲槧，析之爲板，加刮乃成奏牘。並見十二卷。菴十三卷云：桃李梅杏，菴丘蔽野，以此見菴之爲義止取掩故耳。布施越境而布施矣。見廿七卷。孟年建初孟年。瓦屋桀之瓦屋，並見二十九卷。

【六】令禾不蟲　「禾」原作「未」，據明本、文津閣本改。

申鑒

《申鑒》五篇，東漢荀悦書也。自言道本仁義，備在典籍。前鑒既明，後復申之，謂之《申鑒》。然大抵辭繁理寡，體亦不一。《政體》第一，《時事》第二。多舉凡目【七】，頗用《汲冢周書》之體。《俗嫌》第三，《雜言》第四、第五，多用或問，頗效揚雄《法言》之體。其言之合於理者，如曰人主有公賦無私求，有公用無私費，有公役無私使，有公賜無私惠，有公怒無私怨。如曰求己之所有餘，奪下之所不足，捨己之所易，責人之所難，怨之本也。如孺子之驅雞也，而見御民之術，迫則飛，疏則放志，志安則循路而入門。或問卜筮，曰：吉而濟，凶而救之，謂益；吉而恃，凶而怠之，謂損。或問避疾厄。曰：可避非身，可逃非神。孺子掩目巨夫之掖而曰：逃可乎。或問神仙之術，曰：終始運也，短長數也，運數非人力之爲也。體宜調而矯之神，宜乎？而抑之必有失和者矣。又謂人臣之義，不曰吾君能矣，不我須也，言無補也；而不忠，不曰吾君不能矣，不我識也，言無益也，而不盡忠。進忠有三術：先其未然，發而止之，謂之救；行而責之，謂之戒。凡其言之合於理者如此。如曰善治民者治其性，故跖可使與伯夷同功。則喜於立論之過。論性情者，屢章而當理。理者，殊少文，亦頗卑弱，與其所著《漢紀》頗不類。未知果悦之真否？此本淳熙九年尤袤刻江西漕司。

【七】多舉凡目　「目」原作「自」，據文津閣、文淵閣本改。

乾坤鑿度

《鑿度》不知誰所作，矯黄帝而爲之言云：庖犧氏之古文，黄帝演古籀文而蒼頡修爲上下篇，上篇《乾鑿度》。鑿，開也；度，路也。聖人鑿開天路，顯彰化源也。其説謂有太易，而有太初，而有太始，而有太素，乃及古帝者之代興【八】，乃及乾、坤、巽、艮之四門，乃及坎、離、震、兑之四正。至若配身取象，取物制度等説，支離矣。下篇《坤鑿度》也，謂太古變乾之後次鑿坤度，謂坤元十性，謂坤有八色，曰蕩配、曰凌配。支離益甚矣。《乾坤鑿度》之言太率詞澀而理寡。又有《周易乾鑿度》、《周易坤鑿度》二篇，又皆矯孔子而爲之言。竊取《繫辭》，餘自太極、兩儀、八卦而生六十四卦，而至爻象，復歸太易、太初、太始、太素之説。謂太易，未見氣也；太初，氣之始也；太始，形之始也；太素，質之始也。較之《乾坤鑿度》，文頗明直，是出一人之手，而僞爲古今華質之不同，以互相發明者歟。然以日之十干，辰之十二支，星之二十八宿，指爲大衍之數五十，於《易》未必合。而以易之三百六十析當期之日，是京房卦氣之法。此書正爲此作，而前冒大易爲重耳。若其謂入戊午部，二十九年伐崇侯，作靈臺，改正朔，布王號天下，受録應《河圖》。又謂消息卦純者爲帝，不純者爲王，恐皆非君子之言。而謂帝乙以生日爲名，亦非殷以即位之年太歲爲號，考歷者已得之矣。

【八】乃及古帝者之代興　「興」原作「與」，據明本、文津閣本改。

易緯稽覽圖

緯雖非正書，然出漢世。此書言至今大唐上元二年乙亥，卦起中孚，不知何人作也。《書》有推天元甲子之術，推易天地人之元術，皆墮小數，不足留情。其曰癸巳元年一百九十萬八千八百五十三歲，乃加太初元年。殆誣誕耳。惟其謂六日八十分之七注云：一卦七分，此爲京房卦法則明。至每候言災異之應，恐亦未必然。

易通卦驗

卦驗有於七經，於河洛之目，於理無所考。而亦矯孔子爲之辭，首云太皇之先與耀合元精，五帝期以序七神。此不過爲無所考以相欺，大率爲卦氣發，然僻書耳。

周易參同契

《參同契》者，乃漢世上虞人魏伯陽所造【九】，其説出於《神仙傳》，不足憑。爲之注釋者五代末彭曉。則此書必出於五代之前也。參，雜也；同，通也；契，合也。此方士煉丹之書，謂與諸《丹經》理通而義合也。然必冒《周易》爲稱者，煉丹取子午時爲火候，是爲《坎》、《離》，因用《乾》、《坤》、《坎》、《離》四正卦於橐籥之外。其次言《屯》、《蒙》六十

【九】乃漢世上虞人魏伯陽　「乃」原作「漢」，據明本改。

卦，以見一日用功之早晚。又次言納甲六卦，以見一月用功之進退。又次言十二辟卦，以分納甲六卦而兩之，要皆附會《周易》以張大粉飾之。其實煉丹無符於《易》，《易》本無預於煉丹，而今世言火候者，因以三百八十四爻爲一周天，以一爻直一日，而爻多日少，終不相合，其妄可知。近世蔡季通學博而不免於雜，嘗留意此書。而晦翁與之游，因爲校正，其書頗行。然求其義，則終無之。嗚呼！煉丹之説盛於唐，而唐世人主若士大夫凡惑然者，無不速其死。此書又可尚乎？《道書·魏伯陽傳》言，伯楊將三弟子、一白犬入山作金丹，丹成與犬，犬死，伯陽自服自死，弟子繼服又死。二弟子不服而出山，爲伯陽求棺斂，至則伯陽已活矣。其鄙如此，且或有之。人生奈何以一死試丹，而伯陽之再活者今安在？壽幾何耶？

古三墳書

孔安國作《書序》，明言孔子去《三墳》而斷自唐、虞二《典》爲《書》。今信安毛漸正仲乃稱，元豐七年奏使京西，得古《三墳書》於唐州，比陽道民間爲僞，固不待辨而知。特其所以爲僞，有不容不辨者。夫《三墳》雖不可復知，概以今之二《典》，則載事之書，後世所謂史册之類也。今其書乃以《山墳》爲弟一，而指爲天皇伏羲氏《連山》之《易》。以《氣墳》次之，而指爲人皇神農氏《歸藏》之《易》。以《形墳》又次之，而指爲地皇軒轅氏

《坤乾》之《易》。愚按伏羲畫八卦，歷文王、孔子而成今之《易》，三才之道備焉，此外無餘藴。《周禮》、《六典》晚出於王莽，劉歆始有《連山》、《歸藏》、《周易》三者之名，意謂夏、商之世各自有《易》，於義無稽。而好異者喜言之，自謂博古，已成空談。況於竊取其名爲《三墳》之書。然乎否耶？《山墳》言君臣、民物、陰陽、兵象。《氣墳》言《歸藏》生動、長育、止殺。《形墳》言天、地、日、月、山、川、雲、氣，一字各釋爲一事，實皆無理。《山墳》綴以姓紀之篇，《氣墳》綴以皇策之篇，《形墳》綴以政典之篇。亦皆無理。毛漸乃以《胤征》嘗引《政典》指爲證據，不知《政典》，夏氏國法，非《三墳》書也。此書不必辨，因以記周。

卷五十八

讀諸子四

孫子 兵書一

《孫子》言兵，首謂：「兵者，國之大事，死生之地，存亡之道。」而切切欲道民，使之與上同意。欲不戰而屈人兵；欲先爲不可勝以待敵之可勝；欲無恃其不來，恃吾有以待之。至論將則謂進不求名，退不避罪。惟民是保，而利於主。蓋終始未嘗言殺，而以久於兵爲戒。所異於先王之訓者，惟詭道一語，然特自指其用兵變化而言，非俗情所事姦詐之比。且古人詭即言詭，皆其真情，非後世實詐而反謬言誠者比也。若孫子之書豈特兵家之祖，亦庶幾乎立言之君子矣。諸子自荀、揚外，其餘浮辭横議者莫與比。

葸豆稈。　蟻附　分數分部曲，數，什伍。　率然常山蛇名。　風起之日箕、畢、翼、軫。

校勘記

吴子兵書二

《吴子》言兵，先以得士心爲本，名曰「父子兵」。此吮疽之術也。審敵可否，未嘗言殺，機權議論亦足爲孫子之亞矣。嘗勸魏文侯饗賞有功，行之三年，士不得令而奮擊。起曰「人有短長，氣有盛衰」。乃發無功而不與饗者五萬，破秦者五十萬。天竈大谷之口。龍頭大山之端。

司馬法兵書三

《司馬法》者，齊司馬穰苴之書也。謂國雖大，好戰必亡。天下雖安，忘戰必危。而首叙蒐兵命將之禮，軍容國容之義，三代兵車旂章之别。蓋述典刑之舊爾。至其言兵則細矣，非孫、吴比矣【一】。至謂夏賞而不罰，殷罰而不賞，周德衰而賞罰兼之，則背理之言也。蘇子《古史》去《穰苴傳》。

唐太宗李衛公問對兵書四

兵自黄帝立丘井法，井字形開方爲九五，爲陳法，四爲閑地。所謂數起於五也，虚其中，大將居之，環其四面，諸部連繞。所謂數終於八也，形圓而勢不散。所謂散而成八，復

【一】非孫吴比矣　「吴」原作「吾」，據明本、文淵閣本改。

而爲一也。太公實繕其法，至管仲復修《太公法》，五家爲軌，故五人爲五，十軌爲理，故五十人爲小戎。四里爲連，故二百人爲卒。十連爲鄉，故二千人爲旅。五鄉一帥，故萬人爲軍。皆本《司馬法》也。陳數有九，大將握奇零，其中四頭八尾，觸處爲首。諸葛亮以布八陣圖，李靖本之，大陳包小陳，大營包小營。隅落鉤連，曲折相對，外畫之方，内環之方，以成六花，名六花陣。故靖言兵專本乎正，自謂西討突厥，越險數千里，此制未嘗敢易。至於奇正相生，如環無端，靖謂惟孫武能之，吴起而下莫可及焉。謂舅韓擒虎但以奇爲奇，以正爲正爾。蓋兵家之立言，無出於孫武，而兵家之講明，亦無過於李靖矣。

靖言愛士，太宗以威克厥愛詰之。靖必對以威克者，一時誓師之言。愛結者，平時養士之素可也。顧乃謂愛設於先，威設於後。《尚書》所以謹戒其終，非所以作謀於始，則非《書》之旨矣。古者齋廟授鉞，蓋必不得已而用兵，故告之宗廟，且示謹重也。靖乃曰：假成於神，則不知古人惻怛之心矣。孫子首篇，其一曰道，而繼以道者，令民與上同意。至曹公注釋亦云：導之敬令，是訓導之導，非道德之道也。靖乃曰「道之説至微至深」。《易》所謂聰明睿智，則亦非孫子立言之本旨矣。太公謂步兵與車騎戰，必依丘墓。《孫子》謂：天隙之地、丘墓、故城，兵不可處。太宗問二説不同，而靖專主太公。竊意太公言戰，當有所依。孫子言屯當審所寓，二説自並行而不相背。靖言張良學太公《六韜》、《三略》，此殆因圯上老人授書而言。竊意《韜》、

《略》乃後世附會，未必太公之書。若其論高祖不善將將，殆靖欲太宗保全功臣耳，亦未得爲確論。將將自是御之於方用之初，保功臣自是全之於已用之後。

天地風雲龍虎鳥蛇天地，旗號；風雲，旛名；龍虎鳥蛇，隊伍之列。三門太公謀，太公言，太公兵。四種權謀、形勢、陰陽、技術。僕射漢、魏之間軍制，五車置僕射一人。

尉繚子 兵書五

《尉繚子》謂對梁惠王，而言其説，欲絶拘忌，嚴法令，務耕織，使三軍一心，畏將而不畏敵，而譬之於水。謂水至柔弱者也，然所觸丘陵必爲之摧者無異也，性專而觸誠也。嗚呼！此殆孟子所指我能爲君戰必克者歟！雖欲審囚決獄，不殺無罪，兵不血刃而天下親。然立爲什伍相揭之法，專務殺其士卒，使之畏己，而以殺卒之半爲善用兵。孫、吴談兵已不如此，況仁人乎？然其言曰：亡國富倉府，上滿下漏，患無所救，此足警有國者云。

拗拗矢折矛。守法城一丈，十人守。甲胄之士不拜竭人之力，不責禮。將主旗鼓一劍之任非將事。金鼓鈴旗鼓進，金正，鈴傳令，旗，麾也。低旗則趍，金鼓俱擊則坐。鼓節一步一鼓，步鼓也。十步一鼓，趨鼓也。音不絶，騖鼓也。

黄石公三略六韜兵書六

《韜》、《略》世謂出太公，雖李衛公亦云。以愚觀之，僞書爾。春秋荀吴始嘗舍車而步，漢以後始有騎將，今其書以車、騎、步分三。太公時有之乎？春秋後始有霸，三代雖有伯，不以霸稱也。今其書歷叙皇帝、王霸。太公時有之乎？春秋霸主始有結連與國，深入人境者。今其書稱必得大國之與鄰國之助。又云行數百里，人馬倦休。太公時有之乎？又謂取天下者若逐野獸，天下皆有分肉之心，此襲用秦失其鹿，天下共逐之語。而贅婿者，秦始有之，其書亦稱贅婿，且自謂《三略》爲衰世作，則不能自掩其爲後世之僞明矣。況其爲書類多掇拾《三略》。大率以柔弱不貪爲主，此老子之説也。《六韜》言猶豫狐疑之戒巧，《吴子》之所已言也。言山兵者，即《吴子》之谷戰，言澤兵者，即《吴子》之水戰，十四變即《吴子》之十三繫，十一卒即《吴子》之五練，鋭教戰即其士先教戒之説，分險即其過敵谿谷之説，雨不張蓋等語出《尉繚子》書，火戰等説亦備《孫子》書，而涓涓不絶等語，又徧集古書者也。要其前後本無主説，《三略》既不見上中下可分之的，《六韜》亦不見文武龍虎豹犬之義。大抵書之不切於兵者居半，切於兵者多死法，敵而木偶人也則可耳。其最無理者，文伐十二節，皆陰刻陷人之語，豈文伐之義乎？股肱羽翼七十二人，輕重失次，泛其無紀，豈股肱羽翼之義乎？文王，聖人也。太公聞風興起，動盍歸乎來之思。武王以聖繼聖，順天應人，而太公興鷹揚之師。今顧以孩提視文、武，謂其求教太公。雖帝堯之聖，亦文王所未聞待傾聽而始知焉。此皆根於小獵得師一語，故附會至此耳。然按《六韜》謂太公坐茅而漁，《尉繚子》又謂太公屠牛朝歌，賣食盟津，餘七年，主不聽而遇文王。是則卜獵之説，尚未定也。況《韜》、《略》可信其爲太公之書乎？

其書之播詠人口者曰「香餌之下必有懸魚，重賞之下必有死夫」。曰「千里饋糧，士有飢色。樵蘇後爨，師不宿飽」，而先之以軍「讖曰」，則是引古語也。曰「務廣地者荒，務廣德者强。能有其有者安，貪人之有者殘」。然先之以「故曰」，則亦用古語也。曰「以義誅不義，若決江河而溉熖火。臨不測而擠欲墜，其克必矣。所以優游恬淡而不進者，重傷人物也。」此語是以發明仁人用兵之本心。曰「天下非一人之天下，乃天下之天下」。亦至今爲名言。

陰符凡八等十將，緩急遣使用之。天潢天舡一物也，以飛江濟海。贅婿、人虜，欲掩迹揚名者聚爲一卒此條列於貧賤快志之下，胥靡免罪之上古，之賤贅婿如此。

陰符經

經以符言，既異矣。符以陰言，愈異矣。首云觀天之道，執天之行，盡矣。天之道固可觀，天之行其可執耶？謂五行爲五賊，謂三才爲三盜。五行豈可言賊？三才豈可言盜?又曰天有五賊,見之者昌。三盜既宜,三才既安,賊豈所以爲昌?盜豈所以爲安?即若謂人知其神,而神不知,不神所以神。此本老聃可道非道之説。後世有僞爲道書者,曰常清淨經,有僞爲佛書者,曰般若經。千變萬化,皆不出反常一語。初非異事,乃雷同語耳。言用兵而不能明其所以用兵,言修煉而不能明其所以修煉,言鬼神而不能明其所以鬼神。蓋異端之士,掇拾異説而本無所定見者。豈此其所以爲陰符歟!然則人生安用此書爲也。唐永徽五年嘗敕褚遂良寫一百二十卷,不知果然否?近世大儒亦加品題,則事之不可曉者。

卷五十九

讀文集一

韓文

古賦

《感二鳥賦》，豈真有羨於白烏鸜鴿，特因物託興，使賤人貴物者知警爾。

《復志賦》退而守其志也。歲行未復云者，歲星十二年一周復，公自述幼孤時，未及十歲。

《閔己賦》自傷不得其志，欲靜以俟之。

《別知賦》傷知心之難得，不忍楊儀之之去己也。

诗

《元和聖德詩》典麗雄富，前輩或謂揮刀紛紛，爭切膾脯等語，異於文王是致是附氣象【一】。愚謂亦各言其實，但恐於頌德之名不類。或云公之意欲使藩鎮知懼。

校勘記

【一】異於文王　「王」原作「五」，據明本、文津閣本改。

《琴操》大抵意味悠長，拱挹不盡，將古聖賢之作而述之耶？抑述古聖賢之意而作之耶？《猗蘭操》有云：薺麥之茂，薺麥之有，君子之傷，君子之守。辭約義精，尤當佩服，蓋能全其所自得者，投之患難而不變，志士仁人平居無異儔伍，惟歷變而後可知。薺麥處雪霜而茂者，由薺麥之性自有陽和。惟因君子之傷，乃足見君子之守也。《拘幽》之亂曰：臣罪當誅兮，天王聖明。至哉言乎！昔師席王宗諭教授於鄞縣學宮。余實從之游，聞其講《詩》至衛莊姜，嘅然舉此章而言曰：反己之切者，惟見己之不然，不見人之有不然。衛莊姜惟知爲婦之當順，而不見其夫之不義；惟知爲母之當慈，而不見其子之不孝。此心也何心也？充其類而廣之，大舜所謂父母之不我愛，於我何哉之心也。文王所謂臣罪當誅兮，天王聖明之心也。《凱風》孝子謂母氏聖善，我無令人，亦此心也。羅仲素謂天下無不是底父母，即所以指明此心也。

《南山詩》險語層出，合看其布置處。

《謝自然詩》指其輕舉之事，爲幽明雜亂，人鬼相殘；不知人生常理而棄其身，卓哉！正大之見乎。

《秋懷詩》寄興悠遠，多感歎自斂退之意。

《赴江陵途中詩》次叙明密，是記事體。內有云「早知大理官，不列三后儔。何况親犴獄，敲搒發姦偷」，此語可警世俗。蓋比肩唐、虞之朝者，大禹、臯陶、稷、契也。禹平水土，稷教播種，而契教以人倫，是爲三后，獨皐陶不預焉。三后子孫爲三代，享國長久。雖益之後爲秦，亦綿延千百祀，獨皐陶之後無聞焉。或謂皐陶之所司者，刑也。漢高祖再整宇宙，一時際會，如蕭、曹、韓信、張良，蕭之後爲蕭梁，曹之後爲曹魏。張良好道家學，至今名天師者亦其後。獨韓信夷族，以其所用者兵，而刑之大者也。皐陶明刑，所以輔唐、虞之仁，雖不當以漢事比，然且不得列三后之儔，則刑之不可易言昭昭也。司刑君子，其可不盡心歟！

《醉贈張祕書》謂座客能文，性情浩浩，爲得酒意。而富兒紅裙之醉如聚飛蚊，可謂逸興。卒章有云「至寶不雕琢，神功謝鋤耘」。此謂文字混然天成之妙也，公之自得蓋如此。

《送惠師》、《靈師》皆叙其游歷勝槩，終律之以正道。

《縣齋有懷》自叙平生甚詳。

《岳陽樓》叙洞庭之勝。

《薦士》詩叙六朝之陋爲「搜春摘花卉」，叙國朝之盛爲「奮猛卷海潦」。論文者可以觀矣。

《駑驥》詩高自稱譽，陋視凡子也。

《山石》詩清峻。

《汴泗交流》詩叙教戰。

《雉帶箭》峻特有變態。

《條山蒼》簡淡有餘興。

《贈鄭兵曹》詩慷慨。

《桃源圖》前立兩柱，一叙圖一叙詩，方雙合。叙事中間云「大蛇中斷喪前王，五馬南渡開新主」。只提秦、晋，包盡六百年。結云「世俗寧知僞與真，至今傳者武陵人」。與「神仙有無何渺茫，桃源之説誠荒唐」相應。皆明之以正理。

《贈侯喜》以釣魚況人事，捨小求大。

《八月十五夜贈張功曹》感慨多興，内云「判司官卑不堪説，未免捶楚塵埃間」。然則唐之判司簿尉類然歟。然唐人之待卑官雖嚴，而卑官之行法於人，猶得以伸其嚴，如劉仁軌爲陳倉尉，搒殺中貴人折衝都尉魯寧是也。我朝判司簿尉以待新進士，而筦庫監當不以辱之，其於判司簿尉視唐重矣。奈何朝廷視之雖重，世俗待之益卑？苦役苛責甚於奴僕，官之辱、法之屈也。此事關繫世道。

《謁衡嶽祠》惻怛之忱，正直之操，坡老所謂能開衡山之雲者也。

《杏花》詩鈎輈字，釋云鷓鴣聲。

《感春》謂春風漫誕之可悲，甚於秋霜摧落之不足惜。此意亦奇。東坡謂「春蟾投醪光陸離，不比秋光，只爲離人照斷腸」。皆是此意翻出。

《孟東野失子》詩云「蝮蛇生子時，坼裂腸與肝」。愚往年見臨安無夢和尚，説蝌散子後即枯死，云出佛經。

《落齒》詩結以「語訛默固好，嚼廢軟還美」，翻説最佳。

《赤藤杖歌》赤龍拔鬚，羲和遺鞭等語形容奇怪。韓詩多類此。然此類皆從莊生寓言來。

《送石處士赴河陽幕》「風雲入壯懷，泉石别幽耳」最工。

《辛卯雪》萬玉妃之句，李花萬堆雪之句，《寄盧仝》猶上虚空跨騄駬之句，《醉留東野》爲雲爲龍之句，皆立怪以驚人者。

《招楊之罘》栢、馬之喻，愛之使進。而《誰氏子》之作，謂稱道士爲癡狂，尤正論也。

《石鼓歌》、《雙鳥》詩尤怪，特雙鳥必有所指，豈異端歟？

《贈劉師服》詩可與《落齒》詩參看。

《聽潁師琴》有曰「喧啾百鳥群，忽見孤鳳凰」。

《贈張十八》詩有曰「龍文百斛鼎，筆力可獨扛」，皆工於形容。

《調張籍》形容李、杜文章，尤極奇妙。

《寄崔立之》狀世俗羨科第之榮。

《月蝕》詩律玉川子之豪，歸之雅正，尤切諷諫，結句仁厚有味。

《短檠歌》有感慨意。

《符讀書城南》世多議其以富貴誘子，是固然矣。然亦人情誘小兒讀書之常，愈於後世之飾僞者。

《病鴟》詩有不絶小人，戒誘使善之意。

《華山》詩形容女冠之易動俗。

《書皇甫湜》詩議留意園池，猶《爾雅》注蟲魚，枉思掎摭，捨業孔、顔。愚謂此可鍼世俗之失，蓋園池之適，無非玩物，仲舒潛心大業，三年不窺園。知汲汲於所當務者，外誘不期而絶也。

《路傍堠》以下皆公南遷時詩，乍食鱟魚章，舉歎驚面汗，惟蛇舊所識，開籠縱之。蛤即蝦蟇，亦初不下喉也。

《寄李大夫》以年過半百，來日無多，有「少年樂新知，衰暮思故友」之句。

《南山有高樹行》、《猛虎行》皆贈李宗閔。巧喻而力詆，文之鋪叙頓挫甚佳。

《送僧澄觀》詩我欲收斂加冠巾，其於送虛師亦嘗云方將斂之道，且欲冠其顛。是其人之心，在在不放。獨惜其論太顛，語少斟酌耳。

《山南鄭相公酬答》詩「烹斡力健倔」，斡當作鮮。「茫漫華墨間」，華當作筆。《音釋序》李少卿云：盯聹，耳垢也。上都挺切，下乃挺切。

《讀東方朔雜事》、《譴瘧鬼》二詩，皆稽滑以諷。瘧云顓頊子也。

《示兒》詩以有屋自慰，與《符讀書》詩正相終始。

《喜雪》、《春雪》、《詠雪》等作皆曲盡形容之妙，層出無窮。

《蒲萄》詩以馬乳對龍鬚，今俗呼蒲萄爲馬乳，而竹之有龍鬚，亦經見於此。作字讀與做同，《方橋》詩作字與過字同押。

《遠興》詩「斷送一生惟有酒」，《贈鄭兵曹》詩「破除萬事無過酒」，山谷詞各於其下去一酒字，天然妙對。

《記夢》結句「安能從汝巢神仙」。李少卿謂仙當作山。此韻與間字連押，當作山尤分明。

《詠筍》與《詠雪》詩相類，形容層出。

《送張侍郎》以下諸詩，皆隨裴相公東征時作。

《示姪孫湘》以下諸詩，皆貶潮州時作。

雜文

《原道》嗚呼！自昔聖帝、明王所以措生民於理，使其得自別於夷狄、禽獸者，備於《原道》之書矣。孔、孟没，異端熾，千有餘年而後得《原道》之書，辟而闢之昭如矣。奈何溺於異端之士吹毛求釁，竊附《程録》，尚欲陰爲異端報仇耶？此程門高第尹和靖力排語録之非歟！《程録》嘗謂愛主情而言，蓋辨析精微之極也。仁者愛人，此正吾夫子之言，豈可因以博愛爲仁，非原道哉！彼以煦煦爲仁，而此以博愛爲仁，正將以吾道之大擴其所見之小也。《原道》不可非也。《程録》雖嘗以虚位之説爲非，此决非程氏之言也。

夫道二，仁與不仁而已。此正孟子之言，豈可反以道德虚位非《原道》哉！仁與義爲道德，去仁與義，亦自以爲道德，故特指其位爲虚，而未嘗以道德爲虚也。《原道》不可非也。《程録》又載昌黎言，治國平天下止及正心，而不及致知格物。此殆程子一時偶然之言也。孔子言脩己以安百姓，孟子言篤恭而天下平，皆不過舉其要而言，豈必盡及致知格物之條目，而後可以爲自脩。而顧乃以此非《原道》哉！異端言心而外其天下國家者。故昌黎言治國平天下，而特推其本於正心耳。《原道》不可非也，非之之説三，皆不過爲異端報仇。譬之之説一，又不過爲異端借影。《原道》曰：堯以是傳之舜，舜以是傳之禹，禹以是傳之湯，湯以是傳之文、武、周公，文、武、周公傳之孔子，孔子傳之孟軻，軻之死不得其傳焉。所謂傳者，前後相承之名也。所謂道者，即《原道》之書所謂其位君臣、父子，其教禮樂、刑政，其文《詩》、《書》、《易》、《春秋》，以至絲麻、宫室、粟米、蔬果、魚肉，皆道之實也。故曰以是而傳，以是者，指《原道》之書所謂道者而言之，以明中國聖人皆以此道而爲治也。故他曰論異端。又曰：果孰爲而孰傳之耶？正言此之所謂道者無非實，而其傳具有自來；彼之所謂道者無非虚，而初無所自傳云爾，非他有面相授受之密傳也。託附《程録》者，乃發爲異説，稱譽《原道》以爲此必有所見，若無所見，所謂傳者傳个甚麽。嗚呼異哉！

堯、舜、禹、湯、文、武、周公、孔、孟相傳之道備見於《原道》一書，豈復他有險怪歇後語，陰幽不可名言如異端所謂不立文字，單傳心印之傳者哉？或者此類多出於上蔡謝氏之門歟！蓋不以愛爲仁，而以覺爲仁，必欲掃除乍見赤子入井之心者，上蔡之言也，二程無之也。謂有不二法門而言道無精粗彼此之分者，上蔡之言也。二程無之也。載僧人總老之言，謂嘿而識之，是識个甚麽？無入而不自得，是得个甚麽者。亦上蔡之言也，二程無之也。凡今所議《原道》之説，往往類此。愚故意其爲上蔡謝氏之門，依倣而託於《程録》也。學者無以其語出於《程録》，而遽非《原道》。必以孔、孟之説而稽之，則於讀《原道》幾矣。

《原性》論與生俱生，而其所以爲性者五，仁、義、禮、智、信最爲端的。性有三品之説，正從孔子上智下愚不移中來，於理無毫髮之背。至伊洛添氣質説，又較精微。蓋風氣日開，議論日精，得氣質之性與天地之性對説，而後孟子專指性善之説舉以屬之天地之性，其説方始無偏。此於孟子之説有功，而於孔子之説無傷。實則孔子言性，包舉大體，孟子之説特指本源，而言性無出於孔子者矣。奈何三品之説本於上智下愚之説，而後進喜聞伊洛近日之説，或至攻詆昌黎耶？

《原毁》傷後世議論之不公，爲國家者不可不察也。

《原人》謂命於兩間爲夷狄、禽獸之主，主而暴之，不得爲主之道。故聖人一視而同仁，篤近而舉遠。此説已見仁之全體大用。漢、唐諸儒不及也。本朝《西銘》又加精密。

《原鬼》謂鬼無形聲，而接於民者物之怪説亦工。原之爲義，皆推明正理以祛世俗之蔽者乎！古然而今亦然，理然而事亦然，則亦何俟乎公之原？

《行難》之作，嘉陸參之服善，《對禹問》所以明傳子之義，定天下萬世之常也。

《雜説》四首：龍喻，言君不可以無臣；毉喻，言治不可以恃安；鶴喻，言人不可以貌取；馬喻，言世未嘗無逸俗之賢。

《讀荀》謂孟尊孔，揚尊孟，而荀在軻、雄之間。劑量審矣，是亦于其言而定之，蓋謂荀未嘗知尊孟故尔。若不于其言而于其人，揚則未必不劣於荀。此韓公他日獨以孟、荀並言歟！雖然，荀又豈孟伍哉？故又曰：軻之死，不得其傳。嗚呼！公之劑量諸儒審矣。

《鶡冠子》十六篇，韓子悲其人之不遇。鶡似雞，以死鬬。楚俗以飾冠，示武也，至今西班稱鶡弁云。

《讀儀禮》，以聖人之制度而掇其要。

《讀墨子》，進而比之曰孔、墨。夫墨子、孟子所深闢。韓子尊孟者也，何議論之相反至此。豈孟防其流弊，而韓論其本心歟？

《獲麟解》大意謂：麟，祥物也。但出非其時，人不謂之祥。蓋以自況而不直説，遂成文法之妙。

《師説》前起後收，中排三節，皆以輕重相形。初以聖與愚相形，聖且從師，況愚乎？次以子與身相似，子且擇師，況身乎？宋以巫毉、樂師、百工與士大夫相形，巫、樂、百工且從師，況士大夫乎？公之提誨後學，亦可謂深切著明矣。而文法則自然而成者也。

《進學解》類賦體，逐段布置，各有韻。豨苓之豨，音喜，猪也，即木猪苓。

《本政論》謂周以文弊，後不知所承，而尽窮古始以明民不知古者，神而化之，不使知之也。

《守戒》謂諸侯於君當爲翰蕃，譬之宅於山者，施陷穽，宅於都者，固扃鑰，甚切。其後譬以賁、育之不戒，童子之不抗，魯雞之不期，蜀雞之不支，尤語工而意切。國不得其人以預備之，雖强猶弱歟。

圬者王承福不敢一日怠其事，其得也。不肯一以妻子勞其心，其過也。操鏝入富貴之家至一再，過之則爲墟。可爲世戒也。

《五箴》之作年四十八，謂聰明不及於前時，道德日負於初心。而游也，言也，行也，好惡與知名也，名自爲之箴，拳拳進德之心也。

《後漢三賢贊》【二】。王充作《養性》，王符著《潛夫》，仲長統著《昌言》，皆傷其不顯於世而贊之。

《諱辯》既舉嫌名二名之不諱，復舉周公、孔子、曾參不諱，而宦官、宫妾之所諱以相形，反覆攻擊，燎然明白。然諛暗成俗，至今諱者益甚，何哉？愚嘗考諱之所始，乃周制，子孫奉祀廟中，不敢斥其父祖之名，而以謚易之，所謂卒哭，乃諱也。今人少壯無恙而多方回避其名，以爲諱是敬之，所以瀆之，而預死其人於生之日也。異哉！

《訟風伯》譏小人沮君之澤，甚工。

《伯夷頌》謂無求而爲之，萬世一人，反結一語，謂微二子亂臣賊子接迹於後世，尤奇絶。

《子産不毁鄉校頌》戒爲人臣者，忌人言而蒙主聽。

《釋言》述人有讒公於鄭相國、李舍人者，而卒不行也。再三宛轉，文法極妙。

《愛直》一篇謂李君房之從南陽公，有所不知，知之未嘗不爲之思；有所不疑，疑之未嘗不爲之言。愚謂今之賓僚於所事，猶古者卿大夫士於諸侯，蓋有君道焉。自封建廢而爲郡縣之吏，自世卿易而爲遞遷之官，萍梗相逢，休戚無關，而治道遂不可以望古。若李君房其行古之道者乎！

【二】後漢三賢贊　「三」原作「王」，據文津閣、文淵閣本改。

《張中丞傳後叙》。閲李翰所爲張巡傳而作也。補記載之，遺落暴赤心之英烈，千載之下，凛凛生氣。

《燕喜亭記》工於狀物【三】，《掌書廳記》工於言情，《畫記》工於叙事，《藍田丞廳記》叙崔斯立盤欝之懷，《修滕王閣記》自叙慨慕遐想之意，隨物賦形，沛然各縱其所之，無拘也。近世爲記者，僅述歲月工費，拘澁不成文理，或守格局，各成窠段。曰此金石之文，與今文異，嗚呼異哉！

《猫相乳》叙事極簡明，論士大夫富貴得之於功，或失之於德；得之於身，或失之於子孫。

《策問十三首》只舉一事之可疑者爲問，而不設疑辭，古人大体蓋如此。今之問者，徒爲疑辭而初無疑事。

《諫臣論》以陽城之賢而作也。

《改葬服議》，改葬服，緦惟子於父母爲然。

《省試學生代齋郎議》，齋郎，士大夫子弟習宗廟之事者，歲久命之官。學生則以經藝試司業，將以贊教化者也，不可反代小勞之事。

《禘祫議》謂獻、懿二主宜居東向之位，毁瘗始於晉、魏，不可行。

《顔子不貳過論》謂止之於始萌。

【三】燕喜亭記　「燕」原作「宴」，據《韓愈全集》卷二原文改。

《何蕃傳》載朱泚之亂，蕃一正色而六館無從亂者。

書啓

《與李祕書論小功》須追服。

《答張籍兩書》諄諄然自解未可著書闢佛之意及解駁雜之議。其實張籍益友也，愛公之深者也。

《與孟東野書》、《答竇存亮書》皆叙交際次第，自成文法。

《上李實尚書》叙其政。《賀白兔》辭巧。

《上李侍郎書》云大之爲河海，高之爲山嶽，明之爲日月，幽之爲鬼神，纖之爲珠璣，華實變之爲雷霆風雨。《答尉遲生書》云本深而末茂，形大而聲宏，行峻而言厲，心醇而氣和，昭晰者無疑，優游者有餘。《上于頔相公書》云變化若雷霆，浩汗若河漢，正聲諧《韶》、《濩》，勁氣沮金石。凡皆形容文章之妙，公實道胸中之自得者。

《上鄭相公兩啓》皆自訴所欲言。

《上宰相三書》。昌黎三上光範書，世多譏其自鬻，然生爲大丈夫，正蕲爲天下國家用。孔子嘗歷聘列國，孟子亦嘗游説諸侯矣。如公才氣千古一人，亦同流俗困於科舉而不得少見於世。故直攄其抱負，以自達於進退人才者。雖頗失之少年鋭氣，而實皆發於直情徑行。始則曉以古者成就人才之道，次則動以一己飢寒之迫，終則警以天下未治，反不能如周公禮士之勤。光範門雖尊，公直與之肝膈無間。然則公之抱負者爲何如？而可幾其自鬻哉！終南捷徑，少室索價，陽退陰進，不由真情，此則不鬻之鬻，乃公罪人耳。《答侯立書》、《答崔立之書》皆試黜時所作，雖微有不平而直述其邁往不群之氣，亦奇矣！

《答李翊書》自叙歷學之次第，然後及其養所自出者，當熟味，如面承公之教我可也。

《代張籍書》就盲字上發明，不爲悲苦之辭，死中求活法也。

《答李師錫》就李元賓説來，宛轉緊切。

《答陳生書》謂事親以誠，不待於外而後爲養，汲汲於科名以不得進爲親之羞者，惑也。此非特可鍼陳生之病。萬世而下爲吾徒者，皆當拳拳服膺。

《上張僕射書》。唐制持節某州諸軍事，盡以節度使統支郡之權，而其屬爲兩。今之職官，唐使院也；今之曹官，唐州院也。州院於今爲録事參軍之居，使院於今爲僉廳，不以使院稱之，唯都吏、孔目官所居，尚名使院，即其遺稱也。故韓公所上張建封書在使院中，小吏持院中故事來示之語，此唐制稱使院之證也。

《上于襄陽書》言先進後進前後相須之道。《與崔群書》言交際之情，宛轉悠遠。《與陳京書》言於貴官門牆，易疏之狀，尤明切動人。

《答馮宿書》言在京城不一至貴人之門，人之所趍，僕之所傲。其《與衛中行書》云：

所入比前百倍，視吾飲食衣服亦有異乎【四】？其所不忘於仕進者，亦將少行乎其志耳。由是觀之，公之三上宰相書，豈階權勢、求富貴哉！宰相人才所由進，磊落明白以告之。公之本心如青天白日，後世旁蹊曲徑，暮夜鑽刺而陰求陽辭，心口爲二，妄意廉退之名，真墦間乞祭之徒耳。

《諫張僕射擊毬》謂馳毬於場，蕩摇振撓，不三四年無全馬矣。而人五藏之繫絡甚微，坐立必懸垂於胸臆之間，以之顛頓馳騁，嗚呼危哉！此說富貴少俊者所宜深知。

《與馮宿論文》謂稱意者人以爲怪，下筆令人慚，則人以爲好。古文真何用於今，以俟知者知耳。公殆矯其説以振起一世之庸庸者乎！然歷數百年至本朝歐陽公，方能得公之文於殘棄而發揭之，否者終於湮没。自歐陽公以來，雖曰家藏而人誦，殆不過野人議璧，隨和稱好。及自執筆爲文，鮮有不與之持，真知公之文者，又幾何人哉？愚嘗嘆息而爲之自警，曰人誰不講孔、孟之學，至遇事則往往而違其訓。人誰不讀韓、歐之文？至執筆則往往而非其体。

《與陸員外薦士書》。公薦侯喜以下九人，此唐之公薦進士法也。人莫不飲食，鮮能知其味，不心誠求之，是真無益哉。

《與邢尚書書》謂布衣王公，事勢相須。文極清快。

《爲人求薦書》以伯樂一顧，價增三倍爲喻，蓋公薦於司貢士者也。《應科目時與韋舍人書》以怪物困於窮涸自況，而望其一舉手一投足轉之清波。此又公之自薦者也。

【四】視吾飲食衣服　「吾」原作「音」，據文津閣、文淵閣本改。

《答劉正夫書》論爲文譬之百物，朝夕所見者，人皆不注視，及覩其異者，則衆觀之。又謂用功深者，其收名也遠。《答陳商書》喻以齊王好竽而鼓以瑟，所謂工於瑟而不工於求齊。合是兩書而觀之，庸庸者不足以自見，怪怪者非所以諧俗。公所告語，雖各隨其病而藥之。功深一語，則均所當務而根本之論乎。

《與孟簡書》因解妄傳奉釋事，遂極言釋氏之非。張籍嘗勸之著書攻釋，則辭之。

《答呂毉山人書》自謂世無孔子，不當在弟子之列。蓋山人矜誕人也，責公以不能如信陵執轡。公故盛其説以折之。

《答元侍御書》以甄濟識安禄山必反，其子逢，刻身立行。足下能樂道其善，俱宜牽聯得書。足下年尚彊，嗣德有繼，將大書特書，屢書不一書，文氣横生可愛也。

《與袁相公書》薦樊宗師云「奇寶横棄道側，而閣下篋櫝尚有少缺不滿之處」。瑰語也。

《與柳公綽書》盛言其以書生率先揚兵淮右之壯【五】，形容如見。次書言遠調軍士，浮寄孤懸，形勢銷弱。若募土人，愛護鄉里，勇於自戰，調兵滿萬不如召募數千。此則萬世可行之通論也。

《與李尚書書》云「接過客俗子，絶口不挂時事，務爲崇深，以拒止嫉妬之口」。此語亦涉世者所當知。

【五】率先揚兵淮右之壯　「揚」原作「楊」，據明本、文津閣本改。

序

《送孟東野序》。「凡物不得其平則鳴」一語，由物而至人之所言，又至天之於時，又至人言之精者，爲文歷序唐、虞、三代、秦、漢以及於唐，節節申以鳴之説。然後歸之東野以詩鳴，終之曰不知天將和其聲以鳴國家之盛耶！抑將窮餓其身，思愁其心腸，而使自鳴其不幸也。歸宿有味，而所以勸止東野之不平者，有道矣。師友之義於斯乎在，而世徒以文觀之，豈惟不知公，抑不知文者耶？桴鼓之桴音浮，擊鼓柄也。與乘桴浮海音夫者不同，見《與柳公綽書》，出《左傳》。

《送許郢州序》云：爲刺史者，常私於其民，不以實應乎府。爲觀察使者，常急於其賦，不以情信乎州。繇是刺史不安其官，觀察使不得其政，財已竭而斂不休，人已窮而賦愈急。愚按：刺史，漢監司之名，在唐則爲州，猶今太守之稱，蓋守一郡者也。觀察使，唐監司之名，本朝始去其權，僅存虛號。在唐則專有一道之兵，財權重於今之監司者也。觀察使既專有兵、財，其征取於支郡之刺史，猶今州郡促縣道財賦之類也。征取之欲無厭，生民之出有限。公謂府常急於財可，謂州常私於民不可，府既急於財而州又不私於民，則竭下奉上，患將安極。此事豈可使州與府同耶？郢爲襄陽支郡，而爲襄陽者于頔，公主人也。故勉郢州以應襄陽之需，殆非公論。否則公客於于，見觀察使督賦支郡之難，而未見支郡督賦百姓之難尤可念耶！

其人可也。于其勢而取之，私也。子其勢之可嫌而故舍之，亦私也，公之論精矣。然舍之私，尚猶愈於取之私。

《送齊皞序》【六】。齊皞之兄爲相，有司以嫌不取之登第。公謂其生於私，夫取舍于其人可也。于其勢而取之，私也。子其勢之可嫌而故舍之，亦私也，公之論精矣。然舍之私，尚猶愈於取之私。

《李愿盤谷序》按李少卿《音義序》謂得王仲至家善本，盤之土，土爲下；窅而深，深爲空。今讀《盤之土》維子之稼，韻不協，下與稼則協矣。又下與中字對用，有義也。窈而深，廓其有容，韻亦不協，空與容則協矣。又空則有容，比深字義尤精也。合從李少卿之説而讀之，徜徉之徜音常。京尹不臺參，《答友人書》云：赤令尚與中丞分道而行，何況京尹？

《送牛堪登第序》唐人登第，無進謝有司之門者。

《贈崔復州序》謂官至刺史亦榮矣。民窮，斂愈急，而連帥不以信。此爲刺史之難也。崔君爲復州，而連帥則于公。崔君之仁足以蘇復人，于公之賢足以庸崔君。崔君將有其榮而無其難者乎。愚謂此書善爲詞於上下之間，回視《送許郢州序》無其立語之弊矣。

《贈張童子序》謂明經之得難，而童子之得易，勉以勤其所未學。

《送文暢師序》論民之初生，固若禽獸、夷狄然。今安居、暇食、優游、生死與禽獸異者，聖人之教之賜也，而文暢不知。可謂辨之明而諭之切矣。扶持正教，開明人心，與

【六】齊皞　「皞」原作「曎」，據文淵閣本改。

《原道》之書相表裏。

《送楊儀之序》知其客可信其主之説，亦足見唐人之辟官，不于人情而于其才也。苟于其人情而辟之，則亦足以覘其主，顧賢否相反爾。

《送廖道士序》謂郴當中州清淑之氣，蜿蟺扶輿，磅礴而欝積，其水土之所生，神氣之所感，白金、水銀、丹砂、石英、鍾乳、橘柚之包，竹箭之美，千尋之名材，不能獨當奇也。意必有魁奇忠信材德之民生其間。

《送王含序》悲醉鄉之徒不遇。

《送孟琯序》善雖不吾與，吾將强而附；不善雖不吾惡，吾將强而拒。

《送王塤秀才序》自孔子没，獨孟軻氏之傳得其宗。故求觀聖人之道者，必自孟子始。譬之沿河而下，苟不止，雖有疾遲，必至於海。如不得其道也，雖疾不止，終莫幸而至焉。

《荆潭唱和序》和平之音淡薄，而愁思之聲要妙。懽愉之辭難工，而窮苦之言易好。

《送高閑上人》論張旭草書，見山水崖谷，鳥獸蟲魚，草木之花實，日月列星，風雨水火，雷霆霹靂，歌舞戰鬬，天地事物之變，可喜可愕，一寓於書。故旭之書，變動猶鬼神，不可端倪。

《送殷侑使回鶻》謂今人適數百里，出門惘惘，有離别可憐之色。持被入直三省，丁寧顧婢子語，刺刺不能休。今子使萬里外國，獨無幾微出於言面，豈不真知輕重大丈夫哉！以上皆借事形容，曲盡文字之妙。

《送石洪序》。若河決下流而東注，若駟馬駕輕車就熟路，而王良、造父爲之先後也。若燭照數計而龜卜也。

《韋侍講序》其拒而不受於懷也，若築河堤以障屋霤；其容而消之也，若水之於海，冰之於夏日；其玩而忘之以文辭也，若奏金石以破蟋蟀之鳴，蟲飛之聲。以上皆雜喻、形容，亦曲尽文字之妙。

《送温造序》。伯樂一過，冀北馬遂空，非無馬也，無良馬也【七】。東都，固士大夫之冀北也。以石生爲才，以禮爲羅，而致之幕下；以温生爲才，以禮爲羅，又羅而致之幕下。朝取一人焉，拔其尤【八】；暮取一人焉，拔其尤。若是而稱曰，大夫烏公一鎮河陽，而東都處士之廬無人焉。豈不可也？愈資二生以待老，今皆爲有力者奪之。其何能無介然於懷耶？生既至，其爲吾以前所稱爲天下賀，以後所稱爲吾致私怨於盡取。曲盡變惟。

《送鄭權尚書序》叙事工密。

《送韓約侍御序》明屯田之功。

【七】無良馬也　「良馬」原作「騄」，據明本及《韓愈全集》卷四原文改。

【八】拔其尤　「拔」原作「技」，據明本及《韓愈全集》卷四原文改。

《石鼎聯句序》道家學，公所闢；　侯喜，公所教而愛之者。　今形容二子屈服彌明之狀如此，略不爲喜掩覆。　公之文不欺，蓋如此。

祭文

《祭田横墓》感横義高，能得士心。

《歐陽生哀辭》閩越之人舉進士繇詹始，詹死京師，而父母悲之。　公故爲之辭以爲解。　若曰詹在側雖無離憂，其志不樂；　詹在京師雖有離憂，其志樂。　詹所謂以志養志。　公豈特解其父母心，亦善爲詹解者歟。　然詹固一時不幸，而閩越之人違父母，雖死不歸，今遂成俗。　彼其父母之志，果皆如公所謂否耶？

《祭薛助教》有後三月，此用《史記》後九月文法也。　雪虐風饕出《祭張署人》。

《祭裴太常》擔石之儲，常空於私室；　方丈之食，每盛於賓筵。　説貧而好客，奇絶。

潮州祈晴稻既穗矣而雨，不得熟以穫也；　蚕起且眠矣而雨，不得老以簇也。　語佳甚。　稻之穗與蚕之眠同時，則南方氣候之早歟。　又祭云糞除天地山川，清風時興，白日顯行。

《祭柳子厚》犧罇青黄，乃木之災。

《武侍御畫佛文》以妄塞悲。

《祭十二郎文》當成誦。

墓銘

《崔評事翰》苟親矣，雖不肖，收之如賢，苟賢矣，雖貧賤，待之如貴人。

《考功盧君》婆娑嬉遊，未有捨所爲爲人意。

《助教薛君》帥武人，君爲作書奏，讀不識句，傳一幕以爲笑，益棄奇與人爲同。

《祭封尉盧殷》無書不讀，然止用以資爲詩，竟飢寒死。

呂氏子炅棄妻謝母，學仙王屋山。李素爲河南尹，使吏卒脱其道士衣，押送還其母。公所作《誰氏子》詩豈正此呂歟？

石洪本姓烏石蘭，九代祖猛從拓拔，始獨姓石。

韋丹舉明經，授遠安令，以讓其兄。復通《五經》登科，刺洪州。計口受俸，教人爲瓦屋，築堤扞江。銘有曰慊慊爲人，矯矯爲官。

《胡評事銘》三字句。

《張法曹》吾志非不如古人，吾才豈不如今人，而至於是而死於是耶？

《苗參軍誌》其季生君卒之三月。遺腹。後夫人繼室也。見《韋丹誌》又《楊燕奇誌》。前夫人從葬，舅姑祧次。

前進士，見《孔戡墓誌》，指韋夫人弟。

《路應神道碑》逢水旱，喜賤出與民，歲熟以其得收，常有贏利。

《鄭儋神道碑》削四鄰之交賄，省誇嬉之大燕，簾閣據几，終日不知有人。二夫人各别爲墓，不合葬。

劉統軍魁顔鉅鼻，可代隆凖。

《徐偃王廟》謂徐與秦俱出伯翳，秦以强吞諸侯，徐當穆王無道，諸侯咸賓，穆王伐之，不忍鬭，其民走彭城。秦鬼久飢，徐有廟存，仁與暴異也。偃王名誕，立廟者名放。揭虔妥靈，無怪風劇雨，並同上。陊剥不治。陊，池耳切，聲近耻字，俗云耻剥者，疑此字也。

《袁氏廟碑》袁出陳氏。

《房啓銘》目濡耳染不學以能。材公之爲。不相漁刼。同上。姊婿出《太原郡公碑》。

《曹成王李皋碑》痛自刮磨豪習，委己於學。耻一不通，内外斬斬。伐之二年尤張。

《王適墓銘》以怪文狀狂士，極可觀，今間節一二。懷奇負氣，名節可以戾契致。戾，練結反。契，苦結反。不喜聞生語，一見輒戒門以絶。對語驚人。踏門告曰天下奇男子王適，如視法度士。妻上谷侯氏處士高女，高固奇士，曰一女憐之，必嫁官人，不以與凡子。

《李虚中誌》深於五行書，好道士説，以水銀爲黄金，服冀果不死。將疾，夢大山裂，流出赤黄物如金。左人曰：是所謂大還者，卒疽發背死。山者艮，艮爲背，裂而流赤黄，疽象也【九】。大還者，大歸也。其告之矣。

【九】疽象也　「象」原作「家」，據文津閣本及《韓愈全集》卷五原文改。

董溪，故丞相子，賓接門下，推舉人士，侍側無虚日，退而見其人，淡若與之無情者。銘曰「不我者天」。

孟東野爲詩，鉤章棘句，神施鬼設，間見層出，人皆刼刼，我獨有餘。年踰五十始選爲溧陽尉，卒於興元軍參謀，是曰「貞曜先生」。

獨孤郁月開日益，卓然早成，故相權公，德輿。登君於門，歸以其子。此文贅坪之名也。

張李友自署其末與封。謂非親書者。

劉昌裔與吴少誠交壤，曰「俱天子人，奚爲相傷」？兩界耕桑交跡。爽音霜，慶音羌，叶韻如此。愚按：《詩》有「德音不爽，壽考不忘」。又「黍稷稻粱，農夫之慶」。又《易》云「積善之家，必有餘慶；積不善之家，必有餘殃」。《詩》、《易》皆叶韻者，故公於劉昌裔之銘曰「維德不爽，後人之慶」。惜二字《禮韻》未收入平聲也。

衛之玄聞南方多水銀、丹砂，雜他奇藥，爊爲黄金，可餌以不死。即去，遂踰嶺得藥，試如方，不效。曰「方良，是我治之未至耳」。留三年，藥終不能爲黄金，未幾竟死。

張署拜京兆府司録，諸曹白事，不敢平面視。

胡珦音向。非其身力不以衣食，自刻削不干人，孤身旅長安，致官九卿，爲大家。七子皆有學守，女嫁名人。

權德輿字載之，生三歲知變四聲，四歲能爲詩。薦士於公者，其言可信，不以其人布衣不用。即不可信，雖大官勢人交言，一不以綴意。考進士，踵相躡爲宰相達官。

《平淮西碑》文恬武嬉。士飽而歌，馬騰於槽。今盱而起，左餐右粥。惟斷乃成。

《南海廟碑》多雋語。上雨旁風，取具臨時。盲風怪雨，發作無節。雲陰解駁，日光穿漏。闔廟旋艫，祥飇送颿。旗纛旄麾，飛揚掩靄。鐃鼓嘲轟，高管嗷譟。武夫奮棹，工師唱和。穹龜長魚，踴躍後先。乾端坤倪，軒豁呈露。

《處州孔子廟碑》公以社稷不屋而壇，不如夫子巍然當座。張文潛稱廟貌起於後世，祭天地亦不屋而壇耳。

《羅池廟碑》柳子厚既治柳三年，與部將魏忠、謝寧、歐陽翼飲酒，謂曰明年吾死，死爲神，三年爲廟祀我。及期而死，三年侯降州之後堂，翼等見而拜之。其夕夢翼而告曰「館我羅池」。步有新船。鵝之山兮柳之水，桂樹團團兮，白石齒齒。

黄陵廟。湘出全，瀟出道，合於永，以入洞庭。廟在瀟湘尾，洞庭口。祠舜二妃，長娥皇曰君，次女英，曰夫人。

《王仲舒碑銘》讀書著文，其譽藹欝。與陽城遏延齡不得相，德宗初怏怏無奈，久嘉之，顧列曰第幾人必王某也，果然。爲蘇州，堤松江路，賦調，自爲書與人期。吏無及門而集。觀察江西，禁浮屠誑誘，壞其舍以葺公宇。秀出班行，簡古而蔚。

韓弘帥汴，承五亂之後，苗蓐而髮櫛之。汴之南則蔡吴少誠爲亂，北則鄆李師道爲亂。弘助平二寇。歸京師，位中書，壽八十。李師古之起事也，或曰剪棘夷道，兵且至矣。公曰：兵來不除道也。詐窮旋軍。其朝京師，天子曰：大臣不可以暑行，其秋之待。公曰：君爲仁，臣爲恭可矣。遂行。人得一笑語，重於金帛之賜。

柳子厚得柳州，劉夢得禹錫亦在遣中，當詣播州。子厚泣曰：播州非人所居，而夢得親在堂，願以柳易播。夢得於是改刺連州。嗚呼！士窮乃見節義。今夫平居里巷相慕悦，酒食游戲相徵逐，詡詡强笑語以相取下，握手出肺肝相示，指天日涕泣，誓生死不相背負，真若可信；一旦臨小利害，僅如毛髮比，反眼若不相識；落陷穽，不一引手救，反擠之又下石焉者，皆是也。此宜禽獸、夷狄所不忍爲，而其人自視以爲得計。聞子厚之風，亦可少媿矣。使子厚在臺省時，自持其身已能如司馬、刺史時，亦自不斥，斥時有人力能舉之，且必復用不窮。然子厚斥不久，窮不極，雖有出於人，其文學辭章必不能自以力傳於後，如今無疑也。雖使得所願，爲將相於一時，以彼易此，孰得孰失，必有能辨之者。並墓誌。

鄭群不爲翕翕熱，亦不爲崖岸斬絶之行。俸禄入門，與其所過逢，飲酒舞歌，費盡不顧問，遇其空無時，客至清坐相看竟日，不能設食。

《孔戣誌》古之老於鄉者，將自佚，非自苦；閭井田宅具在。親戚之不仕，與倦而歸者，不在東阡在北陌，可杖屨來往也。明州歲貢海蟲、淡菜、蛤蚶可食之屬，自海抵京師，道路水陸，遞夫積功，歲爲四十三萬六千人。奏疏罷之。蕃舶之至泊步，有下碇之稅，始至有閱貨之燕，犀珠磊落，賄及僕隸，公皆罷之。

殿中少監馬君繼祖，平北王燧之孫。姆抱幼子立側，眉眼如畫，髮漆黑，肌肉玉雪可憐，殿中君也。當是時，見王於北亭，猶高山深林，龍虎變化不測，傑魁人也。退見少傅，翠竹碧梧，鸞鵠停峙，能守其業者也。幼子娟好靜秀，瑤環瑜珥，蘭茁其牙，稱其家者也。

樊宗師不襲蹈前人一言一句，天得也。銘曰「惟古於詞必己出，降而不能乃剽賊」。海含地負。文從字順。

《李邦銘》愈下而微，既極復飛。

張徹嘗從余學，選於諸生而嫁與之。世慕顧以行于揭揭也。猛厲音烈。

李楚金爲貝州司法，其刺史不悅於民，將去官，民相率讙譁，手瓦石需其出擊之。司法君奮曰「是何敢爾」！屬小吏百餘人，持兵仗以出，立木署之曰「刺史出，民有敢觀者，殺之木下」。民聞皆驚，相告散去。

李干遇方士柳泌【一〇】，從受藥法，服之下血病死。余不知服食說自何世起。殺人不可計，而世慕向之益至。今直取親與游而以藥敗者六七，公爲世誡。工部歸登狂痛號呼唾血以斃。殿中李虛中疽發其背死。刑部李孫且死，謂余曰我爲藥誤，其季建一旦無病死。孟簡屏人曰，我得祕藥，不可獨不死，今遺子一器。別一年而病，病二歲竟卒。盧坦

【一〇】李干遇方士柳泌　「泌」原作「貴」，據文淵閣本及《韓愈全集》卷七原文改。

死時溺出血肉。李道古食泌藥五十死海上。蘄不死乃速得死。謂死乃悔。後之好者又曰：「彼死者，皆不得其道也，我則不然。」始病曰「藥動故病，病去藥行，乃不死矣」。及且死又悔。嗚呼！可哀也已，可哀也已！

韓紳卿遷涇陽令，破豪家水碾，利民田百萬頃。

韓滂老成之子。歸後其祖介。

《盧氏誌》外王父。

雜文

送窮事始顓頊、高辛時，祖揚雄有《逐貧賦》。怪怪奇奇，蠅營狗苟。延之上座。

《鰐魚文》伈伈悉忱反，恐貌。

狀

《丞相董晉行狀》請牒考功，并太常議謚，牒史館公自稱故吏。朱泚之亂，説李懷光不與。天下安危，宰相之能與否可見【一二】，謀議於上前者不足道。未嘗言兵。

《與盧郎中薦侯喜狀》身在貧賤，爲天下所不知，獨見遇於大賢，乃可貴耳。

《論權停舉選狀》以歲之旱，權停舉選，省費而足食也。竊以十口之家，益一二人未有所費，今京師人不啻百万，舉者不過五七千人，并僮僕不當京師百之一，舉選者皆齎持資用，以有易無，未見其弊。天旱人飢，乞停稅至來年。唐制國子館生三百人，大學館

【一二】宰相之能與否可見「能」原作「龍」，據文津閣本及《韓愈全集》卷八原文改。

生五百人，四門館生五百人，名三館學生。

《馬府君行狀》趙奢號馬服君，子孫由是以馬爲氏。

梁悦報仇殺人，公詣請集議奏聞，酌宜而處。

表

《爲宰相賀雪表》春雲始繁，時雪遂降，是冬雪愆期，雖春亦賀。

《進順宗實録表》李吉甫以韋處厚所撰，令公重修。

《賀白龜狀》謂獲蔡之兆。

《進撰淮西碑狀》乾坤之容，日月之光，知其不可繪畫。碑本賜韓弘，弘寄絹五百疋充人事，謝云：恩由上致，利則臣歸。

《論佛骨表》之説正矣。《潮州謝表》称頌功德之不暇，直勸東巡泰山，而自任鋪張。雖古人不多讓。甚矣！憲宗之不可與忠言，而公也汲汲乎苟全性命，兩可悲矣夫。表多近世引用之句，如鋪張對天之閎休，揚厲無前之偉績。編之乎詩書之册而無愧，措之天地之間而無虧。旋乾轉坤，關機闔開，雷厲風飛，日月清照。公之貶潮，佛者謂此禍福之報。然佛骨一入，而憲宗已晏駕，公即移表，福未央也。禍福誰在耶？

《賀慶雲等表》皆文人諛語，牽於時俗，無足論者。請上尊號尤甚。

《賀太陽不虧表》此皆我朝先正所不爲者。

《辨張平叔奏》變鹽法，利害較然，言敷人，糴鹽之擾也所由。

外集

謂范蠡背君而去，又招大夫種，使竟承賜劍之詔。無事君之義，爲人謀而不忠。愚謂種方假疾，句踐即賜劍。蠡稱不可與共安樂之言驗矣。蠡不去與俱死何益？句踐豈能弘夏禹之烈者哉！明哲保身，蠡未爲無所見。種不去而及，豈蠡陷之使然？而曰由拔句踐之劍，其言似微刻也。然則事君不可則去之乎？曰君臣以義合，君辱臣死，處變之義也。功成身退，處常之義也。使句踐棲會稽時，蠡舍而去之，又招種欲使去之，蠡則爲萬世罪人。

《答劉秀才論史》歷叙人禍天刑，謂粗知自愛，實不敢爲。館中非無人，必將有作者，然則館中人皆不知自愛耶？

《通解》謂堯之前千萬年不知讓，許由哀天下之愚以爭爲能，迺高揖辭堯，讓之教行，許由之爲師。桀之前千萬年不知忠，龍逢哀天下之不仁，覩君父百姓入水火而不救，於是盡言就烹，忠之教行，龍逢之爲師。周之前千萬年不知義之可以换其生，伯夷哀天下之偷，且以强則伏，故逃山而死，義之教行，伯夷之爲師。嗚呼！以天下讓舜者，堯也。謂許由辭而不受者，莊生之寓言，以戲薄天下也，無其事也。桀之前由禹以達五帝三皇，皆治世，未有君父，百姓入水火者也。桀始暴而龍逢以諫死，世道之不幸耳。逢捷有心哀天下之不仁，而特以身立教也。龍逢既以諫死，而謂伯夷之餓死，爲前千萬年不知義之可以換生，又誣而自背其説也。讓也，忠也，義也，皆人心所固有也。聖帝明王繼天立極，幾年於此。不幸遭世之變，始有矯矯自見其間者，龍逢、伯夷是也。許由非其比也。豈開闢以來所未知，而三子者昉之耶？

《鄠人對》鄠，胡古反，京兆縣名。刲股以瘳母疾，雖非聖賢之中道，實孝子一念之誠切也。爲對鄠人之説者，何忍且薄耶？謂希免輸，謂不腰於市，已黷於政，謂以一身爲孝，是辨其祖父皆無孝。嗚呼！窮鄉小民，藥餌何有？父母呼吸死生之際，號天叫地，救急無門，身之不卹而希免輸乎？世之刲股以救母者，疾未有不瘳，而子亦不知其痛，未有病創者，殆天地神明之哀其誠也。救母何罪？而可腰於市乎？當仁不讓於師，而古亦以蓋前人之愆爲孝，未聞以祖父無孝稱，而子不可行孝者也。況倉卒刲股，偶然希有之事，不當責其祖父之必有也。祖父未有而子孫有之，顯其祖父者也。且孝猶忠耳，顏杲卿駡賊殺身【一二】，顏之祖父生死於太平無事之世，豈嘗有是事乎？國史大書杲卿之忠，不聞其爲形祖父之不忠，豈旌孝子之孝，爲形祖父之無孝乎？嗚呼！爲對鄠人之説者，何忍且薄耶？

《直諫表》證三王已下治亂，而謂開闢已來未有如大漢，前後已幾於不倫矣。謂先朝用幼僧矯誣之言迎佛骨。臣上諫投荒州，未得一年，上天降大禍。先朝升遐。如彼

【一二】顏杲卿駡賊殺身　「杲」原作「果」，據文津閣本及《韓愈全集》卷上原文改。

骨可憑，臣家族合至灰滅，先朝合享如山之壽矣！竊意此非人臣之所宜言，公所必不爲也。

《外集》五卷大抵文緩而衍，不類昌黎天成之筆。揆之於理，又多可疑如此。按李漢叙稱最厚且親，收拾遺文無所墜，併目録共四十一卷。然則《外集》何從而來哉？又孰爲之收拾耶？五卷之多，惟《論史》一書，柳柳州嘗辨之，可審其爲韓，餘孰與稽耶。趙臺卿於《孟子》有言，又有外書四篇，其文不能弘深，後世依倣而託之者。愚於昌黎之《外集》，蓋不能盡信云。

順宗實録五卷

順宗自貞元二十一年二月即位，罷宫市，禁選宫觀婢，禁五坊小兒張雀羅、囊蛇之擾，停鹽鐵使月進，出後宫并教坊妓女，人情大悦。然上自二十年九月已得風疾，不能言，越人王叔文初以碁進東宫，杭人王伾侍書寢陋吴語，上所褻狎。至是植黨用事。韋執誼倚之爲相，叔文欲謀兵權，遠近大懼。未幾叔文、執誼交惡，心腹内離，外有韋皋、裴垍、嚴綬等箋表，而中官劉光奇等屢以啓上，八月傳位太子，貶王叔文渝州，明年殺之。伾開州，執誼崖州，皆死。

載張萬福、陸贄、陽城三賢始末極詳。見第九卷。載伾、叔文、執誼三不肖情狀亦詳。見第十卷。《唐書》不就用之爲傳，而更他爲，何哉？班固之用《史記》全文，於是不可及。而李巽岩《長編》未嘗改歐、蘇所紀先正言行，於是爲善述矣。鹵莽，胡古反。不用心貌與草莽之莽各音，字皆從犬，在兩艹中。載太子名云從水傍享，淳字也。

東坡作《韓文公廟碑》，詞絢雲錦，氣矗霄漢，振古一奇絶也。然一言以蔽之，不過謂其間氣所生，不爲死生禍福奪。此殆坡公胸中所自得，因之而發歟！若文公之所以爲文者，則似未暇盡及也。蓋自孟子没而異端作，中國之不爲夷狄者幾希。公始出而排斥之。天地之所以位，人之所以異於禽獸，中國之所以異於夷狄，一一條析明盡，而世始昭若發蒙。孔、孟而後所以扶植綱常者，公一人而已。孟子没而邪説熾，性理之不蕩於空虚者幾希。公始出而指喜、怒、哀、樂、愛、惡、欲七者以爲情，指仁、義、禮、智、信五者以爲性，又獨於五者之要，指仁與義二者，謂由是而之焉，則爲道。且謂舍是而言道者，非吾之所謂道。孔、孟而後所以辦析義理者，文公一人而已。夫惟綱常，非徒禮、樂、刑、政之可扶也，我朝是以復極其根於性命之源。性非徒三品之可盡也。我朝是以復析其微於本然之性，氣質之性之别。功有相因，理日以明，譬之事業，文公則撥亂世而反之正者也。我朝諸儒則於反正之後，究極治要，制禮作樂，躋世太平者也。文公之所以爲文者，其大若此。豈曰文起八代之衰，止於文字之文而已哉！

臨川王氏嘗爲詩以譏昌黎曰「紛紛易盡百年身，舉世無人識道真。力去陳言誇末俗，可憐無補費精神」。然世未有以其言爲然者也。蓋人生一日必盡一日之事，此即造化生生不息之理。今謂百年易盡而先自棄不爲者，偷也，異端之言也。人生未有一日不由於斯道，此即盈天地間昭然著見之理。今謂道爲有真而人不能識者，誕也，異端之言也。世更八代，異端肆行，昌黎始出而斥異端，明聖道，以《六經》之文，爲諸儒之倡，其有補斯世，論者謂功不在孟子下。今臨川譏其無補，枉費精神者，蓋其溺於異端之學，所見然也，不足疵昌黎也。且王氏雖習異端，初未嘗槁馘山林，恪守朴陋，求其所謂道之真者，亦不過費竭精神，從事文墨，正欲學爲昌黎而特未至耳。奈何身自爲之，而反以譏人邪？近世大儒晦庵先生校昌黎文，乃取臨川之詩附其後。愚觀晦庵平日於昌黎實敬其人，實愛其文，獨以其未免詩酒浮華，志在利禄而微有嘆息之辭，瑕瑜不相揜，已極議論之公矣。今附此詩則所未曉，且枉費精神之説。陸象山正以此譏晦庵，而其説正自臨川王氏來，亦豈其然乎！又世傳昌黎嘗與大顛書其文陋甚，《昌黎集》無之。東坡先生嘗辨其爲僞矣。昌黎本以刑部侍郎到潮州，還朝久之，乃遷吏部。歐陽公所得《大顛書》石本，乃稱吏部侍郎，此可知其爲僞尤明。晦庵亦以其書爲真而録於後，亦所未曉。併書誌疑，以俟來者察焉。

嘗聞長老言，自昔詩文，類不免差誤，惟昌黎之文，少陵之詩，獨無之。然歐陽公嘗議昌黎羨二鳥之光榮。張文潛嘗議其記夫子廟不當以有屋，爲勝於社稷。陸放翁嘗議其詠《石鼓文》不當謂删《詩》時失編入，凡此誠亦不免言語之疵。至若言及經義，而是非不繆於聖人，則文人皆無昌黎比者矣。

卷六十

讀文集二

柳文

雅詩歌曲

《平淮夷雅》天造神斷。鏗鍧炳耀，盪人耳目。威命是荷之荷音何。註《左昭七年》弗克負荷，平聲。

《唐鐃歌鼓吹曲》十二篇。《晉陽武》、《獸之窮》、李密。《戰武牢》、王充、建德。《涇水黃》薛仁杲。「怒飛飢嘯」、《奔鯨沛》、輔氏。《苞枿》、梁。《河右平》、李軌【一】。《鐵山碎》、突厥。突厥之厥，九勿切。《靖本邦》、劉武周。《吐谷渾》、平聲，李靖滅吐谷渾。《高昌》、李靖滅高昌。《東蠻》。既克東蠻，謝氏圖蛮夷知《王會》。呷嗢下乙骨切。

《視民詩》房、杜。

《貞符》謂漢儒以瑞物爲受命之符者，非也。惟人之初，揔揔而生，林林而群，交焉而

校勘記

【一】河右平　「右」原作「又」，據文淵閣本及《柳宗元集》卷一改。

爭，睽焉而鬬，力大者搏，齒利者齧，爪剛者決，群衆者軋，兵良者殺。然後强有力者出而治之，而君臣什伍之法立，於是有聖人曰黄帝、堯、舜、禹、湯、武，德實受命之符。是故受命不于天于其人，休符不于祥于其仁。

縱臾上子勇切，下音勇。出《漢書·衡山王傳》。

賦

《佩韋賦》謂讀古書，覩直道守節者則壯之，常懼過失，中庸故作。愚謂子厚所守者何節而懼其過耶？韋，注皮繩。

《瓶賦》謂鴟夷敗衆，不如瓶之挹潔。東坡注謂：補楊子雲《酒箴》之答。居井之眉，眉，井邊也。

《牛賦》謂利滿天下，肩尻莫保。

《解祟賦》豁天淵而覆原燎。

《懲咎賦》念往吝作。

《閔生賦》重華幽而野死兮，世莫得其僞真。豈本《汲塚書》之説歟【二】。

《夢歸賦》惟夢之爲歸。佁儗上勑史，下音毅。

《囚山賦》曾不畝平而又高。側耕危穫。井眢烏九切，見宣十三年。

《愈膏肓疾賦》。晏相謂不類柳文。

【二】豈本汲塚書之説歟　「塚」原作「家」，據文津閣、文淵閣本改。

愚前年到浦東場，有澶所，作憚字讀。今觀柳文《鐃歌・苞枿篇》，澶漫萬里宣唐風。杜詩亦云澶漫山東二百州。皆音憚，散遠也。音義與浦東所見並同。

論

《封建論》。生人之初，群聚而求治，聖人因而撫之，而賞罰廢置之，遂因之爲封建。聖人不世出，諸侯相呑而併于秦。秦懲其弊而郡縣之，世變使然也。子厚之論是也。其説固具於《吕覽》矣。然因而撫之者，與天下爲公；呑而併之者，以天下爲私。瞭然可知也。向使不從而撫之，先其未一而併之，則三代爲私。勢既併于一，復分而予諸人，則秦爲公矣。今子厚乃謂因之者不得已，而公天下自秦始，非也。不然則激也。柳子厚之激，以唐之嘗議封建，將以明理道也。其言曰：「繼世而理者，上果賢乎，下果不肖乎？」及夫郡邑，朝拜而不道，夕斥之矣，夕受之而不法，朝斥之矣。誠哉是言也！抑愚又有感焉耳。唐之欲仕其人也，有公薦，既仕其人也有考功，故賢者可使其在上，而不道不法者可以朝夕斥。

今也場屋之士，資格之官，無復問其賢否，賢者必不肯枉道干人，而不賢者遂得志。然則今之郡邑者，上果賢乎？下果不肖乎？不道不法者果朝斥之夕斥之乎？嗚呼！悲夫，尚忍言之。然則如之何？曰公薦未可，復擇名臣以嚴考功，而用西漢久任之法，則庶幾。

《四維論》、《天爵論》【三】。子厚謂廉與耻，義之小節，而病《管子》四維之言。又謂天之貴斯人，在剛健純粹，而病《孟子》天爵之言。夫廉與耻豈特小節？廉縱可屬於義，耻則當屬於禮，又不當盡指爲義之小節也。《管子》之以維言者，蓋指爲治之範防耳，又非如子厚之所謂。子厚何乃不知廉耻之爲大節耶？夫仁義忠信得之於天，昭昭也。子厚乃謂此存乎人者，而獨指剛健純粹之氣爲得於天，至論剛健則又指爲孜孜之志，論純粹則又指爲爽達之明，且證之曰敏以求之，明之謂也；爲之不倦，志之謂也。自今觀之，求之爲之，信皆人爾，何乃反謂之天？其理果安在？而子厚至以此易彼耶？夫以廉耻爲小節，而又强明自貴，如之何不陷叔文之黨，執迷終身乎？吾今而後知子厚之所以爲子厚矣。

《守道論》以守道不如守官，非聖人之言。且謂官所以行道，未有守官而失道，守道而失官之事者。其論正矣。然愚猶謂守道，我之事也；守官，非我之所可必也。若董狐爲史官以死，是官與道俱守也。舍是而必曰守官，吾恐官之守，道之離也。盍亦反其言而言曰「守官不如守道」，庶幾官可守則守，不可則去之，而道未嘗不守也。

《時令論》二篇專病《月令》，謂聖人不窮異以爲神，不引大以爲高。凡政令有俟時而行之者，有不俟時而行之者，又反時令之變。特瞽史之語，非出於聖人者也。或曰所以防昏亂之術也。然聖人立中道以示後，未聞威之以怪而使之，時而爲善。愚謂此正論也。

【三】天爵論　「爵」原作「將」，據文淵閣本及《柳宗元集》卷二改。

《斷刑論》下謂賞務速，不必春夏；罰務速，不必秋冬。是矣。而謂蒼蒼者焉能與吾事。古之言天，愚蚩蚩者耳。何言之無忌憚若是哉！

《辨侵伐論》罪大而師有鍾鼓曰伐，罪小而無曰侵。

《六逆論》謂少陵長，小加大，淫破義，三者誠爲亂矣。賤妨貴，言擇嗣也。貴而愚，賤而聖，且賢貴不足尚也。遠間親，新間舊，言任用也。親而舊者愚，遠而新者聖且賢不足與也，舊不足恃也。辨之良是。

議

《守原議》守原雖得人，不當謀之寺人。

《駁復讎議》武后時徐元慶手刃父讎。陳子昂建議誅之而旌其閭，著爲令。駁謂旌與誅莫得而並，當考正其曲直。所論甚精。合與昌黎《復讎議》參看。

辨

《封弟辨》謂不當因其戲而成之。甚當。

《辨〈列子〉論》劉向稱列子鄭穆公時人，非也。實與魯穆公同時。其文類《莊子》而尤質厚，好文者可廢耶？謹取之而已矣。

《辨〈文子〉》《文子》十二篇，本老子，然駮書也。不知人之增益之歟？或者衆爲聚歛以成其書歟？今刊去謬亂，取其近似者。

《〈論語〉辨》曾參少孔子四十六歲，曾子老而死，是書記曾子之死，吾意曾子弟子爲之也。或曰孔子弟子嘗雜記其言，然而卒成其書者，曾氏之徒也。謂《堯曰》記唐、虞、禹、湯有天下之事，爲孔子常諷道之辭。

《辨〈鬼谷子〉》謂劉向、班固録書無《鬼谷子》，蓋晚出，晚又益出《七術》，言益奇而道益陋。今元冀又文之以指要。嗚呼！其爲好術也過矣。

《辨〈晏子春秋〉》謂墨好儉，晏子以儉名於世，疑墨之徒爲之，宜列之墨家。非晏子爲墨也，爲是書者墨之道也。

《辨〈亢倉子〉》謂亢桑子取莊周語而益之，其爲空言尤也。録書無《亢倉子》。

《辨〈鶡冠子〉》謂盡鄙淺語也。唯賈誼《鵩賦》所引用爲美。意好事者僞爲其書，反取《鵩賦》以文飾之，非誼有所取之。太史公《伯夷傳》稱賈子曰「貪夫殉財」云云。不稱《鶡冠子》。愚按所辨皆當。

碑

《箕子碑》進死以併命，誠仁矣，無益吾祀故不爲；委身以存祀，誠仁矣，與亡吾國故不忍。及天命既改，生人以正，乃出大法，用爲聖師，天地變化，我得其正，其大人歟？於虖！向使紂惡未稔而自斃，武庚念亂以圖存，國無其人，誰與興理？是固人事之或然者也。然則先生隱忍而爲此，其有志於斯乎？愚謂子厚發明箕子之道，善矣。但恐不當於三人分重輕。

《道州文宣王廟碑》夫子之道閎肆，尊顯二帝三王，其無以侔大也。然其堂庭卑陋，椽棟毀墜，曾不及浮屠外說，克壯厥居。

《柳州碑》仲尼之道與王化遠邇。

《二妃碑》二妃爲子而父堯，爲婦而夫舜。

《饒娥碑》饒娥父溺死，娥走哭水，三日不食，耳鼻流血，氣盡伏死。明日屍出，黿、魚、鼉、蛟浮死萬數。

《南睢陽廟碑》記南霽雲也。然一句一事，始終屬對，全似韓、柳未出時文體，與子厚他文不類，當是少年作。按柳碑多俳句，非韓比。近世晦翁嘗以年考之，乃子厚晚年作。殆自隳以從俗耶？

六卷七卷皆浮屠家碑銘。其理蕩而不可究詰，其辭遁而不可明喻。唯南嶽、大明二碑僅明白可曉，姑録之。《南嶽之碑》曰：「有來受律者，吾師示之以尊嚴整齊，明列義類，而人知其所不爲；有來求道者，吾師示之以高廣通達，一其空有，而人知其所必至。」《大明之碑》曰：「儒以禮立仁義，無之則壞；佛以律持定慧，去之則喪。」愚謂此二者，立語未爲盡瑩，而理則近是。蓋二碑所主者律，而餘多言禪也。律者，嚴潔其身，佛所教人之本旨。而禪之説，創於達磨，自稱教外別傳，佛書初無此説也。律以斷惡修善。而禪者謂惡不必斷，善不必修，惟問心之有無如何。苟無心殺人而殺人，即殺人爲無罪。至罵其師瞿曇爲乾矢橛，爲一棒打殺，作死狗煮喫，亦爲無心，故無罪者也。律出於佛，其徒憚而小之，禪不出於佛，其徒張而大之，使人不得而詰其罪者也。然則世之言佛者，將安從乎？

狀

《段太尉逸事》凡三：其一斷汾陽王子晞軍擾市者十七人頭；其二賣馬代償大將焦令諶所取旱歲農人穀；其三朱泚致其壻韋晤綾三百疋，棲之司農治事堂梁上。文高事覈，曲尽其妙。

《柳渾行狀》渾年十餘歲，有稱神巫告曰：「若相法，當夭且賤。幸而爲釋，可以緩而死耳。位禄非若事也。」公學益篤，舉進士，仕至宰相。李元平有名，公曰：「喋喋銜玉而賈石者也。」貞元初，上親擇郎吏，分宰京師外部。公曰：「陛下當擇臣輩以輔聖德，臣當選京兆以承大化，京兆當求令長以親細事，夫然後宜。」榜音彭，所以輔弓弩，其音去聲者，笞也，音謗者，進船也。葬令五品以上爲碑，龜趺螭首，降五等爲碣，方趺圓首。見楊凝碣。不知二者之於君其末也。萬不試而一出焉《吕君誄》。海禍謂溺死也。出《崔君權廟誌》。

表銘碣誄誌

馬君、孟君、凌君誌銘皆貶後作，與昌黎相上下，餘或多俳語。番禺音潘愚二山名，在南海，今廣州。見四卷。氣乘肺，溢爲水浮膚孟常謙。李中丞服紫丹，暴下赤黑，薨。

卷十一誌碣誄皆老作。狀姜嶠戚里之態。獨孤申叔之文而夭。趙弘之孤來章哀而得其父之葬。張因去印綬爲黄老，而哭猶子以死。虞鳴鶴從鄉賦而終逆旅，吊慶交户。覃季子愛書而貧不仕。皆事覈文古，傑然者也。世相重侯【四】。浩浩呻呼革爲和聲柳評事籍。以生富貴畜妓，能傳宮中聲，賢豪大夫多與連歡【五】，後加老風病，有載酒來則出妓搏髀笑戲，觀者尚識承平王孫故態姜嶠。如遭孔子，是有兩顏氏也獨孤申叔。詷直廉切，言利美也。二百舉武趙弘。百郡之選，業于京師。《虞鳴鶴誄》。

卷十二皆誌其族之葬，惟其父諱鎮，及從父弟宗直者，柳州時作。無兄弟移其睦於朋友。叔父墓跋子厚自謂。誌父所友六十七人於碑陰。

卷十三自母、夫人以下終於雷五，皆誌婦人。雷五之姨母爲子厚妓妾，故亦得誌。子厚女和娘得病，更名佛婢，既病去髮爲尼，號初心，然不免死，年十歲，其母微也，故爲父子。

《河間劉氏誌》劉者，王叔文母也。所誌盛稱叔文文武功業，且謂知道之士，爲蒼生惜焉。宗元其自謂知道乎？吁！一畝之宅，言笑不聞于鄰。《崔氏誌》。

對

《設漁者對》喻智伯以貪敗。

《愚溪對》設溪神援惡溪、弱水、濁涇、黑水，皆有其實，而予不愚。柳子用貪泉對，泉

【四】世相重侯　「相」原作「札」，據文津閣本、文淵閣本改。

【五】賢豪大夫　「大夫」原作「太夭」，據文淵閣本改。

不貪飲而南者貪也。汝獨招愚者居焉，則汝之實也。因自陳其愚，文極精妙。此雖子厚自戲之辭，然愚謂溪之愚可辭，而子厚傑然文人也，乃終身賢叔文而不知悟，其身之愚可得辭耶？

《對賀者》之末曰：「嘻笑之怒，甚乎裂眥；長歌之哀，過乎慟哭。庸詎知吾之浩浩，非戚戚之尤者乎？」愚謂子厚此言大痛無聲者也。雖悔可追。

《天對》不可曉。

問答

《晉問》以地險也，兵革也，馬之良，木之大，鹽之富也，文公之霸也，皆不如堯之遺風焉。理正而文工。

《答問》及《起廢答》。自傷不復用。《起廢》謂躄浮圖，病顙駒皆廢十年而有遭，子厚之廢亦十年。舒翹揚英《答問》。抗首出臆《起廢答》謂駒也。

說

《天說》以天地爲無知喻諸果蓏，怨天甚矣。其果何哉？

《鶻說》鶻以鳥之盈握者燠爪掌，旦則縱之，望其往，苟東矣。是日不東逐，南北亦然。

《朝日說》旦見曰朝，暮見曰夕。詩曰「莫肯朝夕」，朝音潮。《漢儀》夕則兩郎向瑣，闈拜，謂之夕郎。

《捕蛇説》有益於世。

《䄍音乍。説》水旱蟲癘之方，則黜其神不祭，然則事之不治，亦當黜其人。

《乘桴説》真妄説也。子厚妙於文耳，敢議經乎？

《説車》亦有益處世。

《謫龍説》扶風馬孺子見奇女墜地，謫龍也，化爲白龍登天。文極佳。

《復吴子松説》謂壽夭貴賤皆寓也【六】，非造物。亦怨辭歟？

《羆説》楚有獵能吹竹爲百獸之音，致鹿而恐，則致貙而鹿去，致貙而恐，則致虎而貙去【七】，虎致愈恐，則致羆以去虎，虎去而羆食之。不善内而恃外者，未有不爲羆之食也。

《八駿圖説》謂駿馬，馬之類；聖人，人之類。求以異形者非。蝎音曷。木中虫，非螫毒音歇者。見《天説》注。白羲之羲音蟻，八驥馬名。

傳

《宋清傳》清市藥燒券不責報，報者益厚。非市道交而士大夫反爭爲不已。

《郭槖駞傳》戒煩苛之擾。

《童區寄傳》區寄十一歲，賊豪掠賣之，討殺二豪。

《梓人傳》喻爲相者之道也。文字宏闊。

【六】復吴子松説　「復吴」原作「後吾」，據《柳宗元集》卷十六改。

【七】則致虎而貙去　「虎」原作「虞」，據明本及《柳宗元集》卷十六原文改。

《李赤傳》感於厠鬼而死，反以世爲溷，以溷爲帝居清都。世皆笑赤之惑也，及至是非取與，决不爲赤者幾人耶？

《蝜蝂傳》譏貪者。

騷

《乞巧文》今聞天孫不樂其獨，將蹈石梁，款天津，儷于神夫。抽黄對白，駢四儷六，錦心繡口。

《駡尸蟲文》道士言人有尸蟲處腹中，伺人隱微，日庚申，讒于帝。柳子特不信，爲文駡之。

《斬曲几文》謂物貴乎直，末代淫巧，楺木爲几。愚恐几乃古之年高者席地時所憑手，其形抱身，不容不曲，几非後世所用也。

《宥蝮蛇》謂彼居榛中，不汝賊而殺之，暴矣。

《憎王孫文》王孫者，湘山間獸名，與猨異性，擾人者。

《逐畢方文》畢方如鶴，一足，赤文白喙，火妖也。出《山海經》。

《辯伏神文》買伏神得老芋，而病加甚。

《愬螭文》零陵有螭，室于江，唐登浴其涯，螭牽以入，一夕浮水上。

《哀溺文》零陵善游者，腰千錢，遂溺死。

《招海賈文》戒其貪利犯危也。

弔贊箴戒

《弔萇弘》、《弔屈原》、《弔樂毅》。

《伊尹五就桀贊》不夏、商其心，心乎生民而已。湯誠仁，其功遲。桀誠不仁，朝吾從而暮及於天下可也。於是就桀卒不可。

《梁丘據贊》齊景有嬖曰梁丘子。晏子躬相，梁丘不毀愛，其不飽，告君使賜。嗚呼！豈惟賢不逮古，嬖亦莫類，梁丘可思，又況晏氏？

《霹靂琴》，焦桐。《龍馬圖贊》【八】明皇得異馬於河，帝西幸，馬入渭水，化爲龍。

《敵戒》皆知敵之仇，而不知爲益之尤；皆知敵之害，而不知爲利之大。敵存而懼，敵去而舞。

《臨江之麋》畋得麋麑，日抱就犬，習示之，忘己之麋也。與犬狎三年，麋出門見外犬，走欲與爲戲，外犬殺食之，麋至死不悟。

《黔之驢》驢一鳴，虎大駭。然視之覺無異能者。稍近益狎，驢不勝怒，蹄之。虎因喜，計之曰技止此耳。因跳踉大㘎，斷其喉，盡其肉乃去。

《永某氏之鼠》永有某氏者，以生歲直子，鼠，子神也。因愛鼠，倉廩庖厨悉以恣鼠不問，飲食大率鼠之餘也。數歲，某氏徙居他州【九】，後人來居，假五六猫，撤瓦灌穴，羅

【八】「龍馬圖贊」原缺，據耕餘堂本補。

【九】某氏徙居他州　「徙」原作「徒」，據文津閣及《柳宗元集》卷十九改。

捕之，殺鼠如丘。嗚呼！彼以其飽食無禍爲可常也哉！

銘雜題

《漢原廟銘》登布衣於萬乘，化環堵爲四海，基岱岳之高，源洪河之長。

《安豐縣孝門銘》李興刃股肉救父疾，又廬墓晝夜哭，廬上産紫芝、白芝，廬中醴泉涌出。

《舜禹之事》使堯一日得舜而與天下，吾見小爭於朝，大爭於野。至堯已忘於人，舜已繫於人。天下曰「久矣，舜之君我也！」夫然後能揖讓受終。

《咸宜》興王之臣多起污賤，彼固公侯卿相器也。獨其始之不幸，其進晚耳，而人猶幸之。亡王之臣多死寇盜，彼固劫戮困餓器也。獨其始之幸，其死後耳，而人猶禍之。余是以咸宜之。

《鞭賈》鞭賈宜五十必曰五萬，有富者子愛其黄而澤，酬五萬。濯之，黄者梔，澤者蠟也。出郊馬踶，因大擊，鞭折爲五六，墜地傷焉。今之梔其言、蠟其貌賈於朝者，驅之陳力之列以禦乎物，以責其大擊之效。烏有不折其用而獲墜傷之患者乎？

《吏商》汙吏之爲商，不若廉吏之利博。

《東海若》二瓠喻學佛者。

題序

《題〈毛穎傳〉》讀之若捕龍蛇、搏虎豹，急與之角而力不敢暇，信韓子之怪於文也。世之模擬鼠竊，取青媲白，肥皮厚肉，柔筋脆骨而以爲辭者之讀之也。其大笑固宜。

《西漢文類序》文之近古而尤壯麗，莫若漢之西京，若開群玉之府。漢氏之東，則既衰矣。

《王氏詩序》紛綸華耀，繼武而起，士大夫掉鞅於文囿者，咸不得攀而倫之。操斧於班、郢之門，斯强顔耳。

《送獨孤書記序》曳裾戎幙之下，專弄文墨，爲壯夫捧腹，甚未可也。

《聯句序》琅琅清響，交動左右。

《送蕭錬序》先禮而冠，賀聲盈耳。

《送薛存義序》謂吏蓋民之役，今我受其直，怠其事，豈惟怠之，又從而盜之。

《送辛生序》士叢于京師，京兆尹歲貢秀才，常與百郡相抗。闔户塞竇而得榮名者，連畛而起。

《宴南池序》連山倒垂，萬象在下。南池。

《蓬屋序》棟宇簡易，僅除風雨。蓬屋。

《送婁圖南序》今將以呼嘘爲食，咀嚼爲神，無事爲閑，不死爲生。則深山之木石，大澤之龜蛇，皆老而久。其於道何如也？送婁圖南。

《元山人南遊序》黄鵠一去，青冥無極。

《送僧浩初序》專闢退之之闢佛。愚謂退之言仁義，而子厚異端，退之行忠直，而子厚邪黨，尚不知愧而反操戈焉。子厚自以爲智不遂，當矯名曰愚。吾見其真愚耳。

記

《監祭使壁記》《周禮》有祭僕，誅其不敬者。漢以侍御史監祠。唐《開元禮》以御史監祠，曰監祭使。

《四門助教廳壁記》周置虞庠於四郊，後魏立學於四門，置助教二十人。唐始合于太學，省助教至三人。

《盩厔縣新食堂記》合群吏食于堂，謂禮食之來古也。今京師百官咸有斯制。

《諸使》古者交政於四方謂之使。今受命臨戎職無所統屬者亦謂之使。凡使之號專焉，而行其道者也。

《嶺南饗軍堂記》文佳。

《邠寧進奏院記》周有邑具湯沐，漢有邸奉朝請，唐有院備進奏。

《全義縣城北門》或曰不利於吏，塞之百年，盧遵始復其舊。

《邕州茅亭記》以白雲爲藩籬，碧山爲屏風。

《零陵永州。復乳穴記》石鍾乳必在深山窮林，連之人告盡者五載矣。崔公至逾月，穴人以乳復告，以其不貪，故以誠告也。

道州鼻亭神，象祠也。河東薛公刺是州，毁之。

《永州龍興寺息壤記》寺東北陬，堂之地隆然負塼甓而起者，廣四步高一尺五寸，夷之而又高，凡持鍤者盡死，由是人莫敢夷。《史記》及《漢志》有地長之占，甘茂盟息壤，異書有記鯀竊帝之息壤以湮洪水。

《永州鐵炉步志》永州北郭有步，蓋嘗有鍛鐵者居之，人去而炉毁者不知年矣，獨有其號冒而存。今世有負其姓而立於天下者曰：吾門大，他不我敵也。問其位與德，曰：久矣其先也。其冒於號有異於兹步者乎？大者桀冒禹，紂冒湯，幽、厲冒文、武，以傲天下，而姑大其故號，以至於敗，爲世笑僇。

《游黄溪記》名山水而州者以百數，永最善。其間名山水而村者以百數，黄溪最善。黄神王姓，莽之世也，莽既死，黄與王聲相迩，神更號黄氏，逃來擇其深峭者潜焉。西山鈷公魯反。鉧潭、袁家渴音渴，水反流。以其境過清，不可久居。紛紅駭緑。民橋其上。

書

寄許孟容、與楊憑、裴塤、蕭俛、李建、顧十郎，諸皆貶所悲苦之詞。其可憐者《與楊憑之書》曰：有之而恥言者上也，有之而言之者次也【一〇】；無之而工言者賊也，無之而

【一〇】有之而言之者　「有」原作「爾」，據文津閣本及《柳宗元集》卷三十原文改。

不言者土木類也。又曰：公卿之大任莫若索土。子厚初貶時年三十三。重膇馳僞、並蕭切。《蕭俛書》。《與李建書》悶即出游，游復多恐，暫得一笑，已復不樂。如囚居圜土，一遇和景，負牆搔摩，伸展支體。當此之時，亦以爲適。然顧地窺天，不過尋丈，終不得出。豈復能久爲舒暢哉？《與顧十郎書》自稱門生，而以郎稱其人。豈郎者所以稱其主之名歟？

《與韓愈論史官書》蓋正論也。

《與呂恭書》辯石書之僞。老陽九、老陰六在《易正義·乾篇》中，非一行爲之。見《與劉禹錫書》。僕之爲文久矣。然心少之不務也，以爲是博弈之雄耳。務富文采，不顧事實，以炳然誘後生，是猶用文錦覆陷穽也。若螾蛭然，雖鳴其音聲，誰爲听之？《答吳武陵論非國語書》。子厚作《孟子評》、《非國語》二書，今《非國語》見集中而《孟子評》無之。豈子厚能悔之而不以傳歟？將劉禹錫恐其重得罪名教，爲掩其惡歟？

《與友人論文書》有曰漁獵前作，戕賊文史。甚矣，文之不可不己出也。

《答元饒州書》弊政之大，莫若賄賂行而征賦亂。貧者無貲以求於吏，有貧之實不得貧之名。富者操其羸以市於吏，無富之名而有富之實。夫如是不一，定經界、覈名實而姑重改作，其可理乎？

《與崔饒州論石鍾乳》草木之生也依於土，然有居山之陰陽，或近水，或附石，其性移焉。況鍾乳直産於石，依而産者固不一性。故君子慎焉，取其色之美而不必唯其土之信。愚按：此書復喻以方物，喻以人，復證之他藥。文最可觀。

《答周君巢書》文人盛譽山澤之臞，以爲壽且神。今夫山澤之臞，掘草烹石以私其筋骨，而日以益愚。他人莫利，己獨以愉，若是者愈千百年，滋所謂夭也。不爲方士所惑，仕雖未達，無忘生人之患，則聖人之道幸甚！

《與李睦州服氣書》兄由服氣以來貌加老而心少歡愉。吴武陵先作書，道黄帝及列仙方士皆死狀。兄陽德其言而陰黜其忠，是不可變之尤者也。今吴子之師已遭諸而退矣。愚敢厲鋭擐堅，鳴鍾鼓以進，決於城下。愚幼嘗嗜音，不得碩師卒大懈。及長嗜書，亦不得碩師又大懈。今兄之服氣果誰師耶？去味以即淡，去樂以即愁，悴悴焉膚日皺，肌日虚，守無所師之術，尊不可傳之書，徒曰我能堅壁拒境以爲强，夫是，豈所謂强而大也哉？愚按：此子厚達理之言也，文又精妙，故節録稍詳。

與楊誨之第二書云：傅説曰「唯狂克念作聖」，按今《書》非傅説之言。

《賀進士王參元失火書》足下讀古人書，爲文章，而進不能取顯貴者，足下家有積貨，士之好廉名者皆畏忌不敢道足下之善。以公道之難明而世之多嫌也。乃今幸爲天火之所滌蕩，凡衆之疑慮舉爲灰埃，黔其廬，赭其垣，以示其無有，而足下之才能乃可以顯白而不污，是祝融回禄之相吾子。僕與幾道十年之相知，不若兹火一夕之爲足下譽也。

滌息有切。瀡息委切，見《王參元書》。覼縷好視也，一曰委曲。見三十卷《許京兆書》。

《答韋中立論師道書》魏、晋以下不事師，獨韓愈奮不顧流俗，抗顏而爲師。世果群怪聚罵，愈以是得狂名。蜀之南犬吠日，嶺之南犬吠雪，吠所怪也。孫昌胤薦笏言於卿士曰：某子冠畢，咸憮然。京兆尹鄭叔則怫然，曳笏却立曰：何預我耶？廷中皆大笑。天下不以非鄭尹而以快孫子，何哉？獨爲所不爲也。此書後段説爲文之法，極詳。

穀粱子曰：「心志既通而名譽不聞，友之過也。」見《答元公瑾書》。退之所敬者司馬遷、揚雄，遷於退之固相上下，若雄者，如《太玄》、《法言》及《四愁賦》，退之獨未作耳。決作之加恢奇【一一】，至他文過揚雄遠甚。雄文遺言措意，頗短局滯澁，不若退之猖狂恣睢肆意有所作。《答韋衍書》。潔然盛服而與負塗者處，《答廖有方》。鼓行於秀造之列，此其戈矛矣。《答蕭纂書》。觀文章宜若懸衡，然增之銖兩則俯，反是則仰。無可私者。《答吴秀才》。來柳州見一刺史，即周、孔之；京師顯人以千數，又宜得周、孔千百。何吾生胸中擾擾焉多周、孔哉？《復杜温夫》【一二】。曹沫之沫莫具切，見《武相公啓》。求珠於海，而徑寸先得，則衆皆快然罷去。知奇寶之有歸也。《賀趙江陵宗儒辟武都符載爲記室》。

啓表奏狀

啓皆獻文求哀之辭，表多世俗稱頌之語，氣索理短，未見柳之能過人者。

賀破東平，蓋李師道所據淄青也。櫻桃即含桃。

廣南鄭相公奏百姓産三男。台州奏五色雲。名例律官與父祖諱同者不居。子厚以

【一一】決　「決」原作「快」，據文淵閣本、《河東先生集》卷三四改。

【一二】復杜温夫　「杜」原作「林」，據文淵閣本及《柳宗元集》卷三十四原文改。

祖名察，躬辭監察御史，奉勑二名不偏諱，不合辭讓。訴苗損狀，恤人則深，減數非廣。二月一日爲中和節，進《農書》。賀破東平。罪止一夫，恩加百姓。

祭文

《祭楊憑詹事》稱丈人，自稱子壻。然則謂外舅丈人，其來久矣。狼荒《祭穆質文》。濛汜音蒙似，日入處。見《祭崔入卿文》。

《哭張後餘辭》引莊周之説，以爲人之君子，天之小人。子厚怨天，隨寓而發也。

《祭纛》澧有大特，化爲巨梓。秦人憑神，乃建茸頭。漢宗蚩尤，亦作靈旗。

《祭六伯母》自稱姪男。《祭丈母》、《祭弟》自称八哥而不具銜。

詩

吴歈工折柳。歈音俞，巴歈歌也。鑿池曰污尊。污，烏瓜切。齊諧笑拍塗音茶，東方朔詩老拍塗。饒醉鼻成皻切意此世俗所謂酒皻鼻。傖父吴人謂中國人爲傖。以上並見《同劉院長》。《酬韶州》拾其餘韻，蓋不用其韻也。《奉和楊尚書》依本詩韻，此用其韻也。古者和詩不用韻。韋道安遇故刺史被盗女爲所掠，道安縛致之刺史，歸賄納女以報。道安辭焉。楊白花。欸音襖。乃音靄。一聲山水渌漁翁。竫人長九寸。鼇蘁。

非國語

子厚以《國語》文深閎傑異，而説多誣淫，作《非國語》。愚觀所作非獨駁難，多造理。

文亦奇峭。今節録下方。

三女奔密，母曰：「必致之王。」康公不獻，一年，王滅密。非曰：勿受之則可矣，教子而媚王以女，非正也。

宣王不藉千畝，虢公諫【一三】。三十九年戰于千畝，敗績。非曰：古之必藉千畝者，禮之飾也。然而存其禮爲勸乎農也。未若時使而不奪其力，節用而不殫其財。則食固人之大急，不勸而勸矣。三推之道存乎亡乎？皆可以爲國矣。敗于戎而引是以合焉，天何怪而不屬也。愚謂子厚論勸農之本，善矣。謂勸農之禮可亡，則過矣。是禮也，古人體夫愛民，一念真誠之發，豈姑以是飾乎？

三川震，伯陽父曰：「周將亡矣。」非曰：山川者，特天地之物也。陰與陽者，氣而遊乎其間者也。或會或離，其孰能知之？愚謂人者，天地之心，天地不得其寧，而曰惡與乎我。此子厚怨天之論所發也。

宣王料民及幽王乃廢滅。非曰：是幽之悖亂不足以取滅，而料民以禍之也。

劉康公聘魯，叔孫宣子、東門子家皆侈。歸告王曰其亡乎？東門不可以事二君，叔孫不可以事三君。非曰：泰侈之德惡矣，其死亡也有之矣。而孰能必其時之蚤暮耶？設今時之可必，又孰能必其君之壽夭耶？

郄至告捷于周。單襄公曰：「兵在其頸者，其郄至之謂乎。」明年死難。非曰執筆者

【一三】虢公諫　「虢」原作「號」，據文津閣本及《柳宗元集》卷四十四原文改。

以其及也，而必求其惡以播於後世。然則有大惡幸而得終者【一四】，則固掩矣。

穀洛鬭，將毀王宮，王壅之，亂於是乎始生。非曰：天將毀王宮而勿壅，則王罪大矣。奚以守先王之國，壅之誠是也。王室之亂，且卑在德，而又奚穀洛之鬭而懲之也。

將鑄無射，單襄公曰不可。非曰：是何取於鍾之備也。聖人既理定，作樂以象之，非樂能移風易俗也。愚謂子厚之論是矣，而立語易也，禮樂皆由人心生，聖人因而文之，還以導人心者也。人生而有舉動，聖人因而舉動而約之禮，否則肆矣。人生而有謳吟，聖人因其謳吟而和之樂，否則蕩矣。約之禮而和之樂，隨其事而施之用，上自朝廷下達閭巷，使人日習而悠然契焉。非心邪念，淫聲慢色，不得以干其間。此古人禮樂之用。而治定作樂，則又子孫象祖宗之功德以薦之郊廟。所謂隨其事而施之用之大者也。單子、伶州鳩論樂之成政殖財。誠誕而無理。子厚獨指其象治而謂不能移風易俗，又矯之大過。故曰立語易也。

長勺之役，公曰「小大之獄必以情斷。」劌曰：可以一戰。非曰：徒以斷獄爲戰之具，則吾未之信也。

季桓子穿井得土缶，中有羊焉，使人問仲尼，曰「吾穿井獲狗，何也」？仲尼曰「以某所聞者，羊也」。非曰：孔氏惡能窮物怪之形，是必誣聖人矣。史之記地坼犬出者有之矣。近世京兆杜濟穿井獲土缶，中有狗焉，投之于河，化爲龍。

【一四】然則有大惡幸 「大」原作「火」，據明本及《柳宗元集》卷四十四原文改。

吴伐越，隳會稽，獲骨節專車。非曰：辨大骨、石砮以爲異，其知聖人也亦外矣。

桓公輕幣，諸侯垂橐而入，稛載而歸。非曰：又奚控焉，悉國之貨以利交天下耶！

申生敗狄，讒言將起，狐突杜門不出。君子曰「善深謀」。非曰：覩其將敗而杜其門，則奸矣。

里克殺奚齊，荀息死之。非曰：間君之惑，排長嗣而擁非正，其於中正也遠矣。不得中正而復其言亂也。

里克既殺卓子，使告重耳曰：「盍入乎？」舅犯曰：「不可。」秦穆公使弔，曰：「時不可失。」舅犯曰：「不可。」非曰：狐偃之爲重耳謀者，迹迂矣，重耳兄也，夷吾弟也，重耳賢也，夷吾昧也。若重耳早從里克、秦伯之言而入，則國可以無嚮者之禍，而兄弟之愛可全而有。

秦穆公獲晉侯。公子縶曰：「殺之利。」公孫枝曰：「不可【一五】。」非曰：向使穆公告于王，以王命黜夷吾而立重耳，則誰敢不服？

秦伯歸女五人，懷嬴與焉。非曰：重耳之受懷嬴，不得已也。秦伯乃行非禮以强乎人。愚謂秦之歸固非矣，重耳之受亦非也。不得已而受，亦終始禮待之可也。

鉏麑。非曰：麑之死固善矣，然宣子爲政之良，麑胡不聞之？乃以假寐爲賢耶？愚謂麑之心特生於政之良，怵惕於將朝盛服之寐耳。麑而賢，必能諫其君，必不受君之命

【一五】公孫枝曰不可　「曰」原作「四」，據文津閣本及《柳宗元集》卷四十五原文改。

以賊宣子。今爲之賊而不忍害，可言宣子之賢，靡不足問也。

公子楊干亂行，魏絳斬其僕。非曰：公子貴，不能討，而稟命者死，非能刑也。然則絳宜奈何，止公子以請君之命。

逐欒盈。非曰：當其時不能討，後之人何罪？

黄熊。非曰：鯀之爲夏郊也，禹之父也，非爲熊也，熊之説，好事者爲之。

圍鼓。非曰：城之畔而歸己者有三：逃暴而附德者，庥之；力屈而愛死者，與之以不死；反常以求利者，君子不受也。

嗜芰。非曰：屈子以禮之末，忍絶其父將死之言。吾未敢賢乎爾也【一六】。禮曰思其所嗜，屈建曾無思乎？

外集

《披沙揀金賦》、《迎長日賦》、《記里鼓賦》、《劉叟傳》。叟以御龍術進魯公【一七】，内龍先備，明年果大旱，命劉叟出龍，果大雨。

《河間傳》志貞婦一敗於强暴，以計殺其夫，卒狂亂以死。子厚借以明恩之難恃。愚以爲士之砥節礪行，終不免移於富貴利欲者多矣。正當引以自戒而不必計其恩之可恃否也。

《太府李卿外婦馬淑誌》本南康謳者，善瑟，葬湘水以嗣靈音云。

【一六】吾未敢賢乎爾也　「未」原作「米」，據文津閣本及《柳宗元集》卷四十五原文改。

【一七】叟以御龍術進魯公　「龍」原作「物」，據文淵閣本及《柳宗元集》外集上卷原文改。

《請復尊號表》皆諛辭也。子厚内集已多有之，爲京兆時事業，止此而已乎。《與衛淮南石琴薦》【一八】出當州龍壁灘下，蓋石可薦琴者。以上外集上下卷。

柳以文與韓並稱，然韓文論事説理一一明白透徹，無可指擇者，所謂貫道之器，非歟？柳之達於上聽者，皆諛辭；致於公卿大臣者，皆罪謫後羞縮無聊之語。碑、碣等作，亦老筆與俳語相半，間及經旨義理，則是非多謬於聖人。凡皆不根於道故也。惟紀志人物以寄其嘲駡，模寫山水以舒其抑鬱，則峻潔精奇，如明珠夜光，見輒奪目。此蓋子厚放浪之久，自寫胸臆，不事諛，不求哀，不關經義。又皆晚年之作，所謂大肆其力於文章者也。故愚於韓文無擇，於柳不能無擇焉。而非徒曰並稱，然此猶以文論也。若以人品論，則歐陽子謂如夷、夏之不同矣。歐陽子論文，亦不屑稱韓、柳，而稱韓、李，李指李翺云。

【一八】與衛淮南石琴薦　「淮」原作「惟」，據文淵閣本及《柳宗元集》外集下卷原文改。

卷六十一

讀文集三

歐陽文

詩

《顔跖》總説處提顔子云：豈減跖所榮。跖本無榮，顔本不當與跖較榮辱，而歐公云爾，全用所字斡意。蓋跖自以爲榮者，若説跖之榮，則非矣。初讀疑之，三味乃見。

《黄牛峽詩》「不是黄牛滞客舟」，謂江惡舟遲，常見此石在山也。

《憶山詩》説三峽江如自天傾，岸立兩崖鬭。

《哭曼卿》謂才高不少下，闊若與世疏。

《送惠勤詩》叙東南宫居，飲食山水之勝，捨之而從我求仁義。

《水谷夜行詩》「微風動涼襟，曉氣清餘睡」。見平旦氣象，極工。此詩説蘇子美詩雄，梅聖俞詩清。

《班班林間鳩》寄其夫人之詩也。云易安由寡求，此其爲家之法。

《暮春詩》遊絲最無事，百尺拖晴光。有太平氣象。

《牡丹圖》有「元化朴散」之語，然洛陽以此成俗，而歐公初譜之，亦助其瀾者也。

《憎蚊詩》始以乾坤廣大之語，終以麟鳳不見之語，詠微物而先以大者言之，文法也。

「掃庭露青天，坐月蔭嘉木，汝寧無他時，忍此見迫促」。語意清絶矣。

《寄題滄浪亭》風高月白最宜夜，極切。末借鴟夷言之，崎嶇世路欲脱去，反以身試蛟龍淵。豈如扁舟任飄兀，紅蕖渌浪揺醉眠。觚得絶佳。

《菱溪大石》一詩形容布置，可觀文法。

《紫石屏歌》文之奇者也。《廬山高詩》文之豪者也。《橄欖詩》言忠愛。《答子華安撫詩》指陳治道之要者也。《橄欖詩》曰錫飴兒女甜，遺味久則那。《奉答子華詩》曰蠹弊革僥倖，濫官絶貪昬。牧羊而去狼，未爲不仁人。

《梅聖俞寄銀杏詩》鵝毛贈千里，所重以其人。鴨脚雖百箇，得之誠可珍。又七卷《李侯家鴨脚》云鴨脚生江南。自注云：京師無鴨脚，李駙馬自南方移植，蓋銀杏名鴨脚，中原所無也。今江南有草名鴨脚，而此果則自名銀杏。

車螯一名車娥。歐詩有泥居殻屋之語。蚓，無心。八卷《怪竹辯》。

《贈沈博士遵歌》言琴調《醉翁吟》也，云：我昔被謫居滁上，名雖爲翁實少年。前詩又云我時四十猶彊力，自號醉翁聊戲客。

《送吴生》論改過，甚暢。

《樂哉襄陽人送劉從廣》先序襄陽之勝，而勉以德化。其文騷以婉。

《洗兒歌》爲聖俞作，簡而勁。

《夜聞風聲》苦暑君勿厭，初涼君勿歡。暑在物猶盛，涼歸歲將寒云云。不獨草木爾，君形安得完。此等善觀時變，感慨有味。

《白鸚鵡詩》先將白兔説，擺兩陣方合説，又三節而終焉。文法最可觀。乾蝦字出《清明前詩》。

《又酬聖俞韻》歡情雖漸鮮，老意益相親。形容晚年交游之意，最工。頭魚，海魚之大而謫死者。

《歸田春夏詩》有味，殆田園雜興之祖歟！

《明妃曲》推手爲琵却手琶，是琵琶兩字也。

《鬼車》一首先序其聲之怪，次述老婢撲燈之説，以言其所以爲怪，終之不足怪，而呼婢炷燈焉。且亂之曰須臾雲散衆星出，夜静皎月流清光。曲盡文章之妙矣。

《讀書》一首始言讀書之樂，中言仕宦不暇讀，而終之以乃知讀書之樂無限。前後照映，文亦甚妙。

鶻鵃者，催明之鳥。京而謂之夏雞。

《贈李士寧》一首，文宏放。

《感事四首》闢學仙者之妄，甚精切。如曰：一旦隨物化，反言仙已成。如曰等爲不在世，與鬼亦何殊。

《昇天檜》一首。其説謂老子自此乘白鹿昇天，如上虞劉樊升仙木之類也。歐謂曰：惟能乘變化，所以爲神仙。驅鸞駕鶴須臾間，飄忽不見如雲煙。奈何此鹿起平地，更假草木相攀緣。乃知神仙事茫昧，真僞莫究徒自傳。

《齊州有舜泉》四字丹書萬仞崖四句，見《戲石唐山隱者》末章。

古賦

《蟬聲賦》、《秋聲賦》之脱灑，《病暑賦》、《憎蒼蠅賦》之布置，皆當成誦。《山中之樂》一首贈慧勤者，模寫變化亦一大奇。

論

《正統論》費辭數千言，不過進秦於三代。秦果三代哉？其説謂周之君臣稽首自歸於秦，周果誠心授有德者哉？謂桀、紂不廢夏、商之統，則始皇未可廢。秦始皇豈亦承祖宗深仁厚澤數百年素定之天下，如桀、紂雖不肖，亦不得不以其祖宗之故，俾襲世次者哉？且其欲尊秦也，則咎論者之私。東晉私元魏，然東晉豈不正於秦？元魏豈不賢於秦？而公初亦然。抑彼揚此者，豈私秦哉？秦何人而公私之哉？豈難累萬言，世豈有以公故而謂秦三代者哉？

《本論》謂堯、舜、三代時禮義明，佛不能入。善矣。復使當時其人已入，其法不行，則爲確論。今按佛生方當周之衰，去中國極遠，不相通，至漢開西域，而佛説久益盛。至後漢以漸入中國者，時勢則然。非昔不能入而今可入也。謂禮義者，勝佛之本，當修其本以勝之。善矣！然人不爲佛之徒，屋不爲佛之居，徒有其虚文浮傳於世，如異説妖術之類，則可使人講明禮義，此之信不彼之信，是爲勝之。

今按齊、梁、元魏以來，自萬乘以下尊事之，人民歸其陷誘，石祖夷狄以攻吾中國之仁義，山川爲其吞併，立寨中國，以朘吾民生之膏血。雖有禮義，已無所施。顧反日講而修之，則佛無所施。奚必火其書，廬其居，又果何見也！且公之爲此説，特譬之善醫者不攻其疾，務養其氣耳。獨不聞若藥不瞑眩，厥疾不瘳乎？客邪外毒，深入心腹而不攻之去，且立而視其死矣。何氣之可養？養氣之説特可施之攻疾已去之後，疾已危劇，氣僅一縷，捨疾不攻而徒曰養氣，亦何氣之可養乎？甚矣！攻佛法之害政，昌黎之説盡之。攻佛教之害人心，晦菴之説盡之。不能明言其所以害，而徒疾聲大呼以泄其憤，石徂徠之《怪説》盡之。歐陽公所謂上續昌黎斯文之傳者，正以闢佛一事。然《本論》不過就昌黎改易新説，而適以消剛爲柔，如閉關息兵，惟敵之縱。而曰我修政事者爾。嗚呼！殆所謂能言距楊、墨者，皆聖人之徒歟！

《朋黨論》謂君子有真朋，足以解萬世人主之疑。《爲君難論》謂用人聽言專決之，失在於違衆，足以指萬世人主之迷。

《易或問》謂大衍筮占之一法。《繫辭》非聖人之作。穆姜道《乾卦》、《文言》，乃先夫子之生十五年。筮占之法雖是，而言則非。蓍數無所配合，陰陽無老少，乾坤無定策。乾用九，坤用六，皆謂以其所用者名爻。

《春秋論》謂學者不信《經》而信《傳》，不信孔子而信三子。隱公非攝，趙盾非弑【一】，許世子止非不嘗藥，亂之者三子也。起隱公止獲麟，皆因舊史而修之，義不在此也。卓哉之見！讀《春秋》者可以三隅反矣。

《泰誓論》謂十一年伐紂，即武王即位之十一年，無文王稱王改元之説，一惟取信於經。

《縱囚論》上下相賊字恐太甚，要是三代後盛事若矣。聖人不立異以爲高，不逆情以干譽，則至論也。

神道碑墓誌

《丞相文惠公陳堯佐神道碑》潮州戮鱷魚，壽州活饑民。自出米爲倡。而浙堤錢塘，薪土易竹籠石。滑州築陳公堤，治開封一以誠，諭少年無犯法者，凡公外庸之略如此。爲大常

【一】趙盾非弑　「盾」原作「有」，據文津閣本及《歐陽修全集》卷十八原文改。

丞十三年不遷，爲起居郎七年不遷，而十典大藩，六爲轉運使，位極人臣，壽八十二。與伯仲堯叟、堯咨已貴，而諫議公省華尚無恙，天下以陳氏世家爲榮。

《范文正公神道碑》幼孤刻苦，慨然有志於天下。爲諫官以爭廢郭后貶，制西賊，參大政。碑中所著，皆繫天下國家之大者。

《王質神道碑》盗殺其徒而自首，原之，所以疑壞其黨而開其自新。若殺而不首，既獲而亦原，非法意。

文簡公程琳治益州，燈夕火起，預戒人救止不以白。有言軍謀變者。笑曰吾自知之【二】，卒無事。治開封數歲，治益精明。爲三司，禁中有所取未嘗予。爲參政，每宰相欲有所私輒衆折之。西北宿重兵【三】，嘗任河北、陝西之重，威惠信著。

《王文正神道碑》槩言其爲賢宰相，而徐述其寡言笑，善處大事數項，終以不求恩澤。晏元獻爲相，當元昊反，請監罷軍，無以陣圖授諸將。此最革弊之大者。

余靖居四諫官之一，使虜得其要領，破儂智高，經制五管十年，移檄而交趾平。

張谷羸而能久，冀褒贈以榮其親。

周太傅行三年喪，歐公發越甚至。

唐介之父之墓，發明有子之榮。

《瀧岡阡表》述其母記父之言，謂「祭而豐不如養之薄」，謂治死獄嘗求其生。

【二】笑曰　「曰」原作「白」，據文津閣本及《歐陽修全集》卷二十三原文改。

【三】西北宿重兵　「兵」原作「共」，據文津閣、文淵閣本改。

丁寶臣喪其兄三年。

薛奎舉進士，爲州第一，以讓王嚴。析富人貲爲三，以嫁其三女。治蜀、尹京，寬猛異施，參大政，慚不及古人而懼後世譏。

王拱辰之父爲潁州司法，有朱氏殺盜當死。歐公與王拱辰皆其壻也。公曰「爲法所以輔善而禁惡也。今殺良民爲惡盜報仇，豈法意耶？」

《蔡君謨之弟君山誌》自無狀，有一節深一節，文法極可觀。誌黃夢升文法亦類之。

《誌薛簡肅之子質夫》死而無後，論自古賢人君子未必有後，其功德名譽垂世而不朽者，非皆因其子孫而傳。爲善者可以不懈，爲簡肅公者可以無憾。發明精切。

《誌尹師魯》天下未必盡知其材，其言哀痛。

歐陽載誅浮圖誘民投水者。杜杞平蠻殺降。公於程文簡既爲神道碑，又誌其墓。

《杜祁公墓誌》公越人，葬應天府，三代皆顯官，家故饒財。然愚按《邵氏聞見録》謂其貧，依濟陰宰，蓋初年流落事也。

尹源，師魯之兄。

梅讓者，詢之兄，堯臣字聖俞之父。

蘇舜欽字子美，祁公之壻，以祠神會廢，居滄浪，今蘇州韓園也。鎖聽事載其誌，云「鎖其聽去舉進士」。

王堯臣體量西事，薦用韓、范安撫涇原，言將不中御。權三司使去蠹弊，積錢數千萬；爲樞密副使裁損濫恩。

吴育治開封，京師肅清。元昊反，獨言其不足責。

李端懿大長公主之子，每曰士起寒苦，以學行自名，至牽利欲，遂亡其所守，况驕佚易習，而生長富貴間耶？

許元長於治財。先是錢不足償，賈人入粟塞下者少。公請高塞粟之價，下南鹽以償之，使東南去滯積，而西北之粟盈。曰此輕重之術也。歲漕不給，治千艘浮江而上，所過州縣留三月食，其餘悉發。而州縣之廩，遠近以次相補。由是不數月，京師足食。而爲司十三年，餘粟百萬，不獻羨餘。

孫甫字之翰，在諫院多直言，雖爲杜祁公所薦，尹洙所善，言之不避。

梅聖俞窮而工詩。

江鄰幾亦長於詩。

《薛長孺、良孺墓誌》皆簡肅公奎之猶子。

《徂徠先生墓誌》葬五世未葬者七十喪，作《慶曆詩》褒貶大臣，太學之興自先生始。

《樞副胡宿墓誌》興湖學，築塘，封還楊懷敏詞頭，清儉謹重，發不可回，而其要歸於忠厚。少嘗善一浮圖，謂有祕術，能化瓦石爲黄金，公曰非吾欲也。

《蔡君謨誌》諱襄。四諫官之一，救唐介，知泉、福有惠政，興學校、經術，定表制，禁蠱毒【四】，教醫藥【五】。治京，談笑無留事，治財纖悉，皆可法。不書温成皇后碑。

《劉敞仲原誌》知制誥，封還石全彬詞頭，奉使知虜山川，諫仁宗受尊號，治揚、鄆、永興皆有惠政，博學無不通，一揮九制。

三十七卷皆宗室墓誌，無一壽者。

狀

《蔡齊行狀》倅濰州有刻税印者，緩其獄。丁謂欲邀致相，拒不受。不爲太后記景德寺。知密州，除公税，弛鹽禁。沮楊太妃垂簾，辨荆王獄，勸納叛蠻不聽，後爲亂。契丹兵屯幽州，公料其必不動。狀之終曰：按兵部尚書，於今爲三品，其法當謚，敢告有司。然則行狀爲謚議設也。不著三代姓氏。

《許逖行狀》論邊事，趙普稱之。知興元，修蕭何山河堰，諭京湖蠻。知揚州，笞子弟不法者曰：此非吏法，乃代汝父兄教也。

【四】禁蠱毒　「蠱」原作「虫」，據文津閣本及《歐陽修全集》卷三十五原文改。

【五】教醫藥　「藥」原作「樂」，據明本及《歐陽修全集》卷三十五原文改。

記

《泗州先春亭記》先叙其修堤，次餞勞之亭，次通漕之亭，然後歸先春亭。而證以單子過陳，見其川澤不陂梁，客至不授館，羈旅無所寓之説。謂皆三代爲政之法。而張侯之善爲政也。

《夷陵縣至喜堂》先叙其儉陋，次叙朱侯能變其俗，次自叙得善地而忘其憂。

《峽州至喜亭記》叙岷江之險，舟人至此而喜。

《御書閣記》爲登真宫作也，善回護而不主佛、老之説。

《畫舫齋記》始言爲燕居而作，次反言舟之履險，而終歸舟行之樂。三節照應。

《王彦章畫像記》述其以奇取勝，以嘆時事，文字展轉不窮。

《穀城縣夫子廟記》「釋奠有樂無尸【六】，而釋菜無樂」，皆禮之略者。今於其略者又不備焉。

《吉州學記》思見道化之成。

《豐樂亭記》記滁於五代被兵而今無事，以歸德於上。

《醉翁亭記》以文爲戲者也。

《滁州菱溪石記》僞吴時貴將劉金園石六，公取其二尚存者置郡治，因以劉氏興衰爲戒，使後來者不復取而去。

【六】釋奠有樂無尸　「尸」原作「户」，據文淵閣本及《歐陽修全集》卷三十九原文改。

《海陵許氏南園記》許子春以發運使，治七十六州之材，治數畝地以爲園。不足施其智，亦不足書而紀。其三世孝悌之迹，庶幾園有連理駢枝之木，不争巢不擇子而哺之禽鳥焉。

《真州東園記》爲發運使施正君、許子春、判官馬仲塗三人相得而作，記園池之勝，皆疇昔榛莽。

《浮槎山水記》取陸羽《茶經》善論水，以山水爲上，江次之，井爲下。浮槎乃山水之亂泉漫流者。張又新載劉伯芻、李季卿列水次第，不次浮槎而次龍池爲非。

《有美堂記》天下之兼得其至美與其樂者惟錢塘，而錢塘之兼美，惟有美堂盡得之。

《相州晝錦堂記》載韓公大節，出晝錦之榮之外。

《仁宗御飛白記》因子履得御賜而及朝廷一時之盛。

《峴山亭記》記羊叔子遺風。

序

《章望之字表民序》列一鄉一國以至天下萬世之望。

《祕演詩集序》、《惟儼文集》序二僧，皆石曼卿故交，因曼卿而序之。

《詩譜後序》載慶曆四年始得《詩譜》於絳州而補正之。謂先儒之論非悖理害經者，不必相詆訾，盡其説而不通，然後得以論正。

《集古録目序》論犀象珠玉皆難得之物，而好之者無不至。古刻字書非難得，而不至者，好之不力也。自序好之專一，終不以彼易此。

《蘇氏文集序》爲子美作，傷其不遇。

《鄭荀改名序》論諸子獨荀卿好聖人學，荀卿而又進焉，則孰能禦。

《韻總》五篇，僧鑒聿所類，序其用心之專。

《送楊寘序》言學琴於孫道滋，其樂可以忘疾。

《送曾鞏》試黜而歸，不非同進，不罪有司，思廣其學而堅其守。

田晝之祖爲將，平蜀、江南有功。天下既定，而晝以白衣試有司，因與之登夷陵，慨然覽王師嚮所用武之山川。

《謝氏詩序》謝景山母好學通經，女弟希孟能詩。

《送張唐民歸青州序》三代王道備，士生其間，故多賢。後世士有賢者，尤可貴於三代之士。

《送王陶序》君子之用剛，審力視時，而又深戒於其初。

《孫子後序》注孫子者三家，曹公、杜牧、陳皡。而梅聖俞復爲之注。

《梅氏詩集》謂非詩之能窮人，殆窮者而後工也。惜聖俞幸生盛世，老不得志而爲窮者之詩。

宋祕丞，宣獻公之子，不以門地驕人，學問好古，常若不足。

《送徐無黨》死而不朽者，惟修於身，其次施於事，勤世盡心於文字間者，可悲也。

《廖倚》謂無龜書出洛之事。

《外制集序》仁宗用韓、富、范，鋭意太平。公知制誥。

《禮部唱和序》從王著考貢士六千五百，絶不通人者五十日，因相爲歌詩以宣其底滯。

《内制集序》論青詞齋文，用釋老之説，祈禳祕祝，近里巷之事，而制誥拘於四六，果可謂之文章歟？

《帝王世次圖》闢太史公《本紀》之失。凡帝王事可法於後世者，孔子蓋論著之矣。久遠難明，不知不害，爲君子者不道也。

《思潁序》、《歸田録序》皆誌求閑之意。但《歸田序》有不能依阿取容一語，雖反説以譏世理，恐未安。

《六一居士傳》記藏書一萬卷、集録金石遺文一千卷、琴一張、棊一局、酒一壺與己爲六一。以軒裳珪組爲累，而以老於五物之間爲適。

書

《通進司上書》言治西賊三事。其一曰通漕運。乞浚治汴渠，求裴耀卿所開，陸運十八里，泝河而入渭，以通水運。又自武昌【七】、漢陽、襄、郢沿漢十一二州漕物頓之南陽，爲輕車，置十五六鋪以入關，以通陸運。其二曰盡地利。乞驅游手及鄉兵以耕閒田。其三曰權商賈。謂大商不妬販夫之分其利。今國家反妬大商之分其利，欲專而反損。

《準詔言事上書》謂非無兵、無將、無財、無禦戎之策，無可任之臣而患不謹號令，不明賞罰，不責功實。

《答陝西安撫范龍圖辭辟命》謂非惟在上者以知人爲難，士雖貧賤，以身許人，固亦不易。

《答李詡書》言性非學者所急，且釋《中庸》率性，謂性無常，必有以率之。亦異乎諸儒之爲訓矣。

《上杜中丞》論舉石介爲主簿，尋被罷而不爭。議論婉切極可觀。

《與曾鞏論氏族》謂考於《史記》皆不合。

策問

《周禮》六官之屬五萬餘人，如其不耕而賦，何以給之。

疑《中庸》誠明之説恐未安，又疑《大傳》生卦之説。

【七】又自武昌　「又」原作「文」，據文津閣、文淵閣本改。

《周禮》詢事讀法，一歲凡幾。疑官不得安其府，民不得安其居。

祭文

祈晴、雨祭文

外集

詩

多與尹師魯、梅聖俞作，云師魯天下才，又詩云聖俞翹楚才。嘗答聖俞詩云文會忝余盟，詩壇推子將。公以文自任，謂詩不及聖俞也。

《捕蝗詩》言蝗當早捕，或以踐苗爲戒而不捕者，非。

落頭鮮。均州俗好腐魚落頭鮮。見第六卷《送黄通之詩》。

《贈王介甫詩》翰林風月三千首，吏部文章二百年。老去自憐心尚在，後來誰與子爭先。見第七卷凡八句。

致仕後詩尤灑落。見第七卷

賦

《螟蛉賦》謂儒家之子卒爲商，世家之子卒爲皂隸。是螟蛉之不若也。此爲感慨，餘不及此。

《州名急就章》以州名叶韻，自一字至二十四字，惟高、富、瀧當四州偶遺。

論

時論三篇：《原弊》言農，《兵儲》言屯耕，《塞垣》言邊界。

《石鷁論》謂《左氏》以石隕爲星，鷁退爲風。《公羊》言視石數鷁，而次其言。《穀梁》言微物而謹紀其數，皆非也。

《三年無改問》謂蹈道則未。愚按天子之言甚明，無可辨者。今以其喪服言，恐非本旨。

《易或問》謂《繫辭》非聖人之言。

《詩解》自是一家。

誌銘

《祁公碑銘》云負材與畜德者，所享不同。

《楊公誌》始分弘農之籍，籍錢塘。

《先君墓表》母述其言，謂祭必泣曰：祭而豐不如養之薄也。御酒食又泣曰：昔不足而今有餘，其何及也。爲吏夜燭治官書，曰求其生，猶失之死。而況世常求其死也。

記

《樊侯廟災記》。盜有刳神象之腹者，既而大雨雹，人咸駭，謂神怒。公謂侯不能保其心腹腎腸，而反貽怒於無罪之民。風霆雨雹，天所以震耀威罰有司者，侯又得以濫用之耶？豈適會民之自災也邪？愚謂公正論也，不必更設疑辭耳。

《東齋記》爲河南主簿張應之作也。謂閑居平心以養思慮，故曰齋。每体之不康，則取《六經》百氏，若古人述作之文章誦之。愛其深博閎達，雄富偉麗之説。則必茫乎以思，暢乎以平，釋然不知疾之在体。愚謂此公自得之趣，託之以發者也。

《偃虹堤記》洞庭天下之險，而岳陽荆、潭、黔、蜀四會之衝也。以百步之隄禦天下至險，不測之虞，惠其民而及于荆、潭、黔、蜀。凡往來湖中，無遠邇之人，皆蒙其利焉。則滕侯之惠利可以數計哉！夫事不患於不成，而患於易壞。自古賢智之士爲其民捍患興利，其遺跡往往而在，使其繼者皆如已往之心，則民到于今受其賜，天下豈有遺利乎！

《大明水記》陸羽《茶經》論山水上、江水次、井水下。未嘗品第天下之水味。至張又新爲《煎茶水記》，始云劉伯芻謂水七等，又載羽爲李秀卿論水，有二十種水味。有美惡而已，欲求天下之水一一而次第之者，妄説也。羽論水惡渟浸而喜泉源，故井取汲者。江雖長，然衆水雜聚，故次山水。惟此説近物理云。

《三琴記》吾家三琴，其一金暉、一石暉、一玉暉。金暉聲暢而遠，石暉清實而緩，玉暉和而有餘。然惟石暉無光，置之燭下，黑白分明，老人之所宜也。琴曲不必多，學要於自適，琴亦不必多藏，然已有之不必棄。

序

《送方希則序》希則茂才入官，三舉進士不利。昔公孫嘗退歸鄉人再推射策，遂第一。更生書數十上，每聞報罷，而終爲漢名臣。以希則之資材識業，而沈冥鬱堙者，豈非天將張之而固翕之耶？夫良工晚成者，器之大。後發先至者，驥之良。異日垂光虹蜺，濯髮雲漢，使諸儒後生企仰而不暇，此固希則褚囊中所畜爾。

《送陳經秀才序》隋煬帝初營宫洛陽，登邙山南望曰：此豈非龍門耶？世因謂之龍門，非《禹貢》所謂龍門者也。然山形中斷，巖崖缺呀，若斷若鑱，山兩麓浸流中，可以登高顧望，自長夏而往，纔十八里。然洛陽多達官，不可輒輕出，幸時一往，則騶奴從騎，吏屬遮道，唱呵後先，前儐旁扶，登覽未周，意已怠矣。故非有激流上下，與魚鳥相遨游徙倚之適也【八】。然能得此者，惟卑且閑者能之。

《送楊子聰序》河南，大府也。參軍欲進自達不可得，其間能以頭角頎然而出者鮮矣。其才能之美非有異乎衆莫能也。其能出其頭角矣，若去而之他州郡，不特頎然而出矣。

《送廖倚序》元氣之融結爲山川，山川之秀麗稱衡湘。其蒸爲雲霓，其生爲杞梓，人居其間，得之爲俊傑。秀才生衡山之陽，而秀麗之精英者得之猶多。故其文則雲霓，其材則杞梓。

【八】相遨游　「遨游」原作「慠然」，據文淵閣本改。

潛乎卑位，而與夫庸庸之流俯仰上下，然卒不混者，其文章才美之光氣，亦有輝然而特見者矣。梅君聖俞其所謂輝然特見而精者耶！余嘗與之徜徉於嵩洛之下，每得絶崖倒壑，深林古宇，則必相與吟哦其間，始而歡然以相得，終則暢然覺乎薰蒸浸漬之爲益也。

《送梅聖俞序》至寶潛乎山川之幽，而能先群物以貴於世者，負其有異而已。士固有

《删正黄庭經序》無仙子自號無仙，以警世人之學仙者也。禹走天下，乘四載，治百川，可謂勞其形矣，而壽百年。顏子蕭然卧於陋巷，簞食瓢飲，外不誘於物，内不動於心，可謂至樂矣，而年不及三十。蓋命有短長，稟之於天，非人力之所能爲也。惟不自戕賊而各盡其天年，則二人之所同。《黄庭經》者，魏、晉間道士養生之書也。世人執奇怪詭舛之書，欲求生而反害其生者。可不哀哉？若大雅君子，則豈取於此？

《傳易圖序》謂今《周易》所載非孔子《文言》之全，皆出乎講師臨時之説。且謂今行世者，惟有王弼《易》，其源出於費氏，孔子之古經亡矣。愚謂此公一人之言尔。

《月石硯屏歌序》張景山虢州治石橋，一石中有月形，石色紫而月白，月中有樹森森然，其文黑而枝葉老勁，雖工畫者不能爲。

傳

《桑懌傳》懌開封雍丘人，舉進士再不中，耕汝、潁間。歲凶，汝旁諸縣多盜。懌白令，召少年戒盜不可爲，少年皆諾。有老父死未斂，盗脱其衣。懌疑少年王生者，夜入其

家，探其篋，不使知覺，明日縛之，詰共盜者送縣，皆伏法。又嘗之郟城遇盜，獨格殺數人。又聞襄城有盜十許人，獨提一劒以往，殺數人，縛其餘。汝旁縣爲之無盜。京城轉運司奏其事，授郟城尉，俘惡盜王伯。明道、景祐之交，有惡賊二十三人，不能捕，樞密院召懌至京使名捕，懌變爲盜服，入一媪家，饋之如盜，媪以爲真盜，稍就語及群盜曰：彼聞桑懌來皆遁矣。又聞懌閉營不出，今皆還，某在某處，懌盡鉤得之。部分軍士凡二十三人，一日皆獲。交趾獠叛，殺海上巡檢，往者數輩不能定。因命懌往，盡手殺。還，授閤門祇候，讓不受。予謂曰：讓必不聽，徒以好名取譏。懌歎曰：譏何累？若欲避名，則善皆不可爲已。卒讓之。

書

《上范司諫書》謂天下事惟宰相可行，惟臺諫可言。然臺諫失職，取譏百世，所繫尤重。司諫之赴召，人已期其必爲諫官，爲諫官矣，乃久不言。士平居患不得言，得言矣乃有待，是終無一人言也。鋪叙有法，與昌黎《諫臣論》相表裏。

《與張秀才書》謂市之門旦而啓，商者趨焉，賈者坐焉，持寶而欲價者之焉，賫金而求寶者亦之焉。閒民無資攘臂以游者亦之焉。洛陽，天下之大市也。來而欲價者有矣，坐而爲之輕重者有矣，子居其間，其官位學行無動人也，是非可否不足取信也，其亦無資而攘臂以游者也。又書云：生於孔子之絶後，而反欲求堯、舜之已前，所謂務高言而鮮事實者也。夫二典之文豈不爲文？孟軻之言道豈不爲道？而其事乃世人之甚易知而近者，蓋切於事實而已。

《與石推官》攻其書法之怪。

《與高司諫書》攻其不救范希文也。云希文平生剛正，今以言事觸宰相，足下不能爲辨其非辜，不過作一不才諫官爾。乃反昂然自得，毁其賢以爲當黜。夫力所不能爲，乃愚者之不逮。以智文其過，此君子之賊也。且希文果不賢耶？當其驟用時，何不一爲天子辨，其不賢待其自敗，然後隨而非之。若果賢耶？則今日天子與宰相以忤意逐賢人，足下不得不言，是則足下以希文爲賢，亦不免責；以爲不賢，亦不免責。前日又聞御史臺牓朝堂，戒百官不得越職言事。是可言者惟諫臣爾。若足下又遂不言，是天下無得言者也。昨日安道貶官，師魯待罪，足下猶能以面目見士大夫，出入朝中稱諫官，是不復知人間有羞耻事。若猶以希文爲不賢而當逐，則予所言乃是朋邪。願足下直攜此書于朝，使正予罪而誅之，使天下釋然知希文之當逐，亦諫臣之一效也。此書既上，高若訥果以聞于朝，而公貶夷陵令。

《與尹師魯書》公貶後作也。云五六十年來，天生此輩，沈默畏慎，布在世間，相師成風。忽見吾輩作此事，下至竈間老婢，亦相驚怪，交口議之，不知此事古人日日有也。每見前世有名人，當論事時感激不避誅死，及到貶所，則戚戚怨嗟有不堪。雖韓文公不免此累【九】。用此戒安道，慎勿作戚戚之文。師魯察脩此語，則處之之心又可知矣。爭氣是以謝綦山書引《荀子》云爭氣者，不可與辨。

《答孫正之書》三十年前尚好文華，嗜酒歌呼聖人爲樂，而不知其非也。及後少識聖人之道，而悔其往咎，則已布出，而不可追矣。

《與王源叔問古碑字》縣有古碑，《圖經》以爲儒翟先生碑，其題額乃云《吉儒𦒍先生碑》。𦒍字疑非翟字，莫有識者，《説文》亦不載。

《與陳員外書》言狀牒之原。古惟鉛刀竹木而削札爲刺，止達姓名，寓書於簡，止爲問好。官府公事上而下者曰符、曰檄。下而上者曰狀。位等相往來曰移、曰牒。非公事以意曉下曰教。下以私自達其長，候問請謝曰牋、記、書、啓。唐世稍增，始於刺謁有參候起，因爲之狀。五代始復以候問請謝，加狀牒之儀如公事。肩從齒序。

《答宋咸書》聖人之言在人情不遠。

《答陳知明書》士之相知，不必接其跡也。

《問王深甫》唐時有五月一日會朝之禮。

祝文

祈雨旱非人力之能，爲雨者神龍之所作。

【九】雖韓文公不免此累　「韓」原作「翰」，據明本、文津閣本改。

譜

《歐陽譜圖序》少康封庶子守禹祀【一〇】，是爲越。至句踐五世孫無疆爲楚所滅，楚封其子蹄於烏程歐餘山之陽，爲歐陽亭侯，子孫遂以爲氏。其後君千乘者，所謂歐陽生，居渤海者，所謂渤海赫赫，歐陽堅石，堅石名建，趙王倫之亂見殺，其族南奔長沙。至歐陽琮爲吉州刺史，因家吉州。琮八世生萬又爲吉州安福令，而歐陽公之祖始居沙溪，沙溪分屬永豐。公初孤，母携居隨州，老居潁州，惟葬母嘗一歸吉州，時年四十七。

《硯譜》端石出端溪，本以子石爲上，俗訛以紫石爲上，然十無一二發墨者。歙石出龍尾溪，以金星爲貴，有鋒鋩者尤佳，大抵多發墨。端又以北嵒爲上，龍尾又以深溪爲上。較其優劣，龍尾遠出端溪上。相州古瓦朽腐不可用。今人澄泥作瓦，埋土中久，乃用爲硯。凡瓦皆發墨，優於石。

記跋

《洛陽牡丹記》洛陽於牡丹不名而直曰花。以名之著不假曰「牡丹」而可知也。其品曰姚黃、曰魏花、曰細葉壽安、曰鞓紅【一一】、曰牛家黃、曰潛溪緋、曰左花、曰獻來紅、曰葉底紫【一二】、曰鶴翎紅、曰添色紅、曰倒暈檀心【一三】、曰朱砂紅、曰九蘂真珠、曰延州、曰多葉紫、曰粗葉壽安、曰丹州紅、曰蓮花萼、曰一百五、曰鹿胎花、曰甘草黃、曰一擫紅、曰玉板白。洛陽至東京六驛，舊不進花，其進自留守李迪始。花不接不佳，其接以社後重陽

【一〇】少康封庶子守禹祀　「祀」原作「祝」，據文津閣本及《歐陽修全集》卷七十四原文改。

【一一】鞓紅　「鞓」原作從革從屋之字，據文津閣本及《歐陽修全集》卷七十五原文改。

【一二】曰葉底紫　「底」原作「辰」，據文津閣本及《歐陽修全集》卷七十五原文改。

【一三】曰倒暈檀心　「暈」原作「帛」，據文津閣本及《歐陽修全集》卷七十五原文改。

前，花木去地五七寸，截之乃接，封以泥，蒻葉作菴罩之，南向，留小户達氣，至春乃去。此接花法也。種花盡去舊土，以細土，用白斂末一片和之以殺蟲之食根者，此種花法也。澆花用日未出，或日西時，九月旬一澆，十月十一月三二日一澆，正月隔日一澆，二月一日一澆。此澆花法也。花每生，每去其小者，止留一二朵，花落即翦其枝，勿容結子。春初去蒻菴，即護以棘，使氣暖，此養花法也。

《讀李翱文》謂韓愈嘗有賦，不過羨二鳥之光榮，歎一飽之無時爾。翱爲《幽懷賦》慮行道之猶非，又怪神堯以一旅取天下，後世子孫不能以天下取河北，爲憂。然公蓋有感之言也。

《論尹師魯墓誌》謂述其文曰簡而有法，惟《春秋》可當。述其學曰通知古今，惟孔、孟可當。愚意文簡有法，各隨其宜，豈必《春秋》？通知古今，各隨其分，豈必孔、孟？未聞文王謚文而孔文子不可謂之文也。公與師魯平生交，而故爲譏貶。何哉？俄又云：然在師魯猶爲末事，若果末事，何必《春秋》然後可當？孔、孟然後可當？愚恐其首尾又自背馳也。

《書荔枝譜後》牡丹花之絶而無甘實，荔枝果之絶而非名花。二者不兼萬物之美，故各得極其精。

《跋學士院題名》云宰輔有任責之憂，神仙無爵禄之寵。既都榮顯，又享清閑，惟學士也。頃俾參政，却思玉堂如在天上。

《題青州山齋》不意平生想見而不能道以言者，乃爲己有。

程文

《斲雕爲樸賦》第四韻結聯云「圭磨嶽鎮，歸璞玉以全真；疊去山雲，表瓦罇而務德。」愚恐無此理，鎮圭雲疊，古人制度，非漢人之所斲雕。且斲雕者，史臣形容反樸之意然爾。

《三皇設言民不違論》破題即云夫至治之極也，塗耳目以愚民之識，暢希夷以合道之極。然則歐公初年，其學亦自黄、老來也。

易童子問

不赦者，良醫之針石；赦者，奔馬之委轡。出《策問》。

公自述其見也，然世有伊川《傳》矣。至《繫辭》，則謂與《文言》、《説卦》皆非聖人。

内制

自序近体不可言文章。其論高矣。繼言集録以備退閑檢視，嘆士大夫之盛衰，幾於世俗之論，殊無謂也。

表狀啓

《謝宣召入翰林狀》使車入里，君命在門。閭巷驚傳，豈識朝廷之故事？搢紳竦歎，以爲儒者之至榮。恩既異於常倫，人愈難於稱職。

《乞出表》狀多怨蔣之奇、彭永思之攻己詆斥，語多不平。繼乞根究飛語之所從來，事卒得直，二人貶而公亦出。

《乞出表》退止一辭，今臣三請云云。老將疾以偕來，形與神而俱瘁。昔而少健，黔驢之伎已窮；今也病衰，駑馬之疲難强。始露肺肝之懇，乞收骸而歸。又忠信所以事上，理無弗踐之空言；進退各有其宜，力或不能而當止。雖禮者，引年之制必待及時，而身有負薪之憂【一四】，亦容辭仕。又口誦退休之言，身貪榮進之寵，既自違於言行，豈不愧於心顔。雖聖度之兼容，必公議之難遏。必也處之無愧，然後得以爲榮。

《上胥學士意啓》等皆少年之作，一句一故事，非晚年明白言意者比。

《回李舍人》惟帝制之坦明，必訓辭之深厚。金相玉振，焕三代之文章；雷動風行【一五】，警四方之耳目。遂歸鴻筆，增重本朝。

奏議

《論麟州事宜》謂有之則困河東，棄之則失河外，莫若擇一土豪委之自守，非王吉不可。苟善守，則世任之。愚謂此古要荒之法，而我太祖禦西北邊之故智也。安邊之策莫此爲上。河東一路實收錢自足支遣，乞罷鑄鐵錢【一六】，毋誘民犯死。河東緣邊地，禁不耕而仰粂。北界陳四害，乞耕禁地，契丹劉三嘏自向化南歸，陳可納者五。

【一四】而身有負薪之憂　「憂」原作「夏」，據明本、文津閣本改。

【一五】雷動風行　「風」原脫，據文淵閣本補。

【一六】乞罷鑄鐵錢　「鑄」原作「錢」，據文淵閣本改。

《上時宰書》論河北地産，謂：東負大海，鹽稅弛以利民。西有高山，産寶又官禁不取。惟有平地，可耕者又少，所助不過酒稅，而用度無常，及用不足，則不過上干朝廷，乞銀絹而配疲民，號爲變轉爾。惟官減費移有無，尚可裨萬一。

論韓、范、杜、富相繼罷黜，小人必讒爲朋黨專權者。

論兩制以上罷舉轉運使副省府推判官，皆因仲淹等出外，欺妄攻擊。

論契丹侵銀坊冶谷地界，乃爲元昊所敗，慮我乘虚，必解仇復合。此將來之患不可不憂。

薦王安石、吕公著充諫官。

論罷修奉先寺等，謂紀綱隳頹未能整緝，而務修祠廟，託名祖宗，張大事體，要所歸止爲小人圖利。睦親神御殿於禮不宜，乞寢罷。慶基殿只令三司整補，不理勞績。奉先寺乞勒寺家自修。

乞不幸温成廟。

論陳執中不學無識乞罷相，論狄青得軍情，有訛言，乞罷樞使，皆極言無隱。如指斥已死之姦。此時公爲法從，非居言職也，而言若此，可謂無負論思之選矣。嗚呼！執中不以官職爲房奩物，狄青不以智高難辨之骸欺朝廷，自今觀之，皆庶幾大臣之事者，而公與同朝，略不少恕。後世具位之臣，豈復有執中、狄青之比，而稱功頌德者同然一辭，亦果何哉？

第四卷三狀並論修河，謂故道淤高水不然行故决，惟當順導防捍之。李仲昌小人，主修六塔河之説不可用。

《水災疏》乞立皇嗣，去狄青。用《五行傳》簡宗廟，則水爲災，及水陰類、武臣亦陰類爲説。再論水災乞用包拯、張瓌、吕公著、王安石，并乞安撫京東西及住上供米，救兩浙旱。

《論賈昌朝除樞密劄子》謂聽言在先察毁譽之人。陛下用昌朝，雖斷自聖心，亦左右積漸稱譽之力。此語極道得婉而切。

第六卷《乞編學士院制詔》。須朝廷降指揮，所貴久遠遵行。

《論郭皇后影殿》説内臣監修，利於偷竊官物，僥求恩賞，故多起事端，務廣興作。

《論選皇子》説兖國公主既出降，今誰與語言，可承顔色？此善於乘機之論也。

《封回梁舉直内降》論舉直不欲受過於其身，寧彰陛下之過於中外。此罪重於元犯。乞删去《九經正義》中《讖緯》。

《議學狀》云人之材行若不因臨事而見，則守常循理無異衆人。苟欲異衆，則必爲迂僻奇怪，以取德行之名。愚謂此天下名言也。觀近世徐霖輩可見。

《論日曆狀》元修撰之官惟據諸司供報，而不敢書所見聞。又撰述既成，必録本進呈。今乞並考驗事實，及乞更不進本。

許懷德不進第二讓官表，歐公再論之不恕。

《乞定兩制員數》謂官以難得爲貴，人以得職爲榮。

《論包拯》連逐三司使張方平、宋祁，伐其位，蹊田奪牛豈得無過；整冠納履，當避可疑。拯雖本無心，而今後言事者不爲人信，諫諍之效因拯而壞，爲朝廷惜。

論舊納茶税，今變租錢。其害五。

論均税希旨，額外生數，乞罷均。

《論臺諫官唐介等早牽復》謂方今諫人主易，論大臣難。介等因言大臣得罪不悔。王陶因韓絳薦舉，與絳爭議，徇公滅私。乞召還介等。

薦布衣劉羲叟、蘇洵、陳烈，舉胡瑗居太學，梅堯臣充直講，蘇軾應制科，章望之、曾鞏、王回充館職，劉攽、吕惠卿充館職。乞與尹洙孤子構一官。皆汲汲人材，忠厚盛心也。蘇洵舉詞謂「履行淳固」，淳字似未切，或者學雖縱横，而操履自正。謂惠卿端雅，豈其初年心術未露，亦飭躬盗名者耶？

《辭侍讀》謂學士相承多兼此職，云學士俸薄，朝恩添請，官以人輕，一至於此。其再辭謂既已陳述，若不踐言，則貪榮冒寵，不止尋常之責，而虚辭飾讓，又爲矯僞之人。

《辭給事中》謂自以疾病求罷，豈可又轉一官。

《乞洪州》凡上七劄【一七】，拳拳以乞便營緝墳墓爲言。

論權貴子第衝移選人。

聖躬康裕，乞許臣寮上殿。

水入太社，乞專大臣充修太社太稷使。

契丹求御容，既已許之，不可中止。

祀儀十七祭，並乞據《開寶通禮》，自外而内。

乞禁舉人懷挾。

《論西班之濫》于求内降人，乞加本罪二等。

《乞相度權住所開孟陽新河》謂所掘墳墓骨殖，子孫環守號慟，其甚貧者用火燒焚，是中原風俗皆以焚骨爲痛。今鎮江一帶，望近淮鄉，已無火化者。以火化其親，惟浙間數郡愚民耳。又云所開新河入白溝河，下源高仰，水勢難行。

保舉人行止乞指定，乞館職官。用《崇文總目》，將見抉書於三館取索校定。

乞罷放燈。

禁雕文字。

學士院舉臺官只獨員，不肯隨衆同舉。

舉丁寶臣，因遭儂賊事停官也【一八】。

【一七】乞洪州凡上七劄　「上」原作「士」，據文津閣、文淵閣本改。

【一八】因遭儂賊事停官也　「賊」原作「賤」，據文津閣、文淵閣本改。

《馬牧劄子》云唐世牧地，西起隴右金城、平涼、天水，外暨河曲，内則岐、豳、涇、寧，東接銀夏，又東至樓煩，皆唐養馬之地。今河東嵐石間，及汾河之側，乃唐樓煩監地。又狀：只據見在草地，打量已爲民間侵耕地土，更不根究。

《論逐路取人劄子》謂王者無外，天下一家，尽聚諸路貢士，混合爲一，而惟材是擇。若逐路分取，則東南之人合格而落者多矣，西北之人不合格而得者多矣。

《乞獎用孫沔》謂慶曆罷兵二十餘年，經用舊人，惟孫沔在。

《言西邊事宜》謂諒祚必叛【一九】。今人謀武備，非慶曆時恬不知兵之比。當以五路之兵，番休出入，移前日所擾我者擾之。

《論館職》兩劄謂取士之失在先材能而後儒學，先吏事而後文章。愚謂儒學非止館職、文章之謂，或者公之門庭然歟？

翰林學士爲内制，中書舍人知制誥爲外制，并雜學士待制，通爲兩制。

館職三路，進士高科，大臣薦舉，歲月酬勞。

《論青苗》兩劄有曰：田野之民不知周官泉府爲何物，但見官中放債，每錢一百文要二十文利爾。又曰夏料錢春中俵散，青黄不接以爲濟惠，尚有説焉。秋科於五月俵散，正是蚕麥登熟，何名濟闕？直放債取利爾。乞散錢不取息，乞秋料罷而不散。此簡切語也。

【一九】諒祚　兩字原互倒，據《宋史》卷四八六《外国傳》改。

《辭吏侍》三劄。英宗踐祚恩也。乞出共七劄，主《濮議》爲吕誨諸人所攻也。《謝手詔》兩劄，蒙宣諭復留也。

《乞出劄》辨臺官所論陰醜事也。《乞致仕劄》既得請守亳，因以疾辭也。《上殿劄》明司馬公乞立英宗不自言功也。

《辭青州劄》自亳州得除也。《辭兵部尚書劄》領青州而辭其所除官也。《乞青州劄》既到青州一年後也。《辭太原府劄》自青州易鎮時也。《乞致仕劄》到太原申前請也。次劄援太宗時太常少卿孔承恭年六十一致仕。自是歸老潁上，而奏議終矣。

奏事録

記仁宗四十年不御爐，不揮扇，至嘉祐八年設爐火而上益不豫。

濮議

歐公晚年之鬱鬱者，被陰私之謗也。時議之謗及陰私者，激於公主《濮議》之力也。而公之主《濮議》深苦，至集爲《濮議》者四卷，録其次第，又設爲「或問」以發明之。然滔滔數萬言，皆以《禮記》爲所生父母降服一語，爲未嘗因降服而不稱父母耳。然既明言所後者三年，而於所生者降服，則尊無二上明矣。謂所生父母者，蓋本其初而名之，非有兩父母也。未爲人之後以生我者爲父母，已爲人之後以命我者爲父母。立言者於既命之後而指本生之稱，自宜因其舊以父母稱，未必其人同此一時並稱兩父母也。公亦何苦力辨而至於困辱危身哉？况帝王正統相傳有自，又非可常人比耶。

崇文總目

《易類》《易》三家，田何、焦贛、費直也。田何傳施孟、梁丘最盛。至後漢，陳玄、鄭衆、康成傳費《易》而田《易》亡。及王弼爲注，亦用卦象相離之經，其傳至今。

《書類》伏生所傳爲今文《尚書》，孔惠所藏屋壁，安國所定者號古文《尚書》。陳、隋間孔傳獨行。晉梅賾以伏生《舜典》足其篇，唐季明不喜隸古，更今文行於世。

《詩類》魯申公、齊轅固、燕韓嬰與河間毛公號四詩。平帝時毛始列于學，其後馬融、賈逵、鄭衆、康成皆毛學。

《禮類》漢興，禮出淹中，后戴諸儒補綴得百餘篇，二鄭、王肅之徒皆精其學。

《樂類》樂之沿革，惟見史志。

《春秋類》公羊高、穀梁赤、左丘明、鄒氏、夾氏，自漢推三家盛行。

于役志

貶夷陵時行程也。

歸田録

太祖初幸相國寺，僧録贊寧奏，見在佛不拜過去佛。故至今焚香不拜。

李庶幾在餅肆中，一餅熟成一韻，太宗聞之大怒，故孫何爲第一？

馮道、和凝同在中書，和問馮新靴價，馮舉左足曰九百。和詬小吏，吾靴何用一千八百。馮徐舉右足曰此亦九百。於是烘堂大笑。

舊制侍衛親軍與殿前分兩司，自侍衛司不置馬步軍都指揮使，而馬與步自分爲二，故與殿前司爲三衙。

仁宗至和二年不豫，兩府至寢閤問聖體，見用漆唾盂、素甆盞藥，衾褥皆黄絁色，皆故暗。宫人遽取新衾覆其上。

内中舊有玉石三清像，在真遊殿，而大内火，遷玉清，玉清火，遷洞真，洞真火，遷上清，上清火，遷景靈，景靈懼，亟遷迎祥池水心殿。都人謂之行火真君。

觀文殿是隋煬帝殿名。

張齊賢体肥大，飲食至一大桶。晏元獻清瘦如削，筯卷半餅食之。元獻幕客王琪骨立，張亢肥大。琪謂亢牛，亢謂琪猴。琪嘲亢曰「張亢觸墻成八字」。亢應聲曰「王琪望月叫三聲」。

湯餅，唐謂之不托。晉束皙《餅賦》已有饅頭之称。

淮南糟蟹，一器數十蟹，以皂筴半挺置其中，則經歲不沙。愚頃見吴司户良弼云：蟹掩入椒一粒不沙。樓税院瑛云：蟹以夜糟不沙。併記於此。歐公又載翡翠盞屑金，又犀解爲小塊紙裹寘懷中，待熱急擣，應手如粉。

澎浪磯訛爲彭郎，小孤山訛爲小姑，而謂彭郎爲小姑之壻，小姑立廟封聖母。愚往歲聞平江村落有伍子胥廟，訛爲十姨，亦塑女形。而村民爲併廟云嫁姊夫。世所謂神，類此者衆。

詩話國朝詩僧九人，進士許洞會之，分題出一紙，約曰：不得犯此一字，其字乃山水風雲竹石花草雪霜星月禽鳥之類。於是諸僧皆閣筆。

筆説

《老氏説》謂老氏比諸子爲簡要。愚觀老氏首言：「道可道非常道。」又曰：「可道非道」是首破天下萬世常行之理。而後來之蕩空者，皆從而衍之也。又謂其覈見人情尤精。愚觀其翕張予奪，皆揣摩之術也。又謂其治人之術爲至。愚觀其卑退不爭，又鉤致之術也。公之譽老氏者三説，似皆可疑。

《富貴貧賤説》貧賤常思富貴，富貴必履危機，惟不思而得，既得而不患失者，其庶幾乎！愚謂此公涉世之言。

《鍾莛説》聲在木乎？在銅乎？果在空器之中乎？愚謂此禪家風旛之説也。兩物相應，造化自然，初無可議。

《學書靜中至樂説》不寓心於物者，真所謂至人也。寓於有益者，君子也。愚按寓於有益主學書也，君子則自謂也，而又有羡於至人，則老、莊之説，先入爲主也。夫至人者，莊子創爲戲言以薄聖人，非果有其人也。至人之次爲真人，其後有秦始皇、魏大武嘗實其名，而至人則至今未聞也。何羨之有？

《菊説》家菊性凉味甘，野菊性熱味苦。

《道無常名説》謂道無常名所以尊於萬物，此不可曉。愚恐道流行於萬物間，非別爲一物，在萬物之上也。

試筆

《琴枕説》老、莊之徒多寓物以尽人情，信有心也哉！愚不知何説？

王文康公戒子弟：吾平生不以全幅紙作封皮。

佛書數十萬言，可數談而盡。愚謂此名言也。佛書初無可言，多作提頭敷衍耳。

樂府

皆艷詞也。

集古録

多收墟墓碑間有事迹與史不同者，以證史之訛缺。自後漢以來，公卿之門生故吏始立碑頌德以伸感慕，至唐而子孫立碑。

苟有可以用於世，不必皆聖賢之作。蚩尤作五兵，紂作漆器，不以二人之惡而廢萬世之利也。篆字出於李斯，亦然。

《梁書》言武帝得王羲之所書《千字》【二〇】，命周興嗣以韻次之。今法帖有漢章帝百餘字，有「海鹹河淡」之類。

《吴季子墓銘》世傳孔子書。按孔子未常至吴。開元殷仲恭摸搭以傳，大曆中蕭何又刻于石。

碑者，石柱耳。古者刻石爲碑，謂之碑銘。後世伐石刻文，既非因柱石，不宜謂之碑文。元稹稱《修桐栢宫碑》，甚無謂也。

漢有銀青、金紫之號，青紫者，綬也；金銀乃其印章。綬所以繫印。後世官不佩印，此名虚設矣。隋唐有隨身魚，而青紫爲服色，所謂金紫者，服紫衣而佩金魚耳。

李德裕立茅山三像，老君、孔子、尹真人，而自號上清玄都大洞三景弟子。

今之使額，皆唐宦者之職。

社稷壇制，見唐遷《新禮記》。

何仙姑，衡州人，晚年黑瘦一衰媪。

佛之徒曰無生者，畏死也。老之徒曰不死者，貪生也。死生天地之常理，畏者不可苟免，貪者不可苟得。

附録

《祭歐公文》荆公、東坡者極可觀。吴充爲行狀，韓魏公爲《誌銘》，皆典實。蘇轍

【二〇】武帝得王羲之所書千字　「羲」原作「義」，據明本、文津閣本改。

爲神道碑，不及也。諭孔子文不在兹乎？而叙及漢、唐文字，殊未安，語亦有未安處。如云秦人雖以塗炭遇之，不能廢也。又云嘉祐之政世多以爲得，不明言得者何事？云歷七郡守，歷七郡可矣。既曰歷，又曰守，似贅，豈刊本誤耶？史傳凡四，後二傳文方簡明。《事迹》公之子發等所述。公平生之行事備焉。凡《傳》、《誌》皆取此。其載《唐書》成，公不肯看詳列傳，宋公歎曰：自古文人好相凌掩。此事前未有也。愚謂宋公文澁語苦。歐公不欲分受後世之譏耳。宋公感之，益自知其文之不合於歐公也【二二】。《神清洞》謝絳遊嵩山，見峭壁有若四字云「神清之洞」，疑古苔蘚自成文。公之子棐知襄州，曾布執政，其婦兄魏泰來居襄，占公私田園。棐抑之，坐貶，後入黨籍。

歐公年譜

公吉州永豐人，綿州推官名觀之子。四歲而孤，隨母鄭依其舅家於隨。年十歲借書李氏，得昌黎文於故書中，乞得之，力學焉。二十歲，自隨州薦名禮部，二十四歲，當天聖八年，以再薦魁禮部。年三十歲責司諫高若訥不救范文正，坐貶夷陵令，年三十四，范公起爲陝西經略，辟公掌書記，不就。三十七知諫院，三十八使河東回，言麟州不可廢。又使河北，救降卒幾被殺者二千人。三十九坐孤甥張氏置産事，出知滁州。四十二知揚州，四十三移潁州，樂西湖之勝，將卜焉。四十四知應天府，四十六丁母憂，歸潁州，明年歸葬母

【二二】益自知其文之不合 「益」原作「盃」，據明本、文津閣本改。

吉州，冬復還居潁。四十八爲翰林學士，兼史館，明年上書《論宰相陳執中》，出使契丹。五十一知貢舉，五十二知開封府，五十三充御試詳定官。五十四拜樞密副使，明年參知政事。五十七輔英宗即位，年六十爭《濮議》，明年去國。六十二知青州，始令長子發築室於潁。六十四乞知壽州，更號「六一居士」，明年致仕。年六十六薨。

唐文三變，至韓文公方能盡掃八代之衰，追配《六經》之作。嗚呼，亦難哉！文公没未幾，俳語之習已復如舊。天下事創之難而傳之尤不易，故治日常少而亂日常多，蓋往往而然矣。歐陽公起十歲孤童，得文公遺文六卷於李氏弊簏，酷好而疾趨之【一二】。能使古文粲然復興，今垂三百年，如公尚存時。非有卓絶之資，超絶前古，疇克至此！迹其文詞盎温，而自然暢達，夫豈人力之所可强！宋興百年，元氣胥會，鍾之異人，固應然爾。蘇文忠公繼生是時，公實獎掖而與之俱。歐陽公之摸寫事情，使人宛然如見。蘇公之開陳治道，使人惻然動心，皆前無古人矣。然蘇公以公繼韓文公，上達孔、孟，謂即孔子之所謂斯文。此則其一門之授受所見然耳。公雖亦闢異端，而不免歸尊老氏，思慕至人。辨《繫辭》非聖人之言，謂嬴秦當繼三代之統，視韓文公《原道》、《原性》等作，已恐不同。况孔子之所謂斯文者，又非言語文字之云乎？故求義理者，必於伊、洛，言文章者必於歐、蘇。盛哉我朝，諸儒輩出，學者惟其所之焉。特不必指此爲彼爾。

【一二】酷好而疾趨之　「趨」原作「趙」，據文津閣、文淵閣本改。

卷六十二

讀文集四

蘇文

詩

土苴作平聲押，當考。又噫，去聲，本飽氣，作嘆息用，亦當考。按《莊子》「土苴以治天下」，指糞草也，當作上聲，若平聲則别有義矣。大塊噫氣，非嘆息，當作平聲，若去聲，亦别有義。

《徑山道中詩》。听瑩本上聲，惑也，作去聲押，則義訓爲淨。楞與謗同音。本作榜，進船也。此詩跨涉四五韻不相通者。前輩只取聲韻相近，則協而易讀，不可以近世之程文用韻律之也。

清齋二字出七卷《惜花篇》。蓬沓，於潛女大銀櫛之名也。罷亞二字稻之態，非稻名也。《登玲瓏山詩》「翠浪舞翻紅罷亞，白雲穿破碧玲瓏」。又《答任師中家漢公詩》「罷亞百頃稻，雍容千年儲」，皆用虛字對。

《次韻沈長官》「不獨飯山嘲我瘦，也應糠覈怪君肥」。又十卷中有《次韻王鞏泛舟詩》「沈君清瘦不勝衣，邊老便便帶十圍」，皆肥瘦之對。

《次韻曹輔》「從來佳茗以佳人」此句恰與「若把西湖比西子」是天生之對。《次韻毛滂》「芋火」對「懶殘」，懶字是作闌字讀，俗只用闌字。

論

論八首。東坡寫景、詠物、論説天下事，無一不曲盡其妙。如化工之賦形萬物。至《論孔子》從先進，謂先進爲仕進之初。《論正統》不過虛名，簒弑者與聖人同稱而無害，而反斥章子貶曹魏之非。恐亦文人之自主其説，未必聖人之本旨，萬世之通言也。念《中庸》之不可能固如此哉【一】！

策問

謂職官令録與郡守四者爲國家棄材之委，而仕不達者之所盤桓而無聊。此從世輕外之弊也。謂郡縣皆土木之像而像安出？與《南軒記》灕江堯山之詞合。謂「土木之像巍然於上，而籩豆簠簋俯伏以就」，與晦翁「席地以祠夫子」之説合。謂漢因秦制不害爲漢，唐因隋制不害爲唐。又況積安不事於變，此當坡老晚年盩王氏紛更之弊而言，與其所上《萬年書》論新法者合。然少年策略等説，因過於革，今其爲説亦恐微過於因。惟聖人通

【一】念中庸之不可能　「念」原作「年」，據文津閣、文淵閣本改。

其變之説爲無弊歟。

雜文

《明正》謂自悲者爲惑。謂人之無與而不悲者爲正。善於曉人者也。然人情亦安能無悲，若頑不之恤，又非人情。殆類異端之説，恐亦未得以爲正也。

《稼説》論厚積薄發，《自論》論道之難見，蓋爲不務學者戒也。

《問養生》曰和，曰安，察物之精，自得之趣也。虎畏不懼己者，其證有三，似有此理。

謂六一翁均五物爲一歐陽子，不免寓情於物，然亦人之情。蘇子廣之以齊物之説，則莊、老之學，未必歐陽命名之本心也。

湯泉七，惟驪山居勝絶，而坐明皇之累，以爲抱器適用，不擇所處之戒。蓋借以警世爾。

字同義異，可破世俗以經解經之弊。詩至於杜子美，文至於韓退之，書至於顔魯公，畫至於吴道子。古今之變，天下之能事畢矣。此東坡博學高識知味之言。然大要引三君子以重道子也。

叙説

謂牡丹，草木之智巧便佞者也，形容精矣。然猶以宋廣平鐵心石腸，賦梅花自解，而身爲之記。巧佞之惑人，雖明知者不免歟。張湯宜無後，以達賢有後；揚雄宜有後，以盜名無後。此特爲晁補之發揚前人之幽光耳。司馬公無後，蔽賢盜名者耶？雖然公之言不害其警世。

《叙顔鳧繹詩》論精實而無枝詞以及世變。《叙王定國詩》論流落而無怨誹，以原古始議論。闢涉論詩者可觀也。

聖散子治一切傷寒。

《叙田表聖奏議》憂治世、危明主之説極高，歸之二宗之聖尤高。以賈太傅爲比，以待來者舉行。意味突深長矣。

孔北海英才，孔明王佐，張安道崖絶重臣也。蘇子引二人以叙張之文，以其皆不求以文鳴，非以其人若是班也。引伊尹、太公、管、樂、淮陰、諸葛證范文正公，以事業之素定於畎畝，材品雖不同，文正真無愧古人者也。引孔、孟、昌黎證歐陽子，以斯文之可以扶世變。然歐陽子闢異端，追古作，真與昌黎等。推而達之，孔、孟之斯文尚有濂、洛在，且非此之謂文也，其末也。復斷自韓愈以下，雜引陸贄、李白爲比，而不復言孔、孟。豈蘇子雖推本孔、孟，借以張大之，而其劑量則固自有在耶？

字楊薦以尊己，俾自愛重而毋恃聰明，後學所當深味。與妄自尊大爲尊者，其説正相南北。

表狀

《徐州賀河平》一聯【二】，方其決也，本吏失其防而非天意；及其復也，蓋天助有德而非人功。此與散文無異，不過言理，但取其齊比易讀。蓋表啓本如此。

表啓

賀坤成節「放億萬之羽毛，未若消兵以全赤子；飯無數之緇褐，豈如散廩以活飢民」。此類皆説理，不求工於文。近世表啓文雖工而理缺矣。二十七卷啓三十首，皆散文之句，語相似而便於讀耳。陸宣公奏議體也。

書

《上韓太尉》謂西漢之衰，其大臣守尋常而不務大略，東漢之末，士大夫多奇節而不循正道。富公與太尉皆號爲寛長者，而不可犯以非義。

《上富丞相書》謂明公勇冠天下，仁及百世，天下士不可進説也。衛武九十有五，猶日箴戒於國，明公居其全，天下效其偏，無棄卓越狡悍者。

《上曾丞相書》謂鬻千金之璧者，不於肆坐；五達之衢，呶呶自以爲希世之珍，則其所鬻者可知矣。愚謂此真善喻！而相天下士莫此爲切也。何近世士大夫鑽刺其門者爲上賓，而靖退自將者略不過而問耶？嗚呼，此千金之璧不可得而見珍，其所珍非吾之所謂珍也！

【二】徐州賀河平一聯　「聯」原作「聰」，據文淵閣本改。

《上兩制書》言任法好名之弊【三】。

《上劉侍讀書》言天下之所少者非才也，氣也。愚謂人才以氣爲主，此論得之。又言凡所以成者，其氣也；其所以敗者，其才也。愚謂此主論之過，幾於偏矣。氣者人之所以得以生，才者足以有爲之名。人皆可與爲善，是爲天之降才，亦以其有爲，故謂之才【四】。推此以爲天下國家，皆以才名之。氣養以直，則所發剛大，故人才以氣爲主。其實成天下之事者，才也；遂吾身之才者，氣也。才氣雖異名，二之亦不可。今以才爲敗，是見才於流弊，而不見才於本原，見才於後世，而不見才於古人也。

《上韓魏公論場務書》議以官權與民於擾攘急迫之中，行寬大閑暇久長之政。

《上蔡省主論放欠書》皆更數赦，而曹吏不許。

《答安師孟書》云吾子既得不驕，而日知其所不足。以其既第也。

《上韓丞相論災傷》云重復於覆，則飢民索之溝壑間矣。論均税云：民安其舊，無所歸怨。今用一切之法而民怨始有所歸矣。又云：某在錢塘，每執斷犯鹽者，未嘗不流涕也。又云兩浙之民以鹽得罪者【五】，歲萬七千人，終不能禁。

《上文侍中論捕盜》賞輕。

《上文侍中論榷鹽》謂禍莫大於作始。

答舒煥、黄魯直以下諸書，皆道情契，不及國事。

【三】上兩制書　「兩」原作「而」，據明本及《蘇軾文集》第四十八卷原文改。

【四】故謂之才　「才」原作「不」，於上下文推之，當作才。

【五】以鹽　「以鹽」原作「鹽鹽」，據文淵閣本、《東坡全集》卷七二《上韓丞相論災傷手實書》改。

《與秦太虚書》説在黄州挂錢梁上，日用百五十錢之法。武昌山水佳絶，食物多賤，人情相與之樂，善處困者也。

《答李琮問》王天常論叛蠻乞弟事，可且罷諸將兵，獨精選一轉運使及一瀘州知州，經畫如趙充國之於先零，鄧訓之征羌及月支胡。李固援益州刺史張喬破滅叛羌。倒舉祝良、張喬平交趾而不遣兵，皆磨以歲月，萬全之舉也。初，漢永和中，遣中郎將尹就討叛羌。益州諺曰「虜來尚可，尹來殺我。」遣兵之擾如此，可不謹哉？

《與朱鄂州書》論養子不舉之事，甚悉。

記

《凌虚臺記》末句云蓋世有足恃者而不在乎臺之存亡也。其論甚高，其文尤妙。終篇收拾盡在此句。而意在言外，諷詠不盡。昔王師席所謂文之韻者，此類也。

《中和勝相院記》言佛之難成，勞苦卑辱，非僥倖小民之所樂。今芟其患，專取其利，治其荒唐之説，務爲不可知。愚謂作院記如此，斯忠於佛者矣。

《墨君堂記》謂得志遂茂而不驕，不得志瘁瘠而不辱。論竹至此，斯不玩物矣。

《妙墨亭記》知命者必盡人事，然後理足而無憾。真理到之言，可以發明孟子不立巖牆之説。

錢塘六井，唐李長源所作清湖。中相國井，其西爲西井，西而北爲金牛池，又北而西附城爲方井，爲白龜池，又北而東，錢塘縣治南爲小方井【六】，而金牛之廢久矣。嘉祐中沈文通絶河而至美俗坊，爲南井。其疏湧金池爲上、中、下，則熙寧五年陳述古。

《大悲閣記》其中無心，其口無言，其身無爲，則飽食游嬉而已，是爲大，以欺佛者也。

《超然臺記》謂物皆可樂，人之所欲無窮，而物之可以足吾欲者有盡，無往而不樂者，蓋游於物之外也。

《雩泉記》謂吁嗟以來雨而神應之。吁嗟其所不獲，而吏弗應爲媿於神【七】。愚謂此反己之至而求神之本也。吾平時哀吾民之吁嗟，神其有不一旦哀吾之吁嗟者乎？

《醉白堂記》反覆將白樂天、韓魏公參錯相形，而終之以取名也廉之説。尊韓之意，隱然自見於言外矣。

《蓋公堂記》喻人以氣爲主，食爲輔，而病藥之過，以明蕭、曹牧民於百戰，一切與之休息，而天下安。善乎其揚蓋公之清淨也。繁文之弊至今極矣，其禍民殆不減百戰。嗚呼！安得如蓋公之説而一洗之【八】。

《李氏山房藏書記》謂昔見書之難，而今有書不讀。

《寶繪堂記》論古之嗜書畫，有害其國，凶其身者。君子可寓意於物，而不可留意於物。譬之煙雲之過眼，百鳥之感耳，豈不欣然接之，去而不復念也。

【六】錢塘縣治南爲小方井　「井」原作「共」，據文津閣本及《蘇軾文集》第十一卷原文改。

【七】爲媿於神　「媿」原作「魏」，據文津閣、文淵閣本改。

【八】如蓋公之説而一洗之　「洗」原作「沈」，據明本、文津閣本改。

官者所當深察也。

《滕縣公堂記》謂宫室有所從受，而傳之無窮。今日不治，後日之費必倍。此論亦居官者所當深察也。

《思堂記》特主無思之説。愚謂心之官則思，自古未聞無思之説。天下何思何慮？言理有自然不待思者也。不思而得，言德盛仁熟不必思者也。如朋從爾思，思而不學之類，則戒人之過於思也。思不可無也。東坡才高識敏，事既立就，而又習用道家之説，以愛惜精神爲心。故剏言無思，非孔、孟教人意也。自得之趣，不可以訓者也。

《石氏畫苑記》子由嘗言所貴於畫者，爲其似也。似猶可貴，况其真者。吾行都邑田野，所見人物皆吾畫笥也。所不見者獨鬼神耳，當賴畫而識，然人亦安用見鬼？此説正合愚素心，欲宣之言而莫能者，敬書以破世俗嗜畫之癖。

碑

《李太白碑陰記》東坡奇才逸筆，簸弄千古，甚至武王不見恕。而李太白之失節，孔北海之無成，獨拳拳痛惜，扶拭而大書之。蓋其平生備歷危難，萬變不懾，專以氣爲主。二子亦負其奇氣而不幸者，神交千載，共一大息也。

《表忠觀碑》先王之志，我則行之。匪私于錢，惟以勸忠。此等識高理到，發明精切，錢王功德，真有如東坡所言者，非過也。歐陽公作《五代史》反加譏詆，雖頌言其美，史責其全，不可例論。然唐末五代，天下肝腦塗地，獨錢氏全護百萬生靈之命，若無事時。

越百年未嘗失臣節【九】。而例以僭亂之儔，略無旌别於其間，不已寃乎？征賦之重，當是小國事大，外治軍旅，戰爭之世，賦其財而全其生，有不容不然者。此豈可以承平事責之哉？我宋混一而後可以薄賦，此太祖救民之功所以爲大矣。

《宸奎閣碑》論懷璉指佛之妙與孔、老合者，欲以寤仁宗。此論恐當於本原上觀，若徒以言之偶合者，則東坡嘗謂《六經》字同義異，不可牽據矣，何乃不充其類耶？賜龍腦鉢盂，對使者焚之而用瓦鐵。此則璉能自守其法。然辭之則可，焚之者，慢上以取名也。理亦未安。函胡二字出《石鍾山記》。

傳

《陳希亮公弼傳》公平生不肯爲墓誌，而自輯公弼之遺事爲之傳。公弼之剛勁敏決有大過人者，然學公弼不成，吾恐其爲郅都之流，道德之味無餘也。讀是傳者又不可不内自省。《方山子傳》則公弼之幼子，名慥，官不及而以乃父遺風，放浪山澤者耳。非蘇子之善形容，一介之豪何以垂名後世耶？

青詞祝文

青詞祝文皆以情與神語。

行狀

温公德業二王佐，坡老文章萬古奇，凛凛遺編生氣在，史遷而下固無之。

【九】越百年未嘗失臣節　「未」原作「米」，據明本、文津閣本改。

神道碑

《富鄭公神道碑》以公使虜比萊公澶淵之功爲多【一〇】。宋興百年安靖，二公之力。偉論也。

《趙清獻公神道碑》謂在官守不專於寬，在言責不專於直。善觀人者。

温公之得人心，生榮死哀。自堯、舜、三代之佐皆無其比者。何哉？嗚呼！事蓋有因變而彰者矣，王安石行新法，天下苦之。公以爭新法不便，辭樞副不拜，退居洛十五年，人心感其我愛而悲其身之退者，爲何如？一旦值二聖臨御，順民心之所欲相而相之【一一】，凡天下之所善於安石者一洗而盡，人心之鬱於久望而決於一遂者，爲何如？望之十五年之久，慰之一旦之頃而俄薨背於三月之遽，人心之伸於久鬱而驚其忽逝者【一二】，又何如？嗚呼！温公之得人心，蓋有因事變而彰者矣。堯、舜、三代之位始終與天下相忘於無事，帝力且不知其有，況相臣乎？蘇子不此之言而歸之天，要其歸皆天地，其論高矣。公之事業鬱於安石欺神廟之日，而伸於二聖更新法之初。蘇子不特歸重二聖之進用，而尤歸重神廟之深知，尤高論哉！

墓誌銘

《范景仁墓誌銘》形容景仁之潔己，與君實之救世同科。非蘇子其孰能察之？

四十卷皆記偈佛家語。

【一〇】澶淵之功爲多　「多」字原脱，據文淵閣本補。

【一一】順民心之所欲　「所」原作「新」，據明本、文津閣本改。

【一二】人心之伸於久鬱　「伸」原作「仲」，據文津閣、文淵閣本改。

後集

銘

《鼎銘》謂禹鼎爲用器。此灼然考見始末之論。

雜文

外曾祖程公逸事，直寃獄報應，可爲世訓。

《剛説》辨太剛則折，云士患不剛耳，折不折天也，非剛之罪。此論甚壯。

《續養生論》載鉛虎汞龍之説。

策

擬策剴切而忠厚，蓋東坡晚年閱變既深之文。

志林

蘇子謂武王非聖人，孔子所不敢言也。謂孔氏之家法，孟軻始亂之，儒者所不忍言也。謂荀文若爲聖人之徒，自昔立議論者無此言也。於武王、孟子何損，於荀文若何益，獨可爲蘇子惜耳。

謂周之東遷爲一敗，而鬻田宅，歷舉避寇遷都，未有不亡，不即亡，未有能復振者爲證。可爲萬世明戒矣。我朝當陽九之厄，所失纔河北三數郡，中原固自若也。汪、黄謀擁駕而南，宗忠簡二十五疏力請還京而不見聽。忠簡憂死，中原始失。可不痛哉！

謂秦遠交近攻，以次取齊爲巧，空國以舉楚爲拙。雖涉權術，亦名言也。

謂秦罷侯置守，爲時所趨可矣。以柳宗元之論爲萬世法，恐主之已甚也。昔五帝三王以盛德爲天下共主，而聽其人之自治。秦始力戰而兼有之，尺布斗粟皆輸王府矣。顧以帝王爲私秦爲公，孰公孰私耶？

論揚雄譏子胥、種、蠡爲兒童之見。愚謂雄譏種、蠡不强諫，則過矣。子胥以楚臣子而鞭荊王尸，籍館之事是預弑逆之謀也。譏之未爲過。又以論商鞅、弘羊之功，爲史遷大罪。此固有感之言，然亦足爲萬世警。

增勸羽立義帝，使爲楚謀歟，事成將置羽何地？爲羽謀歟，又將置義帝何地？故羽欲成事，勢不得不殺義帝，既殺義帝，則身犯弑逆之名，勢不得不亡，增之拙謀莫此爲甚。而蘇子以論增之功，既誤矣。增實事羽爲君，義帝不過增所假設以欺人者，乃謂增與羽比肩而事義帝，力能誅羽則誅之。何哉？

論春秋戰國之士爲天民之秀傑而失職者，善觀世變作，亦足以見東坡胸次宏闊，足以包容天下之士。然戰國世變，難以常論，而士之淪胥，其間往往多盜賊小人之爲，若盡以爲天民之秀傑，則恐大過。顧天下紛擾，政教莫施，士隨時以自媒，亦難以當世事責之耳。

古有攝主，秦、漢以來以母后攝。此論甚精定，以破歐陽子隱公非攝之説。

《鄭子華論》備載不以疑忌殺人者爲盛德事。其説甚厚，有補將來。

表狀劄子

《謝除兩職兼禮部尚書表》説講學事，老成忠切，極可玩。

啓

《揚州到任啓》但未歸田之須臾，猶思報國之萬一。警語也。

書

《杭州上執政兩書》、《揚州上吕相書》論災傷民事，婉切動人。愚謂古今善言天下事，如賈誼之宏闊，陸宣公之的切，蘇子瞻之暢達，皆間世人豪，天佑人之國家而篤生者也。

《答謝孝廉一書》論辭達之説，謂揚雄以艱深文淺易，《太玄》、《法言》皆琱蟲者，而獨悔於賦。

《答劉沔書》譏《文選》。

記碑

《通惠泉記》謂長安昊天觀井水與惠山泉通。

《韓文公廟碑》非東坡不能爲此，非文公不足以當此。千古奇觀也。

墓誌神道碑

文定公遠識雅量，不動如山，可謂國之重臣矣。而蘇子之銘公，首曰大道之行，士貴其身，維人求我，匪我求人。然則公之所能不動，非以是哉！有志之士蓋亦知所用力之地矣。

《滕元發墓誌銘》、《王子立墓誌銘》、《寶月師陸道士墓誌》。

《趙康靖公槩神道碑》碑首論我朝以仁爲家法。一時卿相大臣含垢匿瑕氣象，使人爲之鄙吝消釋。就館漣水，以鄧餘慶不法而去之。已足占其平生所到，及身爲漣水，捐公帑之利。歲免殺魚十餘萬，此其一念之仁又如何哉？

釋教

東坡爲儒者言，論天下事，明白如見。爲佛者言，談苦空法，宛轉無窮。惟以儒證佛，則不可曉。如《南華長老題名記》援子思、孟子之類是也。

奏議

東坡平日議論多雜佛、老，獨《議學校貢舉書》斥士大夫主佛、老之爲非。可不謂忠於告君者哉？

《買燈狀》内帑所儲，孰非民力。最爲警策語。

《上皇帝書》結人心，厚風俗，存紀綱三事。忠厚婉切。東坡平生喜功之念，於是一掃於懲戒王安石新法之餘矣。再書尤極痛快，如曰是非邪正兩言而足，豈有別生義理曲加粉飾，而能欺天下哉！此論痛快，犁然當心，不特朝廷行事爲然，人生一舉動以上皆可反觀矣。

《京東除盗狀》欲權免三百斤以下鹽税，庶幾盍亦反其本者。不疾惡於末流之弊而已也。

《徐州上皇帝書》及山川形勝久長大計。區區於簿書期會之間者，可以觀矣。

《乞醫病囚狀》具載治平手詔、熙寧劄子。折衷其説，毋坐獄官罪，而課醫病者功罪。

在登州日，乞還水軍以禦戎。乞罷榷鹽以弭盗。

《給田募役狀》乞毋取役法寬剩錢，而陳差役五利二弊，條合行十二事。

《乞免給散青苗錢斛狀》有云農家量入爲出，縮衣節口，雖貧亦足。若令分外得錢，則費廣何所不至。不可設法網民。使快一時非理之用，而不慮後日催納之患。以萬乘君父之尊，而負放債取利之謗。皆痛切之言也。

《論每事降詔約束狀》謂天子法天，無言而治大事。乃言在三代爲訓、誥、誓、命。漢以下爲制誥，皆所以鼓舞天下，不輕用也。今一事一詔，褻慢王言，莫此爲甚。願重惜王言，待大事而發，則天下聳然敬應。

《辨館職策問》第二首備述與温公爭役法事。

《論鬼章》凡四狀，謂阿里骨、董氈賊臣僞書，求立執政，不審輕授節鉞，而鬼章叛。今雖得鬼章，不足輙賀，亦不可輕殺。當責其與温溪心共討阿里骨。所謂以夷狄攻夷狄，且乞戒邊吏，毋擾郡縣諸羌之地，使兵連無窮。可謂精密之見矣。

葉祖洽，狀元也。初，考官定第三等，覆考，官定第五等。時東坡爲編排官，亦奏乞黜落，然則一日之長，定於風簾燭影片時之下，特寄於幸不幸耳。科甲何足以論天下士哉？

知貢舉備奏，巡鋪内臣摧辱舉子，而巡鋪始於練亨父爲試官，凌忽致喧閧而然，欲立法羅織舉人者罰之。

論恩榜得官，貪冒者衆，經明行修，請記者衆，並行廢罷。科甲舊出聖意【一三】，今著定令則非矣。

富弼母在殯，仁宗罷春燕。

《災沴狀》説容芘小人，極切。

周穜乞用安石配享神廟。東坡悔舉自劾，力言小人不可復縱之狀。

《乞賜州學書板狀》惟恐養士之不廣。近世爲師儒官，屑屑然惟務限節士子者，可以觀矣。

捉顔益、顔章禁勘，而人户並納好絹。得禁戢之要領也。

《乞度牒修廨宇狀》云孫沔作中和堂，梅摯作有美堂，蔡襄作清暑堂，皆務創新，不肯脩舊。旨哉言乎！足以窮官廨朽壞之原矣。

《論高麗進奉狀》得光武閉玉關之意。相如、張騫輩小人，生事夷狄以弊中國者，當

【一三】科甲　「科」原作「升」，據文津閣、文淵閣本改。

愧死地下也。

《論役法狀》辨差役雇役利害明白。

奏西湖不可廢五事，及申省六條，既開葑以復湖，復閘閉江潮不得入鹽橋河，而引湖水入清湖河者，凡五道以相灌輸。可爲杭州萬世功矣。

《奏户部勾取度牒狀》云不惜飢民而惜此數百紙度牒，惜毫毛之費，致丘山之損。

《應詔論四事狀》有云：民之疾苦，州縣官日夜殘傷其肌体，散離其父子，破壞其生業，爲國斂怨而了無絲毫上助國用【一四】。某人市易户抵當積欠鹽錢，産業當酒，揀下絹賒欠錢。數目雖多【一五】，皆是空文。放之則損虚名而收實惠，不放則存虚數而受實禍。三五年後，勢窮理盡，不得不放。當此之時亦不得謂之聖恩矣。

《奏浙西災傷》預於七月起請乞準來年賑濟，其貼黄有云「豐熟不須先知，人人爭奏；災傷正合預備，相顧不言。」旨哉言乎！東坡陳乞痛快警切，往往類此。至云如逐司以謂不須準備【一六】，即令各具保明結罪。此則東坡之智，所以防人之罔奏者也。

《乞禁商旅通外國狀》備載慶曆以後編勑，而許聽蕃國商販自元豐八年始。

《相度準備賑濟狀》云所乞數目雖廣，而所損錢數不多。若待饑饉已成，然後垂救，則所費十倍，無救於事。凡四狀，第四狀云開春纔見米價增長，便將義倉常平米賤價出糶。但市價不長，則一郡之民人人受賜。

【一四】爲國斂怨　「斂怨」原作「然怒」，據明本及《蘇軾文集》第三十一卷原文改。

【一五】數目雖多　「目」原作「因」，據文淵閣本及《蘇軾文集》第十一卷原文改。

【一六】至云如逐司　「逐」原作「遂」，據《蘇軾文集》第三十一卷原文改。

乞椿管錢氏地利房錢修墳廟，拳拳忠厚之意見於言外。奏開石門河以避浮山嶮，用㑀臨之策也。奏鑿吴江以疏太湖之溢，繳單鍔之書也。集衆義以利無窮，用心之廣大如此。

《乞郡》兩劄，平生出處莫詳焉。惜其氣之未平耳。

單鍔論吴中水利大略，謂譬之一身，五堰則首也，荆溪則咽喉也，百瀆則心也，震澤則腹也，傍通太湖衆瀆，則脉絡衆竅也，吴江則足也。五堰以上受宣、歙、池陽、九江之水，使入蕪湖。百瀆在宜興，今存者四十九條，自西堰之下，衆川由荆溪入震澤，注于江以入海。地傾東南，其勢然也。自慶曆二年欲便糧運，遂築北隄，横截江流五六十里，遂致震澤之水常溢。今欲泄震澤之水，莫若以吴江岸鑿其土爲木橋千，所以通糧運，而隨橋洪開茭蘆爲港走水。

《奏聞糴狀》檢會編勑諸興販㪷斛【一七】，雖遇災傷，官司不得禁止。

《乞備賑濟狀》常平錢米只許桌糶以平市價，全活自衆。若召募工役及依乞丐人例給與，則本錢日耗。乞立法不得支用。

汝陰尉李直方捕盜，乞酬賞。

論理積欠，官之所得至微，而胥徒所取蓋無虚日，俗謂此等爲縣胥食邑户。水旱不肯放税，例皆拖欠兩税。較其所欠，與依實檢放無異。明堂赦放，非獨失信於上帝，所在轉

【一七】諸興販㪷斛 「斛」原作「觧」，據諸本改。

運、提刑皆以催欠爲先務，不復以邺民爲意，蓋函矢異業，所居使然。轉運司隔州差官覆按，使官吏畏憚不敢盡實檢放。小人淺見，只爲朝廷惜錢，不爲君父惜民。鬼腊出《再論積欠劄子》。

《論綱稍欠折狀》載劉晏以一千貫造舡，破五百貫爲干繫人欺隱之資。至杜侍御以一千石舡分造五百石舡二隻。吴堯卿又勘會每舡物料估給無復寬剩，舡始敗壞而餽運不繼。天下之大計未嘗不成於大度之士，而敗於寒陋之小人也。今糧綱欠折，因點檢收税刻剥，得糧綱税錢一萬貫，而今朝廷失陷綱運米三十萬石。

《乞罷税務賞格》謂人人務爲刻薄，以希歲終之賞。

《乞罷宿州修城》謂妨壙墓六千九百所，乞免五穀力勝税錢。謂「以物與人，物盡而止。以法活人，法行無窮。」

《奏内中車子爭道》謂婦女不當與齋祠。

《論高麗買書利害》謂東平王子求書，漢大臣不予。晉韓起買玉環於鄭商人，子産不許。今若許買，則文書山積於高麗，而雲布於契丹。使敵人周知山川險要邊防利害，爲害至大，不可許。

《上圜丘合祭六議》謂祀上帝，則地祇在焉。分祀有三不可：夏至不可舉大衆，一也；軍賞不可復加，二也；神祇所素歆，動則有吉凶禍福，三也。

《乞改居喪婚娶條》謂釋喪而婚，鄰於禽犢。

《奏馬澈不可屏出學》謂三學凡有進獻文字，先經長貳看詳可否【一八】。甚非子産不毁鄉校，魏相去副封之意也。

《上進陸贄奏議》謂智如子房而文則過，辨如賈誼而才不疏。

詩賦論題備録上下全文，始於元祐八年五月二十六日。東坡奏請，不掩其所不知也。無書不記如東坡，而待士之寬如此。己則淺學而阻難他人者可觀矣。

赴定州以不得上殿朝辭，遂上書勸處静觀動，守安穩萬全之策。

謂戰兵尚不足於守，謂保甲不可驅之於戰。惟弓箭社人户與强虜爲鄰，自守骨肉墳墓，皆處必争之地，世世結髪與虜戰。再狀乞修整此社，時契丹已爲達靼所叛。

乞將陳損米乘饑年借貸上户賑濟佃客。愚恐借貸必有追償之擾，以陳損而求易新，利官害民矣。

乞修北嶽安天元聖帝廟。定州曲陽縣。

《代張方平諫用兵書》歷叙神廟朝諸臣用兵次第。薛向爲横山之謀，韓絳效深入之計，師徒喪敗，方且以敗爲耻。於是王韶構禍於熙河，章惇造釁於横山，熊本發難於瀘，皆困弊腹心，取無用之地以爲功。故沈起、劉彝復發於安南，使十餘萬人暴死十六五。而李憲之師復出於洮州矣。今喜於一勝，凱捷稱賀，赫然耳目之觀耳。至遠方之民肝腦屠

【一八】先經長貳看詳可否「看」原作「者」，據文淵閣本及《蘇軾文集》第三十六卷原文改。

於白刃，筋骨絶於魄餉，不得而見也。慈父孝子、孤臣寡婦之哭聲，不得而聞也。譬猶屠殺以爲膳羞，食者甚美，死者甚苦。況用人之命以爲耳目之觀乎？其言哀痛切至，真可爲萬世人主好用兵，人臣好生事者之戒。

《代滕甫論西夏書》臣僚欲用兵西方，醫人欲下一日而愈者也。臣願陛下之用兵如彭祖之觀井，然後爲得也。

《代李琮論京東盜賊》謂窮其黨而去之，不如因其材而用之。使部内陰求豪猾之士，或有武力，或多權謀，或通知術數而曉兵，或家富於財而好施，皆召而勸獎，使以告捕自效。但能拔擢數人，則一路自然競勸。每州搜羅得一二十人，即耳目徧地，盜賊無容足之處矣。

《吕誨記》温公以後事無一言及家私，惟云朝廷事尚可救，願公竭力。

内制

安壽乞外郡不允，榮親莫大於功名，養志不專於甘旨。

《繳文彦博、吕公著免拜劄子》《禮經》八十拜君命者一坐再至。謂傳命而拜，非朝見也。然且不免周天子賜齊桓公胙曰：「伯舅耋老【一九】，無下拜。」謂拜於堂上，非不拜也然且不敢。鍾繇以足疾乘車就坐。疑若不拜，然無明文。馬燧延英不拜，蓋臨時優禮。祖宗朝如吕端老病，亦止臨時傳宣不拜。《生擒鬼章》奏告歸功於祖宗。《批答文彦博乞

【一九】伯舅耋老　「舅耋」原作「父老至」，據文淵閣本及《左傳·僖公九年》改補。

致仕》。《春帖》、吕公著、吕大防、范純仁制。《端午帖》阿里骨詔苗授制。太后手詔裁減廕、補錫宴樂語。

外制

《王安石贈太傅制》、《司馬公、韓維三代封贈》、《吕惠卿責授》皆題之顯文暢者，可法也。

和陶詩

潁濵之序謂東坡責居儋耳，華屋玉食之念不存於胸中。謂子瞻嘗稱轍詩有古人之風。自以不爲若，似皆非所宜言。述東坡之論陶詩，謂質而實綺，癯而實腴。則名言也。陶詩如「采菊東籬下，悠然見南山」等句，真機自然，直與天地上下同流。東坡擬和至盡，未免有心矣。然憂患之餘，有感於淵明之自適其適者，意在言外，不爲詩發也。君子讀其和詩而悲之。

「暫聚水上萍，忽散風中雲」二句見第四卷《和與殷晉安詩》。

淵明《桃花源記》叙武陵人自云先世避秦亂來此。則漁人所見，乃其子孫，非秦人不死者，特其地深阻與外人間隔耳，非有神異。東坡載蜀青城老人村險遠，不識鹽醬，亦桃源之比。仇池世稱福地，而王欽臣嘗奉使過之，有九十九泉，萬山所環，可避世如桃源。然則世有增廣桃源之事爲神仙者，甚矣其好怪也。使果神仙，安有不知今爲何世而待問漁人者乎？

東坡之文，如長江大河一瀉千里，至其混浩流轉，曲折變化之妙，則無復可以名狀。蓋能文之士莫之能尚也。而尤長於指陳世事，述叙民生疾苦。方其年少氣鋭，尚欲汛掃宿弊，更張百度，有賈太傅流涕漢庭之風。及既懲創王氏，一意忠厚，思與天下休息，其言切中民隱，發越懇到，使巖廊崇高之地如親見閭閻哀痛之情，有不能不惻然感動者，真可垂訓萬世矣。嗚呼休哉！然至義理之精微，則當求之伊洛之書。

卷六十三

讀文集五

曾南豐文

詩

星宿之宿作入聲押韻，見第四卷《山水屏詩》，云「爭險挂星宿」。

《麻姑山送南城羅尉詩》可與歐公《廬山高》爲對。

霧淞音夢送，齊地寒霧凝木上如雪之名，見第七卷《冬日詩》。

論議傳敘

《唐論》歷數三代以後，惟太宗有天下之志，有天下之材，有治天下之效，而不得與先王並者，法度未備也。斂多就寡，文極有法。然太宗之未得與先王並者，亦恐實德之有媿耳。實德如先王，法度則古今異宜，豈必一一先王耶。

《爲人後議》謂不當絶本生父母之名。豈謂《濮議》發耶？然亦正論也。要必存本生之名可也。濮邸入繼大統，又别。

《公族議》謂祖免以外盡當衣食於縣官，意則厚矣，恐禮法不無等殺，而先王未嘗以天下私其族耳。吁！如民生何？

《講官議》謂古禮於朝，則王及群臣皆立，無獨坐者；於燕則皆坐，無獨立者。坐云者，師所以命弟子，而譏當時請坐講者爲非。是欲以古制律令，而講官以弟子禮命其君耶？

《救災議》以頓予民，不朝夕食之，其説佳。

《洪範傳》布置大抵與荆公相類。

《太祖皇帝總叙》謂漢高不及者十事，自三代以來撥亂之主未有及太祖也。元年户九十六萬，末年三百九萬，至元豐年一千三百九十一萬。於是覆露生民之澤深矣。

序

《新序目録序》謂劉向所序三十篇，隋、唐猶存。今所見者十篇，最爲近古，而不能無失。

《梁書目録序》梁六紀五十傳，史官姚察之子姚思廉所成。南豐之爲此序，辨佛患梁爲甚，而佛不能覩聖人之内。

《列女傳目録序》劉向以成帝後宫趙、衛之屬多自放，作《列女傳》八篇，曹大家爲注，離其七篇爲十四，與頌義爲十五。嘉祐中蘇頌復定爲八篇，南豐疑此傳稱《芣苢》、《柏舟》、《大車》之類，與今詩序不合。蓋不思今序衛宏所作，出向之後也。

《禮閣新儀目録序》《新儀》三十篇，韋公肅記開元至元和變禮。南豐謂人之所未病者，不必改也，人之所既病者，不可因也，何必一一以追先王之迹，能合乎先王之意而已？余謂此名言也。

《戰國策目録序》舊缺十一篇，南豐訪得之，而三十三篇者復完。且謂此書論詐之便而蔽其患，言戰之善而諱其敗，有利焉而不勝其害，有得焉而不勝其失。亦名言也。

《陳書目録序》《陳書》六紀三十傳，亦姚察、姚思廉父子所成。南豐謂兼權計，明任使，恭儉愛人，則其始之所以興；惑邪臣，溺嬖妾，忘患縱欲，則其終之所以亡，莫非自己致者。而士之安貧樂義，亦不絶於其間。

《南齊書目録序》江淹嘗爲《十志》，沈約又爲《齊紀》，梁蕭子顯别爲此書，凡五十九篇。南豐謂其改折彫刻而文益下。

《唐令日録序》凡三十篇，以常員定職官，以府衛設師徒，以口分、永業授田，以租庸調賦役。南豐謂庶幾乎先王之意。

《徐幹中論目録序》幹字偉長，北海人，生漢、魏之間，魏太祖旌命之不就。獨考六藝，推孔、孟之旨爲《中論》二十餘篇。唐太宗嘗稱其復三年喪一篇，而今無之，則所存二十篇非全書也。南豐謂其不合於道者少。

《説苑目録序》劉向所序凡二十篇。南豐謂所取往往不當於理。

《鮑溶詩集目録序》溶，唐人也，南豐稱其清約謹嚴而違理者少。

《李白詩集後序》白，蜀郡人，遊江淮，娶雲夢許氏，去之齊、魯，入吴，至長安。明皇召爲翰林供奉，不合去。北抵趙、魏、燕、晉，西涉岐、邠，歷商於，至洛陽，遊梁最久。復之齊、魯，南遊淮、泗，再入吴轉金陵，上秋浦、潯陽，卧廬山。永王璘以僞命逼致之，璘敗，白奔宿松，坐繫潯陽獄。宣撫崔涣與御史宋若思驗治，謂罪薄。薦其才，不報。流夜郎，遂泛洞庭，上峽江至巫山。以赦得釋，復如潯陽。族人陽冰爲當塗令，白過之，以病卒，年六十四。舊史稱白有逸才，志氣宏放，飄然有超世之心。南豐稱其實録詩舊七百餘篇。宋敏求廣至九百餘篇，南豐乃考其先後而次第之。

《先大夫集後序》南豐之祖也，事太宗、真宗。

《王深甫文集序》深甫，王回也。福州侯官人，家於潁，嘗登第爲主簿，即棄官。弟向，字子直；　冏，字容季。兄弟皆以文學名，皆南豐序其文，荆公稱許之亦然。

《范貫之奏議集序》貫之名師道，事仁宗爲言官，其子世京集其奏議十卷，南豐發明其遭遇之盛，云所以明先帝之盛德於無窮也。墓則清獻趙公爲誌。

《王平甫文集序》平甫文百卷，南豐許其兼文與詩之工，可比漢、唐之盛，不得志於時，而求於内。

《强幾聖文集序》幾聖名至，錢塘人，最爲韓魏公所知。其子浚明集其文二十卷，屬南豐爲序。

《思軒詩序》撫州通判林君當旱蝗作軒，而能詩者賦之。

《序越州鑑湖圖》湖周三百五十八里，漢順帝永和五年馬臻所創。南並山，北屬漕渠，東西距江，溉山陰、會稽兩縣十四鄉田九千頃。宋興，民始有盜湖爲田者。祥符間二十七户，慶歷間二户，爲田四頃。時三司轉運司猶切責州縣復田爲湖。治平間盜者八千餘户，田七百餘頃，而湖幾盡矣。自此蔣堂、杜杞、吴奎、張次山、刁約、范師道、張元長、張伯玉、陳宗喜、趙誠等各爲之計，而廢日甚。蓋法令不行而苟且之俗勝也。昔謝靈運從宋文帝求會稽，回踵湖爲田，太守孟顗不聽，又求休蝗湖爲田，顗又不聽。此湖繇漢接錢氏不廢，而今乃日廢。豈非苟且之俗勝哉？今謂湖不必復者曰，湖田之入已饒。不知湖盡廢則湖之田亦旱矣。謂湖不必濬者，曰益堤壅水而已。不知會稽得尺、山陰半之必也。禁民爲田，而歲以農隙濬湖，則蔣堂以後諸公成説具在。故南豐具載之以待來者。其事可載國史，而其文可成誦云。

《類要序》晏元獻起童子至宰相，在朝廷餘五十年，常以文學謀議爲己任。其子知止集其書，名《類要》云。

《相國寺維摩院聽琴記》説謂古之養其外者，畢備琴，其未嘗去左右者也，而又内當得之心。蓋南豐之學如此琴者。洪規字方叔。

《張文叔文集序》文叔名彦博，常從南豐游，其文未嘗輕出。其後其子仲偉始求公之序。

《館閣送錢純老知婺州詩序》謂此館閣之禮而他司所無。

《齊州雜詩序》此公爲齊州時詩也。愚按公詩多齊州所作，有欣焉安之之意。徒爲他州，詩不多作，雖作不樂之矣。豈齊其壯年試郡，而後則久困於外，不滿其當世之志耶？

《順濟王勑書祝文刻石序》謂龍也。

《叙盗》説凶年人食不足之意。

《贈黎安二生序》二生蓋東坡薦於公者，説迂闊之弊，宛轉可佳。

《送周屯田序》言古之致事而歸者有養。然今之士不必以動其意。

《送江任序》説仕於近土，知風俗之意甚悉。

《送劉希聲序》言至道當不息。

《送李材叔知柳州序》解仕南土者不安之心。

《送趙宏序》謂平寇在太守，而不在兵。前輩謂此文峻潔。

《送王希序》叙江西游覽之勝，謂見西山最正且盡者，大梵寺之秋屏閣。

《王無咎字序》謂人欲善其名字，而未嘗善其行。

《送蔡元振序》謂古之從事皆自辟，而今命於朝，然惟其守之同者多矣。爲從事乃爾，於朝不爾者其幾耶？

書

《上歐陽學士書》謂韓文公以來一人而已。又書謂食民之食者，兵、佛、老也。兵擇曠土而使之耕，佛、老止今之爲者，舊徒之盡也不日矣。

《上蔡學士書》又薦王安石謂文甚古，行稱其文，知安石者尚少。公亦以此薦之歐公，又進其文。

《上杜丞相書》勸以天下之材爲天下用。

《上齊工部書》部使者，數十萬家之命也，豈輕也哉？

《與撫州知州書》言心之獨得。

《與孫司封書》孔宗旦策儂智高必反，及反乃死之。請白其事。

《寄歐陽舍人書》公謝其爲先祖銘墓也。理密文暢，可觀。

《與王介甫第一書》報以歐公賞其文也，云：歐公更欲足下少開廓其文，勿用造語及模擬前人。孟、韓文雖高，不必似之也，取其自然耳。

《與介甫第二書》云謗議之來，誠有以召之，又比聞有相曉者，足下皆不受之。余謂此可謂公忠於介甫之言也。

《謝章學士書》自謂不能收身於世俗之外，力耕於大山長谷之中，以共饘粥之養，魚菽之祭，以其餘日考先王之遺文，竊六藝之微旨，以求其志意之所存而足其自樂於己者。顧反去士君子之林，而夷於皂隸之間，捨自肆之安，而踐乎迫制之地。欲比於古之爲貧而仕者，可謂妄矣。愚謂此公道其中心所存者，令人慨然。又其《答袁陟書》云有可仕之道，而仕不仕固自有時。某之家苟能自足，便可以處，而一意於學。又《與王深甫書》叙情尤悉【一】，雖然力踐固存乎人。

《答王深甫論揚雄書》公謂揚雄處王莽之際，合於箕子之明夷，常夷甫以謂紂爲繼世，箕子乃同姓之臣，事與雄不同，又《美新》之文，恐箕子不爲也。公辨之曰：雄之辱於仕莽，非無恥也，在我者亦彼之所不能易也。愚按雄本漢臣，既身受賊莽之僞命，而又稱頌其功德，則爲雄者，皆易於莽矣。南豐所謂莽所不能易者，指何物耶？又王介甫謂雄之仕合於孔子無不可之義。夷甫謂雄德不迨聖人，於仕莽之際不能無差，公復辨之曰：孔子之無不可，孟子所謂聖之時也。雄亦爲《太玄賦》，稱「蕩然肆志不拘攣兮」。愚按孔子無可無不可，恐不可獨指其無不可。況蕩然肆志，是直小人之無忌憚，而可謂其似聖人耶？南豐大賢，而議論若此，所未諭也。

【一】又與王深甫書　「又」原作「久」，據文義改。

《福州上執政書》援詩以述養親之意，文甚贍。

記

《仙都觀三門記》此記與《鵝湖院佛殿記》略同，皆以正義斥異端之益。

《秃秃記》記孫齊溺嬖寵殺子之事，文老事覈，尤卓然爲諸記之冠。視班、馬史筆，殆未知其何如耳。

《醒心亭記》爲歐陽公守滁作，灑然使人醒者也。

《繁昌縣興造記》太宗取宣之三邑爲太平州，而繁昌在焉。繁昌自唐昭宗爲邑，百四十年當慶曆間，夏希道邑治始大備云。

《墨池記》池在臨川城東之新城池之上，今爲州學。記曰：夫人之有一能而後人尚之如此，况仁人莊士之遺風餘思被於來世者，如何哉！

《宜黄縣學記》記有云務使人人學其性，此語似當審也。

《南軒記》説隨所處而樂之意，淡静有味。

《兜率院記》説異端無常業，所享已封君不如。而或反傾府空藏而棄與之。

《擬峴臺記》模寫甚工，前輩取以爲文法者也。

《撫州顔魯公祠堂記》發明魯公，切實無餘藴。

《歸老橋記》爲武陵柳侯作，説人情之歸休，甚佳。

《尹公亭記》尹洙嘗謫隨州，結茅爲亭【二】，其後知州李禹卿增大之。

《廣德湖記》湖舊名鷃脰，源出四明山，引北爲漕渠，東北入江，鄞西七鄉之田仰溉焉。大曆八年，縣令儲仙舟更今名。貞元元年刺史任侗治而大之，大中之後有請爲田者，御史李後素驗視，得不廢。刺史李敬方與後素刻石，見其事，謂湖成已三百年，則湖之興在梁、齊之際歟！淳化二年民盜湖爲田，至道二年知州丘崇元復之。自太平興國以後民冒取之，天禧二年李夷庚又復之，天聖、景祐間民又請，李照爲郡言其事，請者始息。康定間張峋爲令，築隄九千一百三十四丈，爲碶九、埭二十、亭二，植柳三萬一百。愚按陂湖水利，長吏急務。公通判越州，記鑑湖，及守明州，記廣德湖，皆根極始末。其一念在民爲何如？秦檜當國時，樓异守鄉郡，乃廢廣德湖，至今反不若鑑湖，猶有遺迹。惜哉！

《齊州二堂記》歷山堂以舜所耕之地，濼源堂以《春秋》桓十八年所書之濼在焉。考地里甚精。

《襄州宜城縣長渠記》春秋之世曰鄢水，其後曰夷水，又曰蠻水。白起壅水攻楚，遂爲渠。本朝孫永復之，民賴其利。

《徐孺子祠堂記》詳孺子處亂世之義。

《道山亭記》備述七閩之險，而閩中獨夷曠，城中之三山，西曰閩山，東曰九仙山，北曰粵王山。而道山亭者，閩山登覽之地也，作於程師孟。

【二】結茅爲亭　「茅」原作「芳」，據文淵閣本及《曾鞏集》卷十八原文改。

《越州趙公救災記》救荒之委折備焉。

制誥

制誥多平易，特散文之逐句相類者耳。擬制誥則偏言新更官制之意，此爲王介甫代發明者也。

表

表多平澹説意。

疏

《熙寧轉運對疏》勸講學而得之於心。

劄子

《移滄州過闕上殿》謂自民生以來未有如大宋之隆。且引《詩》而言之曰：歌其善者，所以啓其嚮慕興起之意，防其怠廢難久之請。愚於是知公愛君之意深矣。然與警切規諫者，恐又别是一體。

《請令長貳自舉屬官》引《書·冏命》及陸贄之説爲證，且曰：非惟搜揚下位，亦以閲試大官。

《請令州縣特舉士》引歷代爲證，甚悉。令通一藝以上充都事、主事、掌固之屬，以士易吏也。謂之特舉之士。愚恐風俗未易革，弊或益甚耳。

《請西北擇將東南益兵》愚謂西北擇將如太祖法可也；　東南益兵恐未易言也。兵豈在多也哉？

《議浮費》謂景德官一萬餘員，皇祐二萬餘員，治平總二萬四千員。則官倍於景德。景德郊費六百萬，皇祐一千二百萬【三】，治平一千三十萬，則郊費亦倍於景德，使歲入如皇祐、治平，而費如景德，則省半矣。

《請減五路城堡》謂：將之於兵，猶弈之於棊，所保者必其地，所應者又合其變，故用力少而得算多。昔張仁愿度河，築三受降城，相去各四百餘里，首尾相應，減鎮兵數萬，所保者必其地也。仁愿之建三城，皆不爲守備，曰寇至則併力出戰，回顧猶須斬之。自是突厥不敢度山，所應者合其變也。愚按此説精於益兵之説，而讀可續誦。

《再議經費》謂臣待罪三班。按國初承舊，以供奉官、左右班殿直爲三班，員止三百。至天禧迺總四千二百有餘，至于今迺總一萬一千六百九十，宗室又八百七十。蓋景德員數已十倍於初，而今殆三倍於景德。吏部東西審官，與天下他費尚必有近於此者，浮者必求其自而杜之，約者必本其由而從之。

《請改官制》前預習行事務，此從更新制之一端也。劄中舉吏部言之以槩其餘。此外又有《請整齊版籍》之劄，又請以新制如《周官》六典爲書。然恐泥於文爲矣，六典果皆周公之書乎？

【三】皇祐一千二百萬　「皇」原作「里」，據明本及《曾鞏集》卷三十原文改。

史館申請三道，别有《英宗實録院申請》搜訪條例，皆爲史者當知。

訪《高麗世次》，夫餘王得河伯女，生朱蒙，居紇升骨城，號高句麗。以高爲氏，傳子如栗，至孫莫來，當漢武元封四年爲縣。光武建武八年朝貢，莫來裔孫宫復爲王，十七傳而至德武，爲安東都督，至後唐同光，天成間屢入貢。明宗長興三年，再復拜其主建爲王，建生武，武生昭，當建隆，開寶來貢。昭生伷、生治、生誦、生詢，遞立詢，當真宗時入貢。凡蓋公參之，國使如此。

《論中書舍人録黄畫、黄不書檢》中書舍人稱臣，書名於檢，而侍郎押字，自後舍人遂不書。竊尋故事，未有可據而然也。

《議邊防給賜士卒只支頭子》真宗東封，三司使丁謂奏，令殿前都指揮使曹璨各與頭子，使兵士骨肉於各州請領。

任明州日，有高麗界託羅國人失風，奉旨安泊照管。

奏狀

《奏乞推恩狀》潘興嗣五歲以父任得官，二十二歲授德化尉，不行。朝廷察其高，以爲筠州推官，不就。今年五十六，欲照徐復、王回孫、李覯例官其子。又吴中復閑逸，陳樞不磨勘，皆公爲州時薦之朝者。

《乞賜唐六典狀》唐初以尚書、中書、門下三省預天下事。至六官所主，則一本於尚書。開元十四年張説罷中書令，爲尚書右丞相，不知政事，自此政歸中書，而尚書但受成。神廟印《六典》賜近臣，其書稱中書令張説撰。疑張九齡所爲，不過述先代遺法，時尚書已不得其職矣。

《福州擬貢茘枝狀》興化陳紫，福州江緑，興化方紅，又陳家紫，小陳紫，宋公茘枝，周家紅，泉之藍家紅，漳之何家紅，泉之法石白，福之緑核圓丁香。皆以次第著録。其外有虎皮、牛心、玳瑁、硫黄、朱柿、蒲桃、蚶殼、龍牙，皆以形名之，出福州。冰茘枝、蜜茘枝、丁香茘枝、雙髻小茘枝、真珠茘枝、無核茘枝，所出不一。十八娘或謂閩王女好食此而得名。將軍茘枝，五代時有此，官種之。釵頭茘枝以其小，粉紅茘枝以其淡，中元紅以其晚。右二十品無次第。一品紅言極品也，在福州宅堂。狀元紅言第一也，出福州報國院。

《明州擬辭高麗饋送狀》欲示小國以廉，且寛其力。

辭修五朝國史，以非一人所能辦。

啓

平易不華，文章之正也。

祭文　祝文　哀詞

祭歐公與王平甫二篇極注意，祭黄君者歎其不遇，有味也。

三十九卷之四十皆居官時祈晴謝雨等作【四】。

【四】祈晴謝雨等作　「祈」原作「初」，據文淵閣本改。

《蘇明允哀詞》二蘇請公爲之銘，則請之歐公。

墓銘

《虞部戚公誌銘》公舜臣也，綸之子。知太湖縣，言賦茶之苛，歲用萬數【五】，願棄切採。知撫州，有祠號大帝者百餘，悉除之。南豐言其世德以比唐柳氏。舜臣之子師道，亦公爲銘。

《都官陳樞誌銘》令旌德，州有所賦調，獨曰非吾土所有也。爭或至十反，州聽然後止。南豐曰：令所試者大，則其事可勝傳耶？

《翰林學士錢藻誌銘》公錢王後，自和徙蘇，清約終其身。

《刑部王逵誌銘》里胥捕罪人殺之，君求其情爲奏，讞得不死。府史馮士元家富，啗諸貴人，君治之，竟其事。李京爲諫官，劾君及京罪，斥監鄂州稅。君爲湖北轉運，曰「前事，君職也。於吾何負哉？」與之歡其。京死，又力賙京家，奏官其子。

《司封孔延之誌銘》廣西歲糴六百萬石，實不過能致數十萬石。君計歲糴二十萬而足，高其估以募商販，不糴於民。儂賊平，南方補虛名官者八百人皆弛役，而役歸窮下，君復其故。君孔子四十七世孫，三子文仲、武仲、平仲。

《都官曾誼誌銘》建昌南城人，其家學者自君始。其家故貧，罷吏歸，常闔門居，或日昃不得食。同職欲增賦役錢，爭不得，自請罷去。

【五】歲用萬數　「數」原作「杖」，據文津閣本及《曾鞏集》卷四十二原文改。

《王容季誌銘》容季名冏，與兄回、向皆以文名當世。南豐爲之序曰：此三人者皆世不常有，藉令有之，或出於燕，或出於越，又不可以得之一鄉一國也。未有同時並出，出於一家如此之盛。若將使之有爲也，而不幸輒死，皆不得至於壽考，以盡其材。是有命矣，而命之至於如此，何也？愚謂此文之宛轉妙處，故特録之。

《都官舒元衡誌銘》此篇説盛衰之際，文字可法。

《比部李丕誌銘》叙契舊與其起家處。可法。

《職方蘇序誌銘》君東坡之祖也，東坡請公爲銘。初，蘇祐生唐季，至成都，遇道士，屏人謂「吾術能變化百物。」辭不顧。祐生杲，以好施顯名。杲生序，好讀書，歲凶賣田賑鄉里。慶曆初立州縣學，士爭欲執事學中，君獨戒子孫退避。序生涣、洵、渙。涣以進士起家，仕至都官。洵即老泉云。

《庫部范端誌銘》爲江都令，會歲旱。知揚州張若谷遣吏視民田，他吏還者白歲善，君還獨白田實旱。若谷不是之，君持旱苗力爭，乃卒是君所白。監雲安軍鹽井，議蠲鹽課以數萬。

《張允中誌銘》允中名待，所與遊，喜窮盡其是非得失。非其遊，遇之温温惟謹。

《殿中丞徐元榆誌銘》唐之亡，楊行密有淮南，稱吴。海州人徐温爲吴將，有功。温死，其養子知誥遂代楊氏有江淮之地，稱唐，復姓李氏，名昪。温己子知諫生遜，遜生元榆，世事李氏。宋受命俘李氏，元榆亦隨之歸京師，棄官死。公既序其次第，而復爲之言曰：盛衰之變何其速也。然自前世無不若此，富貴之不可以久恃，亦何必異也。而世之不安其命者，方枉義挈挈以覬，幸而偶得之者，又惴惴恐失之，是豈可以常處也哉？

《都官王益誌銘》益即荆公父也，督稅未嘗急，貧笞罰惟豪劇吏。子七人安仁、安道、安石、安國、安世、安禮、安上。

《衛尉金君誌銘》君兄弟皆舉進士，諸子又皆舉進士。而己獨放山谷間，以恩受封。述其次第處，文字起伏可讀。

《府率沈君誌銘》以親戚恩得官。叙述佳。

《寶月塔銘》醫僧也，剔脱處可法。

《曾氏銘》回、向、同之母，父亮妹也。述其自處通塞之際，無不當理。

《錢氏銘》劉凝之妻也。述其夫婦相成之賢，所謂筆端有畫，可以讀也。三代自父叙上。

《黄氏銘》述其事夫、教子、教孫三節，有味。

《吴氏銘》荆公母也，愛前母子曰「甚於愛吾子，然後家人愛之能不異於吾子也。」其子有歸志，以不足於養爲憂。曰「安於命者，非有待於命也。」

《許氏銘》沈括之母。

《謝氏銘》荆公祖母。

《秘書李迂誌銘》有田百餘頃，皆以與族人，獨留五頃，曰「無令子孫以財自累也。」誌序李氏自皋陶以下甚詳，多其妻王氏所爲言。

《太常博吴詳誌銘》衣食常不自足，以家之有無葬，故葬不緩。或欲出錢，曰「貧吾素也。喪乃欲爲利乎？」

《光禄晁宗恪誌銘》公之妻父也，妻名文柔，别有銘。

《太子賓客陳巽神道碑》少客京師，有欲教公以化黄金者，公辭不受。

《祕監陳世卿神道碑》知廣州，罷計口鬻鹽，人以休息。

《刑部張保雍神道碑》李丞相迪用公通判永興。萊公代鎮，因奏留之。知漢州，夜四卒告兵變，械以徇，安之。至明鞠得卒實與謀，併棄之市。爲湖北漕，活鄂州、漢陽應死者三十八人。漢州民趙昌以畫名，公迄代不問。

行狀　傳

《刑部孫甫之翰行狀》爲華州推官，倉粟惡，吏當負錢數百萬。公取舂之，可棄者十纔一二，吏遂得弛，負錢數十萬而已。知諫院，言益兵之弊，曰天下所以大困者【六】，兵爲甚，又可益之耶？徙晉州，近臣夜半叩城，終不爲開門。論保州之變，指杜公論益兵，詆二三大臣。至於洛水，又絀尹洙而伸劉滬，皆平生所友善者，不偏所好如此。

【六】曰天下所以大困者　「曰」原作「田」，據文淵閣本及《曾鞏集》卷四十七原文改。

《徐復傳》復精星曆，仁宗召見，官其子，賜復號沖晦處士。人或勸著書，復曰「古聖賢書已具，顧學者不能求，吾復何爲以徼名後世哉？」復，莆田人，後家杭。

《洪渥傳》渥得官時，兄老不可俱行，至官，量口用俸，掇其餘以歸，買田百畝居其兄。傳末論豪傑士，多過中庸。如渥所存，人所易到，故載之云。

本朝政要策

《考課》建隆初以户口增耗爲吏升降。興國初定三等之法以覈能否。雍熙間閲班簿，始詔雷德驤，以群臣功過俱對。淳化中分京朝等考課爲三，久之廢京朝官考課，而置審官院，以錢若水主之。廢州縣官考課，歸流内銓，以蘇易簡主之。惟三班無改易。

《訓兵》周世高平之役，命太祖取其驍勇爲禁衛，宋興益修其法。興國有楊村之閲，咸平有東武之閲，自此兵益廣，簡練遂疏，而黜廢之法恕矣。

《添兵》唐罷府兵，置神武、神策爲禁兵，不過三數萬人，甲兵皆散在郡國。自河朔三鎮不統於京師，餘可舉者太原、青社各十萬人，邠、寧、宣、武各六萬人，潞、滁、荆、揚各五萬人，襄、宣、壽、鎮海、各二萬人，而觀察團練據要害者，亦各不下萬人。五代分裂，區區中州地嘗至數十萬人，養之既費，教與用又不得其理。至周世宗始修兵制，我太祖舉中國之兵纔十六萬人。太宗伐劉繼元，駕前兵蓋十餘萬。自是兵益廣。其後曹彬敗於祈溝關，在行者二十萬。楊業敗於陳家谷口，劉廷讓敗於君子館，全軍没焉。沿邊瘡痍，兵不滿萬計，河朔悉科鄉民守城。咸平間又集近京諸州丁壯爲兵，而西北邊請益兵不已。張齊賢謂調江淮八萬以益西師。劉承珪又取環、慶諸州役兵升爲禁兵，號振武。李元昊反河西，契丹謀棄約，西方遂益禁兵二十萬，北方益土兵二十萬，又益禁兵四十指揮。及群盜張海、郭邈山等劫京西，江、淮皆警，大臣又令天下益兵，知課院孫甫言：天下所以大困者，兵爲甚，又可益之耶？

《兵器》太祖命魏丕王作，每十日一進，有南北作坊，歲造甲鎧具裝，鎗、劍、刀、鋸械器，箭箙弩凡三萬二千。又有弓弩院，歲造弓弩等千六百五十餘萬。諸州歲造六百二十餘萬，置五庫貯之。景德中已可支三十年，權宜罷焉。

《城壘》周世宗時韓通築李晏口，立十二縣，又葺祈州及築游口三十六，遂通瀛、莫。宋興，王全斌葺鎮州西山堡，劉遇築保州等五城。太宗命潘美移并州於榆次，又移於三交，得戎人之咽喉。

《佛教》建隆初詔佛寺已廢於顯德，不復興。開寶令僧尼百人許歲度一人，至道又令三百人度一人，以誦經五百紙爲合格。

《任將》李漢超、馬仁瑀、韩令坤、賀惟忠、何繼筠等防北虜，郭進、武守琪、李謙溥、李繼勳等禦太原，趙贊、姚内斌、董遵誨、王彦昇、馮繼業等備西戎。此篇發明太祖用將之術甚備，可讀。

《水災》竇儼論水沴所興，有數有政。

《汴水》論歷代浚導。

《刑法》淳化置審刑院，防大理、刑部二司之失，事從中覆，下宰相再以聞，始行。

《管榷》言礬課則劉熙古，嚴茶禁則樊若水，峻酒榷則程能，變鹽令則楊允恭。古禁之尚疏者，皆密焉。

《錢幣》江東鑄銅錢自樊若水始，鉛錫雜鑄自張齊賢始，淳化鑄大錢於蜀自趙安易始。然不便即罷之。

《南蠻》有用兵伐而克之，興國初翟守素平梅峒是也。有已克赦而納之，咸平間曹克明收撫水是也。有納以恩信，章聖時謝德權之靖宜州是也。

《契丹》虜騎六萬，太祖命田欽祚以三千人破之。其後天子伐晉，虜始復爲中國患。至真宗親征，講和之策遂定。

《折中倉》折中之法聽商人入粟，而移江、淮受茶鹽之給，公私便之。端拱、淳化皆曾復行。

《屯田》自漢昭始田張掖，趙充國耕金城，曹操力農許下，晉用鄧艾、田壽春、羊祜田襄陽，杜預田荊州，荀羨田東陽，隋耕朔方，唐屯振武，皆能服夷兼敵。宋興，雍熙間始議屯田【七】，是後開易水、疏雞距、修鮑河之利，邊屯以次立矣。神宗遺議臣東出宿、亳至

【七】雍熙間始議屯田　「屯」原作「方」，據文淵閣本改。

壽春，西出許、潁至襄、鄧，得田二十二萬頃，任事者難之，功不立。

《水利》歷述史起以後興水利之臣，至本朝不果行。

《茶》貞元初趙贊興茶税，張滂繼之，十取其一，王播又增其數，裴休立十二條，我朝議以見緡金帛入中。天聖設三税法，景祐增鹽利爲四税【八】，皇祐又用見緡之法。

金石録跋尾

《茅君碑》三茅名盈、次固、次衷，云漢景時人，梁普通中張繹建碑，孫文韜書。

韓公井者，襄州南楚故城有昭王井，傳言汲者死，不敢視。開元中韓朝宗爲採訪使，移書諭神，飲者無恙，更今名。故城今謂之故墻，即鄢也。由梁太祖父名誠避之，今猶然。

《桂陽周府君碑并碑陰》歐公按《韶州圖經》，君以開武溪有功，立廟，碑名訛缺，而《圖經》不著其名，碑首題云「神漢」者，猶言「聖唐」也。南豐從知韶州王之才所得此本之詳。按《曲江縣圖經》名昕，歐公蓋未之得也。其碑陰曲江字皆作曲紅，而蒼陸字，江夏字亦作紅，蓋古字通用也。永叔又記劉原父所得商洛之鼎銘云「惟十有三月【九】，旁死霸」。蔡君謨問十四月者何謂？原父不能言。南豐謂古字如亦字作灸，人字作「夘」，皆字之重出，則此作三者特二字耳。永叔、原父、君謨皆博識，而亦有所未達，故并見於此。凡皆南豐之説也。愚觀此説莫之曉。長兒在側忽云：《籀史》載古者人君繼世，踰年行即位之禮，然後改元。此類疑嗣王繼世，雖踰年未及改元，但以月數稱，故曰十有四月。

【八】景祐增鹽利爲四税　「税」原作「説」，據文津閣、文淵閣本及《曾鞏集》卷四十九原文改。

【九】惟十有三月　「三」，文津閣、文淵閣本作四横劃，原文亦如此。見《曾鞏集》卷五十。

不可以一歲不過十二月而疑也。如《南宮鼎文》有「十有二月」之文。《周牧敦銘》有「爲王十年十三月」之文,《凡癸酉卣銘》有「十九月」之文,商《己酉尊銘》亦有「十九月」之文。又《姬鼎銘》有「十一月又三」之文。凡皆以月起數之例。愚因思之,亦作「衮」,非重寫亦字。人之作「䜌」,亦非重寫人字,恐亦不可爲例,如曰商王即位之十有四月,恐亦有此理。而四字古作亖字。凡古銘皆然,以二字爲重寫二字,亦未安。姑記以候知者。

《唐開宗元寺卧禪師碑銘》自河隴没於羌夷,惟寺多在。南豐謂虞、夏之世,東漸西被,朔南暨聲教,則能令其信慕者,亦非特有佛而已也。彼以罪福報應之説動之,未若不動之以利害,而使之心化。此先王之德所以爲盛也。余按此論甚高,前未之發。

《辱井銘》銘十六字,可見者八字。曰「辱井在斯,可不戒乎。」又有陳後主《辱井記》,大略以其與張、孔二妃同投井也。愚按辱井可對貪泉。

《漢武郡太守阿陽李翕西狄頌》郡有間道通梁、益,而臨溪危峻。李翕與功曹李旻等鐉燒火石,改高即平,人得夷塗,作頌刻石。歐公《集古録》以爲李會,熙寧十年馬城出成州所得此頌。以視南豐,始知其爲李翕。漢元鼎以汧隴西南接巴蜀,爲武都郡,後分爲興州成州云。

南豐與荆公俱以文學名當世,最相好,且相延譽。其論學皆主考古【一〇】,其師尊皆主揚雄,其言治皆纖悉於制度而主《周禮》。荆公更官制,南豐多爲擬制誥以發

【一〇】其論學皆主考古 「古」原作「右」,據明本、文津閣本改。

之。豈公與荆公抱負亦略相似，特遇於世者不同耶？抑聞古人有言：有治人，無治法。三代之治忽，各係其君之賢否？法之詳未聞焉。三代君臣之謀猷，亦未嘗有一語及於法者，詳於法必略於人。秦法之密，漢網之疏，其效亦可覩矣。周之所以爲治者，盡見於《尚書·周官》之篇。後千餘年至王莽時，倏有所謂《周禮》六典者出，曰此周公之法也。使果出於周，亦不過《周官》一篇注疏耳。然其煩苛若此，果可見之施行否耶？設果嘗行於周，時異事殊，亦可行於後世否耶？我朝以仁立國，一切掃除煩苛，承平日久，或者反以寬弛爲厭。荆公遂勇爲新法。嗚呼！不忍言矣。南豐比荆公，則能多論本朝政要，又責誚荆公不能受人之言。使南豐得政，當有可觀者乎？南豐之文多精覈，而荆公之文多澹靖，荆公之文多佛語，而南豐之文多闢佛。此又二公之不同者。而王震序曾南豐文，乃特誇其爲制誥大手筆，真所謂知其一者耶？

卷六十四

讀文集六

王荆公

古詩

詠陶縝畫菜，其後歸之老圃，而結云「陶生養目渠養腹，各以所能爲物役」。愚謂荆公失言矣，畫菜可言物役，種菜豈可言物役耶？

《四皓》詩「采芝商山中，一視漢與秦」，一視之語似欠斟酌。

《戲贈葉致遠詩》極言弈棊之弊，可爲世訓。

《桃源行》云「兒童生長與世隔」，考究得是，不爲世俗誕語

《酬王詹叔訪茶利害》「豈當榷其子，而爲民父母」。愚謂此二句語意精到，惜其臨事之弗思。

《送裴如晦宰吴江》「當知耕牧地，往往茭蒲青。三江斷其二，滓水何由寧」。此四句

説盡浙西水利之綱領。

《孔子詩》孔子豈是文人詩料，且自古未有如孔子之語。此本發於孔門高弟，而孟子申述之者也。荆公乃謂其「蠛蠓何足知天高」？雖欲尊先聖，豈所以待先師，毋乃自道耶？

《揚雄》二首，其一以孟子勸伐燕，伊尹干説亳，爲雄《美新》之比，何哉？其黨奸至辱聖賢耶？其二謂聖賢樹立自有師，此荆公師心自用發見之語也。

漢文帝。輕刑以全人之形體【一】，短喪恐妨人於身後。荆公譏之，已不知文帝之心矣。惜露臺之費、薄霸陵之葬亦痛駡之，何耶？

《秦皇》「天方獵中原」。恐非仁人之言也。

《東方朔》「何如夷與惠，空復忤時人」。是以朔之直諫爲非耶？

《杜甫畫像》説得公當。

《農具詩》襏襫云「勿妬市門人，綺紈被奴僮。當塹邊城戍，擐甲狙春冬。」就農人言之，善用其心者也。

《答陳正叔》「天馬志萬里，駕監不如閑」。雖非中道，卻是大氣。

《收鹽詩》與《訪茶利害》同，皆能言不能行。

【一】輕刑以全人之形體　「刑」原作「形」，據文淵閣本改。

律詩

《題雱祠堂》「一日鳳鳥去，千秋梁木摧」，溺愛不明如此，孰謂知子莫若父耶？

《詳定試卷詩》二首，有云「文章直使看無頪，勳業安能保不磨」。疑有高鴻在寥郭，未應廻首顧張羅」。言科舉不足以得士也。又云「當時賜帛倡優等，今日論才將相中。細甚客卿因筆墨，卑於《爾雅》注蟲魚」。言詞賦非所以取士也。然皆不可。

《雪詩》「平治險穢非無德，潤澤焦枯是有才」。説得意思佳。但上一句正可言才，下一句正可言德，布置似顛倒耳。

《雨過詩》「誰似浮雲知進退，纔成霖雨便歸山」。

《寄育王詩》「人更天寒最静便」。士大夫或自號静便，若其取此，果何等氣象耶？

《詠竹》「人憐直節生來瘦，自許高材老更剛。曾與蒿藜同雨露，終隨松栢到冰霜」。見其自少抱負不凡。

《嚴陵祠堂》「跡似磻溪應有待，世無西伯可能留」。荆公此言過矣。古今隱士，人品各自不同。有抱天下之志而隱者，有無志於斯世而隱者，有志念澹薄本無操守而終變者。抱天下之志如伊尹、孔明是也，本無操守如盧藏用、种放之流是也。如嚴子陵，特無志於世者，使其才足有爲，光武縱德薄於湯武，獨不名正於湯武乎？孔明尚輔一隅之先主，奈何子陵不輔中興之光武耶？士必待西伯而後出，孔子歷聘之志荒矣。

絶句

《謝公墩》「我名公字偶相同，我屋公墩在眼中，公去我來墩屬我，不應墩姓尚隨公」。劇戲之巧如此。

「繰成白雪桑重緑，割盡黄雲稻正青」一聯甚工，詩中重見。「殺風景」三字見《戲蔣潁叔詩》，云「但怪傳呼殺風景，豈知禪客夜相投」。

《讀漢書詩》「畢竟論心異恭、顯，不妨迷國略相同」。此語爲京房、劉向發，不曉荊公何見也？

「緇郎」字見三十二卷《詠淵師詩》。

《揚子詩》「千秋止有一揚雄」。荊公每尊之，以比孔子而略孟子，此其爲荊公之見識也。

《商鞅詩》「自古驅民在信誠，一言爲重百金輕。今人未可非商鞅，商鞅能令政必行」。荊公平生心事盡見此詩矣。然荊公雖博學而不明理。誠之一字固未易言。信之爲義必有其實。徙木三丈而酬金百斤【二】，天下寧有此理？此正商鞅矯情以行詐耳。顧謂之信誠可乎？果誠信，民將不令而從，謂誠信爲驅民之具，何耶？

《讀後漢書》云「可憐竇武、陳蕃輩，欲與天爭漢鼎歸」。如公之言，則曹瞞輩盜竊神器，皆順天者耶？

【二】徙木三丈而酬金百斤　「徙木」原作「徒來」，據文淵閣本及《史記·商鞅列傳》改。

集句諸作雖似劇戲，其巧其博皆不可及。

賦、銘等皆淡古。

書疏

《上仁宗皇帝言事書》謂方今患在不知法度，陛下雖欲更革，而方今天下之人才不足。須復古者教之、養之、取之、任之之道，而後得其人。古之人欲有所爲，未嘗不先之以征誅。文王先征誅而後得意於天下。孔子所至，使君臣捐所習，雖排逐而終不變。在上之聖人莫如文王，在下之聖人莫如孔子。欲有變革，則其事如此。愚讀之駭然。蓋公之昬愎妄作，盡見此書。使吾仁宗而少售其言，豈待熙、豐而後天下騷動哉？且愚聞之有治人無治法，而公首言不知法度，何也？何世不生材，何材不足用於世，而公首言人才不足，何也？文王不長夏以革，孔子非甚不得已之事，亦惟從衆。魯人爲長府，則曰何必改作？而公誣文王以征誅得志，誣孔子雖排逐而不變，何也？昔賈誼嘗言治安於漢文之世矣，事理精確，議論偉然，文帝尚不爲之動。况吾仁祖重厚之德又過文帝，而荆公陋弱之論遠慚賈生，薄而棄之，正不待食釣餌而後知其詐也。奈何公清苦之行，該博之學，納交韓、吕，佯退求進，言不用而名益顯。神宗以鋭意斯世之心而卒聽之，公遂得以鄙夷當世之人才，效尤王莽之法度。朝廷竟以征誅爲威，公亦卒爲排逐而不變，悉如前日所言。悲夫！

辭集賢校理者四，辭同修起居注者前七後五，以後不復辭。

《擬上殿劄子》與《上仁宗書》一同，獨於人才教養等説差略耳。公平生所見想不出此。

《上五事劄子》自言和戎、青苗、免役、保甲、市易之利。

《議入廟劄子》蓋以帝居諒陰，臣僚言郊祀不當入廟也。公非其説，以爲陛下尚在諒陰之中，非可以制禮之時。愚謂吉凶不相參，郊廟之禮皆吉禮也。臣僚言不當入廟，而不能并者，郊禮已有遺恨，公又併以入廟爲無傷。豈以道事君，學古入官之義哉？且古禮久廢，不過舉行，而曰非可以制禮，何耶？

《論館職劄子》謂當試問日親近之説已當。審《本朝百年無事劄子》言仁宗之爲君，得之，歸之天助，而勸其君以大有爲，則非矣。

言郊無二主及祭地無燎燔之禮，皆是。

《進字説劄子》、《改三經義誤字劄子》皆無義理，公自沉溺罔覺耳。

捨宅爲寺、捨田爲供，村夫野姥之事，亦煩聖聽。公之不學無識如此。

《乞解機務》等劄子往往皆狠愎不悛之言。

內制

簡淡有古意，惟《勑牓交趾》一篇。考其時熙寧八年，交趾入寇，以公新法擾民爲説，則公已不當内制之職矣。勑牓乃其所自爲，蓋公侵官以行私，且其時彗星示變。而勑牓有云天示助順，已兆布新之祥，果天意否耶？

外制召試三道，其二以散文爲之，以此知祖宗盛時，制誥尚存古意。自宏詞之名立，而朝廷訓誥之文遂同場屋聲病之習矣。

表

《百寮賀復熙河》此率其徒以欺上者也。

《進洪範表》謂陛下足以黜天下之嵬瑣，而紀綱憲令尚或紛如。當考箕子所述，以深發獨智，此誤上之言也。除平章等謝表，動斥人以姦回以讒誣，此狠愎之言也。而乞退之表曰任怨特多於前輩，曰智或不足以勝姦，而人人與之爲敵，此執迷終身之言也。

議論

《郊宗議》辯其不同之義，甚悉。

《答聖問賡歌事》釋《尚書》「慎乃憲」一句稱：爲法以示人。此正與經意相反，蓋公紛更一念之私，所在而見也。

《看詳雜議》凡十四條，惟議不當廢發運及都水監爲正當，餘皆特變他人之説。議廢宫觀使、副都監，此神宗偉舉也，惜公不能贊决之。世豈有國家大臣而爲左道異端看管祠廟之理？亦豈有未嘗識其祠廟而繫空銜以素餐，及一祠廟而數人重疊繫銜之理？

世俗習慣，恬不爲怪。公好紛更，而此獨不能贊決，何耶？禄以酬勞者也，不釐務於義何取？而公乃曰等之無功罪，釐務則計日得遷，不釐務則不得計日而遷爲不均，此尤謬論也。

漢以丞相史刺察州郡謂之刺史。本朝許元爲轉運使，諸路有米貴則全輸錢，以當年額而爲之，就米賤路分糴之。年額易辦，而所收錢米常以有餘。

《詳定十二事議》温公請舊官九品之外，别分職任差遣爲十二等。王珪以爲難行，而荆公併非之。

《易泛論》釋《易》中字義甚詳，卦名解始於剛柔始交之《屯》，輾轉次第，用《序卦》之法而論其次，頗有牽强處。内云《中孚》者至誠之卦，《無妄》則不妄而已。此恐未安，無字與不字自是兩義也。

《河圖洛書義》謂「圖以示天道，河通天，而龍尚變，天道也。書以示人道，洛中地，而龜尚占，人道也。」義亦通。但未常不相關，而河通天之説，恐難考。

《諫官論》謂諫官之置爲非。諫官士耳，而責以三公之事，主聽之而改，則是士制命而君聽。此公强狠自任，不恤人言之心所發也。狂夫之言，聖人擇焉而可，曰君聽命於士乎？

《伯夷論》謂伯夷未嘗有叩馬諫伐之事，而韓子之頌爲大不然，疑伯夷不過老死道路耳。果如公言則孔子求仁得仁，又何怨之説，及餓死首陽之下，民到于今稱之之説，果何爲而發哉？甚矣！公之好異論，疾正人而不顧經訓也。

三聖人指伊尹、夷、惠言之。謂各隨時制行以矯其弊。至孔子時，三聖人之弊各極於天下，乃出於聖之時，四人相爲終始而集成，非孔子一人之力。使三人者當孔子時，皆足爲孔子。何哉？公之舛談也。

《周公論》謂《荀子》所載周公禮士之事無之，不過修養賢教士之法。愚謂荀卿所載，固不免後世增飾之説。然養賢教士乃公治定後旋爲之制，方其驅馳艱難時，安得而不下禮於士？荆公之論，適足以啓後世富貴者簡賢之心，非有識之言也。

《子貢論》闢《史記》所載説齊伐吴救魯之説，理直文暢，可以成誦。

《揚孟論言性》蓋公尊揚，故牽合其説。

《材論》謂天下未嘗無才，與所上仁宗書正相反。而此論爲正。

《命解》謂孔子不得行道，孟子不得行禮。此不過嫉世之言。

《對疑》釋供奉官以下不得行親喪之意。

《洪範傳》其字義多足取者。

《易象論解》倣《序卦》言次第之義。

《周南詩次解》亦倣《序卦》爲之。

《禮論》謂荀卿不知禮，自是曉然之理。

《禮樂論》以道家修養法釋先王立禮樂之意，則公溺於異端之見也。《大人論》亦涉異端。《致一論》言安身崇德。《九卦論》言處困之道。皆於理無背。

《九變而賞罰可言論》蓋釋莊周之言，所未曉也。然其言曰：「莊周，古之荒唐人也。聖人者與之遇，約之不聽，殆將擯之海外，不使疑中國。」此其言當書。

《夫子賢於堯舜論》孟子此言不過以其集大成，功施萬世耳。而公以制法爲言，蓋借以發一己之私見。又以伊尹、伯夷、柳下惠、孔子四人相因而備，殊覺多事。且謂道發乎伏羲而成乎堯、舜，昔揚雄以法爲言則可耳，道豈有待而成耶？且又謂繼而大之於禹，堯、舜之道，豈待禹而後大者耶？

《三不欺論》古人之言自各有攸當，於理未礙。恐不必各指一事之偶不合者以難之也。

《王霸論》明白可讀。《性情論》雖間於理未合，而謂情本非惡之説正。《勇惠論》孟子之説已明，不待言者也。《仁智論》按《里仁》一篇已明白。

《中述》之説平。《行述》謂孔子非求行道，恐是矯世。愚按孔子嘗曰「吾豈匏瓜也哉！安能繫而弗食」。

《夔説》謂集禹、稷等衆臣成功，夔所以稱其樂之和美，非以爲伐以美舜也。

《季子》謂其葬子三號遂行，既聘而反，不盡哀爲非禮。孔子稱之，蓋稱其葬之合於禮爾。

《荀卿》辯其仁智之説爲失次。

《楊墨》謂楊子爲已近於儒，墨子爲人遠於道。公蓋有疑於孔子爲己爲人之分也。不知義理各有攸當，孔子之爲己是務實，楊朱之爲我是自私，兩不相干。此説只合以孟子之説爲正。

《老子》辯其三十輻共一轂，當其無有車之用。謂無之所以爲用者，以有轂輻也。無之所以爲天下用者，以有禮樂刑政也。如其廢轂輻於車，廢禮樂刑政於天下，而坐求其無之爲用也，則亦近於愚矣。愚按此論甚工，當寫出熟讀。

《莊周》謂其矯枉過正。

《原性》、《性説》二篇闢韓文公。

《對難》説命。

《禄隱》一篇專爲揚雄飾事莽之非。然皆泛辭，無説可解。

《太古》謂太古之不可行。

《原教》謂善教者正己而不强民。

《原過》謂改過則復得其性。

《進説》謂楊叔明以父任得京官，不必自枉爲進士。然謂進此者皆枉己，則恐太過。

《取材》欲策進士以經學。愚謂人才皆可用，顧人主用之如何，必欲求多於藝文間，抑末耳。

《興賢》一篇亦可讀。謂商之興有仲虺、伊尹，其衰也亦有三人。周之興，同心者十人，其衰也亦有祭公謀父、内史過。兩漢之興也，有蕭、曹、寇、鄧之徒，其衰也亦有王嘉、傅喜、陳蕃、李固之衆。亦有之説極精神。

《委任》云不疑於物，物亦誠焉。此名言也。然愚謂行之以明，然後無弊。若公於吕惠卿輩，何嘗疑之？彼果以誠報公耶？

《知人》一篇明潔可讀。謂貪人廉，淫人潔，佞人直。

《風俗》言京師奢侈之弊。

《閔習》言父母死，則燔而捐之水中。

《復讎解》謂復讎之義，爲亂世之子弟言之。

《推命對》言貴賤，天之所爲，但當力於仁義。文極工，當寫讀。

《使醫》以喻專任。愚謂有專任而治者，有專任而亂者，言不可若是其幾也。

《汴説》詆富貴人寵術士者，文甚工可讀。

《議茶法》謂鞭朴流徒之罪未嘗少弛，而私販私市者亦未嘗絶於道路。昔弘羊榷酤，霍光罷其法。蓋義之勝利久矣。嗚呼！方公爲此議，是非曉然，何他日之弗思耶？

《乞制置三司條例》謂省勞費，去重斂，寬民力。然則公之行此，自以爲可利天下也。

《相鶴經》謂作於浮丘伯，而淮南公得之嵩山，恐未必然。

《策問》十一道皆簡易。

《許氏世譜》許規嘗羈旅宣、歙間，旁舍有呻吟且死，指橐中有黄金十斤，屬以骸骨者。規負其骨千里并黄金致死者家。規蓋國初人，生三子：遂、遜、迴。遂起家云。

《傷仲永》金谿農家子方仲永，五歲能詩，父日携之環丐於邑人，不使讀書，十二三歲而詩不及前，年二十而泯然衆人矣。教之不可已如此。

書

《答韓求仁書》前一段説《詩》，後説《論語》，皆有可觀。

《答龔深父書》謂揚雄之仕合於孔子無不可之義，吾斯之未能信也。公山弗擾以費叛，召子，欲往。欲往非真往也。向使其真往，必有正救之矣。豈至如揚雄從叛，又復而歌頌之耶？

《答韶州張殿丞書》文字宛轉可觀。

《答司馬公書》執迷之説也，《答曾公立書》狠愎尤甚。《答吕吉甫、王子醇書》又相從於惡者也。

《與陳和叔内翰書》謂其以券致饋，喻令來取，爲非交際之道而不受。陳誼甚正，可以廉頑。

《答曾子固書》謂小説無所不讀，然後能知大體。嗚呼！此公之所以不能知大體歟！又謂方今亂俗不在於佛。嗚呼！此公之所以自誤而亂俗者歟！

《上相府執政等書》皆公初年以私計擇官。其上相府有云「牛羊之踐，不忍不仁於草木」。按《行葦詩》乃牧人禁止牛羊之辭，故曰牛羊勿踐履，或詩人感興之言，未必出於牧人也。況可謂出於牛羊耶？

《與劉原父書》昔梁王墮馬，賈生悲哀，泔魚傷人，曾子涕泣。今勞人費財於前，而利不遂於後，此某所以媿恨無窮也。按公此言，其良心之一復歟！

《答吴孝宗書》孝宗謂《詩》、《禮》不可以相解。公謂惟《詩》、《禮》足以相解。愚按《詩》言人情，未必真有其事。《禮》則制度確然，皆有其實。鄭康成以《禮》解《詩》，或多拘泥，動以託興之言求之制度，至其解《禮》則的當精潔。後世雖有解者，不過衍之耳。吴孝宗之言恐不爲無見也。

《答錢公輔書》公輔以先人屬公爲銘，欲有所增損。而公斥之。至謂其甲科通判，市井小人皆可得之，何足道？蓋公之執拗暴厲多類此。

《與王逢原書》謂窮而憂世，近於救鄉鄰之鬭。

《上杜學士言開河書》此公宰鄞時勤民之事也，當録出。

《與李參書》云闠門與其子市，雖盡得子之財，猶不富也。其後公雖不能行，亦可謂善喻。然公本心常以榷民之利爲非，所行新法皆求所以利民，而不知適以擾之。故公終其身不悟。

《答段縫書》爲曾子固辨謗。

《上運使孫司諫書》諫其令吏民出錢，募人捕鹽。謂海旁之人，雖日殺人而禁之，勢不止也。今重誘之使相捕告，則州縣之獄必蕃，而民之陷刑者將衆。此仁人之言也。公時爲令，而敢以此諫切其部使者，仁者之勇也。

《上人書》云文者，務爲有補於世而已。又《與祖擇之書》謂二帝三王，引而被之天下之民。孔子、孟子書之策，皆聖人之所謂文也。愚謂論文至此，不其盛矣乎！

《答王該書》云不幸而無以養，故自縻於此。此公作邑時言也，讀之於我心有戚戚焉。他日公亦云：居非其好，任非其事。又云：苟居竊食，動輒媿心。

《答蔣穎叔書》説佛家無性之義，然不可曉。

啓

《賀韓魏公啓》言衆人之所未嘗任，大臣之所不敢，此確論也。公之啓皆平易如散文，但逐句字數相對，以便讀耳。自宏詞之科既設，《啓》、《表》遂爲程文，各以格名，無復氣象。

記

《君子齋記》大略云：天子，諸侯謂之君，卿大夫謂之子。古之爲此名也，所以命天下之有德。故天下之有德，通謂之君子，有其位無其德，謂之君子，稱其位也。有其德無其位，謂之君子，稱其德也。位在外也，遇而有之，則人以其名子之，而以貌事之。德在我也，求而有之，則人以其實子之而心服之。終篇反覆歸重於德，可録出讀誦。

《桂州新城記》謂城郭非先王所恃以爲存，又不當以爲後，而歸重於得人。理正文婉。

《繁昌縣學記》謂奠先聖先師於學而無廟，古也。聖人與天地同其德，天地之大，萬物無可称德。故其祀質而已，無文也。皆説得正大。

《芝閣記》實貶題，而寄興以及其大者，意味無窮，猶爲諸記中第一。

《鄞縣經遊記》爲浚渠作也，當考。

《慈溪縣學記》起頭謂天下不可一日而無政教，故學不可一日而亡於天下。此兩句關涉大。

《揚州龍興講院記》結句云「嗚呼！失之此而彼得焉，其有以也夫。」此文法之妙，世所共称道者也。然邪説誣民，故浮屠之寺廟被四海，此何足以称其賢而反借之以貶吾儒哉！

《石門亭記》文之變體也。

《撫州見山閣記》謂富工豪賈往往能廣宫室，吏亦當因其餘力以自娱樂。於理已短。又貶召伯甘棠之事爲非，尤未安。

《九曜閣記》、《揚州新園亭記》、《撫州三清殿記》皆隨事立文法，精確老蒼。

序

《〈周禮〉、〈詩〉、〈書〉三經義序》皆公自主其説。《字説序》謂知此則於道德之意已十九。何過耶？

《老杜詩後集序》云「嗚呼！詩其難，惟有甫哉。」

《石仲卿字序》謂成人則貴而字之。春秋二百四十二年間字而不名者十二人而已，不失其所以貴乃爾，少也。

《唐百家詩選序》云廢日力於此，良可悔也。可謂高論已。嗚呼！公才高千古，無書不讀，於詩特游戲，且悔之如此，況庸衆人平生矻矻於詩者乎？雖然，惟其不如公所以不知悔。

《送孫正之序》以不以時勝道爲説，以孟子、韓文公爲證。此正論也。

《胡叔才序》以無禄位爲親榮，而指示其在我之榮。

祭文

《祭范文正》始贊其力行，終惜其不盡試。《祭歐陽公》謂其積於中者，浩如江河之停蓄；其發於外者，爛如日星之光輝。其清音幽韻，淒如飄風急雨之驟至；其雄辭閎辯，快如輕車駿馬之奔馳。世之學者無問乎識與不識，而讀其文則其人可知。凡皆二公實録也。

《祭束向》称霜落之林，豪鷹雋鶚，萬鳥逃避，直摩蒼天。又称如羈駿馬以駕柴車，側身墮首與蹇同芻。此言其才而不遇，文皆精妙。

行狀

《曹瑋行狀》載邊功詳，可爲後世法。

墓誌銘

《孔道輔銘誌》以擊蛇爲小事而附其後，得體。

《曾致堯誌》爲其孫南豐作也。末論遇合處，宛轉可法。

《蘇安世誌》載其辨歐九見誣於首。

《節推陳之元誌》無實事以虛文，反覆可觀。

贈光禄趙師旦，儂賊時死節士也。

李餘慶作華亭、海鹽二監，爲石堤自平望至吴江五十里，皆其倅秀州時也。

《仲訥》權明州推官，辯海賊数十。

《臨川吴子》善爲家，有篤行。發明處極可觀。

《比部陳君銘》工。

《傅立》遺戒，以質田券還田主。

《郭維》知南豐，治豪猾觀政者。

《奉化王文亮》導之後也。嘗渡浙江，有忘白金百斤者，留守三日以歸之。

《海陵簿許平誌》亦以虚文發明。

《知興元王公》爲通判真定時，能化誘其帥王嗣宗之暴，載其他事，皆可法。

《劉牧》均税江西，期年而後反，曰是役也朝廷豈以爲也，亦曰愛人而已。今不深知其利害而苟簡以成之，君雖以吾爲敏，而人必有不勝其弊者。

陳夫人生子余翼，三歲而遊學四方，不相聞。在外十二年以進士起家，爲吏始歸，見夫人於鄉。世豈有三歲而遊學四方者耶？恐傳本訛耳。

文人不護細行，世有是言矣。亦孰知博學能文，其清修苦節有如荆公者乎？然公之文有論理者，必欲兼仁與智而又通乎命；有論治者，必欲養士、教士、取士然後以更天下之法度。其文率曖昧而不彰，迂弱而不振，未見其有犂然當人心，使人心開目明，誦詠不忘者。或者辨析義理之精微，經綸治道之大要，固有待於致知之真儒耶！惟律詩出於自然，追蹤老杜，記誌極其精彩，髣髴昌黎。雖有作者，莫之能及。公其文人之護細行者乎？嗚呼！文亦何補於世，乃因細行而致大用。以其論理、論治之差者，而施之天下，則所傷多矣。

蜀人黄制参有大，年且九十，作書撫州，求《荆公集》云「人雖誤國，文則傳世」，此確論也。因附此。然公論治講理之文與題詠記碣之文，如出兩手，又不當例觀也。

咸淳八年十月再書。

卷六十五

讀文集七

黄涪翁文

賦

《賦十首》對青竹得於嘉州，意即吾鄉間碧玉之類也。

《茶賦》謂寒中瘠氣莫甚於茶，或濟之鹽，勾賊破家。於是有胡桃、松實云云。蓋今用茶果云。

詩

《濂溪詩序》言周茂叔人品甚高，胸中灑落，如光風霽月。晦菴謂此語最善形容有道者氣象。而乃謂濂以志廉，豈濂溪二子壽、燾亦不詳家世之舊居以告耶？

《木之彬彬詩》謂知人之微，楊修之取禍不如隰子之止伐木，隰子又不如百里奚之去虞也。郎罷出三卷《送少章詩》。「西風壯士淚，多爲程顥滴」。南窗讀書聲吾伊四卷。海牛押簾。録續見卷六。　銀茄，但觀百世後傳者非公侯。　東坡移和靖配食水仙。見七卷詩註。　暖足瓶名脚婆。　唐婆鏡葉底開花，號羞天花。　山谷云此鬼臼也，歲生一臼，滿十二歲可爲藥。今方家所用乃鬼燈檠草耳。

《書磨崖碑後》撫軍監國太子事，何乃趣取大物爲。　桃李春風一盃酒，江湖夜雨十年燈。見九卷《寄黄幾復詩》。《嘲小德詩》「學語轉春鳥，塗窗行莫鴉」。　蓮蓬。　竹夫人改名青奴。「匹似無田過一生」見十卷，今俗云譬似。　喪家狗，喪本平聲，山谷詩云「顧我今成喪家狗，期君早作濟川舟」，乃作去聲用。　猫兒頭笋十二卷。「在官而可行其私，惟學而已」。十三卷《壁陰齋銘》。行菴王良翰剪樧作。　川蘁璒見十四卷《演禪師贊》。「人得交游是風月，天開圖畫即江山」。

序

《胡宗詩集序》、《王定國文集序》、《小山集序》皆山谷文之暢達變化，可壓卷者也。若成誦，可長一格。十六卷。

《伯夷叔齊廟記》謂諫武王不用，去而餓死。　則予疑之。　陽夏謝景平曰二子之事，凡孔子之所不言，可無信也。　其初蓋出莊周，空無事實。　其後司馬遷作《史記》列傳，韓愈作頌，事傳三人，而空言成實。

楊惠之以塑工妙天下，爲八萬四千手眼觀音，不可措手，故作千手眼。　今之作者，皆祖惠之。

山谷請東坡作文法，云但熟讀《檀弓》。

雜著，以《莊周内篇論》爲第一，謂由莊周以來，未見賞音者，晚得向秀、郭象，陷莊周爲齊物之書。以《論語斷論》爲第二，謂義理之會也，不能心通性達，終無所得。以《孟子斷篇》爲第三，謂子雲知孟子。

《解疑篇》論御奴婢云，退自省不肖之狀，在予躬者甚多。

墓誌

狄遵禮知鄞縣，縣無訟。築亭觀，延閩人章望之講學，士子頗歸之。

吴革爲吉州，先是蹇周輔增鹽課二百萬，民已失生理，而魏綸上諸縣，增課九十五萬。公至則請今後所增鹽，勿以爲課。

韓復知五臺山寺務司，五臺供施傾天下，惡少年多竄僧籍中，囊槖爲奸。君擿其魁宿置于法。

劉禹爲德榮縣，鹽井淡而征不除，君爲歲蠲四十萬。

四會縣民岑探爲妖，經略使遣將童政捕斬。而政部曲多不法，黄幾復言於經略，謂一童政之禍，百岑探不足云。

山谷貶黔州時，李元叔仲良兄弟相繼周之。

山谷作銘誌，簡明有法，多佳者。晁補之父與劉道原者，宛轉尤佳。

又可不堪其憂耶？

題跋

《題自書卷後》予所僦舍，雖上雨傍風，家本農耕，使不從進士，則田中之廬舍如是，貧士不能相活，富子不足與語。

《牧護歌》是巴中賽神曲。又見《别集》。

巴蜀自古多奇士，獨不聞善書者。

菴非屋宇，不當從广。《三國・焦光傳》云「居蝸牛廬中」，意是今菴。後漢皇甫規持節監關中兵，親入菴廬巡視，即用此菴字，爲有據依。

《列子》書有深禪妙句，蓋普通中事，不自葱嶺傳來，信矣。

荆公勸俞清老脱逢掖，著僧伽。黎然生龜脱筒，亦難堪忍。後數年見之，儒冠自若也。山谷又嘗跋贈清老，謂其忿慉欲祝髮，曰免與俗子浮沉。子曰去而與祝髮者游，其中雖有道人，亦如沅江九肋鼈爾。與俗子爲伍，方自此始。

男女昏嫁，渠儂墮地，自有衣食分齊，所謂誕置之隘巷，牛羊腓字之，其不應凍餓溝壑者，天不能殺也。今蹙眉終日者，正爲百草憂春雨耳。意天字當作人。

一幹一華而香有餘者蘭。一幹五七華而香不足者蕙。

《爾雅》山有穴爲岫。謝玄暉詩窗中列遠岫。徐季海云孤岫龜形在，皆誤用字。

荆公稱《竹樓記》勝《醉翁亭記》，山谷主之。

歐公賞和靖疏影横斜之句，山谷謂不如「雪後園林纔半樹，水邊籬落忽横枝。」

司馬談之子遷，劉向之子歆，班彪之子固，王銓之子隱，姚察之子簡，李穴師之子延壽，劉知幾之子餗，皆繼世汗簡。

《狂僧誓酒文》見二十七卷。

二十八、二十九兩卷皆評書法，謂二王父子之後惟張長史、顔魯公有韻，本朝則東坡。又論《遺教經》譯於姚秦弘始四年，在王右軍没後數年，至貞觀中行《遺教經》。

《縣印却不祥》云昔有道人禁人競渡，不行，舟人有嘻笑者。道人云：此有道術，夜當報我。乃謁縣令，置床卧，而借縣印閣其上。中夜有聲硜然，至印而止。吾鄉明州州印缺角。聞昔有太守李夷庚精道術，嘗坐三江亭望舶舟將至，戲以茘子殼置酒盃而撥之。舟亦與之俱旋，俄而舟不旋，夷庚驚曰：此有報我者矣。亟疊卓坐其下，而閣州印其上。俄有飛劒來，缺印一角。夷庚起而怒曰：我戲爾，乃遽爾耶？作法沉茘子殼，舟亦沉。以今縣印事觀之，則有之矣。

《或問不俗之狀》曰難言也。視其平居無以異於俗人，臨大節而不可奪，此不俗人也。

山谷欲取所作詩文爲《内篇》，其不合周、孔者爲《外篇》。二十六卷末。

外集

《墨竹賦》陽虎、有若之似夫子，市人識之。顔回之具體，門人不如。

《贈李彦深》「上丁分膰一飯飽，藏神夢訴羊蹴蔬」。

《上冢詩》云「松楸十年拱」，和云「芝菌生晝栱」，栱與拱各字。

《送曹子方詩》「子魚通印蠔破山」。愚聞子魚出興化通應港，有通應侯廟，故名。此魚以小爲貴，無通印者。東坡亦曾誤，蓋傳聞以通應爲通印。

《泊舟白沙江口詩》「呼禹濟黄川」，呼禹字記出柳詩。

《題山谷大石》「畏畏佳佳石谷水」，畏音委，佳音觜。

《催公靜碾茶》「雪裏過門多惡客」，自注云：不飲者爲惡客，出《元次山集》中。又别詩云「不用閑攜惡客來」，亦注如此。

《挽李濠州》「未信斯言隔九京。」京本音原，今如字，與城字連韻。

《寅菴詩》大臨作。「夏栽醉竹餘千箇，春糞辰瓜滿百區」。以五月十三日竹醉，及辰日種瓜也。山谷自和師厚《栽竹》「根須辰日斸，笋要上番成」，是竹亦辰日種。

《弈棊詩》「簿書堆積塵生案，車馬淹留客在門」，言廢事也。

《太和皇縣丞詩》「裹多齊𥈭氏」，自注云：𥈭氏《漢書》音閑。今濟南多此姓，乃音諫。

《歐陽誌銘》云世傳渤海歐陽堅石死趙王倫事，其族避地長沙。故江湖諸歐陽皆祖堅石。愚按此事詳見《歐陽公族譜》。

書几書研，自黥其面。出子弟戒。　鹿啖九草，葛葉及花、鹿葱、鹿藥、白蒿、水芹、甘草【一】、齊頭蒿、山耳、薺苨，皆解毒之草，故餌藥者勿食鹿肉。

《食時五觀》謂：飲食之教在《鄉黨》、《曲禮》，而士大夫臨尊俎則志之。愚謂此語切中人病，而又豈惟飲食之事爲然哉？然今僧人受戒第六念全載此文。豈竊用之歟？觀之爲義，本自僧人來耳。

《與王子飛書》謂作牋古無此禮，近世李宗諤始以公狀施於私敬。如王元之、楊大年皆不用。故在高位而不可望以相知者未嘗與書，其可望以相知者不修世俗之禮。

淫坊酒肆，即是道場，見成都府請六祖禪師文。

《雨晴過石塘詩》「晴岫插天如畫屏」。余按山谷謂岫爲山之穴，古作山用者非。而今云晴岫插天，幾自背其説矣。

揶揄作由音押

《對雨寄趙正夫》「故人疊疊去，宰木上女蘿」。愚按汪内翰作曾纖墓誌云「宰上之木拱矣」，宰字代冢字用也。

《寄扶溝程太丞詩》「扶亭大夫伯淳父」，平生執鞭所欣慕。

《會稽竹萌詩》「碩人俁俁舞公庭」。余友昔或謂余詩不用經句，然則亦無此拘也。玉

【一】水芹甘草　「甘」原作「其」，據黃庭堅《鹿性》改（《黃庭堅全集》下册，江西人民出版社，二〇一一年）。

蹀躞《和侍講詩》。雨甲煙苗《菜杞》。薩跛蠆《雪中詩》。

《次韻子高》「緑葉青陰啼鳥下，游絲飛絮落花餘」，見晚春意思。

《豫章先生傳》先生其先金華人，六世祖贍以策干江南，用爲著作佐郎，知分寧縣。贍生玘，玘生元吉，始小築水上。元吉生中理，中理生湜，湜生庶，嘗攝康州，實生先生。幼孤，從舅李公擇學，登治平四年第，調汝州葉縣尉，除大名府國子監教授。留守文潞公留之，再任。先是眉山蘇公見先生詩於孫莘老家，因以詩往來。蘇公以詩抵罪，先生亦罰金，直差知太和縣，移監德平鎮。過泗洲僧伽塔，作發願文，戒酒色肉，但朝粥午飯如浮屠法。時元豐七年三月也，召入館修《神宗實録》，丁母憂，除同修國史，辭疾請郡奉祠。紹聖初謂《實録》多誣，責涪州別駕，黔州安置，外兄作本路常平官，避嫌，移戎州。徽宗登極，叙復。又召爲吏部員外郎，不得拜，知太平州。九日而罷。以嘗作《荊州承天院塔記》，運判陳舉採摘其語以爲謗國，除名編隸宜州，卒焉，年六十一。先生風韻灑落，胸中恢疏。事母孝，有曾、閔之行。遇郊當任子，舍其子而官其兄之子。嘗游灊皖樂山谷等，石牛洞之林泉，因自號山谷道人。王炎集其文，李彤再爲外集。諸孫耆近爲《別集》。

別集

《毁壁序》叙山谷之女兄事姨母之子洪民師，年二十五而卒。姑惡之，不以葬，焚而投諸江。山谷築亭廬山而妥之。

《通神論》序論六經之旨深矣。近世劉敞、王安石之書，讀之亦思過半矣。

《馬文叔字序》元名景純。名字加景，蓋自漢、魏以來失之。《詩》云「高山仰止，景行行止」。景行猶高山也，而曰景仰之者，余不知其說也。

《黄彝字説》酒善溺人，故六彝皆以舟爲足。有而不規者，疏之也；無而置戒者，親之也。

轉輪藏始於雙林大士。

《注〈老子〉「道可道」一章》。先注「常」字云「神鬼、神帝先天先地【二】，自古以固存，所謂常也」。其注「無名」云：「常有欲而生太空【三】，太空忽生天地，天地以我爲始，故强名之曰無名」。愚按老子所言，雖非義理之正，就其本文意儘明白。今山谷之注如此，則不曉其何説矣。

《杜詩箋》請急，請假也。晉令如此。

咳苦革反。籠竹之籠音永。蜀名大竹爲夢籠。竹葉出張華《輕薄篇》，云「蒼梧竹葉青，宜城九醖酒」。峽中養鴉雛，帶銅錫環獻神，名烏鬼。

《答王周彦書》有云孔、孟之學不及於周公，殆不曉其何義？

《戒讀書》士大夫家不可令讀書種子絶。

《論作詩文》云安樂温飽，君子所畏。又自謂作詩在東坡下。文云潛少游上，雜文與

【二】神帝先天先地　第二個「先」原作「光」，據文淵閣本及《黄庭堅全集》下册改。

【三】常有欲而生太空　「有」原作「無」，據文津閣本及《黄庭堅全集》下册改。

無咎等耳。

《論俗呼字》蘒苴，泥不熱也。橙，橘屬也。棖，兩旁長木也。今人書凳爲橙，非是。橙音澂，疑今之金橘是也。奊㚖音烈挈，務出獨見以乖迕，人爲賢者也。傀儡或作魁礨，象古魁壘之士。袈裟，梵語，本云迦羅沙曳。此云不正色，譯書略梵語也。銃仲充切。䨻蒲迸切。使令人不便利也。論《周禮》酏食以酒爲餅，若今發膠餅，蓋炊餅也。旁曰帷，上曰幕，合曰幄，上承塵曰帟。

《下手書》蓋不能書者，盡指節。

龍眼惟閩與南越有之。左思《蜀都賦》云旁植龍目，亦不自知其失也。

青陽氏本洛陽。唐末有虞部者官於蜀，留居井研，鬻鹽爲富人，凡巴蜀之青陽，皆以井研爲宗。山谷誌其墓者名希古。

眉山史氏，自李順、王均之亂，悉散其倉廩而自匿，不汙其亂。有名褒與襄者，始皆登第。

岣嶁讀如苟摟，山顛也。

《牧護歌》巴峽祭神，刳曲木如瓠，擊而歌舞，蓋木瓠字誤爲牧護。

或謂范子政父祖皆名士，故宜賢。山谷曰文王割烹，武王飪鼎，叔旦舉而薦之，管、蔡不食，誰能强之？

陳端夫田，武成學入仕，其意常欲一自洗於俎豆之間。

《題畫菜》「不可使士大夫不知此味，不可使天下之民有此色」。

烈風偃草木，客子當藏舟入浦溆中，强人力牽挽，欲何之耶？

元符三年十二月甲辰夕，雪寒呼酒。崇寧四年二月庚戌，夜沉醉作草。皆在元豐發願不飲酒之後。不曉山谷之發願果何如，豈輕諾者耶？誰實强之而輕諾也。

《跋章草千字文》章草言可以通章奏耳。千字乃周興嗣取右軍帖中所有字作韻語，章帝時未有也。世乃以爲漢章帝書，謬矣。

繆篆音綢繆之繆，漢以來符璽書也。

史紹封乞書爲它日相見之資。山谷曰今日魯直即他日魯直，又安用書爲質耶？

晉城劉仲更多聞强識，《唐書》天文、地理、律曆、五行志皆所更定，諸公仰成而已。

山谷作《静照禪師真贊》「遠山作眉紅杏腮，嫁與春風不用媒。阿婆三五少年日，也解東塗西抹來」。

書簡

極熱物能驅逐藥力，隨大府出則十不得四五方。

陰陽家謂克己者爲官。既已從仕，則受制於官，不得悉如意也。

刲春鉏之股以啗於菟，豈能久堪耶？

數十年先生君子但用文章提獎後生，故華而不實。世間鄙事有甚了期，一切放下，專意修學。

涉獵百篇不如深考一卷。

文章無他，但要直道而語不惼俗。

鐙盞古有短柄。沈約四聲云「鐙盞柄曲」。

二難，前輩用《擬魏太子詩序》云：楚襄時有宋玉、唐景，梁孝王時有鄒、枚。某疑滕王閣會集，主人有兄弟，俱是顯人耳。

人生須輟生事之半，養一佳士教子弟，又當尊敬之。久而不勌。乃可以盡君子之心，而享其功。

涪翁，孝友、忠信、篤行，君子人也。世但見其嗜佛老，工嘲詠，善品藻書畫，遂以蘇門學士例目之。今愚熟考其書，其論著雖先莊子而後語、孟，至晚年自列其文，則欲以合於周、孔者爲内集，不合於周、孔者爲外集。其説經雖尊荆公而遺程子，至他日議論人物，則謂周茂叔人品最高，謂程伯淳爲平生所欣慕。方蘇門與程子學術不同，其徒互相攻詆，獨涪翁超然其間，無一語黨同。方荆公欲挽俞清老削髮半山，涪翁亦屢諫不容。且識《列子》爲有禪語，而謂普通中事本不從葱嶺來。此其天資高明，不緇不磷，豈蘇門一時諸人可望哉？況公雖以流落無聊，平生好交僧人，游戲翰墨，要不過消遣世慮之爲。而究其所能垂芳百世者【四】，實以天性之忠孝，吾儒之論説。至若禪家句眼不可究詰，其是非者等於戲劇，於公豈徒無益而已哉？讀涪翁之書，而不于其本心之正大不可泯没者求之，豈惟不足知涪翁？亦恐自誤。

前輩多以其所居自名，東坡、涪翁則皆以其謫居之地名，稱涪翁亦足配東坡。若山谷，乃灊皖間寺名，翁傾其林泉而樂之，故亦嘗稱山谷。然山谷本唐世蠻獠黄氏洞名，翁，黄氏也，誼不當襲用，但宜稱涪翁云。

【四】而究其所能垂芳百世者　「芳」原作「方」，據明本、文津閣本改。

卷六十六

讀文集八

汪浮溪文

詩

《石舟歎》以宣和五年常州苦旱，乃竭支港之水通載石之舟而作也。《桃源行》似亦因當時求仙而作。《清谿行》則紀方臘之變。

竹枯蕈，見《十月食笋》詩注。「班春古巖寺」班春，謂勸農也。二卷。

《有客來相問詩》謂五代時賀水部所作。三卷。

《賦翁養源瑞松詩》云「絶勝分封五大夫」，愚按五大夫者，秦爵名，非五人也。用分封字未安。紙絞紙撚也。見五卷。

外制

《錢汝士换武制》謂雖唐近世，一一選亦迭爲之。卷十。

《李綱落職制》用驩兜、少正卯爲比，得無已甚乎？大抵誣賢之言多援此。

《洪皓鐫二官》以出使未達而辭難。合考。

《顏岐贈三代制》。初謂孔氏少衰而顏興，既非所宜言矣。繼用陳太丘事而謂顏庶幾焉，得無少貶顏氏耶？

《建炎紹興艱難之詔》見十四卷，令人痛心，猶賴代王言者有若而人也。

韓世忠以妻梁氏私求恩澤而自劾，降詔獎諭。

奏議

《繳孟忠厚文資》援漢章帝欲封外家而馬后不從。

《奏論諸將無功》謂獨張俊明州僅能少抗，不增兵益戍反旋軍空城以挑之，未幾果殘明州無噍類，是殺明州一城生靈。而陛下再有館頭之行者，張俊實使之也。杜充守建康，韓世忠守京口，劉光世守九江，而以王瓌隸杜充，其措置非不善也，而世忠八九月間已掃鎮江所儲之貲盡裝海舶，焚其城郭爲遁計。洎杜充力戰于前，世忠、王瓌卒不爲用。劉光世亦不出一兵，方與韓相朝夕飲宴，則朝廷失建康，虜犯兩浙，乘輿震驚者，韓世忠、王瓌使之也。失豫章，太母播遷，六宫流離者，劉光世使之也。

而張俊方且以萬人殺獲數十人之功，冒朝廷不貲之賞，自明引軍至温，道路鷄犬爲之一空，韓世忠逗遛秀州，放軍四掠，至執縛縣宰以取軍糧。王瓌自信入閩，所過州縣，邀索動以千計。此事人皆知之而不敢言者，以天步艱難，正藉此曹爲重而不敢言耳。今日諸將在古法皆當誅。然不可盡誅也，惟王璯本隸杜充，充敗于前而璯不救，當先斬璯。其他以次貶降，使以功贖過，如張俊之軍獨可賞其有功將士耳。所以移軍輒遁者，俊也，罪亦安逃。

《乞修日曆狀》云漢法，太史公位丞相上，天下計書先上太史公，副上丞相。唐及本朝，宰相皆兼史官，其重如此。

《撫州乞罷造戰舡狀》云威命臨之，上下便文，遞相逃責，至縣而極矣。推移不行，則浚民脂膏以應期會，且以臣所領一州言之，歲得酒税錢不過六萬緡，而月樁大軍起綱，水脚，官吏、軍兵請給衣，賜打箭頭、鐵葉等錢，歲當用六十餘萬緡。以爲不取之於民，是欺陛下耳。

《行在越州條具時政書》大要謂必陛下能使諸將，諸將能使士卒，其言懇切。又欲精擇偏裨十餘人，人付兵數千，直隸御前，而不隸諸將，以漸銷諸將之權。

《進書劄子》設四類求之，一年表，二官閥，三政跡，四凡例。

《論僑寓州郡劄子》東晉治金陵，於江南北僑立州郡，納流亡之人，故江都謂之南兖州，則兖州之人所歸也。京口謂之南徐州，則徐州之人所歸也。以至南豫州、南司州亦然。臣愚以爲莫若因此時用六朝僑寓法，分浙西諸縣悉以兩河州郡名之，多印榜文先行散布。俟其入寇，徐以旗幟招之，彼既知所居各有定處，與鄉居無異，亦何爲而不歸我哉？

《論淮南屯田劄子》虜師既退，國家非暫都金陵不可。而都金陵，非盡得淮南不可，欲保淮南勢須屯田。

表

《行在百官謝許乘轎》云方披棘以立朝，適雨霜之在候，慮乘款段，或至顛擠。乃曲軫於睿慈，俾獲安於徐步。愚按此亦南渡後百官乘轎之事原也。

《皇子賀北郊禮成六表》【一】蓋北郊之禮惟徽廟嘗行之。

啓

《到徽州鄉郡謝啓》「城郭重來，疑千載去家之鶴；交游半在，或一時同隊之魚」。此瀟灑出塵之語也。

《答道士梁舟林得請歸里》「丁令重來，嘆遼海千年之別；知章得請，分鑑湖一曲之秋」。

記

《洪州石頭驛記》天下事壞於以爲不足爲，故陳以道茀不治。單襄公知其必亡，晉以隸人之垣贏諸侯，而子産知其不能。道路次舍，亦豈政之細者耶？

【一】皇子賀北郊禮成六表「北」原作「此」，據文津閣、文淵閣本改。

《洪州右獄盡心堂記》今吾與子一杯相屬於此，亦思有向隅悲泣，滿堂爲之不樂者乎？亦思有捶楚之下，何求而不得者乎？亦思有禁切，寒不得衣，飢不得食者乎？輕用民死，幾何其不挽弓自射也。

《虔州神惠廟記》以神之受職，爲言得體。

《鎮江府月觀記》劉岑季高之所更新也，謂形勢之雄足控制南北，豈直騷人羈客區區登覽之勝。東曰海門，鴟夷子皮之所從逝也。西曰瓜步，魏佛貍之所嘗至也。其北廣陵，則謝太傅之所築埭而居，而江之中流則祖豫州之所擊楫而逝也。今攬而納諸數楹之地，使千載之事了然在吾目中，則季高之志可知矣。

《嚴州高風堂記》始謂帝王功成志得，必有輕天下之心，於是巖穴間有不得而用者出，而百年之風俗係焉。漢之二祖，皆以布衣取天下。高祖時有四皓莫能致，逮光武立，嚴子陵亦不爲帝留。是五人者，出處相類。然四皓晚從太子之招，而風節減於功名，子陵終高卧，故東漢之士尚風節，而以功名爲不足道。鋪叙既足，又接以四皓學伊尹，子陵學伯夷，然後獨歸之本題之子陵而收焉。其文學布置極佳，可爲作文者之法。但以四皓比伊尹，子陵比伯夷，皆不同耳。

《廣德軍范文正公祠堂記》以浩然之氣爲主，謂公立朝如史魚、汲直，憂國如賈誼、劉向，守邊如馬伏波、羊叔子。雖庸人孺子知之。獨筮仕之初，有卓然大過人者，史失其傳，不得不紀。乃叙其事，而終以柳宗元上段太尉遺事，抑揚而收之。

《鎮江府大成殿記》謂道宫、佛刹之立，其徒志堅而材足有立，既非事情矣。又謂吾夫子息爭已亂之道，有功於世，何其卑邪？大抵道佛之盛【二】，由世俗信耶？爲禍福傾動所致，而其徒又無家可歸，相與丐乞經營，爲終身屯聚衣食之地，故成之易。夫子之道乃民生日用之常，安習而與之相忘，既無異端之張皇誘脅，其學官乃朝廷所設以教育人士，必待上之人甚崇重，然後爲士者肯於違父母，辭室家以從之游。屋之成否蓋在朝廷，非士之事也，故成之難。是豈爲士者之才志皆不異端若哉？夫子如天覆地載，民無能名，而又止以息爭已亂爲功。此何等議論？甚矣！文墨之士於儒道未嘗知味，而語言妄發之可羞也。

《鄭固道寓室記》自淵明寓形宇内一語，宛轉發意，文勢極可法。

《永州玩鷗亭記》此浮溪貶所作也。如曰使吾心有以勝物，則李廣之石可使爲虎。使吾爲物所勝，則樂令之弓亦能爲蛇。苟吾心如木石，而無所示，則鷗莫得而闚矣，何爲而不可玩哉！語意極工。

《養浩齋記》貧富、貴賤、死生、禍福皆足以入吾胸中，爲浩然之寇。

《何山書堂記》謂楷以其居爲寺者，非也。

《殖齋記》以苗喻德，文極委蛇。愚按此説本劉向《説苑》。

【二】大抵道佛之盛　「抵」原作「氐」，據文淵閣本改。

《翠微堂記》凡煙霏空翠之過乎目，泉聲鳥哢之屬乎耳，風雲霧雨，從横合散於沖融杳靄之間。而有感於吾心者，皆取之以爲詩酒之用。古人有貴於山水之樂者如此。豈與夫槁項黄馘，欺世眩俗者同年而語哉？

《種德堂記》謂君子非屑屑然置盛衰興廢於胸中，知修身以待其定而已。末援王祥、王覽隱居三十餘年，以孝悌著聞，及晉而子孫蕃大，更六朝、隋、唐，至譜牒不能傳。文意高爽可觀。近世水心亦作《種德菴記》，取而並觀，則知浮溪之過人遠矣。

《靖州營造記》叔孫昭子所館，雖一日必葺其牆屋。薛惠爲彭城令，橋梁郵亭不修，兄宣知其不能。

序

《蘇魏公文集序》文雖同乎人，而其所以爲文，有非人之所得而同者。

《吴園先生張公春秋指南序》孟子去孔子百餘年，於《書·武成》、《詩·雲漢》皆疑，至《春秋》則曰孔子成《春秋》而亂臣賊子懼，未嘗片言置疑其間。其懼，非懼聖人之書也，懼天下是非之公也。自三傳興而聖人之經始不勝其煩，好異者冥思力探，無所不至，乃至子以父學爲非，弟子以師説爲愚，况其他哉？愚按此説爲有理。至其序洪興祖《春秋本旨》，直謂仲尼復生不能易。而末乃歸之興祖，可草辟廱封禪之儀，則文人之妄意談經，其舛甚矣。

雜著

《與吴知録書》所重在文，而排王氏之經、伊川之學。

《郭永傳》永，大名人。建炎初車駕幸維揚，宗澤守京師。永爲河北東路提點刑獄，澤檄永與大名帥杜充相掎角，永得檄大喜，即朝夕謀戰守。且因結東平權邦彦爲援，不數日，聲震河朔，已没州縣皆叛虜應官軍。宗澤死，杜充移守京師，而以張益謙代。會范瓊亦脅邦彦南去，劉豫舉濟南入寇大名，孤處其間，力屈城陷，虜欲啗永降之，永戟手怒駡不絶。虜令斷所舉手，并其家害之。是時死節若劉鞈、李若水、向子韶、霍安國、張克戩、楊邦乂，皆章章尤著，然詈賊不屈無如永。

《王氏贊》王氏屬時艱難，菆金陵正覺寺十八年而啓之，棺衾皆腐敗，獨夫人面如生，自肩有蔓覆之，遂以爲奉佛之報，而爲之贊。愚謂棺衾之易腐者，艱難時菆殯器物不堅也。面目如生者死而不化，世俗往往有之，皆不祥之事也。蔓延其上，棺壞而蔓及之，可哀之甚也。何贊爲？

《跋上舍題名》神宗始以經術造士，欲遂頒三舍天下，未暇也。徽宗益新月書季考之法。崇寧三年首命上舍生，賜第者十六人。愚按學校講明義理，於鄉舉里選仕進之路無關也。變學法以啗士子，捨義理而爭利禄，壞前乎千萬年之學校，禍後乎千萬年之士習。蔡京平生之罪，此爲第一，而世乃習以爲當然。悲哉！

《陳文惠公遺事》公相仁祖，忽夜分有御封至私第，公不啓封，來日奏曰：今中宮虛位，張貴妃有寵，恐奸人傅會，請正母儀，若誠此事，臣不敢啓封。仁祖首肯曰：姑置之。茲舉蓋開悟轉移於談笑之頃，一言興邦矣。

墓誌

《汪伯彦丞相誌》謂伯彦知相州，高宗以康王使斡离不軍至磁，而伯彦亟以帛書請王還相，躬服櫜鞬以兵二千逆王河上。王開大元帥府，以伯彦爲副，欲引兵渡河，謀所向。伯彦獨決策出北門濟子城。於是由大名歷鄆、濟二州達于宋。復勸進即位南京。未幾伯彦有疾，乘輿南渡，咎不由之。愚按黃、汪誤國，三尺孺子能言之，而浮溪反許以中興功臣。此雖阿其所好之言，然自昔大臣得罪萬世者，當時何嘗無可書之事？大節一虧，衆美俱失，不可不戒也。自昔名人才士一失足於富貴之門，唯見其是而不悟其非，卒與之俱辱而不自知，亦不可不戒也。

《汪澥開府誌》澥預王安石釋經之議，又首傳其説。愚按：浮溪愛澥者，而首譽及此，殆不辨是非矣。

《滕康樞密誌》建炎三年宰相呂頤浩建幸武昌，爲趨陝之計。既還建康，又建欲盡棄中原，焚室廬，徙居民於東南【三】。公力持不可。李成力求淮南，呂頤浩欲從之【四】，公命趣知徐州，公扈太后奉神主至洪州。劉光世不能守，金人渡江，退保處州。御史張延壽論

【三】徙居民於東南　「徙」原作「徒」，據文津閣、文淵閣本改。

【四】呂頤浩欲從之　「欲」原作「歌」，據明本、文津閣本改。

之，謫永州，薨。

《蔣猷閣學誌》猷，宜興人，政和、宣和間直言人也。謂今群臣無它能，唯以善候伺人主、承望大臣爲向背者謂之才。又言内侍省不隸六察【五】，又言三省吏官至四品，又言近倖建墳寺，論趙良嗣獻《平燕書》爲狂妄，論范之才謂滁水有鼎可出爲狂妄，論徐惕等進奉後苑。建炎三避虜明州。卒於昌國縣蓬萊鄉，葬鄞縣學隱。

《傅揖待制誌》揖定北郊之議，方建中靖國秋，見時事更張，曰：禍其始此乎？首引去。

《賈讜閣學誌》【六】張邦昌僞赦至揚州，公適在焉，師臣國視莫敢發，公遽取書焚之，北向長號。

《待制張擴誌》公字彦實，嘗爲中書舍人。吴璘入覲，乞用團練承宣使恩爲其子換文資，公持不可。劉光世疾革，援例乞免其家差役科敷，又持不可。

《曾衢州紆誌》布弟四子也，爲兩浙轉運，矯制招盜孫誠等。隆祐皇后葬，公爲修舉，議者欲稱園陵，公曰此特殯宮耳。朝廷用其言。

《徽猷陳兖誌》金陵失守，陳興宗以金一篋委君。已而興宗陷虜，君展轉賊間，寧舍己槖而保興宗之金，訪其子歸之。

《中大夫陳彦恭誌》蔡京之黨王相欲增鼓鑄，君曰山澤之利不可竭，祖宗之額不

【五】不隸六察　「察」原作「祭」，據《文獻通考》卷五三《職官考》改。

【六】賈讜閣學誌　「賈」原作「責」，據文津閣、文淵閣本改。

可踰。

徐師仁嘗徽宗修道史時充潤文官，凡四人。董晞淵尤長釋氏書，爲章句流布四方。愚每謂異端之書，皆中國士人譔成，此亦其一證也。

《龍圖張根狀》公二十一登第，四親在堂，以大父母年高，致其仕則恩及之，遂以通直郎致仕，年三十一。是年大父母恩及其祖妣【七】，以妻封及其母，未幾復以已得之服爲祖榮。及卧山林久，而朝廷落致仕，起之晚，復以子之官官其叔父，皆非故事，特旨從之。其既起也，提舉常平田疇之墾，桑柘之植，溝防之修者以千萬計。嘗極論和買之弊，以爲本路歲租百四十萬斛，給中都百三十萬，而官度五十萬。使歲入如數，猶缺四十萬，舊以鹽利三十萬緡和糴，故雖凶歲不乏。自更法以來，州縣重取民耗米以給，民既不堪其苛，而和買四十萬緡，復以無所從出之錢給之。又言：祖宗立國東南，上供額六百萬斛，賜發運司本錢數百萬緡，使歲廣糴以備非常，隨補徐取，此萬世良法也。自希恩者以爲羨餘獻之，故朝廷不足，則下諸路補發，勢必斂於民爲無窮之害。臣以爲補發不當復催，盡以鹽額還漕司，糴本錢還發運司爲便。遷轉運使，會歲飢疫，朝廷責補發不已。又促輸納紬絹之期，追遠年無名之鬻官田者，大虧上供之數。公歷陳利害，奏罷之。且乞以封樁鹽盡給和買，還之民。徙兩浙，又言東南諸路闕乏之由，除贍學、宗室、添置、官兵及非泛抛買外，茶鹽錢盡入榷貨務耳。若止分其半以予漕司諸路，當亦少寬。又乞罷土木，及人臣賜節、

【七】是年大父母恩　「大」原作「父」，據文淵閣本及《浮溪集》卷二十四原文改。

賜田産房廊、賜金帛、賜帶，疏奏，大臣權倖皆怨。又因親書奏花綱事字誤，遂坐以不恭之罪，謫柳州，卒。張燾其子，李綱其婿。愚按浮溪所撰諸賢誌狀行事之可法，未有如公者也。故録之詳如此。

浮溪之文，明徹高爽，歐、蘇之後邈焉寡儔。艱難扈從之際，敷陳指斥，尤多痛快，殆有烈丈夫之氣。至其行責詞，則痛詆李綱；草麻制，則力褒秦檜。平居議論，則鄙經學而尊詞章。詞章陋習滅没人才，一至此甚。不然公之成就豈止如今日所見而已哉？

卷六十七

讀文集九

范石湖文

詞賦雜詩

《館娃宫賦》謂吴王未聞大道，宜其志荒。

《問天醫賦》謂不敢以人勝天。

《望海亭賦》設客辭以誇之，亂曰：有是哉，吾將觀焉。

《桂林中秋賦》感九得秋而九徙。

《楚詞》四首：《幽誓》、《愍遊》、《交難》、《將歸》。

古律詩《河豚嘆》「百年三寸咽，水陸富肴蔌。一物不登俎，未負將軍腹」。

《荆公墓》六言，「本意治功徙木，何心黨禍揚塵。報讎豈教行刼，作俑翻成不仁」。

《姑惡詩》東坡云「姑惡姑惡，姑不惡，妾命薄」。石湖謂此句可以泣鬼，爲作《後姑惡詩》，首云「姑惡婦所云，恐是婦偏辭」，斷曰「姑不惡，婦不死」。

《舟行驟雨》云「圓漪暈雨點，濺滴走波面」。

《後催租行》「賣衣得錢都納却，病骨雖寒聊免縛。去年衣盡到家口，大女臨岐兩分首。今年次女已行某，亦復驅將換升斗。室中更有第三女，明年不怕催租苦」。

石湖初爲新安掾，謂歙溪爲浙江之源，正可言江。述黄君謨《州學記》云瀕江地卑，自徽至嚴二百灘，以乳灘爲最險。徽之黄山三十六峰，以天都峰爲最高，有温泉在黄山之朱砂峰下。

《次韻胡邦衡》「人窮名滿世，天定客還家」。

《贈倪文舉》「朱門不炙釣竿手，萬卷難供折腰具」。

《會散夜步詩》「貪看雪樣滿街月，不上籃輿步砌歸」。自注云步砌，吴語也。

第十三卷律詩《使虜道中作》云：汴河自泗州以北皆涸，草木生之。土人謂本朝駕回即開。

西瓜本燕北種，石湖謂今河南皆種之。

黄河將決處，伏流先出，名漸水。

滑州爲河，淪在積水中。

韓魏公墳無恙。

《曹操七十二疑塚詩》「聞説群胡爲封土，世間隨事有知音」。

安肅軍北門外爲出塞路，十五里至白溝，亦名巨馬。本朝與遼人分界處，渡江即與太行俱，北至燕猶未斷。

涿北燕南之間有灰洞，兩旁皆高岡。

蹲鴟巾，館伴所裹。

燕宫宏侈過汴京，亮所作也。龍津橋以玉石爲之。

第十四卷游弁山石林，故居已廢矣。

餘詩皆浮湘入廣時所作，《題浯溪》謂「元結寓譏爲非游」。愚溪注：鈷鉧，熨斗也，潭形似之。

蠻茶出脩江，治頭風。老酒留數年，南人珍之，故以蠻茶對老酒。南人以蚺蛇皮作腰鼓，交趾以象革爲兆鼜，又以蚺鼓對象鼜，皆風土語也。

石湖帥廣之明年乙未，年五十矣。是年正月二十八日自廣易蜀，五月二十六至遂寧。《紀行詩》百三十五首。嚴關者，桂之守險處，至是出嶺矣。鏵觜者，在桂之興安縣五里。秦史禄疊石壇，前鋭如鏵，迎海陽水，分爲南北，即湘、灕二水，南流爲灕，北流爲湘。言二水相合離。羅江者，嶺北初程，北流入湘江，趨清湘縣，全州界也。入零陵縣，永州界也。去零陵十里爲湘口，有營水來自道州營道縣，湘水來自桂之海陽，至此合爲一江。按瀟水出九疑山，至永與湘水合，豈即營水耶？湖嶺之間，湘水貫之。凡水皆會之，以瀟水合者曰瀟湘，以蒸水合者曰蒸湘，以沅水合者曰沅湘。浯溪在祁陽縣南五里，自永州界入衡州，過潭州爲洞庭。其南曰青草湖，是爲重湖。由是而至湖北之澧，之江陵入蜀江，泝峽州，道始艱，有一百八盤，有鑽天三里，有蛇倒退，有麻線堆，有胡孫愁，有判命坡。峽爲蜀外第一州，湖北之極處，由是入歸州，爲夔路矣。長石截入歸州郭下，三分之，二水極險，爲人鮓甕。至巴東爲峽口，入巫山峽，其盤渦之大者名瀆淖，其地刀耕火種，斫山木盡蹶，候雨前一夕火之，藉其灰以糞。有物名筰，音作，竹索。渡水者自巫山邊，陸避黑石諸灘，過鬼門關，入瞿唐，歷灧澦，爲夔州、萬州、合州，皆山也，至遂寧府，始見平川。遂寧則潼川路矣，達成都。淳熙四年丁酉，公出蜀。

《將至公安詩》云「我馬虺隤我僕痡，豈不懷歸畏簡書。」愚前年上孫江陰《大閲詩》，有云「悠悠旆旌馬蕭蕭」，有同官云詩無用經句者。今《石湖集》中此類甚多，豈近世晚唐詩始不用經語耶？

蜀音難曉，反以京洛音爲虜語，或是僭僞時以中國自居也。既又諱之改曰魯語。見《安福寺禮塔詩》注。

老宅即老人林也。舊名獠澤，石湖更今名。

索橋，以繩架空。

萬州杏驯核方賣，以核爲杏仁。

狠石二字三見此册，《湘口夜泊詩》云「狠石蹲清漲」，《土門詩》云「狠石卧中路」，並十六卷。《離堆行》云「殘山狠石雙虎卧」十九卷，比秦太守鎖龍云地水涸，致祭，即壅都江水名惝水。又後册二十卷《瞿唐行》云「鑿峽疏川狠石破」。是石湖行川湘間，皆以狠名石。愚按皇甫湜《狠石銘》謂：秦皇發石驪山爲墳礎，有石屹住，人力莫施，故老相傳，遂以狠名。此語雖不經，而狠石之名已有自來。京口甘露寺亦有狠石，乃傳爲三國孫、劉事，豈又展轉附會耶？

二十卷，公出蜀時詩也。江安近瀘州，有張旗三灘，言湍急，過之速也。有渡瀘亭，有《韋皐紀功碑》。《瞿唐行》注云：灔澦撒髮不可犯，一夕水漲没之，名青草齊，遂略其頂而過。白鹽、赤甲皆峽口，大山黄嵌黑石，皆峽中至險。入峽西岸有聖泉，舟人向之疾呼曰「人渴也」，泉即迸下一杯許，復乾。黄魔灘下連人鮓甕。秭歸縣治，世傳宋玉宅，旗亭題「宋玉東家」。巫山不止十二峰，其大者十二峰，東西各一峰，最奇。黄牛峽廟爲黄牛神之居，門有石馬。即歐公所夢者。亦有虚高峰，上有黄牛跡，此山名假十二峰。扇子峽兩岸山尤奇，至荆渚回望，山無一點矣。南樓在鄂州，江州庾樓，後人以亮嘗刺江，故假鄂之名。大孤山、澎浪磯皆在湖口【一】。馬當伏，即小説載神助王勃一席清風處。

二十一卷，還直玉堂與還吴所作。

【一】澎浪磯「澎」原作「瀫」，據文淵閣本、《入蜀記》卷二改。

龔養正《元日六言》「流年五十踰一，明日半百過三」。石湖次韻「歲踰耳順俄七年去者稀只三」。龔五十三，范六十七。

奏狀

《繳僞會齊仲斷案》爲中書時所奏。初，乾道六年七月四日指揮，限三日毁印。湖州齊仲以八月十七日有犯，斷以死罪，謂在三日外也。石湖謂七月七日降指揮，十一日方關户部檢法案。金部之與法案同一曹局，頃步之間，八日方能關行，而况傳至外州。合更審，會湖州出榜的日，仍豁限三日，勑限外照本人所犯日子，然後處斷。愚謂此仁人之舉也，記之。

主管殿前司公事王友直奏，男娶左翼軍統制趙渥女，以渥分戍泉南，免避親嫌。石湖謂如渥比者，始可權免爾。劉錡之於劉汜，不避子姪之嫌，吴璘之於姚仲，不避姻家之嫌，皆致敗事。蓋兵官利害，動關生殺，非若州縣官止於舉劾而已。令諸軍不得因今來指揮輒容，合避親充將佐。

節使知宗士銖乞照嗣王例全支米麥等恩數，石湖奏【二】：立愛惟親，固聖人之用心。法行自近始，亦聖治之先務。貴近無尺寸者，相習如此，異時勳臣戰士若復越制請求，則如之何而拒之？

論宋貺召命，貺蓋秦檜親昵者。以上皆中書所奏。

【二】石湖奏　「湖」原作「門」，據明本、文津閣本改。

廣西無酒税，商舶所入，祖宗撥諸路錢物助之。湖北軍衣絹四萬二千匹，湖南絁一萬五千匹，綿一萬兩，廣東米一萬二千石，提鹽司鹽一千五百萬斤，韶州岑水場銅伍十二萬斤，付本路鑄錢一十五萬貫，總計一百一十餘萬貫，並充廣西支遣。建炎兵興，諸路不復撥到，所籍者官賣鹽耳。廣西漕司歲發鄂州大軍經略司賣，爲靖州共二十一萬貫，歲撥諸經費及諸司循例支遣共五十二萬一千八百貫，通計七十三萬一百貫。均撥鹽數，諸州出賣，除收息充歲計外，又别支鹽附賣，以六分爲大軍買馬。及靖州歲計四分助諸州，又計一十九萬四千一百貫有畸。紹興八年六月，改官賣鹽，行客鈔，利歸鹽司，分隸起發。時漕臣高繹止具舊來經費，已失四分，所管十九萬四千一百餘貫之利。又便擬鈔法，必及歲額，以太半不可指準之錢爲一路歲計，以致諸州困乏，軍無贍養。後困鈔鹽不行，乾道四年六月四日，復令官賣，偶東鹽廢弛，以不得過西路爲説。乾道七年六月二十八日復通行客鈔。石湖入蜀，值宜州對境南丹州莫延葚入省地作過，謂皆因邕、宜、融邊郡無錢糧，軍政廢弛所致。力請於朝，以復行官賣鹽爲第一事。繼又條四事，一乞招填諸州將兵。二乞以前提刑滕膺效用軍發赴行在，逃亡者招充本路效用，小弱者斷給據自便。三以廣西人少，一保動隔山川，改户長法，止以三十户爲一料。四以簿尉規避上司，别差無籍者攝之，乞禁止。又劾宜州兵官不之任，及冒極邊賞。又轄鈐將副，老者與祠。乞改四月十五科舉爲三月十五，以免冒暑，乞以銓試三場分日。凡皆帥廣時奏。

奏西蜀酒課重【三】，上爲出上供錢四十七萬，對減折估。成州東柯鎮太平監之間去虜境三十里有銀坑，恐啓戎心，棧塞之。論安撫司不當辟城寨官，事屬制司。凡皆帥蜀時奏也。

《薦知繁昌縣鮑信叔》詣州抱酒税額而減酤價，罷市征，商旅悦。集縣計以充補解前官欠，三年減饒民户，猶有餘積。愚謂以信叔爲能吏則可耳，後不可繼，必有受其弊者。然楊萬里、尤袤皆薦之。

知處州上殿陳日力【四】、國力、人力之説，謂稽古禮文之事太繁，承平虚費之習未盡。又陳録問事，謂法云人吏依句宣讀，無得隱漏，令囚自通情以合其欵。詳此法意，不止讀成案而已。今離絶其文，嘈囋其語，造次而畢。欲委長吏點無干礙吏人，先附囚口責狀，覆案無差。然後亦點無干礙吏人依句宣讀。又陳閲軍事，按令惟郡守、兵官得破不堪披帶人當直，其餘專用廂軍。今憚肄習而戀司局，降就廂軍，或徑降剩貪，是簡閲未精也【五】。舊制營房損漏，兵官不得替移，霖雨經時，有司先葺營寨。今有營無屋，雜處閭井，是營伍未立也。

《召對劄》乞招閲弓手，其後爲右史又直前奏之。

《論不舉子》準紹興八年指揮，貧乏姙娠支常平米四斗，十五年改支一石。又令殺子之家父母、鄰保、收生人皆徒罪。先是，蘇軾知密州，盤量寬剩得數百石，專儲以養棄兒。

【三】奏西蜀酒課重　「西」原作「四」，據文津閣、文淵閣本改。

【四】知處州上殿陳日力　此句疑当作「知處州上殿日力陳」。

【五】是簡閲未精也　「未」原作「木」，據文津閣、文淵閣本改。

乞議減浙東丁錢。

松陽縣創義役，囑交代樓璩行之，餘五縣。其後上殿，取胡沂繕寫規約，頒之天下。後又以此義舉乞免處州丁、鹽、絹。

乞除歸明歸正字，以示一家。

乞避兄成象立班，照慶曆八年李端懿復防御使，與弟沂州防御使端願同班，端願乞下之例，從之。又元豐六年亦有兄任起居郎，弟中書舍人，班兄之下。成象工部，石湖禮部。

論重征莫甚於沿江，如蘄之江口，池之鴈汊，號大小法場，上而至荆峽，往往有是名。虚舟往來爲力勝本無奇貨。而妄呼名件爲虚喝，宜征百金，先抛千金之數爲花數。客費日多，則物日湧，錢日輕。乞禁沿江置場繁併，并州、縣於支港小路私置處省之。

内殿論奏讞嚴限尅期報應。論準令給囚之物許支錢，準格在禁之囚許支米。錢許於贓罰等支，米無名色，乞令運司下州縣苗米截撥，闕米則合支錢收糴。

應詔編進勤政故實。首一條謂乾之所以爲天者，自强不息而已。愚按本文自强不息，乃主人事言之，非乾也，法乾者也。

内殿論左右史郎左，舍人右。侍立典故，唐制凡御殿，二史立左右紫宸閣，臨軒即立螭頭，皆得密聞王言。國朝淳化二年始置直崇政殿。慶曆二年歐陽修同修起居注，移立御前，曰起居注非殿中祗候人，不當立座後。隆興元年胡銓乞復侍立故事，御史臺會到經筵例，宰執、臺諫奏事權立朵殿，臣僚奏事時立御座前。閤門契勘，垂拱殿常朝，自來二史無侍立指揮，今請比附後殿輪立。旨從之，餘依舊。

承平絹價不滿一貫，而二貫滿匹定贓罪，寬之也。其後兵興物貴，紹興三年詔匹準三貫。石湖以時價已至六七千，合更量增一貫，和買取民財隨時增價，定民罪則減之。聖政所大不忍也。

《論銅錢入北》乞聚茶搉場專以見錢出賣而輕其價，則錢之在北者必來，以管仲藏石壁來天下貨財爲證。又論蕃貨皆非吾中國不可無之物，而誘吾泉寶以去。欲權住明州蕃舶。及北使回，又奏四明、温陵商舶糴買山東麻豆，彼減價而須見錢，錢過界者不勝計。

《使回奏》諜者詭姓遁跡，冒九死而圖萬全，索隱察微，問一二而知十百。此非妄男子所能，非其人不可。汎遣，用晉遣人覘宋事。

内殿論獻説迎合布衣補官之弊。

《論知人》不知其人而使之不集事，則均受不才之名。各以其長，易地使之，皆以才稱。

將帥爲其下告贓，乞此外一切原之。

賑濟須分就遠鄉。

論修史須立程限。

《奏交州進奉》政和五年指揮，經過州軍更不復禮。紹興二十六年施鉅帥廣，報謁移庖，遂爲例，至是絶之。

《論馬政四弊》邕州買馬大弊二。蠻人先驅一二百瘦病者爲馬樣，邀以買，此而後大隊至。暨至亦雜以半。買馬司典吏與招馬人歲久爲弊，一也。横山寨無草場，支錢悉爲官吏乾没，不以時得草，二也。沿路損馬大弊二。所至無橋道，涉水貪程，一也。州縣不與草料，但計囑押人而去，二也。買之弊，乞擇官，損之弊，乞馬病隨寓留醫【六】。又奏靜江府興安縣客旅私販水銀入建陽、邵武，買異色錦，私涉宜州蠻界，至邕州溪洞，邀蠻人教止易銀，而以私錦售易之，官價錦當銀三十五兩，私錦只十五兩。致官錦無用。獨一色銀易馬不足，且誘省地民負荷而縛賣之，或夾帶姦細。乞禁約於建陽、邵武出錦之源。淳熙元年指揮，戰馬買四尺四寸以上。石湖乞四尺三寸以上，帶分亦選貴，蓋自紹興六年指揮買四尺二寸以上也。廣中元無戰馬，羅殿、自杞諸蠻以錦綵博之大理，大理即南詔也。諸蠻驅至横山場互市，每低一寸減銀十兩，如四尺四寸者銀四十一兩，三寸即三十一兩。自横山至邕州七程，至經略司又十八程，其道自邕、賓、象、靜江出湖南。紹興十年三月指揮，經由州縣於經制錢立料應副，湖南自全州至行在，並遵依。而廣西科税户，税户陪些小錢物折與管押兵校，而馬斃於饑渴矣。石湖奏乞一體行。又買馬久弊，銀則雜銅，名四六銀。鹽則減斤，百得七十，皆爲邊吏乾没。石湖以乾道九年到任，措置銀不夾帶【七】，鹽足斤

【六】乞馬病隨寓留醫　「寓」原作「萬」，據文津閣、文淵閣本改。

【七】措置銀不夾帶　「措」原作「揩」，據文淵閣本改。

兩。又印給支買憑由，每量到馬匹即批上尺寸斤兩。蠻人感悦，得馬最多。出嶺又奏乞常切檢察準格，買馬不及千五百匹，展磨勘一年，多二百匹減磨勘，千匹轉官。淳熙六年多千二百五匹。

廣西管州二十五，四在海之南，二十一在海之北。在海北者，外邊諸蠻，内雜洞傜，而邕、宜最爲要害。邕州管東南第十三將五千一百人，淳熙初僅存七百七十餘人。宜州管第十二副將，淳熙初存五百三十餘人。又多差押馬、催綱、接送、雜役，在營者皆老病，與無兵同。邕州馬元額一千六百匹，至是亦僅二十七匹而已。石湖中乞復行官賣鹽，以其事力招填。邕州買馬：銀，鹽、繒、錦數十百萬，皆在横山庫，無城護藏，無兵鎮壓。乞將邕州守臣常擇折衝禦侮之材，經司駐靜江。是時見兵亦不滿二千人，石湖蒐强壯一千人并駐泊下，揀百八十四人，與摧鋒軍、本司效用軍結隊上教，旬兩披猥。蓋自何佾爲帥，隆興間申揀得五百人教閲，今方再教之。使郡將常以此存心，太祖養兵之法，何至反成蠹國哉？近世見在軍不蒐，而反添刺孱弱以益其蠹，可怪也！

石湖練兵之外，又團結傜人作三節措置，先結邊峒省民，授器教陣，次諭稍近傜人，團結立誓，然後許通博易，最後又遣勇敢以近傜爲鄉導，深入不賓處，如前諭之。他日遠傜有犯，須先破近傜，近傜有犯，先及邊團，則官兵固已至矣。是年靜江管下溪洞傜人結成五十五團，置桑江寨以統屬之，其義寧、臨桂、古縣一帶深山團結不盡者二十四聚落，亦緣此不敢犯邊。又置博易兩場，以防其窮迫。山之北置義寧縣，西山之南置㵲溪隘下，皆具圖册奏聞。摧鋒軍本東路駐劄，分二百人於西路。靜江東路尚二千六百人，又欲抽回靜江者。石湖屢申不發，謂固西路所以固東路也。東路管十四州軍，駐韶州非邊面，故云。

昭、賀二州旱，既賑之。又乞減四等以下户田租之半。

官賣鹽既行，關防三事。一廬漕司撥與，諸郡抑配；二廬取贏擡價，民食貴鹽；三廬倉吏減斥，多裝籠葉。

自廣易蜀，申八劄而後行，皆在任措置軍民、馬政實事，俾後來者接續。

五十一卷以後皆帥蜀時奏劄。初卭部川首領蒙備歿，弟崖轙繼。蠻俗襲兄者，妻其嫂蒙備妻。嗚呼！殿悦其幼弟部義而歸烏蒙，部義從之，結烏蒙兩抹。又旁近蠻謀取崖轙而代之，相攻未決。乾道九年春冬，吐蕃、青羌兩寇黎州，崖轙、部義皆常助我有功。至是荆南府探聞其略，謂賞不均，而卭部擾，乞賞部義。石湖得其實，申嚴斥堠而已。具言蜀西皆與諸蕃接，爲唐邊害。本朝經撫之，且吐蕃、南詔瓜分，西南無警二百餘年，歲歲備弛，近歲忽有雅州碉門之寇。乾道吐蕃復寇黎州，遂併嘉、雅、威、茂四州，永康、石泉二軍。凡七郡一體措置，教將兵修堡寨，并講明寨户、土丁、團結，各自爲戰，以省戍役。乞給度牒五百道濟其用。又旌黎州死事者五人，推官黎商老、巡檢王勝、監税杜立、指使崔俊、楊滌。并乞除放黎州欠負。其説曰：乾道寇入，致欠錢引一萬五百四十道。而總領司置獄雅州，抑吏均陪錢引萬餘，必非出自吏胥之家。掊領居民，漁奪商賈，何所不至。民困誅求，反思有寇之歲，無此追擾。望聖慈計其大者，指此錢引下總司特免催理。又以鳳州迫大散關，乞下興元都統補其軍，以階、成、西和、鳳四州，關外爲北界首。乞從諸司共選辟守臣。凡其措畫西蜀邊防，大略如此。

蜀自失陜，竭其力養關外軍，而折估最病民。折估者，蜀酒課名也。公契勘成都一郡，元額四萬八千四百八十貫，見收四十萬八千六百四十貫，縣鎮十五萬六千四百四十貫，見收三十九萬二百七十貫，遂并覈實，四路共六十二州，内十三州元無折估，五州不申敗缺，餘四十四州各有重額，共奏減四十七萬二千五百四十三道錢引，計十分内減八釐三毫有奇，以總領司經費外，事故僧道度牒截撥對減。奏凡三四上，其要有曰：去四川數十年之害，培其本根，徐用其力，國家長計也。又曰：遠方州縣吏爲朝廷根本憂者幾人？折估不辨，上司怪怒，百方貼補，上傷陛下赤子而不恤後日意外之患。其間貪墨，又或並緣此，所以實聞於朝廷者寡也【八】。又曰：出納之司徒見枝葉粗存，不知本根將撥。又曰：望陛下斷自宸衷，與帷幄大臣决之，不須更付有司。彼有司者，但知出納之吝，安知根本之憂？及得旨蠲放，又奏舊以增額補敗闕，有司以增數爲不係帳錢，而敗闕不問有司。今後不得掠取係帳錢。已而四路州縣節次申，七月十五日以後，百姓各啓建感恩祝聖道場五日或七日。乞照仁宗免榷河北鹽故事，宣付史館。時淳熙三年也，公之拳拳根本者

【八】實聞於朝廷者寡也　「聞」原作「開」，據文淵閣本改。

如此。

薦樊漢廣除知雅州，謝迓吏而挂冠，官已至朝請郎，咫尺奏薦而不問，時年五十六。孫松壽告老年六十六。

劄子

關外階、成、西和、鳳四州，歲苦和籴，而鳳州在魚開前百九十里，係嘉陵江源，灘石水澁，階、成、西和去江愈遠，無由漕運，和籴莫免。公契勘川、秦軍粮減到利、閬、興州、大興軍等處，官籴買瀘、叙客米，多支錢，并利州酒息共百萬，以增添四州及金洋州、興元府籴本。使官自籴買，通利路諸州並不科籴。

奏關外四州災傷，準令安撫司體量措置，轉運司檢放展閣，常平司粜給借貸，提刑司覺察妄濫。

茶馬司歲起川、秦兩司馬百五十一綱，差成都、潼川、利路兵三千六百餘人管押，馬斃大半，逃亡不返。又於内解雇夫錢一半，每名二十八道，尅衆兵月糧充之。公申乞措約蠲免。先是以宣撫司權重罷之，復制置司，而關外都統不關報事宜，公申審。

乞提刑依限決獄，檢準《乾道令》，限五月下旬起離，雖未被旨亦行。

興元、洋州等處建炎依陝西法，抽結義士，在關外四州，則名忠勇軍，與免科率，大散關之戰，能爲官軍先鋒。後因差役規法浸壞，乾道三年虞雍公宣撫得旨增結梁洋一帶，計二萬六千餘人，立爲專法。大要一語非因調發不許差使，蓋朝廷無毫釐養兵之費，而實寓正軍數萬於民間，所當愛護。至是都統郭鈞議差守關隘，公以雍公專法爭之。

四川城寨兵官八十六闕，舊制司差辟。公至是申明，且乞所給付身，勿付幹事人，並從吏部皮筒遞付。

黎州青羌失互市寇邊。公乞未可許，且謂蠻夷最畏西兵，號喫人肉。乞增西兵，蓋黎州，蜀門户也。白水寨將王文才叛歸羌，公募致斬之。

紹興二十七年指揮，罷衙兵司提轄官，公至是再準指揮。

《論邦本劄子》得民有道，仁之而已，省繇役，薄賦斂，蠲其疾苦而便安之，使民力有餘，而其心油然知后德之撫我。則雖天不能使之變，而况蠻夷盗賊【九】。水旱之作，安能摇其本而輕動哉？迺者西蜀酒沽之患，捐錢五十萬代之。償令一下，驩呼祝聖者沸天隱地。關外和籴之困，免籴令下，邊氓或至感涕。於是知民之易德有如此者，更願益加聖心深詔内外執事，凡民疾苦悉以上聞【一〇】，苟可惠利勿率故常，使光天之下至于海隔蒼生，罔不被堯、舜之澤，則衆心成城，天下可運諸掌矣。

《論支錢劄子》内郡拖欠，因循弗償，邊守望輕，莫能理索，擁其空城，坐受艱窘。群蠻習見，意輕中國。如眉州旱，叙州米萬石止與百石五十石，或全不應副。乞責四路漕臣參酌，别立中制。

【九】而况蠻夷盗賊　「蠻」原作「變」，據文淵閣本及《范成大佚著輯存》（中華書局，一九八三年）第三十四頁改。

【一〇】悉以上聞　「聞」原作「開」，據文淵閣本改。

《論兵貧》軍中貿遷不無搔擾，將兵幹當亦廢教習。

《論吏廪俸給》不以時得，當專責之漕司，不應廪稍息絶，坐視不顧。並蜀事。《論朝市儀注》一乞令編攔人寬出班路，使縉紳次序安行，此朝廷之儀。二乞俟屬車禁衛盡絶，方許民庶通行，此扈從之儀。三乞有當避道，分道斂馬側立之類，一如儀制，此街道之儀。以下還朝奏事。

《論二廣獄事》憲司吏指摘片言以控扼邀求，不滿所欲則追逮送勘，故酷吏寧殺囚於獄以免後災。深、廣有數十年無詳覆事至憲司者，豈真無死囚哉？

貢院添卷首長條背印。

《知明州奏事》皇子魏王鎮明七年，而公承之。奏倚閣諸司錢十五萬貫，住罷不合糴錢米十之二三，罷供進局還行鋪錢。此於救弊爲有大造。又奏減免舶舡抽解。又奏將舶舡客貨抄數估直若干，候回舶亦將博買中國貨物估直，與來貨價同，方令登舟，使别無餘力可换銅錢，以絶舊來輕舠載錢潛行數程，以俟大舟洩錢莫道之弊。愚恐徒擾而無補。如不科其抽解，竟禁其貿易足矣。又奏揀汰水軍，立每年條制。又奏配軍分送屯駐軍。暨歸朝，進海界圖本，諸盗發，各責地分官及將海舡五千八百八十七隻結甲，遇盗賊根治同甲。愚恐巡尉非弭海盗之官，海舡不能止他舡爲盗，滄溟浩渺，責人以所難能，或未可耳。又乞截上供錢萬貫糴米定海縣倉，以給出海兵舡口食。此恐官司未必可行。乞配軍役滿十年不逃亡，移本州。此恐人情不能遵守，殆紙上語也。

謂《原道》論一出，則儒術益明，二氏不廢。此殆公佛學中自有所見。然史越王亦學佛者，嘗以此諫壽皇，何石湖之異耶？

奏住催江東軍器，免催殘稅，借廣惠倉陳米以備賑糶。此皆公自鄞移建康，遇淳熙庚子歲歉後初政也。又奏沿江全藉上游江西、湖北客米，兩得旨，稅場不得邀攔，乞申嚴行下。

鉛山瞻水，洪水後盡涸。

公時帥江東，當淳熙辛丑仍歉，乞借朝廷見樁建康等處米三十萬石，穀二十萬石，不候檢到損數，通融兑便，恐冬深民流，救之無及也。又謂廣濟倉等陳米，儲之不過爲塵土，散之可以易民命。沿江渡口流民過淮處，如建康之靖安、東陽、下蜀、大城堽、馬家等渡，太平州采石、大信、荻港、三山、上灣等處，池州、銅陵、東流、池口等渡，皆差官給粮，津發其回，不願回者存養之。近渡路口如建康界湖熟、金陵鎮、路口、桐井四處，復爲之邀接津遣。其自兩浙來者，多自饒州石門取路，亦置場給論，其還，勸分賞格減半細數。用淳熙元年三月二十四日指揮。被荒殘稅申乞蠲閣，流移歸業，收贖不候生滿。行李牛畜並與收，免渡錢。凡荒政之大略具是，一一皆可法者。顧恐近世無復乾淳可貸之粟，雖有力莫施耳。

「委自」兩字，今官文書常語。或謂自字當寫名，今石湖《荒政貼黄》有「委自守令」

一語，然則自字作從字解也。

「趁熟」字，浙人鄉談。今《再奏荒政》亦有此字，蓋謂荒處之人於熟處趁求也。

《應詔》三劄。一刑獄舊制黜異，不問次數，今限五勘，文具而已。準令州縣禁囚，而監司令具情節及候指揮者不得承受，仍不得於未勘結之先改送他郡。獲囚不得過百里，見同照。

大軍倉轉般倉，舊皆屬總所。淳熙九年七月九日奉旨，應有朝廷米斛，總司不許干預。時公任建康，盤量大軍倉欠八萬六千餘斛，奏以創倉已三十六年，支過無慮二千餘萬斛，不曾除豁，亦不到底。縱有情弊，恐非合出於目即合干人。

《延和奏事》大欲未濟，風俗偷安，甚者遂稱行在爲都下，浙右爲畿甸，中原爲地，地歸正遺民爲虜人。

專募屯田兵。

曹操作沙城，孫權作疑城，唐楊朝晟築木波三城，三旬而畢。裴行儉築碎葉城，亦五旬而畢，務神速也。

《謝賜御書》謂古人書法，字中有筆，筆中無鋒，乃爲極致。所謂錐畫沙、屋漏雨之法，蓋自鍾、王之後未有得其全者，惟我高考獨傳此妙。而陛下親授家學，曲盡聖能，意象自然，筆跡俱泯，而萬鈞之筆潛寓其間。譬猶宇宙闔闢，不見斧鑿之痕；雲霞卷舒，殊非繪畫之力。此非聖性天高，學力海富，道腴德輝，被於心畫，則何以深造自得，集其大成，全美如此！臣又嘗論李唐名家，猶得楷法。本朝作者，但工行書，如米芾所作，飄逸超妙，可喜可愕。責以楷法，殆無一字，此事寂寥久矣。

壽櫟堂，取散材獲壽之義。光宗在東宫時與之書扁。

外制

從官用偶句，餘多散文，偶句亦不雕斲。如宫室苑囿無所益，朕雖示敦朴之先，巧技工匠精其能爾。尚禆總核之治，如閒暇而明政刑，會通而行典禮。大臣慮四方，對皇極錫五福。五禮教萬民之中，三歲計郡吏之治。夙夜浚明，入則宣其三德；文武是憲，出則揉此萬邦。沈介師潭。疏傅之歸鄉里，雖祖道於都門；子牟之在江湖，諒存心於魏闕。黄中宫祠。問錢穀出入之幾，能析秋毫；報簿書期會之間，殆窮日力。曾懷户書。事親盡道，孝固可以移忠；體國忘私，恩或不能掩義。葉衡起復。太子正而天下定，方妙簡於宫僚；有進德，而朝廷尊，喜來趨於驛召。陳良翰詹事。建太子而尊宗廟，對鄉儒術而招賢良。王十朋詹事。仗漢使之節旄，有安社稷、利國家之志；得月氏之要領，乃履山川、犯霜露而歸。趙雄使回。示樸以先天下，朕靡煩侈服之共；首善之自京師，爾其贊重暉之德。沈夏工侍兼京少尹。五材並用誰能去兵，對六卿分職各率其屬。天申命以用休，對臣歸美而報上。祇承於帝，方圖百志之咸熙；清問下民，惟恐一夫之失所。聖主獨觀於萬化，對微臣莫望於清光。夙夜浚明有家，對左右祇事厥辟。

表

《北使回除中書舍人謝表》使四方不辱君命，既莫效於捐軀；俾萬姓咸大王言，復何資於潤色。《自中書帥廣》紫微鳳閣，曾莫代於堯言；桂海水天，但欲窮於禹迹。《帥蜀》去國八千里，恨青天蜀道之難；提封六十州，豈白面書生之事。《帥蜀》即真俎豆，則嘗聞之，何以折衝於疆埸；期月而已可也，豈宜久假於事權。不泄邇，不忘遠，均萬里於户庭，在知人，在安民，揭九霄之日月。

《賀高宗天申節》上天申命用休，對大德必得其壽。呼神山之萬歲，夢遠鈞天；開壽域於八荒，驩同率土。《賀孝宗會慶節》四七際而火爲主，親協帝以重華；五百年而王者興，儼恭己以南面。謝瞻爾庭而有待，人謂何功？以公服而衣租，臣猶知懼。貪天之功以爲己力，固何異竊財之譏；如川之至以莫不增，尚能歌歸美之報。《郊祀》美盛多而告神明，對觀會通而行典禮。《太上皇》三十六年之在宥，與物爲春；萬八千歲之升常，自今以始。爲天子父，尊之至密藏廣運之聖神；在太極先，不爲高坐閲無疆之歷服。《壽皇》保國家如金甌，治定中興之後；輕天下如敝屣，神凝太極之先。撫二十七年之太平，功已成而與子；綏萬有千歲之眉壽，福方永於後天。蕩蕩民無能名，曷詠歌於太極？蒼蒼天其正色，惟想像於層霄。《加光堯尊號賀壽皇》重堯帝之華稽古，亦咨而命禹；以王季爲父無憂，允賴於繼文。《光宗重明節》兑報矩以司秋，對離重明而麗正。本乎天本乎地【一一】，咸歸覆幬之中；得其壽得其名，方啓熾昌之運。《謝轉官》繼明而照四方，仰重光於日月；勞賜而加一級，覃大賚於江湖。舜帝重華，授受光於三聖；周邦大賚，寵綏徧於四方。《改元》《春秋》謂一以爲元。日月重明而麗正。《雜對》受祉施於孫子，對立受始于家邦。睦族以和萬邦，對明倫而察庶物。《誕皇孫賀皇太后》：王假有家，克開厥後；孫又生子，俾熾而昌。

館職策

《議兵》莫若留營屯，蓋度支月給，諸軍居十之九，三歲大禮，犒軍居十之八。一有軍興，大費突出，雖積金齊於箕斗，發粟浩如江河，終亦屈竭。宜留營屯以更戍，轉輸之費供鋤耰墾鑿之須，漸開屯田，以時閱習。又謂：漢高帝一天下者也，家室狼狽而不顧；越句踐復讎者也，非報吴之事則不言。東晉保境土者也，稽古禮文之事畢興，而北嚮爭天下之事不問焉。今終日所從事者，保境土之規模而已，又兼欲爲越王、漢帝之所爲，宜其財散力分，坐縻歲月云云。末議文氣極好。

應詔

《京局應詔》言弊，謂通國之弊，蔽以一言曰文具。後列十事。《論廣西鹽法》奏狀中已抄，見前。

《應詔上皇帝書》光宗即位。户部督州郡，不問額之虚實。州郡督縣道，不問力之有無。

【一一】本乎天本乎地　第二個「本」原作「天」，據明本、文津閣本改。

縣道無所分責，凡可鑿空掠剩，賊民而害農，無所不用。偶有所增，永不可減。其他巧作名色，核其支用皆非入己，亦不得而盡禁。此非超覽九天之上，作新一王之法，曠然大變其制，未見裕民之術。西南保障，自嶺南左右二江，沿邊西北轉而西行，略牂牁、夜郎、黔中而極於西南越巂之塞。又西北至劍外河西之境，無慮萬里。祖宗築城寨置兵，今名存而實廢。乞行下蜀、廣巡修。又黎州專控青羌、吐蕃等蠻，雅州專控碉門等蠻，嘉州專控夜郎等蠻，各於對壘。今聞番部結親相通。

書

初，公任徽州户曹，以書謁其守洪公适。秩滿，謁内翰禮部。於朝，由和劑局兼編修，召試入秘省。公固一世文豪，而儒先汲引亦非默默。而人忽自知，其書詞多起人意者。今略抄。

《上李徽州》謂學優則仕，仕優則學，是終身之間有時而仕，無時而不學也。又書薦士而束以文法，王公大人可以少愧，而草茅抱負挾持之才，亦可流涕太息，無復當世之望矣。又況法已大弊。捩鼻。

《上洪内翰》不龜手之藥一也，或以封，或不免於洴澼絖。方其洴澼絖也，不自知其可以封也；及其封也，天下不以其止於洴澼絖而已也。水之於并也，日汲則洌，不汲則竭；其行於地上也，隨所遇而變生焉。

《上陳魯公》治莫大乎常，天地爲大矣，飄風則不終朝，驟雨則不終日。方其飄且驟也，人孰不畏，亦孰不知其不能終朝夕。何者？非天地之常故也。前日如舒、申諸公，忽天下之常，一命之曰流俗，再命之曰異議，三命之曰姦黨。自今觀之，其天定矣，俗也，異也，姦也，皆天下之常而已。

《上汪侍郎應辰》漢武帝踞見大將軍，不冠不見汲長孺。淮南王視平津侯以下如發蒙，獨憚長孺，不敢奮姦謀。長孺在朝，官不過内史，而係天下輕重如此。今士大夫以顧忌爲俗久矣，其原始於愛重其身者太過，位尊而名益衰，禄厚而利實薄，上不足以取信於君，下無以慰其人。彼之愛重其身者，乃所以暴棄而甚輕之也。

啓

《賀劉太尉》如蒼生何，人喜謝安之起；果吾父也，虜驚郭令之來。《賀陳察院》雖志高鴻鵠，慚燕雀之安知；然路有豺狼，諒狐狸之不問。《禮侍》美盛德以告神明，對觀會通而行典禮。《户侍》貨財本末源流，對朝夕論思獻納。《與嚴教授》清襟凝遠，卷松江萬頃之秋；妙筆蹤横，挽崑崙一峰之秀。《謝薦舉》古者薦才而未始有法，今則立法而不勝其私。軒眉席次者，非勢則利；縮手袖間者，惟孤與寒。一言而期礮蔑，對歷盼而識孟施。前以三鼎後以五鼎，對人有一天我有二天。《與州郡》五日一風十日一雨，貫神明指顧之間；千夫有澮，萬夫有川，興廢壞笑談之頃。其浸五湖，去天一握。朝夕論思，皆堯、舜、禹、湯、文、武之道；雷霆號令，有《典》、《謨》、《訓》、《誥》、《誓》、《命》之文。天子畿方千里，對刺史入爲三公。將如蒼生何，對無踰老臣者。《回樓大防末甲頭名取放》瓊梧偶鈌，初驚一字之難；金薤昭垂，果下六十之勅。第百四卷諸啓多可讀者。第十七册兩卷亦啓，皆賀政府者，文尤雄雅。《賀張媿公》負三紀倚重之望，節彼南山；明一生忠義之心，有如皦日。《到蜀謝啓》既來萬里，敢計一身。

雜文

乾道九年桂林大雪盈尺，公作「重貂館」，謂杜子美謂宜人，白樂天謂無瘴。然皆聞而知。戎昱實從事莫府，有「重着貂裘」之句，故掇以名。

《被爐銘》序具其制，合考。

《上梁文》致語多雄壯。百九卷。

《聖節疏》亦多好。百十卷。

《燕安南使》自叙云：妙千八百國諸侯之選，獨分正於南邦；聳二十五城督府之尊，特序賓於東道。

跋

《跋婺源研譜》謂龍尾、刷絲，秀潤玉質，天下研石第一。今其穴塞已數十年，大木生之，不復可取。近以端巖爲貴，端石絶品，猶不能大勝刷絲。東坡《銘鳳咮研》謂「坐令龍尾羞牛尾」，此乃武夷山石譃語，非確也。

《跋加味平胃散方》本法專辟不正之氣。《夷堅志》言孫九鼎遇故人鬼，云遇我當小疾，服平胃散即無苦。則其辟不正可知。晉有南陽宗定伯，夜逢鬼，鬼問誰？誑曰我亦鬼，且新死，未知何所惡。曰不喜唾。因負鬼急持之，化爲羊。恐其變化，大唾之，賣得千錢。鬼猶畏唾，况平胃散乎！

世傳字書多似其人，亦不皆然。杜正獻嚴整，而作草聖。王文公沉毅，而筆欹側。惟温公則幾耳。

石耳生巖石面目處，性温有補。

石曼卿真書大字妙天下。

跋語多簡峭可愛，惟《漁社圖》有韻，《梅林集》有情，皆長而佳。

碑石未泐者具在，好奇之士乃專倣刻文刓剥之處，以握筆滯思，作羸尫頹靡之體，僅成字形，以爲古意。愚謂石湖此語爲漢隸也，今之學古文者亦然。

蘭亭石本惟定武者筆意彷彿。士大夫皆欲以所藏者當之，而未必皆然。愚謂此語雖爲帖字發，足以警省士大夫處甚多。

《詛楚文》當惠文王之世，則小篆非出李斯。

東坡切韻詩《寄作詩孫符》集中不載。符字仲虎，位至尚書，其子名山，字壽甫。石湖時壽甫以祕閣將潼川漕。

東坡船上曲江，遇灘瀨，欹側，士無人色。坡獨作字不少衰，曰：吾更變多矣。置筆而起，終不能一事，孰與且作字乎？石湖注云：事勢迫切，不若付死生禍福於無何有之鄉，雖至大故不亂，雖非得道，去道不遠。愚謂坡公定力如山，石湖發明盡之。惜「雖非得道」之語，溺異端耳。平生所行者道，道豈别有一物而得之空虛耶？余先君子嘗言無事時小心，有事時大膽，可以受用。

天聖五年王堯臣榜小録，石湖見之崑山龔氏載，異於近制者甚多。

《書新安事》汪姓鼻祖名華，隋末據歙、宣、杭、睦、婺、饒之地以歸唐。今廟封顯靈英濟王。又俗傳黄巢以汪王同臭味，下令毋犯汪氏。歙人爭冒汪姓，俚云「四門三面水，十姓九家汪。百姓油糍鬼，官人豆腐王。」譏俗陋也。豆腐舊傳劉安戲術。又俚語「徽人三日飽，兩社一年朝」，不重冬節也。

獨孤及論季札潔己之禍。公謂秉節之士，各有所安。

《歐陽詹自明誠論》謂尹喜自明誠而長生，公孫洪自明誠而公卿，張子房自明誠而輔劉，公孫鞅自明誠而佐嬴。不知詹所謂誠者何物？

《書舒蘄二事》皆以持心之厚，惡人報德而獲生。

《沈德和尚書》祖輝仲勘江賊，活七人。同官死，嫁其二女。病中見黄衣使召爲仙官，且延壽三紀。

常明叔父死，神降其家，云爲人奪胎。

記

《拂日山》谿臨平而西有佳趣。新安江帶城右旋，淙潺亂石間不能一長亭。群小溪大會歙浦，貫萬山以出，又合始新，太末之水行三百六十里，與海潮會，爲浙江。其間稠灘如其里之數，每灘率減數丈，大或十倍。世傳天目山巔與歙之柱礎平。

《爲李結記濬塘浦》浦五：曰新洋江、曰小虞、曰茜涇、曰下張、曰顧浦。塘三：曰郭澤、曰七丫、曰至和。

《三高祠記》極佳。三高：范蠡、張翰、陸龜蒙也。其略曰：不有君子，其能國乎？今乃自放寂寛之濵，人又從而以爲高。此豈盛際之所願哉？後之人高三君之風，而跡其所以去，爲世道計者，可以懼夫。又各爲之歌，宛轉感慨，千古可作也。

《范村記》杜光庭《神仙感遇傳》載唐乾符中吴氏、胡六子泛海失道，至一山曰「范村」。一叟坐堂上，曰「吾越相也。」以回飈相送，俄頃達。故石湖名舍南浦爲「范村」。

雷孝子天錫十一歲剔股救父。

董國度陷虜，得婦人力，歸而負之，奇禍死。公疑其爲劍俠。

朱俠脱屈容叔之子於悍婦，長而還之。

王列女不事二主。

《崑山水利序》大概二：曰作堤，曰疏水。小概一曰種茭。其説的實可行，與余平日審訂之説同。可以參考。

梅菊譜

《菊譜》種菊之法，春苗尺許時掇去其顛，數日則岐出兩枝，又掇之，每掇益岐。至秋則一幹出數百千朵。菊之種七十，范村所植三十六。

《梅譜》梅以韻勝，以格高，以横斜疏瘦老枝奇怪爲貴。入譜者十二種，紅梅預焉。梅聖俞詩「認桃無緑葉，辨杏有青枝」。東坡云：「詩老不知梅格在，更看緑葉與青枝」。惟吴下方子通有「紫府有丹來换骨，春風唤酒上凝脂」，爲絶唱。

攬轡録

北使時所見也。泗州三十里至臨淮縣，百六十里至汴虹縣。計自泗州河口至此，皆枯。轉而行，道右三十里至靈壁縣，民始扃户闚觀。三十里至宿州，塗有數父老，見使車潸然。百五里至永城縣，三十里過酇陽鎮，有蕭相國廟。自此枯。汴中百十里至穀熟縣，十八里至南京，虜改名歸德府。過雷萬春墓，過双廟，三十里過睢口，河已塞，八十里至拱州，虜改爲睢州。六十里至雍丘縣，二十里過空桑，有伊尹墓。三十里至陳留縣，有留侯廟。二十七里至東京，虜改爲南京。四十五里至封丘縣，二十五里至胙城縣，去河尚五六十里，而漸水已侵過胙城十里矣。

自縣四十五里至黄河李固渡，渡浮橋用舡百八十艘，半閣沙上，河最狹處也。四十五里至滑州，二十五里至濬州，舊治已淪水中。對城即黎陽山古大伾也。三十里過峠子河，有山東販麥舟。四十五里至湯陰縣。自黄河西望即見大行西北去，不知極，至燕始北轉。自湯陰三十里至相州，過湯河、羑河，有羑里城、文王廟，相州觀者甚盛，遺黎往往垂泣，指使人云「我家好官」。又云「此中華佛國人」，老嫗跪拜者尤多。

過安陽河、漳河，凡六十里至磁州，州南滏陽河，水急，西有崔府君廟。四十里至臺城，過趙故城，延袤數十里，傍有廉頗、藺相如墓。三十里至邯鄲縣，邯鄲人健武，逆亮死時，遮殺其歸卒以待王師。四十里至臨洺鎮，過洺河三十里至沙河縣，十八里過七里河，七里至言德府，邢州也。四十里過冷水河，二十五里至内丘縣，縣有鵝棃，云其木尚聖宋太平時所接。過沙河、禮儀河、大寧河，凡六十里至栢鄉縣，其東有堯山，堯所葬。自栢鄉行十三里有光武廟，二十里有王郎城，凡六十三里而過洨河石橋，所謂趙州橋也。五里至趙州，虜改爲沃州。三十里至欒城縣，五十五里過滹沱河，五里至真定，三十里過磁河，四十里過沙河，爲新樂縣。北嶽在其西北之曲陽縣界。四十五里至中山府，虜依舊名曰定州，有東坡祠。五十里山水河，七十里至保州，十里過徐河，十里過曹河，俗傳王祥卧冰處。二十里至安肅軍，故時塘濼今悉淤塞，門外大道，古出塞路也。夾道古柳參天，至白溝始絶。十五里過白溝河，又過曹河、徐河、暴河，三十五里至大口河，二十里至馬村，五十里行灰洞至涿州，灰洞者，兩邊不通風，塵埃濛洪其間也。三十里過琉璃河，爲良鄉縣，三十里過盧溝河，三十五里至燕山城，逆亮始營都於此。自泗州至東京七百七十里，自東京至黄河百十五里，自泗州至燕山總二千五十八里。燕山以南，石晉以來失之，安肅軍以南我朝南渡失之。河朔之水皆出太行，公所渡者二十五河，睢、漳與滹沱最大，滹沱闊不減黄河，俗名小黄河。

驂鸞録

公赴廣帥時筆也。昌黎詠桂林，有「遠勝登仙去，飛鸞不暇驂」之句，故以名録。公以乾道壬辰十二月發吴郡，過湖州，游石林，是爲大玲瓏，荒寂難居，時已蕪矣。又有小玲瓏，在長興路口。過德清，有左顧亭，孔愉放龜處也。歷餘杭、富陽，癸巳正旦登桐廬之釣臺，至嚴州，有浮橋，重征柳杉處也。至蘭溪避泥潦登陸，取婺州至衢州，過常山縣，至信之玉山縣。泊信州，再登舟過弋陽、貴溪，綿延皆低石山。入饒之安仁縣，至餘干縣，有琵琶洲，以形似名。自鄔子口渡鄱陽湖尾，泛江至隆興府，滕王閣故基甚侈，今但城上作堂耳。東湖秀而野，許真君觀鐵柱在東廡小枯池中，出地三尺許。過豐城縣，龘寶氣亭，有張雷廟，云掘劒處。至臨江軍登陸，游蔾林盤園。由新喻縣至袁之分宜縣，至袁州，游仰山，嶺阪皆田，名梯田，滿山皆方竹。

過萍鄉縣，入湖南界潭州之醴陵縣。江西道中林薄逼塞，至是平蕪豁然，松栢皆峭直如杉。至櫧洲市，爲舟車更易之衝。人捨輿，泝湘江，六日而至衡山縣。湘山皆迆邐，南嶽忽雄特，夾路三十里古松至嶽市，嶽市者，環廟皆墟市，江、浙、川、廣衆貨所聚。公至謁南嶽廟，游衡嶽寺、勝業寺、南臺寺，風雨不可登山。復舟行湘中，至衡州，謁石鼓書院，實州學也。始諸郡未分教時，天下有書院四：徂徠、金山、岳麓、石鼓。石鼓，山名也。行岡將盡，忽石峰特起，浸江中，蒸水自邵陽來繞，其左瀟湘，自桂林、零陵來繞，其右石鼓，雄踞其會。公自衡登陸，過黄罷嶺，又永州之祁陽縣，始有坦途。新出石板，爲山水雲氣之屏，游浯溪作詩，言《中興頌》含譏諷爲非，譬父母有過，非奉觴稱頌時可及。至永州，訪愚溪。

至全州入桂林界，傍闊各數里，石峰森峭，羅列左右。入嚴關，兩山間僅容車馬，所以限嶺南北。二十三里過秦城，秦築五嶺之戍，疑此地是。二十二里至靈川縣，秦史禄所穿靈渠在焉。縣今桂林所治，乃零陵地，舊屬荆州。桂嶺本在賀州，今於入桂未二三里立碑，名桂嶺者，前帥欲得過嶺任子賞耳，故桂獨無瘴云。

桂海虞衡志

公出嶺帥蜀後所作也。

《志山》謂余南、西、北三方皆走萬里，大行、常山、衡嶽、廬阜皆魁然大山，其最秀如池之九華，歙之黄山，括之仙都，温之鴈蕩，夔之巫峽，皆數峰爾。又在荒絶僻遠，惟桂之繞城，玉筍瑶篸，森列無際，其怪且多，誠當天下第一。山皆中空，故峰下又多生巖洞。公紀其可名者三十餘洞，備述奇怪如見。

《志金石》生金出溪洞沙土中。丹竈家所須，大如鷄子者爲金母。丹砂以辰砂爲上，山南爲宜州，與辰州同此山，故宜砂，老者鐵色。有墻壁如鏡，生白石床上，可入煉，勢敵辰砂。邕州砂大而多黯闇，少墻壁，惟以燒取水銀。

水銀燒法，以鐵爲上下釜，上釜貯砂，隔以細眼鐵板，覆之下釜之上。下釜盛水，埋地中，仰合上釜之唇。固濟周密，熾火灼之，砂化爲霏霧，下墜水中，聚爲水銀。邕州取丹砂，盛處錐鑿，有水銀自然流出。客販皆燒取而成者，百兩爲一銚，銚以紙糊猪胞不漏。

鍾乳，桂林接宜、融，山洞穴中出，遠勝連州所産者。凡石脉湧處爲乳床，融結下垂，其端輕薄，中空如鵝管，水乳且滴且凝，以竹管仰承折取，此最精者。又煉治家文以鵝管之端，輕明如雲母，爪甲紋如蟬翼者爲勝。廣東以鵝管石遺人，率麤黄。蜀中所出益枯澁，其鵝管窒塞，及麤礧近床處，通謂之孽。

銅，邕州右江峒所出，掘地數尺即有礦。

緑，銅之苗也。生石中，質如石者，淘其英華，供繪畫，次飾棟宇。泥緑最下。

滑石，桂林屬邑及猺洞中皆有。初出如爛泥，見風則堅。土人灰壁，未乾時以滑石末拂之，如玉。

鉛粉，以黑鉛着糟甕罨化之。乾道初，始官造粉，歲得錢二萬緡。

無名異，小黑石子，價極賤。

石梅、石柑，生海中，未詳可入藥。

《志香》沉香出海外，黎洞香木既枿，其節目久蟄土中，數百年不腐，益精堅。滋液下垂，結而爲香，面多在下，如山峰怪石，怪獸龜蛇。次如蠒栗角、附子、芝菌、茅竹葉者皆佳。至輕薄如紙者，入水亦沉，盡冠諸蕃所出，尤以萬安爲最勝，在島正東，鍾朝陽之氣也。海南香氣皆清淑，燒之氛翳彌室，翻之四面悉香。至煤燼氣不焦，價與白金等。中州但用廣州舶上占城、真臘、登流眉等香，腥烈味短，帶木香，尾煙必焦。其出海北者，生交趾，及交人得之蕃落。來欽州者爲欽香，尤酷烈，惟可入藥。

蓬萊香，沉之結未成者，去其帶木處，亦能沉。

鷓鴣班香，亦出海南，沉水蓬萊及絶好箋香中，槎牙輕鬆者。木性未盡，以色似名。

箋香，出海南者，如蝟毛、栗蓬、漁蓑狀，修治去木留香，香之精鍾於刺端，芳氣與他處箋香敻别。香木葉如冬青而圓，皮似楮皮而厚，花黄類菜花，子青黄類羊矢。海南人以斧斫砍，使膏液凝冱，徐於斧痕中採以爲香，如箋香之類，多出人爲，又有重漏、生結等，皆下色。

光香，與箋香同品，出海北及交趾。

蟹殼香，出高化州。

沉香，出交趾，以諸香草蜜調。

香珠，以泥香捏成。

思勞香，出日南，如乳香、歷青，交人以合香。

排香，出日南，如白茅香，亦以合香，香草無及之者。

檳榔苔，生檳榔木上，單爇極臭，以合泥香。

欖香，橄欖木脂，清烈。

零陵香，宜、融等州有之，以編席薦坐褥，性暖宜人。零陵，今永州，無此香，古零陵界甚遠。

《志酒》八桂有瑞露，石湖用其法釀於成都，名萬里春。今法具存。

《志器》所志皆蠻人軍器也。又牛角硯、雞毛筆、羽扇、竹釜。

《志禽》孔雀、山鳳凰、鸚䳇有紅、白。又烏鳳、秦吉了、錦雞、翡翠。又靈鵲爲人窔巢穴，能禹步作法以去之。毻毛雞、長鳴雞，皆雞之異者。

《志獸》象出交趾象山，一軀之力皆在鼻。二廣亦有野象，盗酒害稼，目細畏火。欽州人以機捕之，皮可爲甲，或條截爲杖，甚堅。馬自杞國，以錦一匹博大理三馬，金鐲一兩博二馬。行十三程至四城州，又六程至邕州。又有羅殿國，及謝蕃、滕蕃、羅孔諸部落馬尤壯，行二十二程至四城州，與自杞等馬會，皆以十月來。經略司歲市千五百疋，尤駿者博金數十兩。官價有定數，不能致。大理去邕州横山寨纔四十餘程，自杞人爭利，不敢度自杞，而東别有一路，自菩闌府經時磨道來，甚捷。時磨人亦貪悍不得達。土產出德慶之瀧水者，名果下馬，高不踰三尺而駿健，能辛苦，以歲七月十五日會江上交易。湖南邵陽、營道等處亦出一種低馬。

《志蟲魚珠》有池在合浦海中孤島下，名斷望池。去岸數十里，望島如一拳，池深可十丈，四周如城郭。蚌細零溢生城郭外者，乃可採。歲有豐耗，多得謂之珠熟。蜑人没水採蚌，每以長繩繫竹籃携之以没，或遇惡魚海怪則死。

硨磲，大蚌之屬，殼可爲荷葉盃。

瑇瑁，背甲十三片，無足而有四鬣，皆花紋，飼以小鮮，甲子、庚申輒不食，俗謂之瑇瑁齋。

蚺蛇，大如柱，逐麞鹿田中。南人插花呼妖，音，大姊也。或呼紅娘子以誘之，以花置蛇首，蛇俛不動，則殺之。

鸚鵡螺，青螺，亦可琢爲酒盃。

貝子，大者如拳，紫班；小者指面，大白如玉。世既不尚，人亦稀採。

石蟹、石蝦，云海沫所化。

嘉魚，出梧州火山下丙穴，如小鱒魚，多脂，煎不假油。蜀中丙穴亦出，肥美相似。

鰕魚、竹魚，皆出灕水，南方所珍。

《志花》上元紅，元夕開。

泡花，採以蒸香，法以佳沉香薄劈著淨器中，鋪半開花與香層層相間，密封之，日一易，不待花蔫，花過香成。番禺人吴興作心字香、瓊香，用素馨、末利，法亦然，大抵泡取其氣，未嘗炊揻。江、浙作木犀降真香，蒸湯上，非法也。

末利，以米漿日溉之，則花可耐一夏。六月六日以治魚腥水一溉，益佳。

石榴，既實復花，併花實折飣盤。

曼陀羅花，漫生原野，大葉白花，實如茄，偏生小刺。盜採花末之置人飲食中，即昏醉，土人又以爲小兒去積藥。昭州公庫取一枝挂庫中，飲者易醉。

《志果》荔枝不及閩中所産，妍紅渥丹，畫工百端模寫不能。殆世間紅色第一。

龍眼，極大，如當二錢。

龍荔枝，身葉似荔枝，肉味如龍眼，故兼二名。

人面子，核如人面。

椰子，葉類棕櫚，子生其間，如五升器。皮中殼可爲器，殼中穰如牛乳，穰中酒新極清芳，久則濁。

鸎歌舌，即紅鹽草，菓之珍者。

八角茴香，惟以薦酒。

餘甘子，風味過橄欖，雖腐爛猶堅脆。

波羅蜜，大如冬瓜，削其膚食之極甘，子綀悉如冬瓜。生木上，秋熟。

柚子，大如瓜。打碑者捲皮蘸墨代氈刷。

地蠶，生土中，似甘露子而不尖，以薦酒。

《志草木》桂，南方奇木，上藥，出賓、宜州。花如海棠，淡而葩小，實如小橡子。取花未放者，乾之五年可剥，以桂枝、肉桂、桂心爲三等。桂枝質薄而味輕，肉桂質厚而味重，桂心則剥厚桂，以利竹捲曲，取貼木多液處如經帶，味尤烈。凡木葉心背一縱理，獨桂有兩紋，製字者意或出此。葉味辛甘，人喜咀嚼。桂之所草木不蕃。

榕，易高大，葉如槐蔭，樾可數畝，根生半身，附幹而下壟，壟抱持以入土，故有倒生根之説。禽鳥銜其子，寄生他木，根鬚沿木自垂下，得土氣則過所寄。

杪木，杉類，尤高大，葉尖成叢，穗小，與杉異。傜峒劈板博易，舟下廣東。

脩仁茶，脩仁，靜江府縣名，製片二寸許，上有供神仙三字者，上也。大片麤淡。

檳榔，生黎洞上。春取爲軟檳榔，夏、秋採乾爲米檳榔，小而尖爲鷄心檳榔，匾者爲大腹子，悉能下氣。鹽漬爲鹽檳榔。瓊管收其征，居歲計之半。廣州亦數萬緡。自閩至廣，以蜆灰蔞葉嚼之，先吐赤水如血，而後嚥其餘汁。廣州加丁香、桂花、三賴子爲香藥檳榔。

桄榔，虚心，刳以承漏，外堅可爲弩箭。

烏婁木，宜柂第一，出欽州。

吉貝，如小桑，花似芙蓉，葺爲席。

澁竹。可磨以爲甲。

人面竹，可爲拄杖。

斑竹，有疊暈，本出全州之清湘，桂林亦有之。

都管草，辟蜈蚣、蛇。

蛆草，辟蚊蠅。

《志雜》雪，獨桂林有之。自桂林而南至海北，人不識雪。或言數十年前嘗雪，歲乃大災。蓋地氣常燠，植物柔脆，忽得雪，悉僵死。風，桂林獨多，去海餘千里，非颶也。

湘、灕二水皆出靈川之海陽，行百里，分南北而下，北曰湘，下二千里至長沙，水始緩。南曰灕，過三百六十灘，又千二百里至番禺入海。桂林獨當湘灕之脊，在長沙、番禺千丈之上，雲物之表，高而多風，理固然也。

秦城，始皇發戍五嶺之地。

靈渠，在桂州具安縣，湘水北下湖南，又灕江、牂牁下流也。南下廣西，二水遠不相謀。史禄於沙磕中壘石作鏵觜，派湘之流而注之灕，激行六十里，置斗門三十六，舟入一斗，則復閘一斗，使水積漸進，故能循崖而上，建瓴而下，治水巧妙無如靈渠者。

朝宗渠，浚之則有人登科。

銅柱，馬伏波立交趾，國中人過柱下，輒培石，遂成丘陵。馬援爲安南都護，夷獠爲建二銅柱。又唐何履光定南詔，復立伏波銅柱，則在大理。

瘴，乃炎方之地，脉疏而氣洩，人爲常燠所暵，膚理脉絡嘽舒不密。又數十百里無木陰、井泉、逆旅，醫藥，其病又不必皆瘴之爲也。石湖《正夏堂記》極論之。

僧道，無度牒，而有妻子者皆是。

月禾，無月不種。

土丁，制如禁軍。

保丁，隸保正，平儂賊後所結，今困私役。

寨丁，沿溪洞所結。

洞丁，溪洞之民也。

鼻飲，但可飲水。

捲伴，嫁娶不由禮，竊誘之名。

挑生，妖術，以魚肉害人，在胸鬲則服升麻吐之，在腹服鬱金下之。李壽翁侍郎爲雷州推官，鞫獄得此方。

蠱毒，人家無纖埃者是。

《志蠻》之目五：曰羈縻州洞，曰徭，曰蠻，曰黎，曰蜑。

羈縻州洞，有黄、儂、韋、周四姓。黄、儂隸邕州，韋、周隸宜州。國朝平儂智高，析其種落爲州縣，小者爲洞，凡五十餘所。即其雄長爲首領，籍其丁壯號田子，甲者爲洞丁，而總隸於提舉。左江四寨二提舉，右江四寨一提舉。左江屯永平、太平，右江屯横山，寨官則民官也。比年諸洞不供財賦，無粮以養提舉之兵。寨官亦與洞官爲伍，而邕之邊備弛矣。宜州之安化州最悍鷙，建炎有凌、羅二將率洞兵勤王，敗曹成，廣西晏然。南丹州尤羈縻之甚，其酋莫延葚，乾、淳間擾邊。公劾邊將交通者當參寘之法【一二】，南丹稍讋。

【一二】當參寘之法　「參」原作「叅」，據文淵閣本改。

猺，本盤瓠之後，綿亘巴、蜀、湖、廣間數千里，名爲猺。實不供征役數，數侵軼州縣，覺知則已趁入巢穴，官軍徒勞費。公於屬桂林者，悉罷官軍，專用邊民得七千餘人，分五十團。次論近猺團結，乃許通博易。次復以近猺亦團結，公諭之天子誕節，首領得赴宴，遂各以誓狀來。

蠻，自羈縻州洞之外皆蠻也。其區連亘湖、廣，接于西戎，種類不可勝計。溪洞外依山林而居，荒忽無常者爲獠。無酋長版籍，無年甲姓名，惟有事力者曰郎火，餘但稱火，此不在蠻類。蠻則前世嘗建黔南帥府於融州以統之。融在猺洞之南，蕃蠻之東。

蕃蠻，與牂牁地接，人皆椎髻跣足，而峨州以西又繫白紙於椎髻，云尚與諸葛武侯制服。又有漢蠻，能華言，自云本諸葛武侯戍兵。蓋唐史西屠夷馬留之類也。其南連邕州，南江之外者皆成聚落。羅殿、自杞以國名，羅孔、特磨、勺衣、九道等以道名。此諸蠻之外又有大蠻落，西曰大理，東曰交趾。大理即南詔也，亦曰雲南，其人皆有禮儀。地極西南，尤近蜀。交趾古交州，歷代爲郡縣，國朝遂在化外。熙寧八年入寇，詔趙尚、燕達討降之。乾道九年進象，賀登極，朝廷賜名安南國。自交趾渡一水即占城國，漢林邑也。其南浦有馬援銅柱。山東西皆大海，占城隔一水爲真臘，又一水曰登樓眉。此數國之西有大海，名細蘭。爲交趾、大理、吐蕃之西境，南接大洋海，海口有細蘭國。其西有五天竺，極南有故臨國，又西則東大食海，海西則大食國，又西則西大食海，蕃商不通。南大洋海中諸國以三佛齊爲大，諸蕃寶貨之都會，三佛齊之東則闍婆國，稍東北則新羅國、高麗國。諸蕃之去中國，惟占城最近，大食最遠，至大食必舟行一年。凡諸國皆由蠻而遞及者也。

黎，則海南四郡隝上蠻，由雷州徐聞渡半日而至。隝之中爲黎母山，山極高，常在霧靄中，雖黎人鮮識之。四郡各占隝之一陲，其中黎地不可入，亦無路通。朱崖在南陲，復桴海乃至，所謂再涉鯨波也，最外。耕作省地供賦役者名熟黎。内爲生黎。生黎之巢外人不復跡。黎母之巔，則雖生黎亦不能至。相傳其上有人，壽考逸樂，不與世接，虎豹守險，無路可攀，但覺水泉甘美絶異爾。

蜑，乃海上水居之蠻，其種有三：漁蜑取魚，蠔蜑取蠔，木蜑伐山。皆坐死短蓬間，生食海物，其生如浮，而各以疆界役於官。

吴船録

出蜀時筆也。當淳熙丁酉歲，録江行所見。今併考江流，併合處抄下方。

江源自西戎來，由岷山澗壑出。世云江出岷山，自中國所見言之耳。岷在今永康軍，岷山之最近者曰青城山。其尤大者曰大面山。大面山之後皆西戎山，西域之雪山三峰銀爛玉琢，闖出大面後，凡皆江源之所自來也。秦太守李冰於今永康之離堆鑿崖中斷，分岷江一派入永康以至彭、蜀，支流自郫縣以至成都，二水合於成都之東郭，有合江亭，西取萬里橋。公自東郭東下五里至板橋灘，此自蜀下峽灘之始也。

過犀浦，過郫縣，凡百十里，至永康之離堆，四十五里至青城山，有縣。七十五里至蜀州，有西湖。三十里至江原縣，四十里至新津縣。成都萬里橋下之江與岷江正派合於此。自此順流半日至眉州城下。玻瓈江自眉至嘉百二十里。半途有中巖，西州林泉最佳處。嘉州凌雲，舊名青衣山，蠶叢氏之神也。凌雲寺有天寧閣，即大佛像所在，高三百六十尺，頂圍十丈，目廣二丈，爲樓十三層覲之。嘉爲衆水之會，導江、沬水與岷江皆合其下。沬水自嶲州邛部合大渡河，穿夷界千山，由雅州來，渡雅州江，爲大峨山。佛書謂普賢示現處。去平地百里，盛夏擁重裘，大峨峰頂，天下絶觀，龍門峽又勝絶山間。自嘉州百六十里至犍爲縣，又二百四十里至叙州，古戎州也。有馬胡江，自夷中出合大江。又十五里有南廣江亦來合大江。自叙州二百八十里至瀘州，有內江又自資、簡州來合大江。瀘、叙江北岸皆夷界。自瀘州百二十里至合江縣，對江安樂山，出天符木，葉紋有符篆。自合江三百二十里至恭州，自此入峽路。大抵自西川至東川，風土已不同，至峽益陋。

恭州乃在一大磐石上，水毒生癭，自此至秭歸皆然。恭有嘉陵江，自利、閬、果、合等州來合大江，自恭二百一十里，至涪州，黔江又自黔州來合大江，皆石底，清如玻瓈。自成都至此，始見清江，涪雖不與蕃部雜，舊亦夷，俗號四人，謂華人、巴人、廩君與槃瓠種也。

自眉、嘉至涪，皆産荔枝，涪有妃子園。江自涪之群猪灘，水始險，二百餘里至忠州。忠州百八十里至萬州，比涪、恭尤蕭條。泝江入蜀者，率至萬州捨舟陸行，不兩旬可至成都，舟行須十旬。萬州有西山，山半有湖，湖上有煙霏閣。自萬州六十里至開江口，水自開、達州來合大江。又八十里至雲安軍，百四十里至夔州，魚復八陣圖在焉。水至夔州尤毒，飲輒生癭。自夔十五里至瞿唐口，過灔澦入峽。《舊圖》云「灔澦大如襆，瞿唐不可觸。灔澦大如馬，瞿唐不可下。」而尤以如撒髮爲惡，蓋必水漲没之方可拂過其上也。峽中兩岸，高巖峻壁，斧鑿痕皴皴然。而黑石灘最險，兩山東江驟起，邊高中窪，名茶糟齊，則萬萬不可行。漲盡淹草木，名「青草齊」，則可行。或未能盡淹，名草根齊，深亦不可涉。十五里至大溪口，水稍闊，夔峽之險紓矣。

七十里至巫山縣。巫峽與夔異，夔峽須水漲，巫峽惟水退乃可。自縣行半里即入峽，峽間陡暗，舉頭僅有天數尺，兩壁皆奇峰，如是者百餘里，十二峰皆在北岸。神女廟在峽之三十五里，石刻稱雲華夫人，助禹驅鬼神，斬石疏波有功，今封妙用真人，廟有神鴉，送迎客舟。出峽二十里至東奔灘，大渦掀舞。二十里過歸州之巴東縣，萊公祠與栢在焉。九十里至歸州，未至州數里，有吒灘，尤險於東奔連接城下。大灘名人鮓甕，狠石横卧，據江十七八。歸爲夔路，荒涼之極，楚熊繹啓山林於此【一三】，屈、宋、昭君皆生此地。舊隸湖北，近屬夔，而財賦仍歸湖北。一州二屬，疲於奔命。歸州五里至白狗峽，岸皆大石，峽

【一三】楚熊繹啓山林於此　「繹」原作「纏」，據文津閣、文淵閣本改。

山奇峭。三十里至新灘，漢、晉山再崩塞江，故尤險。八十里至黄牛峽，接扇子峽，蝦蟇涪在南壁半山，過此則峽灘盡矣。三十里至平善垻，出峽舟相賀處。三十里至峽州，古夷陵，三國時吴、蜀界也。自漢嘉以來，東西三千里，南北綿亘入蕃夷界，不知幾十萬峰。出夷陵西望，杳然無復一點。

自峽州四百七十里至江陵，有沙市，渚宫、章華臺、龍山、息壤。七十里至公安縣，有二聖寺，金剛神也。百二十五里至石首縣，百七十里至魯家洑。自此下岳陽，則洞庭出大江處，波浪連天，客舟多避之。由魯家洑入沌，行百里荒，復出大江，至鄂州，泊鸚鵡洲。沿江數萬家，州廣、荆、襄、淮、浙貿遷之地，名南市。南樓在黄鶴山上，甲於湖外，稍東爲漢口。漢水自北岸出合大江。百八十里至三江口，三江之名，凡水參會處皆稱之。過黄州赤壁，四十里至巴河，自北岸入大江如漢口。自黄州四百七十五里至江州，登庾樓，遊廬山。復至江州，東下過湖口，蓋彭蠡湖入大江處。九十里至交石夾，經澎浪磯。凡八十里至燩背洲，又經皖口牛磯鴈汊。凡三百里至長風沙上口【一四】，百里至池州池口，十里至池州。又經清溪口長風沙，凡五百七十餘里，至太平州，登凌歊臺，宋武帝作也。至建康登伏龜樓基，一城地勢最高處，相傳曹彬取李煜自此入。又百八十里至京口，爲浙矣。

謹按江出岷山，其源實自西戎萬山來，至嘉州而沫水自巂州邛部合大渡河，穿夷界千

【一四】凡三百里至長風沙上　「百」原作「有」，據文津閣、文淵閣本改。

山以會之。至叙州而馬湖江出自夷中以會之。又十五里而南廣江會之。至瀘州而内江又自資、簡等州會之。至恭州而嘉陵江自利、閬、果、合等州會之。至涪州而黔江又自黔州合南夷諸水會之。至萬州而開江水自開、達等州會之。夫然後總而入于峽，是江自峽而西受大水凡八，及出峽而下岳陽，則會之者洞庭湖，所受湖南北諸郡水也。又自是而下鄂渚，則會之者漢口，所受興元諸郡水也。又自是而下黄州東四十里，則會之者巴河也。又自是而下江州，則會之者彭蠡，今名鄱陽湖，所受江東西諸郡水也。又自是而下，則會之者皖水，所受淮西諸水也。夫然後總而入於海。是以自峽而東，又受大水凡五，略計天下之水會於江者，居天地間之半，其名稱之大而可考者，凡十有三。故曰江源，其出如甕，而能滔滔萬里以達海，所受者衆也。嗚呼！問學者可以觀矣。

公喜佛、老，善文章，蹤跡徧天下，審知四方風俗。所至登覽嘯詠，爲世歆慕，往往似東坡。東坡當世道紛更，屢爭天下大事，其文既開闢痛暢，而又放浪嶺海，四方人士爲之扼腕，故身益困而名益彰。公遭值壽皇清明之朝，言無不合，凡所奏對，其文皆簡樸無華，而又致位兩府，福禄過之，流風遺韻，亦易消歇耳。若公之言治主貴實。而將久，其帥蜀、帥廣，皆能寬民力，練軍實。出使萬里外，如言治堂上時，討論申明，纖悉具備，可謂刻志當世者矣。然公亦嘗帥沿海，討論申明，無異在蜀、廣。而沿海，吾居也。考之事實，率不可行。今無聞焉。或者蜀、廣去天萬里，其弊誠有如公所言者，而沿海於行都，爲切近無事之地。公鋭意事功，不能不姑爲是條畫而已耶。嗚呼！自昔士大夫建明，多爛然於高文大册之間，而至今小民疾苦，終蹙然於窮簷敗壁之下。豈非人存則政舉，而有國有家者，常宜以得人爲急務哉？

卷六十八

讀文集十

葉水心文

奏議

《淳熙上殿劄子》大略云恢復一大事，而言者皆曰：虜難攻，當乘機不可動，當待時。夫機自我發，非彼之乘；時自我爲，何彼之待？虜之難攻者豈真難，而不可動者豈真不可正？以我自有所難，我自有所不可。蓋其難有四：國是一也；議論二也；人才三也；法度四也。其不可有五：兵以多而遂至於弱，財以多而遂至於乏，不信官而信吏，不任人而任法，不用賢能而用資格，凡五也。若置而不論，因而不改，則我之難者真難矣，虜豈復有易攻之機；我之不可者真不可矣，虜豈復有可動之時？

《應詔條奏六事》謂六事未善，皆治國之意未明之故，國勢也，士也，民也，兵也，財也，紀綱法度也。愚謹按上殿當孝宗臨御二十六年，應詔當光宗受禪初年。

又上執政薦士。

《辯兵部郎官朱元晦劄子》此晦翁爲林栗所劾而水心辨之者。按栗時爲法從，水心非言官，又所學與晦翁不相下，非平昔相黨友者，一旦不忍其誣，出位抗言，廷斥不少恕。此當與汲長孺面責公孫弘【一】、張湯者同科。嗚呼壯哉！然晦翁初不以此重輕，而水心則由此與之重矣。

淮西論鐵錢五事，甚悉。

《嘉泰上殿三劄》一言人材當和平。二論湖南每小歉，不自給，漕司宜擇利源爲水旱急難百姓指準之地。三論泉南、南外宗子請受，準元指揮，轉運司應副一半，本州代宣、信、建昌、邵武上供銀一萬五千六百餘兩，四郡應副本州絹。今轉運司不支錢，宜與建昌、邵武不還絹。

《開禧上殿劄》大略謂：恢復危事，先定其論而後修實政，行實德。何名之賦害民最甚，何等横費裁節。宜先減所入之額，定所出之費，不須對補便可蠲除。東南歲賦八千萬緡。

《安集兩淮申省狀》因民之欲，令其依山阻水。

《屯田畫一申請狀》真州於瓜步，滁州於定山，和州於楊林石跋，三處並量築堡塢，此外深入第二層差。

《續陳堡塢利害狀》募勇士渡江北，劫虜營，凡十數往返，取其俘馘以報。江南人

【一】面責公孫弘　「弘」原作「洪」，據文淵閣本改。

心始安，虜亦由此卷甲遁矣。謂三國孫氏常以江北守江，不以江南守江，見團結山水爲寨者四十七處。謹按：水心淳熙上殿，以復讎爲第一大事。至開禧用兵，又指以爲至險至危事，宜識事機者。然猶爲韓侂胄用，金陵之行一語不踐。夫兵，固非爲士者所宜輕言，非言之難，而爲之難也。

《大學講義》前後接續，皆講禮器。公蓋欲以禮爲治者，所講率明白而釋。回增美質一語，講之尤粹。若曰私欲頗僻，所謂回也。禮與之周旋而同其作止，使之陰自消弭，如冰之於水，春風之被物，所謂釋回也。禮之所加，猶玉之山龍其文，猶素之藻繢其章也。豈不焕乎其愈明哉！所謂增美質也，辭雖不免於文，而理則善矣。至講下文如竹箭之有筠也，如松柏之有心也，則謂禮之於人可學而至，非如竹箭松柏之本有，而無待乎人。愚意此公自有所見，而經意未必然也。松竹之有筠有心，正以比君子之有禮，豈顧二之而反謂其非如也哉？然公之所以通連其講者，實歸宿於末章，欲稱財而爲禮，不雜於人欲之流放。以禮從天下，而帝王之統緒接也。嗚呼！後世之取財於民視古百十倍，而用益不足。民窮到骨，朘削愈甚，此禮之不立，而財愈多愈乏使然也。公尚禮學，而尤精究財賦本末，欲起而救之至切也，講義其微意所在乎？第恐講道天子之學，猶有本領在，而此又其節焉爾。

表啓

文平意順，水心大手筆也。四六語如此，近世雕鏤自以爲工者何如也。卷六卷七皆古詩，如超然、北齋、虎丘，皆水心爲浙西憲司幹官時作也。

記

《漢陽新修學記》歷叙江漢古今材質，文有節奏，可觀。

《煙霏樓記》公守蘄時所作，寫景狀物，佳。

《温公祠堂記》公生光州，因以爲名。王聞詩守光改祠之，而水心爲記，謂公猶常人爾，充實積久，爲宋元臣。此最善言公者。

《樂清三賢祠》王龜齡與錢堯卿、賈如規也。

《醉樂亭記》永嘉俗尚西山之游，吏因邏酒榷利數倍。宣城孫公爲郡，始縱民自飲，作新亭以休遨者，名醉樂。記末及古今政教，尤佳。

《石洞書院記》東陽郭欽止得石洞，作室儲書，禮名士，以教鄉里之秀者。

《千佛閣記》因人情施舍而及治道之中。

《白石經藏記》記少年游歷，可觀。末以其成先志而記之，亦得體。

《龜山祠堂記》楊氏子孫賣宅，太守余景瞻贖還之，又修補其漏闕，因以祠龜山。記文優緩，而理趣高。

《平陽縣代納坊場錢記》知縣汪季良以所没造僞會田及廢寺田，求提舉孟植上之朝，求就賜縣用禾利補青册錢。許之。記文載敗闕坊名錢之擾。甚切。

《敬亭後記》謂程氏誨學者先以敬爲非，當先復禮。蓋水心之學然也。愚按乾、淳間【二】，正國家一昌明之會，諸儒彬彬輩出，而説各不同。晦翁本《大學》致知格物，以極於治國平天下，工夫細密。而象山斥其支離，直謂即心是道。陳同甫修皇帝王霸之學，欲前承後續，力拄乾坤，成事業而不問純駁。至陳傅良則又精史學，欲專修漢、唐制度、吏治之功。其餘亦各紛紛，而大要不出此四者，不歸朱則歸陸，不陸則又二陳之歸。雖精粗高下難一律齊，而皆能自白其説，皆足以使人易知。

獨水心混然於四者之間，總言統緒，病學者之言心而不及性，則似不滿於陸；又以功利之説爲卑，則似不滿於二陳；至於朱則忘言焉。水心豈欲集諸儒之大成者乎？然未嘗明言統緒果爲何物？令人曉然易知如諸儒者。嘗略窺其所指爲統緒者，似以禮爲主，故其言曰學必始於後禮，禮復而敬立矣，安上治民，莫善於禮。若然，則又似專言推行於文物制度之禮，以防民之非者也。非吾夫子所指根本於吾内心之禮，使克去己私而復之者也。禮不先於克己，禮將何自而復，學不先於敬己，私又何自而克己。且未知所以復禮，又何以使民俗之復禮。而公之言統緒，又將何所從始耶？且功利之學不必問也，義理之學不容不辯也。公於義理獨不滿於陸，而不及朱，似於朱無忤者。然朱之學[illegible][illegible]程，

【二】愚按乾淳間　「愚」原作「遇」，據明本、文津閣本改。

而程之學專主敬。乃反以程子之言敬爲非，又何耶？且敬也者，堯、舜、禹、湯、文、武、周公、孔子以來，相傳之説，非程子自爲之説也。蘇子瞻千古奇材，獨以輕薄讎程子，終身思所以破其敬之説，尚終其身不能。而水心欲破之，宜其説之不能自白也。

《上蔡祠堂記》謝顯道獨一子克念者落台州，尋亦死。克念有子偕，偕三子無衣食，替人承符引。黄嵤爲郡，訪得之，請見，抗賓主禮，給冠帶錢米，置田宅，祠顯道於學。

《瑞安修學記》若但竪數十屋而宫，群數十士而飯，而曰：教養盡是矣，何易也？愚謂此痛快語。

《北村記》爲尚書吴興沈公作也。文有雅韻，讀之如閲山水畫，一奇也。《王文正祠堂記》文有餘韻，亦一奇也。

《葉嶺書房記》爲蔡任作，亦佳。

《風雩堂》李伯珍築之豫章之囿，而水心爲記。風雩，今爲聖門一大議論，善形容者往往極於高明。水心謂舞雩，魯之禊事，點不敢必放，用甘服閭里耳。説極平實，而文采燁然，可讀也。

《温州修學記》以周恭叔、鄭景望、薛士龍、陳君舉四人爲永嘉相承之儒宗。

紹興、諸暨二莊，一備修海堤，一備鹿鳴舉送。嘉定七年太守趙彦倓所建，記末尤拳拳於鑒湖之未復。

《郭氏種德庵記》爲磊卿兄弟作也。其略曰家非德不興，德非種不成。雖一人之家，未嘗不與天地同其長久，所以不能者，人毁之也。謙者種之，盈者毁；讓者種之，爭者毁；廉者種之，貪者毁；退者種之，進者毁。種不求獲，不敢毁不敢成，聖人之德也。

《温州社稷記》以社稷神明之正，與世俗淫誣對形。文極華贍。

《季子廟記》戒晉陵之俗多訟，文字好。

《南安三先生祠堂記》謂周子、二程當著令通禮。

《台州三先生祠堂記》提刑羅適、侍郎陳公輔、詹事陳良翰也。

《宜興修學記》謂荆溪《禹貢》中江。愚按《禹貢》明指岷山江爲中江。公何忽有此言也？

寶婺觀，即八詠樓也，唐爲觀。太守洪邁請今名。

《連州開楞伽峽記》嘉泰二年崖墜壅水，李華疏之，小石綷運，大石鑱落，上以火攻，下以堰取，餘隱石平流中創巨靈鑿，貫木百鈞，擣之糜碎。

湖州勝賞樓，自柳惲《江南曲》始。

序

石庵蔡瑞藏書，教族人於墓側者。

《陰陽精義序》朱伯起師鄭景望，與景元友，嗜地理學，著書二十篇。公謂蘇子瞻居陽羨而葬嵩山，朱公元晦聽蔡季通預卜藏穴。好奇者，固通人、大儒常患也，余特載其師友源流。

《紀年備遺》平陽朱黼作也。黼字文昭，師陳君舉。

徐致中論書法如匠造屋，木之分寸必應繩墨，故分爲點畫，合而爲字，無妄施者。

《巽巖集序》略曰自有文字以來，名世數十，大抵以筆勢縱放，凌厲馳騁爲極功，風霆怒而江河流，六驥調而八音和，春輝秋明，而海澄嶽靜也。公未嘗藻黻琢鏤以媚俗爲意。曾點之瑟方希，化人之酒欲清，又非以聲色臭味自怡悦也。愚謂水心此言亦寫胸中之所自得者歟！巽巖，蜀人李燾也，著《通鑒長編》。二子壁、㙾皆名世。

《周會卿詩序》一幹之蘭，芳香出林，豈紛然桃李能限斷哉？

《松廬集序》杜甫《送楊六判官使西蕃詩》直下無冒子，始末只一意。今翁常之之作頗似之。

《歸愚翁文集序》爲鄭伯英作，即景望弟景元者也。景元及第第四人。既任秀州判官，終其身二十餘年不復仕。諸公貴人知其才大氣剛，中心畏之故也。孔翠鸞鳳，矜其華采，顧影自耀，爲世珍惜。是固然也。若夫蛟龍之興雲雨，則雷電皆至，霆霫百里。豈區區然露小技、衒細巧而足哉？

《翁靈舒詩集序》云起魏、晉歷齊、梁，士之通塞無不以詩，而唐尤甚。彼區區一生，窮其術而不悔者，固将以求達也。如必待達而後工，工而無益於用，捨之數則奚賴焉？君頭髮大半白，旁縣田一頃，蛙鳴聒他姓。城隅之館，水石粗足，而不能居也。愚觀靈舒，四靈之一也。水心所以斥駡者如此，而世以晚唐詩名者，尚遥拜之爲宗師。可嘆也已！

《周南仲後序》譏其求異而無成。

《黄文叔周禮序》略曰《周禮》晚出，而劉歆遽行，大壞矣。蘇綽又壞矣，王安石又壞矣。孔子未嘗言《周官》，孟子亦以爲不可得聞。一旦驟至如奇方大藥，非黄帝、神農所名，無制使服食之法，而庸夫鄙人妄咀吞之，不眩亂顛錯幾希。

《法明寺教藏記》爲僧師昶作也。終之曰：夫浮屠以身爲旅泊，而嚴其宫室不已。以言爲贅疣，而傳於文字愈多。固余所不解，嘗以問昶，昶亦不能言也。

《宗紀序》謂佛學入中國，其書具在。有胡僧教以盡棄舊書不用，畔佛之學而自爲學，倒佛之言而自爲言。皆自以爲己即佛，而甚者至以爲過於佛也。

《吕子陽老子説序》謂每嘆《六經》、孔、孟舉世共習。其魁俊偉特者，乃或去爲佛、老、莊、列之説，怪神靈霍，相與眩亂，甚至山棲絶俗，水食澗飲以守其言，異哉！愚按此兩序識到理明，尤水心文之絶特者，可以成誦，故表出之。

《胡尚書序》尚書名沂，餘姚人，富貴有節，無侵尋之求。嘗喻國體猶半存之身。

題跋

《題畫婆須密女》載程正叔斥秦少游詞語褻天事。河豚雖毒，而人能啖之，毒又甚矣。

石月硯屏，中涵樹影。

戴肖望病，詣王大受，曰：無苦，久客心動耳。留薦燠館食軟膩，把酒談笑，肖望欣然忘還。《題柑齋詩後》。

潘彥庶輕鄙舉子學，出經入史，於衆人思慮不到處下議論，空寫卷子上，竟莫遇精識。

《題劉潛夫南嶽詩》建大將旗鼓，非子孰當？何必四靈哉！

《題周簡之文》云：外學乃致窮之道。

《題義役保》正長法，不承引帖催二税。今州縣以例相驅，士民同苦，至預醵錢給費，名曰義役。然則有司失義甚矣。

祭文

澗底之松，山上之苗，言崇高者易憑也。《祭韓子師尚書》。髴髣。《祭王才叔》，倒壓韻。

墓誌銘

徐誼待制提舉浙西，言水不可疏，謂舊田溝澮當濬，圍田下脚無輒開，已開未填當捺合。行是三説，農不病矣。似於今不合。其責趙丞相爲忠則忠，爲姦則姦。非言也。然薦蔡必勝，終定策。

蔡必勝，武舉第一人，不見曾覿。光宗疾，與趙丞相定議用韓侂胄，白太皇，立寧考，時趙彦逾戒郭杲飭宿衛。

《陳傅良墓誌》以水心爲之，宜有大可觀，如昌黎誌子厚。然而寂寞反尋常者不及，可嘆也。

《著作正字二劉公墓誌銘》著作諱夙，字賓之，莆人。試館職，言薦舉之弊，此執政大臣爲惠而不爲政致之也。陳執中、章子厚，人知其小人也，然能不以官私其親。今將告執政大臣曰：子爲子厚乎？子爲執中乎？則艴然怒矣。至其行事則有爲子厚、執中所不爲者矣。上封事論覿、大淵尤切。知衢州，郡人祠之。徙温州，禱雨，全家淡食八十餘日。以疾還莆，率鄉人救荒，愬莆之剩米斛於朝，盡蠲之。弟正字諱朔，字復之。紹興庚辰省試第一，調温州户曹，計口受禄，以其餘救飢疫，飼棄兒。召對，奏曰：陛下何不延納憤激敢言之士而聽訐直難堪之言，因以自考察成敗得失。知福清縣，聽訟，使兩詞自詣，市食挂錢於門。然嘗諫止雍公所主恢復議，雖晦翁辨之，不從。將自有所見歟？嘗行秦溪，有道殣者，久駐，棺瘞乃去。過劍津，見覆舟號呼【三】，解鄭夫人髻金救之。二公皆樂朋友，死日，家無留貲。著作子彌正，正字子起晦、起世皆登科。彌正至侍郎，子克莊，今爲法從，號後村，以文顯。愚觀水心誌陳君舉墓，寂寥慊然。今二劉官不爲顯，文無行於世者，而所載言行曄然耀人，蓋所誌諸公貴人皆無此及者。故節録特備。

【三】見覆舟號呼　「見」原作「皇」，據文淵閣本改。

寶謨劉公穎，字公實，衢人。特立有治行，以壽終。

曾侍郎漸，建昌南城人。辨其非侂胄黨，正以其爲侂胄黨，諱之故耳。如曰：侂胄死，素抑者多用。趙彦逾亦在中。公爭之，不容，可槩見也。穎茂、穎秀其子云。

薛待制弼，政和進士，宣、靖間，間關共難，南渡後守閩楚，平賊百七十部。然本岳飛參謀，而爲秦檜用。永嘉人。

黄尚書度，字文叔，越人。注《詩》、《書》、《周禮》，著《史編年考》。天文、地理、井田、兵法，病養兵，欲屯田，陰復府衛。吴挺死，請合興利，合東西川。論韓侂胄御筆事。制置江淮，降鹽城賊。嘗言紹興至今三罷兵，所增之賦皆當斥以還民。

陳謙，永嘉人。爲京西運判時，襄陽帥李奕、後帥皇甫斌皆密受侂胄意，擾邊起事。公謂復讎大義，乃倚群盜剽奪之，豈得以敗亡爲戲乎？遂以公總領湖廣。斌師遂大出，初敗支河池，再敗方城。郭倬至宿，李爽至壽，皆潰，金州秦世輔未及行而潰。蓋開禧所謂用兵如此。公在襄陽陂北城貯水三百尺，既至鄂，米悉運赴襄。又念安州亦兵衝，募守三關。言雖不用，亦完二城。

祭酒李祥，無錫人。趙丞相免，公爭曰：頃壽皇崩，兩宫隔絶，留正棄印亡，汝愚不畏族誅決策，社稷臣也。

《陳同甫、王道甫墓誌銘》。同甫，婺州以解頭薦，著《中興五論》，不報。後十年在太學，上書至再，復不報。又十年親至金陵，視形勢，復上書，終不報。在庭皆怒以爲狂。鄉人爲燕會，同坐者歸，暴死，疑有毒。入大理獄。民吕興、何廿四歐、吕天濟且死。恨曰：陳上舍使殺我。復入大理獄，少卿鄭汝諧直之。未幾，策進士第一，未至官，病，一夕卒。道甫名自中，平陽人，登第，仕不顯，多奇節。同甫稱之。水心曰：鮑叔、管仲，友也。鮑卑而管貴，美在叔也。王猛、薛强，友也。王顯而薛晦，過在强也。同甫得以死後餘力，引而齊之，使道甫亦得而傳。是以併誌。

趙彦㯋，無錫人。禱雨，請罷催止合衣税。朝士無不造侂胄門，公歎曰：諸人今枉此足易，後直之甚難。知汀州，捕葉八子。知平江，置嘉定縣，鑿錦帆涇。爲總領，籍軍額之亡，減錢百萬緡。

王柟木叔，永嘉人。知績溪，修陂塘。知江陰，開渠五百餘里，壞瘟神像，不見蘇師旦，止鄧友龍北伐。侂胄死，竄流不絶，公謂非朝廷福。江陰渠無百里。

蔡行之凝重，竟日或不通一語。陳龍川與辨，抵日接夜若懸江河，同甫謝不能乃已。雖幼以文顯，無浮巧輕艷之作。官至兵部尚書，四子籥、節、策、範。

趙師羼，吴人，有吏材，十餘年中四知臨安府。志中多載其與侂胄異。然愚聞之長老言，最佞侂胄者也。

施師點，信州人。事孝宗，知樞密院，六年而退。所陳多寬郵之事，嘗言治盜當委牧守，但責巡尉，何以禁暴。

樞密汪勃，徽州人，紹興二年登第。十三年和親。擇不與趙、張同好惡者佐佑執政，勃遂爲監察御史，其賢不肖可知也。乃云爲檜所忌，欲蓋而彰矣。然檜於一時同惡，既借官爵啖之以盡其力，位逼則斥去如奴隸。勃之見忌，亦非公曲筆。蓋紀實而是非自見者也。汪綱、汪統皆勃曾孫，綱始求志於公云。

劉彌正，劉夙子也。幼率諸弟勤苦緝故業，貧不能得膏火，旁嫗夜績者光射公牖，輒携書就之，後皆中第。其在朝，丞相陳自强惡其不附己。開禧虜入寇，遂用公提淮鹽，蓋以陷之危地。自兵起，鹽商不行，公盡通鹽利，就爲運判。後爲浙漕，虜使自淮至浙，凡送迎之事，皆公裁定爲成式。其爲浙漕也，不與内臣相見，官至吏部侍郎。子克莊。

周淳中，瑞安人。及第，嘗改官爲宰，爲帥機，輒乞祠，至老死。初買廢山，鑿平爲宅，大竹長松，回合蔽虧，綺嵐紺池，焕霍房户。常終歲閉户，花香鳥鳴，暢然怡適，不問外事。

詹體仁，浦江人。師晦翁，篤厚君子也。爲浮梁尉，不受盜賞。入朝定高宗謚。提舉浙西，開漕渠，浚練湖，置斗門。總領湖廣，放諸州積欠百餘萬，築武昌萬金堤，除靜江閣税錢萬四千【四】，除雜税朱膠八千。或疑公空有司之藏，爲百姓地，而財常源源暴暴如泉湧山聚。自趙丞相去，士多失職，賴公收擢。初嘗後其舅張氏，既復爲詹，經營兩家如一日。

【四】除靜江閣税錢萬四千 「除」原作「師」，據文淵閣本改。

狀元姚穎，官終平江倅，年三十四。

丘文定之父仁，不忍校費幾盡産。母藏氏既寡，力貧教子。

池州貴池縣葉氏，三世二百餘人【五】，四十餘室，不别盤案而飯百年。

豎痓王大受，饒州人。住烏鎮，死，因葬湖州。内祕，腹脹痛，以半硫圓碾生薑，調乳香下之，立愈。

《東陽郭氏墓誌》載其富盛自立。

徐定字德操，泉州晉江人。其父少孤，隨母歸吕氏，因以爲姓五十年，公不知其徐氏子也。父且死以告，公憤泣，與二第來行在，皆擢進士第，復姓徐氏。至朝散大夫，知潮州，有治行云。

載陳傅良妻張令人，甚賢，不信方術，不崇釋老，不畏巫鬼。

鮑澮清卿病足，水心誌其循行園林，住磐石上，數花鬚，嗅松葉。世指水心狀清卿爲猴者也。

餘姚孫椿年字永叔，之宏之父也。

永嘉林正仲名頤叔，爲羅源主簿。舊俗，死喪者焚屍，縻其骨，衆薫合和凌風飄颺，命曰升天，以尤細爲孝。正仲雕文禁止，治塚甓藏之，始變其俗。

王聞詩，龜齡之子也。聞詩之子夔。王聞禮，亦龜齡之子，仕至運使，而聞詩至提刑。

【五】三世二百餘人　「餘」原作「百」，據文津閣、文淵閣本改。

《徐道暉誌》專評詩。

《邵叔豹墓誌》載岱山事。

鄭耕老，莆人也。兵火後更營四明學。

錢之望，晉陵人。少以策贊虞雍公捷瓜洲、符離之役，謁張忠獻。既第，守楚四年、揚三年，前後反覆爲上言，大抵以屯田、民兵、萬弩手、山水寨爲進戰退守之要。大奚山盗起，知廣州，滅之。移廬州，皆有政績。

省元錢易直，樂清人。十歲工文，稍長知古學，雲蒸川流，筆態横生。

劉起晦字建翁，正字名朔之子也。能繼其父，而官亦止正字。子希醇、希深。

知處州蔣行簡治郡，以愛惜知縣爲本，數爲上言民困。具載誌中，可觀也。

侍郎陳景思，故相康伯之孫，信州人。奏言欲裕民力，當寛州縣。僞學禁嚴，獨與晦翁往來不廢。

吴興李浹，故參政孫。不見蘇師旦，與開禧異議，有識士也。

臨海周子及名泊，除大學正，一見上即盡言天下事。有王抃起吏胥，預密議，宰相、御史相與依憑。上以泊之言而去之。

處州陳棻字叔向。魏益之教以盡棄所懷，獨立於物之初，忽大悟，遂以師道歸益之，反陋朱、吕之學。水心辨以一造而盡獲莊、佛氏之妄也。語簡而精，然猶委曲其文曰：昔孔子稱憤啓悱發，舉一而返三。而孟子亦言充其四端，至於能保四海。往往牽借而所指，亦近於今世之所謂悟者。愚謂待其憤而後啓之，待其悱而後發之，舉一返三，使以類推，此孔子欲學者自盡其力，而不徒師之恃耳，非悟也。充其四端至於能保四海，此修身以至平天下，堯、舜二代已試之效具在，皆實理也，非悟也。

黄罃字子耕，魯直之從孫。其先自金華徙分寧，子耕師晦翁，治台州，多政績。水心載之甚詳。然子耕亦嘗宰華亭縣，今製錦堂所創也，政績亦不少。今闕不載，而獨言其知盧陽縣。當考。

劉子怡居鄉，救三大荒。

龐藴夫婦破家從禪，至賣漉籬自給，男女不婚嫁，爭相爲死。水心載其事於鮑潚妻劉夫人之誌，况潚夫婦也。愚謂此皆全家病風耳。

周南仲對策，言今所謂道學、朋黨，正皇極所用之人也。召試館職，言今廟堂無能，盡出胥吏，蒼頭、盧兒干政接踵，漿酒藿肉瀾飜其家，根本大壞矣。南仲從水心苦學之士也。子深源，乙丑進士。

胡崇禮名樽，餘姚人。尚書名沂之子，拱之弟，衛、衍其二子也。誌云：先世故書，緹囊珍篋，重封之屏，凡遺字籠玩往復或移日。蓋譏之也。又云：初朱元晦、吕伯恭以道學教閩浙士，有陸子静後出，號稱徑要簡捷，諸生或立語，已感動悟入，以故，越人爲其學尤衆。兩併笠，夜續燈，聚崇禮之家，皆澄坐内觀。蓋譏之尤深也。然亦工矣。

虞夫人，父事北辰，求九天女而生。《詩》、《書》若素習，教其子莫、子純，及第第一人。愚甲辰客於越施氏，聞老石先生之言曰：莫魁既第，母嘆曰朵花既開只看花，無澆者矣。石故莫之同經友也。觀此則母之賢爲益信。

徐文淵名璣，與徐照、翁卷、趙師秀四人共趣唐詩。

平陽林善補及第，葬其母陳氏鹽亭山，爲光孝寺。冒爭踰二年，乃克葬。水心誌云：嗚呼，有是哉！夫貲不足以買山，而葬於官荒之山，此釁士之窮，王政所必矜也。遁耕織之勞，而欲擅山海之富，此異端之横，王法所必黜也。銘曰：徂徠躬耕葬百喪，使皆如此訟，何當虆梩而掩。孰在亡夫人之歸天與岡。愚按水心此筆，氣直語壯，愧死當時符移紛紛之有司矣。

楊愿以秦檜用，嘗參政，葬越。

鄭景元名伯英，景望弟也。擢高第，以祠禄終。水心謂志士。

陳表民名燁，戒其子曰：薦送由州縣，比鄉舉里選猶近也。今縻歲月，捐父母，棄室家以爭優校，可乎？得喪命也，若謹無然。其子遵行之，必鄉貢，不太學。三子增、填、止善，皆登進士第。

孟猷良甫、孟導達甫皆從水心。良甫生繼華，達甫生繼勤、繼勲、繼勇、隆祐，姪曾孫今居吴。

唐氏，王栞生母。

史漸進翁，八行詔之孫，父木，再薦漸入學。五子登第，彌忠、彌恕、彌愈、彌鞏、彌忞也。嵩之兄弟，其孫宣，繒其甥。

《長潭王公誌》夢龍侍郎父也。

陳少南名鵬飛，永嘉人。有《詩》、《書》傳，嘗教秦熺，以貶死。

《崇國趙公不息行狀》載善政最多，汝談、汝譡其孫。

《張李樗狀》載光州可移治處名沙窩，亦多載淮事。

水心能力排老、莊，正矣；乃併譏程伊川，則異論也；能力主恢復，正矣，乃反斥張魏公，則大言也；能力詆本朝兵財靡弊天下而至於弱，正矣，乃欲割兩淮、江南、荆、湖弃諸人，以免養兵。獨以兩浙爲守，又欲抑三等户代兵，兹又靡弊削弱之尤者也。水心之見稱於世者，獨其銘、誌、序、跋。筆力横肆爾。近世自號得水心文法者，乃以陰寓譏罵爲能。愚觀水心文，雖間譏罵，實皆顯白。如曰「旁縣田一頃，蛙鳴聒他姓」。此顯斥翁靈舒廢家業。而工晚唐詩，直以爲世戒，非陰寓也。如曰「蛛絲委架《詩》、《書》愠，鷺羽空陂菡萏愁」，此明言陳益謙不讀書而昌，儒衣冠，不得已爲作詩，非陰寓也。如曰「丁村未嘗有此，其村民不學而崛起，未可知。惟數花鬚嗅松葉，世傳狀鮑清卿爲猴精。」此爲譏諷。然他日誌其妻劉氏，直舉龐蘊夫婦棄家學佛，至賣漉籬，此其偏好，自有取輕者。終篇述其治行，甚褒，瑕瑜不相揜也。借曰水心時一以文爲戲，可盡以例其餘耶？學之者不于其橫肆，而獨于其戲者耶？嗚呼！水心之傳世者僅此，而學之者又辱之，且關學者心術，故爲之辯。

水心外集

序發

大意謂制科許極言天下事，而治道本不如是之易。言後進之士耳剽目習，運奇於異說之餘，求夸於陳言之外，足以敗天下之定勢，而何以爲守。宜特發其大意，而無至於盡言。

君德二篇

謂人君以道服天下，非以名位臨天下。而世之言君道者，或以令、或以權、或以法，其君之德固削矣。而以智巧從事，是未得服天下之道，徒恃名位以臨之。其有大度不疑，以深結其民臣之心者，亦不過留名位之術。惟古之聖人真見其當然，而事事以實行之，此則人君實德而服天下之道也。愚按前之二說正不得攻，而三者亦有天下者所不得而廢。後之言真見者，其君果何從而能見其真，所謂真者果何指。夫亦開闔馳騁，以極文字之變態者【六】，豈果君德之的論耶？

【六】以極文字之變態者　「者」原作「豆」，據明本、文津閣本改。

治勢三篇

謂人主當以身爲天下之勢，而後世之勢在外戚【七】，在權臣，在宦官，或匹夫士卒，其勢無所不在。若西晉傾覆，特起於公卿子弟，里巷書生游談聚話，沉湎淫佚而已。我祖宗之爲天下，其要在使無女寵，無宦官，無外戚，無權臣，無姦臣。隨其萌蘖，尋即除治。所以致靖康之變者，五患有其四焉耳，非前日所憂之西、北二寇。蓋天下之勢在内而不在外也。今天下之勢因治久忘戰，而女真自恣，天子方御征伐，又十餘年天下始習兵革散戰，而天子已厭武。紹興之末，青、鄆、亳、宋之間豪傑響應，或號三十萬，而天下終以不振，習安難變，乃其勢然。今天下之士惟嗜利桀行者，乃或叩閽言邊，而明見利害之人，則皆深念根本。然則天下之勢固不可使之盡變也。愚按：此論平實，而意若陰不滿於陳同甫諸人。

國本三篇

國本者，祖宗所以立國之意也。我朝大意有二：曰隆禮以御其臣；恤刑以愛其民也。真宗、仁宗以來，大臣將去，爲之遷官加賜。神宗嘗欲汰其臣而不忍，始益宮觀廩粟。章子厚嘗欲興劉摯之獄，而哲宗不從。蔡京又欲殺天下士，而徽宗不聽。紹興初，誤聽宰相誅諫官二人，尋下詔謝天下。故姦臣不得借殺士以爲資。今世之用刑，比漢、唐爲輕。今世之民自得罪者無幾，而坐茶鹽、榷酤、田役、税賦者十六七，比三代則爲重。然三代肉

【七】而後世之勢在外戚　「戚」原作「歲」，據文津閣、文淵閣本改。

刑殘壞，至於終身，亦已甚矣。後世制刑，雖三代不能及。此二事天下安之久矣，不顧而變，安危必自此始。愚按：此深識我朝立國之意者也。我朝立國以仁，盡去秦、漢後不道之事。而此二事爲著。

民事三篇

謂今授田之制亡，而猶歲以具文勸農，何也？有民必使之闢地。今吴越民多而地不足，相搏取爲衣食；荆楚古繁實，孫、劉所資以爭天下，更唐、五代不復振，今荒墟無聚落。分吴越以實荆楚，當今急務也。儒者欲復井田，既時異不可行，而俗吏抑兼并之説，則人主既未能自養小民。富人者，小民所賴，不可豫置疾惡破壞之也。隨時立制，使無甚富甚貧，其庶乎！愚按：此諳練之説也。特未知所以立制者，何如而可無甚富甚貧耳？或者董仲舒限田之説乎？

財計三篇

謂理財與聚歛異。今言理財者，聚歛而已。故君子避理財之名，而小人執理財之權。自古聖賢無不理財，必也如父共子之財，而權天下之有餘不足可也，奈何君子不理而諉之小人哉？自楮幣行而錢隱物穹，設法以消天下之利，莫甚於此。官、兵、吏之冗食者多而不知退。考其原，如富人用侈，而賣田疇、鬻寶器以充之，不竭盡不止。愚按：此天下之名言，而冗費則不止官、兵、吏三者而已也。所謂泉府必周公法，恐又信《周禮》太過。

官法三篇

謂漢宣帝號責實，而徒課細碎爲失實。今治不過若漢宣帝，且舉以群臣百僚爲不足用，而上自用也。謂冗官始魏、晉，自文武分，而昔之侍衛用文者，今武士、宦官專之；自官吏分，而昔之所辟曹掾，今吏胥專之。此選舉甚狹而官猥多也。謂患其冗者，抑之以法，此當甄别使賢者、能者堪之，奈何操利天下之權，而反以抑也。愚按：三説皆考訂之言，但力辨古人非事簡，而力言古人之事爲多，亦似信《周禮》大過。竊意古人不過教民自爲生養，若盡如《周禮》期會，恐奔走無虚日，民不聊生爾。

士學二篇

謂孔、孟守三代之説於春秋、戰國之世，迂闊之名自此始。今必得真迂闊者而用之，其庶乎？古者養士而後取，今不養而取之，當因今之學以取士，而務養其心。

愚按：此乾、淳間議論也。然不知養其心者當何如耶？若近年以來，士習實壞於學，縣有學，則無耻者分其糧，公厨終歲無炊煙。郡有學，則强狡者多取市井子之資聚食其中，以庇門户，七箸聲歇，輒雲散無踪。國有學，則爭圖分數，乞免解、免省者千岐萬轍，上亦屈法從之，甚至受金叩閽，助權勢、去異己者。士習之壞，反皆學校之爲，鬭之於勝負之場，而誘之於利禄之區。曰可以養其心，有是理否乎？果欲養其心，必也因今之學而用古之道，州縣學盡除職俸，太學盡除校分，無勝負之爭，無利禄之誘，而後士得自有其穴而自養之。水心雖乾、淳之論，而其時學法已行，不明言其非，疑有遺論。且天下何嘗無賢士之自養者。何世無有學校、科舉之較程文，如博弈偶勝，於士之賢否何預？要在謹簡於入仕之後。幸而得賢者、能者，則必用之，不幸而得愚、不肖者，雖自學校科舉中來，必終斥之。用舍不于學校，不于科舉，而于其人。庶幾士習稍知趨向。若夫轉移變化，又自在本原之地。若曰因今之學以取士，而欲養其心，愚未之能信。

兵權二篇

謂兵必用詐，自孫武始。武事闔閭，嘗入楚，暴師不返；嘗言越不足畏，卒敗檇李，武之術無救人國家。今其氣焰興起，若將與聖賢並稱，而右科武學，又使之讀誦其書，是徒以不仁之心相授。況今淮以北皆吾之民，方當流涕以對之，尚安用武之術。數十年來天下士好奇言，而言兵者尤奇，皆中一時之欲，而不顧天下之利害。必也實言乎？不多殺，邦本不摇，無暴征横歛，而將得人，則兵可用。愚謂言兵若此，斯儒者矣。視老泉輩平生師孫子之學，霄壤矣。

外論四篇

謂中國之待夷狄有義、有名、有權。契丹更六聖，百二十年無敗盟，而約女真共滅其國，在前日爲失義，女真吾仇也。今日請和，尤爲無名。視其所以來而權之，必有先勝之形，變困重難舉，而使輕利易爲，此在朝廷大政紀綱憲度之際。而乃略淮以守江，守江以安閩、浙，此其去中原也遠矣。其言慷慨激發，讀之使人痛憤。愚謂果守江，果安閩、浙，機至事成，中原亦非遠。正恐江自爲守，而人未嘗守江，閩、浙百需所仰，又未必其能安，而人自安於閩、浙耳。

總義一篇

論聖經之題辭也，謂古之治足以爲經，聖人載之以詔後世。至于今而經始明，世之君子可即其故而深思矣。

易

謂《易》非道，所以用道，聖人以道易天下，後世聽其自易而世始亂。文王、孔子於是作《易》。《易》之書備而《易》之道始窮。曲學小數，出入鬼神，而無以爲用於天下。莫若反其本，而求之象、爻。愚按：此論未之前聞也。以愚所聞，則正以理無定形，亦無終窮，故以變易之謂道。而謂《易》非道。何耶？變易者，正道之用，而反謂所以用道，何耶？事萬變而不齊，而理無不在。故此道謂之《易》。初非先天而開物，逆料治亂之變而立之防。亦非世有已亂，事有已失，出而移風易俗之類，以救其弊。而謂聖人以道易天下，何耶？《易》者，道之形於事事物物，順之則吉，逆之則悔吝凶。吉者，治之事；悔吝凶者，亂之事。後世不知《易》也，故亂日多耳。乃謂聽其自《易》而世始亂，何耶？文王、孔子之作《易》，正欲使人人知道，如是則吉，如是則悔吝凶。傳之萬世，而道之用無窮也。顧謂《易》之書備而道始窮，何耶？《易》備天人之道，微之而爲陰陽變化，顯之而爲日用常行。理本無所不包，故曰《易》有聖人之道四焉。以卜筮者尚其占，而象、爻者，正以占其變也。謂出入鬼神爲無用，必反而求之象、爻，又何耶？此固愚未之前聞，必水心自有所見者。雖然，未諭也。

書

謂《書》爲帝王之常心，周穆王、秦穆公既悔過而復得其常心。此亦一説。然周穆王、秦穆公恐於堯、舜不若是班，而常心亦非所以論聖人也。常心者，不以飢寒而變之名也。

詩

謂言周人之最詳者莫如《詩》。聖人養天下以中，發人心以和。蓋《詩》之道至周而後備。雖其怨刺，猶深厚憤發而不忍。愚按此亦言《詩》者之常談，特水心長於文，其形容有過人者。

春秋

謂治人之道，人能自正於心者，雖聖人不能加也。行之事矣，折而從仁、義、禮、樂者，則治之也佚，是其次也。聞人之是己非己爲喜懼，因其喜懼而治之，是又其次。不以是非爲喜懼，而必待賞罰，聖人之治人，至是止矣。《春秋》之作，又所以治夫仁、義、禮、樂，是非、賞罰之所不能治者也。然其用之之法有三：原其情；察其勢；使人心厭然我服，然後斷之理。舜能事瞽瞍，而天下不能爲子。箕子能事紂，而天下不能爲臣。湯事葛，文王事昆夷，而天下不能爲國。是何耶？是未之思是之謂理。故《春秋》者，道之極而聖人之終事也。愚按：世謂《春秋》爲賞罰之書，而賞罰必斷之理，此不過兩言而足，然人人能言之。今其模寫次第，多爲曲折，則水心之文法然爾。

周禮

謂《周禮》之書一用而反至於亂者。古者天子自治止一國，又有聖賢爲之臣，久於官而不去。其爲地狹，爲民寡，治之者衆，行之以誠，故米鹽靡密無不盡。今也包夷貊之外以爲域，事雖毫髮，一自上出，法嚴令具，不得摇手。無聖賢爲之臣，不久於其官，而又有苟簡詐僞之心，乃欲靡密無不盡，以求合《周禮》，此人情不安而至於亂也。

愚按：周之建官備於《尚書·周官》一篇，各率其屬，聽之六卿，而爲君之要在六卿得人而止。其詳則自孟子時已不得聞矣。必如今《周禮》所載六卿，六遂之地能幾何？而可養官司胥徒二三萬。東西胥會，朝夕讀法，民且奔走不暇，而何所措手足。此書出於王莽，用於王安石，皆亂天下，恐不可以其名列於經，而盡信其書必古書也。亦不過《周官》一篇注疏耳。大訓何在而名經耶？雖然歸之世變不同，而謂

《周禮》不可行於後世，此則善爲《周禮》解嘲，蓋未有過水心者也。

管子

謂王政之壞始於管仲，而成於鞅、斯。若桑弘羊之於漢，又管仲、商鞅所不忍爲。至唐之衰，取民無所不盡，又有弘羊所不屑爲。壞之也非一人之力，則復之也必非一人之功。聖人不千歲而一起，聖人不繼世而皆遇。故夫陋俗之與論王政，終不合矣。其言哀痛切至，嗚呼悲夫！

老子

謂老聃厭聖人之仁、義、禮、樂，而欲一切返太樸之初。不知聖人之爲此仁、義、禮、樂者，正以消伏天下之機巧詐僞也。今欲盡廢，是與天下以機相示，微相使也。聃自變於俗，而謂聖人變之乎？愚謂聖人不過行其所當然，老子乃欲去其所當然者耳。此則昌黎《原道》之説盡之。無爲則天下决不能自治，勢必出於慘刻以勝其不治者，此則太史公老子之傳盡之。若謂聃自變於俗，則聃且有辭。

孔子家語

謂《家語》、《左傳》、《禮記》皆近聖人之世，而所載皆不能知其言。後世若荀卿、司馬遷、揚雄亦皆不足以知聖賢之言。今世之知言者談性命，而聖賢之實猶未著。愚謂此借《家語》以排世之談性命者，謂均之不知聖言爾。然豈其倫耶？且不明斥性命之説爲不知聖言者，果何在？豈亦如論治，特發其大意而不盡言，必待佐天子得行其道，然後自以己之説而易天下耶？雖然濂、洛性命之説，大明於天下有日矣，水心思以易之也，難哉！

莊子

謂莊周知聖人最深，而玩聖人最甚。不得志於當世而放意狂言，其怨憤之切，異於屈原者鮮矣。然而人道之倫顛錯而不叙，事物之情遺落而不理，以養生送死，饑食渴飲之大節，而付之儻蕩不羈之人，小足以亡身，大足以亡天下，流患蓋未已也。愚謂此論理義之精到，文辭之警切，前無古人後無作者。自古明天下之正道，無出於晦翁《大學》、《中庸》章句序，斥天下之非道，無出於韓文公《原道》。今而此論又足爲《原道》之配。但謂其知聖人，及以屈原爲比，未然爾。

揚雄太玄

謂《玄》以準《易》而不得聖人之意者三，《易》以明天下，而雄名《玄》，一也。卦以八數，而《玄》之八十一首，雜取文字之餘，二也。《易》更三聖，《玄》以一人之思，備群聖人之力，三也。

左氏春秋

謂《左氏》去孔子既遠，而能録古者典刑十數，以扶翼《春秋》。

戰國策

謂成周論士，用於天子，周衰取士之法壞，士猶各自貴於其國。侯國取士之法亦廢，士去爲家臣，獨公哲哀、季項未嘗士於大夫。未幾兼并禍興，故家亡失，士始恣睢四出，奮口舌以要其君，固流靡使然也。始皇、李斯遷怒而擒滅之。豈爲天下之道哉？

史記

謂孔子時，上世圖籍具在，多放棄而不録。史遷不能知其意，紛然記之以夸奇，使後世溺於見聞，蕩於末流。又戕民害政之術盡出其中，而戰國、秦、楚事皆天下人資取爲不肖者。於是異端之學復肆，與聖人之道相亂矣。

三國志

謂春秋、三國之世號爲多才，非世道之幸也，尚忍言之。愚謂人才用而後見，世方多事而後人才出【八】，其勢則然。漢、唐之興，何嘗無人才，有英雄之君以主之，天下賴以定于一，不見其紛紛之跡耳。以罪人才可耶？

五代史

謂唐非天亡而自亡，盜賊、不肖皆足得國，人主所當惕然自懼。愚謂五代朝榮暮瘁，亦自取滅亡耳。然掃除亂略，以開聖世太平之基，亦周世宗。

【八】世方多事而後人才出　「事」原作「士」，據文淵閣本改。

總述

謂唐、虞、三代，上之治爲《皇極》，下之教爲《大學》，行之天下爲《中庸》。漢以來無能明之者。今世之學始於心，而三者始明。然唐、虞、三代由外無不合，故心不勞而道自存。今之爲道者，務出内以治外，常患不合，故具列其義，天下得詳焉。其論甚異，意其真有可得而詳者。及詳《皇極》、《大學》、《中庸》三論，則與今世所讀《洪範》、《大學》、《中庸》三書本旨，不見其有一語類者，玩索再三，如適異國，見蠻夷，君臣問答、議論、曲折、次第，非無可聞之聲，終無可曉之説。嗚呼噫嘻！何爲而至是耶？夫水心一水心也。其論兵財、民俗【九】，明白貫徹，筆端有口，一何奇也！其論《皇極》、《大學》、《中庸》，但見其班班有字，而玩索莫曉，一何甚也！豈世自有能詳之者耶？抑姑俟千百歲後又出一水心，而後能詳水心之説耶？不然水心所論《皇極》、《大學》、《中庸》，恐别自有其書，非世所通讀之三書也耶？

傅説

謂高宗注想傾信，爲以其心而通物。愚謂傅説事本無可論，而論三代事，本不必若是其文。深山之舜，莘野之伊，傅巖之説，皆當世偉人，特未加之位耳。傅説固非泛然胥靡也，一念之切，精祲交通，夢亦其理之常，而非異也。水心之爲此者，特望人君之深信其臣歟？

【九】民俗　「民」原作「明」，據文淵閣本改。

崔寔

謂寔勸其君以嚴刑爲無術。此長者之言也。

諸葛亮

謂亮借興漢之名以見於世。今世有昭然不可掩之名義，而非必借於外。愚謂借亮以警當世可也，謂亮爲外借不可也。

蘇綽

謂商鞅以後，皆謂古治爲不可復行。綽佐宇文泰，方高氏扼關而攻。西人凛不自保，乃猶用古人治國之常道，卒并齊滅梁，益無敵於天下。愚謂唐太宗之治多宇文之遺。而水心之論，即魏徵所以斥封德彝者也。

王通

謂聖人未嘗絶後世，而王通續經，獨得孔子之意，以道觀世，則世無適而非道。愚恐漢、晉、元魏未必真得唐、虞、三代之道。王通續經，亦未必真得孔子之意。水心若曠然大觀，混精粗誠僞而不問，固無不可者。若以道觀世，則道固未嘗無劑量其間也。

廷對

主説謂以庸君行善政，天下未亂；以聖君行弊政，天下不可治矣。答前代道、仁、禮、樂皆雅淡不事華藻。答當世事多明勿，謂宰相失職，專限資格，助吏部行有司之事。

謂諫官不諫諍，反侵御史之事，兩制、侍從不講大政，而弊精神於微文。責儒臣太備，而獨當前世養兵之患，不能寬横斂而裕民力，及復讎在堅決信任其人。大抵純淨，非近世排仗語爲多者比也。

始議

其一謂國朝不務討二虜，小人因間復燕，而國之守以離，其論偉矣！愚意竊謂尚有當講求者耳。唐、虞、三代所自有，惟千里若侯服以至要荒，則聽其人之自守，不過懷以德，接以禮，故事少而國易治。秦、漢盡併天下，制於一人，甚至反爲夷狄，於夷狄殺無辜之民，以貪非其有之地，鞭長不及馬腹，而國無寧日矣。我太祖内收藩鎮兵，使無諸侯彊大如封建末流之弊，外因邊酋各爲守，無直鄰彊敵，如秦、漢守塞、轉粟、戍兵之擾。處混一之勢而能周盡天下之慮，孰有加於我太祖者哉？大計未集，而後之謀國者輕挑二虜，豈惟非太祖之心，亦異於古人所以御天下之道矣。必欲討二虜，定西北，爲盡天下之慮，談何容易耶？

其謂建炎嗣統，獨失河東，二年始失河南北，紹興元年始失京東西，三年又失五路。粘罕死，嘗舉數十里地以還我，兀术背盟分畫，纔淮以南，顔亮屠殞，歸義之民處處屯聚。京東西、秦、鳳、熙、河州縣相次而服。宰輔繼舊盟，反割四要郡畀之。其言備盡南渡曲折。愚嘗謂中原不失於南渡之前，因南渡而後中原失，意正謂此。然念靖康而後中原尚有可復之機者三：宗忠簡肅清宮禁，結山東、河北義勇，以請聖駕還京，此一機也；中原可不煩兵而復，岳鄂王收復兩京，所向無前，此一機也；中原可乘勝而復，逆亮速禍，京東西等處響應思歸，此一機也。中原可乘機而復，迨我孝宗，已非南渡初憤痛方新，機會鼎來之比。況湯思退、史浩諸人，遇中原思歸者則還之虜，使甘心焉？儒生尚何以空談爲哉？雖然中原遺黎已歷祖孫三數世，惓惓吾宋者猶新。其二謂國朝皆人主自爲之，遂廢人而用法，廢官而用吏，故人才衰乏，外削中弱，以天下之大而畏人。又自熙、豐以來，世變紛更，紹興以來，小人挾制，隆興以來取民已困，猶以爲仁。俗衰時迫，誰與謀長，此所以不能盡天下之慮。

取燕三篇

中原在望，百年未復，而首謀取燕，已幾於不切事情矣。又以高祖滅項爲比，豈類也哉？高祖能滅項羽，而不能不困於白登。故夫事定之後不可以比方爭之初，而與夷狄爭區區不可以比撫定中夏之事。今必曰得燕薊關隘，而後吾國可以立。秦築長城矣，果帝萬世乎？然則讀水心取燕三篇，不若誦吴起在德不在險一語。

息虚論二篇

其一論親征，斥萊公爲無識之甚。嘻，甚矣！其二論待時，謂越二十年之内，日夜所爲皆報吴，然後可言待。則正論也。

實謀一篇

謂四總領爲户部之害，經總制折帛錢爲諸州之害，版帳、月樁爲諸縣之害，此財以多爲累也。四屯駐大軍耗總領之財，廂禁士兵耗州縣之財，是兵以多爲累也。法度以密爲累，而治道不舉，紀綱以專爲患，而國威不立。皆熟於治體之言也。

財總論二篇

謂邊一有警，賦歛輒增，既增之後不可復減。祖宗盛時，所入比漢、唐一再倍。熙寧、元豐以後，隨處之封樁役錢之寬剩，青苗之結息，比治平以前數倍。蔡京變鈔法以後，比熙寧又再倍。渡江以至於今，視宣和又再倍。此精於財用本末之言也。

經總制錢

李憲經始熙河，始有所謂經制財用。童貫繼之，亦曰經制，蓋措畫以足一方之用。方臘殘破東南，陳亨伯以大漕兼經制使，減役錢，除頭子，賣糟酵以相補。靖康召募翁彦國以知江寧兼總制，强括民財數百萬。維揚駐蹕，吕頤浩、葉夢得總財事，議用陳亨伯所收經制錢者，酒税、頭子所取，猶止一二百萬。其後户部轉運使動添窠名，黄子游、柳約之徒或以造舡，或以供軍，遞添酒税，隨刻頭子。孟庾以執政爲總制，耆户長、壯丁雇始行。起發二制並出，色額數十。酒有柳運副、王祠部、都督府，二分本柄，虧折官本。茶有秤頭、篰息、油單、靨面，商税有增添七分，免役有一分寬剩，得産有勘合，典賣有牙契，僧道有免丁，截撥有縻費，所收之多，至千七百萬。截取以畀總領所之外，户部經用十八出於經制。於是州縣之誅求者，江、湖爲月樁，兩浙、福建爲版帳。向之士大夫猶有知其不善。

今新進者矜奮，視兩税爲何物？而況遠及貢賦之法乎？蓋王安石之法桑弘羊、劉晏所不道，蔡京之法又王安石所不道。而經總制之爲錢也，雖吴居厚、蔡京亦羞爲之。故經總制錢不除，則縣以版帳、月樁無失乎郡之經常爲無罪。郡以經總制錢無失乎户部之經費爲有能。而人才日衰，昔之號爲壯縣富州者，今所在皆不可舉手。齊民中産僅足者，今轉徙爲盗賊。凍餓而生民日困，左右望而羅其細碎，而國用日乏。愚按水心之言懇切哀痛。經總制錢誠所當除也，而錢之未易除者，兵之未省也。水心此言爲兵張本也。

和買折帛二篇

謂和買惟軍衣未可裁損，其他宫禁，官吏時節支賜，一切不行可也。謂既有夏税折帛，又有和買折帛，且本以有所不足於夏税，而和買以足之。今二者均折，於義何取。必鈎考其凡目，而後可有所是正也。

茶鹽

謂茶鹽榷之太甚，利之太深，刑之太重。

兵總論二

謂邊兵當因其地練其民，不待内地之兵。食宿衛兵當因都邑近民成教，番上，與募士雜用，廪其半而不全養。大將屯兵，悉募教精鋭全養之。州郡守兵，以州郡之人守之，不以州郡之力養之。今四者皆募，而竭國力以供其衣食，力則已困，用則不可。太祖收藩鎮權，汰兵使極少，治兵使極嚴，正非恃兵以爲固，數不滿二十萬。自恃兵爲國之説熾，慶曆至有百萬兵，盡用衰世刻剥之術，取於民以啗之。及不可用，則又俛首事虜，使之自安營伍中。王安石知兵之不勝食，而猶悟籍兵之不必多，教保甲至四五十萬，陰欲代正兵。正兵不可代，而天下之勢愈弱。紹聖以後，保甲復治，正兵自若。大觀、政和中，保甲至六七十萬，平民相挻，化爲盜賊。斡離不挾兵纔萬餘，莫有敵者，倉卒召勤王而寇掠遍天下矣。

四屯駐大兵

謂秦檜約諸軍支遣之數，分天下之財，命朝臣總領之，疲盡南方之財力以養此四大兵，惴惴常不足。昔祖宗竭天下財以養天下兵，固前世所無，而今日竭南方以養四屯，又祖宗所無。地則北爲重，財則南爲多。運吾多財取地於北則可，奈何盡耗於三十萬之瘁卒，襲五六十年之積弊，以爲庸將腐閹賣鬻富貴之地乎？

廂禁軍弓手土兵

謂廂軍供雜役，禁軍教戰守，弓手爲縣之巡徼，土兵爲鄉之控扼。今州郡二税及酒税窠名，盡以上供者。朝廷既以養大兵，而州郡以其自當用度者，盡以養廂、禁、土兵。故不減宿衛屯駐兵，國力不寬，不減廂、禁、弓手、土兵，州郡力不寬。

法度總論

謂唐、虞、三代，國自行其政，家自專其業。秦、漢、晉、隋、唐一郡行其一郡，一縣行其一縣。本朝懲創五季，細者愈細，密者愈密，摇手舉足輒有法禁。故君子不可用，而用小人，官不可任而任吏，人情事理不可信而信法。用人以資格爲利，而資格爲用人之害。銓選以考任爲利，而考任爲銓選之害。薦舉以關陞、改官爲利，而關陞、改官爲薦舉之害。至於任子則有數害，員郎即得蔭補爲一害，太中大夫、待制以上蔭京官爲一害。一人入仕，世爵無窮爲一害。科舉亦有數害，取以藝既薄於古，今併藝失之爲一害。古者化天下爲士使知義，今化以入官爲一害。解額一定爲一害，一預鄉貢，老不成名錫以官爲一害。以利誘天下爲學校之害，責以記誦爲制科之害，進人於應用之文，爲宏詞之害。保正長通天下患之，而役法爲害。定爲新書以一條貫，而新書爲害，禁切監司反甚州縣，而監司之法爲害。府史胥徒，植根固本，而胥吏爲害。行經界則經界爲害。行保甲則保甲爲害，行方田則方田爲害，行青苗、市易則青苗、市易爲害。舉事立法無非所以求利，而事立法行則無非爲害。賢者以爲是必不可去之害，愚者則恃其有是害，小人則或永甚於所害。願揭其條目而治之，去害而就利，使天下曠然一日得行於昭昭之塗。

資格

資格者，生於世之不治，賢否混并而無所别，故以此限之，非善法明矣。而李沆十數人以守資格得名，而其時亦以致治。蓋能先別其流品，其人有自小官，其望已足以爲卿相，特欲其歟歷以實之而已，若此者可謂得資格之利。今也無有流品，資深者叙進，格到者次遷。侍從不薦士，執政不舉賢，執資格以進，曰：此足以任此矣。此所謂受資格之害也。

銓選

吏部者，朝廷喉舌之處；尚書、侍郎者，天子貴近之臣。與之以天下士大夫甄別黜陟之柄，乃曰一切有法。蓋大臣不知職任，止以堂除爲大權，無怪銓選奉行文書。若堂除盡歸銓部，然後大臣知職任，而銓選亦能少助朝廷用人，尚書、侍郎不虛設矣。

薦舉

謂使天下之大吏得舉天下之卑官，宜若爲善法矣，今乃爲大害。盍多其考，累其任，使其積日計月無過者，循至京官，則士之稍自重者知有常途，不汲汲焉。卑身卑體以求舉，而舉人者亦不困於求者之多，真能舉賢以報上。愚謂此今世第一當務之急也。夫人主所與共治天下者，人才耳。今顧困於三薦關陞，五薦改官之弊例。中朝士大夫弊於爲人求，監司、太守弊於無以應中朝之求，下之小官弊於宛轉中朝，以代己之求。甚至交易成市以求充，所謂三者、五者弊例之數，而人才淪胥以敗矣。所與共治天下者，將誰屬邪。水心積日計月，循至京官之説，雖猶不免於賢愚同滯，然猶愈於今之賢者以不求而困，不肖者反以肆求而達也。嗚呼悲夫！奈何亦未之能行耶？

任子

謂員郎非甚重之官，常調至此者，可勿復與。若從官宰執子弟，則以今所與員郎者與之可也。愚謂水心之議是矣。然行之一家，必自出於賢士大夫之意，行之天下，必自出於人主之意。必建議者行之，則韓、范嘗朝奏而夕斥矣。烏乎行？

科舉

謂一預鄉貢錫之官，蓋藝祖閔天下士，有更五代困場屋者，因爲之賜。愚按《邵氏聞見録》載富鄭公以私故交段希元等耳。今謂藝祖，當考。

學校

謂太學以利誘天下，獻頌拜表希望恩澤，一有不及，謗議喧然，謂州縣學徒以聚食，而俊秀者不願。今宜稍重太學，擇大儒相與講習，而州縣學宜考察以上聞。愚謂士風之壞極矣，王者必世而後仁，非一旦法度之所能爲也。因今之俗而欲變今之法，欲講習之彼且潰而四出，欲考察之，是太學之利誘，又偏誘天下州縣學矣。

制科

謂制舉之法反密於科舉，徒立法以困天下。泛然能記誦者，豪傑不屑也。故哲宗以爲今進士策有過此者，而制科再廢，其幸而取者，往往不逭科舉之俊。且其爲急官爵計耳。

宏詞

謂朝廷詔告典册之文，當使簡直宏大，敷暢義理，以風曉天下，典、謨、訓、誥諸書是也。四六對偶，銘、檄、贊、頌，循沿漢末以及宋、齊，此真兩漢刀筆吏能之而不作者。而今世謂之奇文絶技，以此取天下士而用之於朝廷，何哉？且又有甚悖戾者，熙寧既禁士之求仕者爲詞賦，而反以美官誘已仕者，使爲宏詞，既以爲宏詞，則其人已自絶於道德性命。且昔因罷詞賦而置詞科，今詞賦、經義並行，則宏詞當直罷之而已。

役法

昔者保伍其民，有保正副。户長則催科，耆長則追胥，皆有雇直。其後以起發上供，而耆、户長之役盡歸保正副。

新書

謂本朝以律爲經，而勑令格式隨時修立。自嘉祐、熙寧、元豐、元祐、紹聖、大觀、政和、紹興皆自爲書。乾道、淳熙已再成書。不任人而任法，姑任人以行法可矣。

吏胥

謂今世號公人世界，官無封建而吏有封建。天下事立成書而付之，吏得知而官不得知。胡不使新進士及任子之應仕者更迭爲之？受財鬻獄必大減，且因以習，士大夫使有材，一利也。無根固窟穴，二利也。稍去冗官，爭奪伺候之風漸息，三利也。愚謂水心此議固善，更合考漢世辟掾事其長之禮，何若必拜立左右。恐今世習驕成俗爲新進士、任子者不屑爾。

監司

謂操制監司，非時不得巡歷，或巡歷不得過三日。吏卒批券，所受禮饋皆有禁，一失也。運司剗刷州郡財賦，提舉司督責茶鹽，提刑司催趣經總制錢、印給僧道免丁由子，下法不義，反甚州郡，二失也。

紀綱一

謂紀綱法度一事也，法度其細，紀綱其大。本朝細大俱失。愚聞先儒謂本朝大綱亡【一〇】，萬目亦不甚舉，蓋指三綱關天理人心者也。水心有取於秦、漢之强，而不滿於本朝之弱。蓋他有所謂紀綱矣，豈有激之言乎？

紀綱二

謂唐失其道，捐内地爲藩鎮【一一】，内外皆堅而人主不能自安。本朝反其弊，内外皆柔，有大不可安者。

紀綱三

謂富弼、韓琦不能以歲月成天下事，王安石欲反之，而不知其紀綱内外之間。

【一〇】謂本朝大綱亡　「亡」原作「正」，據文淵閣本改。

【一一】捐内地爲藩鎮　「捐」原作「倦」，據文淵閣本改。

紀綱四

謂李綱議分京東、河北，用唐藩鎮法，措置已陋，括馬斂財，搔動天下。張浚、趙鼎泛然於事機之會。

終論一二

請分兩淮、江南、荆、湖爲四鎮，以今駐劄兵各委之，財賦皆得自用，朝廷無復與。則經總制鎮可罷，而朝廷寬。愚謂水心欲寬朝廷者，欲寬民也。然四鎮何以養兵將，不各竭其民乎？且不特此也，本朝以仁立國，柔弱之弊大略似周，而夷狄之禍亦略似周。周東遷不復振，我南渡能復振者，封建之勢分諸人，州縣之權握於我耳。既南渡矣，可更盡舉州縣棄之四鎮乎？且水心獨不聞唐之藩鎮乎？太祖正懲其弊而盡收諸道兵財之權。今若復棄之四鎮，四鎮將各竭民力以自固，我亦將何所取以制四鎮？若四鎮之説行，天下事去久矣。豈特不能寬朝廷而已哉？水心既欲分四鎮以寬朝廷，又欲籍三等以上户爲兵，罷廂、禁軍、弓手以寬州縣。州縣縱寬，民不愈擾乎？且兩淮、江南、荆、湖儻屬四鎮，朝廷所自有不過兩浙，兩浙將何以制四鎮，州縣又烏乎寬？

終論三四

謂阿骨打初豪其部，中不堪契丹主延禧之煩擾，因執而叛，延禧政亂，不交鋒而得國。阿骨打死，吴乞買不能主令，而斡離不、粘罕分之。其後兀术來江南，空千里無當之者，未嘗與之戰敗，則粘罕、兀术何能獨過古之諸胡，而遂取中原哉？且彼所欲得河北、河東耳，山東、河南之地先以與張邦昌，後以與劉豫，後又以歸我，我不能守，彼方據之。彼其生長極北，一朝起於不顧死命之中。楊朴者，因教以稱帝，郭藥師又導以犯闕。粘罕、兀术本無其志也。自紹興十一年之後，不惟我之所欲在和，其女真亦以和爲利，其事在一大戰而勝之耳。愚觀水心論虜，事情甚悉，然欲一大戰，必有勾踐苦心實政乃可，非可以議論爲也。

終論五

謂趙鼎汎然於事機之間。張浚狂疏，尤爲無統紀，又無倚仗【一二】。而秦檜之論入，且謂中原嚮應張浚而來，皆爲不義之人，志念不靖。何哉？立論之太無忌憚。

終論六

謂不當進而置兵者四【一三】，襄陽出宛、洛，興元出秦、鳳，必入勢也。合淝出亳、宋，沿海取齊，不必進者也。當守置兵者二，建康、鄂州也。不二十萬足以滿之。

終論七

雖以蜀取秦，荆、襄取韓、魏，淮取梁、汴，沿海雖不當齊□一取齊。不知水心此言果能如韓信於高祖，孔明於昭烈，言之必能行耶？亦姑言之者耶？然韓信、孔明次第而舉，未嘗分兵四出，且荆、襄於韓、魏，沿海於齊，皆非所取，恐亦自敗之道。果善用兵，自

【一二】又無倚仗　「又」原作「光」，據文淵閣本改。

【一三】謂不當　三字原脱，據文淵閣本補。

淮鼓行四達矣。

上殿劄子

論乘機待時，四難五不可。已見正集。淳熙十四年，孝宗之二十六年也。

應詔條奏六事

光宗初即位時所上也。六事謂國勢也、士也、民也、兵也、財也、紀綱法度也。六事未善，以微弱分裂，讎耻弊壞之時，而處以中國全盛、夷狄賓服之勢，不能先明所以治其國之意也。大槩欲寬賦省兵，振弱爲强。此水心平生憂國愛君之志。其謂國家有休兵之實，過於文、景，而天下被用兵之害，甚於武帝。此言頗切事情。亦已見正集。

後總

《水心别集》水心論治之書也。《别集·後總》又其救世之策也。極論本朝兵以多而弱，財以多而乏，任法而不任人。一事以上盡出專制，而天下之勢至攣縮而不可爲。爲之激烈憤痛，開闔數萬言，蓋能言之士莫之能尚也。然論治猶醫然，論已壞之證易，而求必效之方難。水心始論，歷詆本朝先正大臣無一知治體，而要其究極，乃謂不能如秦之强。始論必欲取幽燕，守關塞，然後可以立國，而要其究極，乃欲於東南一隅，更裂兩淮、江南、荆湖而授之人。始論欲盡省養兵之費以寬民，而要其究極，乃欲買官田，召民租佃如私家，以贍兵食。夫其欲取幽燕者，欲强其國如秦也。欲省養兵以寬民者，欲厚其力取幽燕也。欲買官田者，欲省以民養兵之擾也。千條萬緒，宛轉鋪張，而卒歸宿於買官田。買官田果必效之方否耶？世降俗漓，法密文弊，民之不可一日與官接，猶羊之不可與虎群也。且豈獨官於民爲然，衣食稍裕之家，以其田使鄰之人佃之，所經由不過一二顔情稔熟之奴隸，而鄰之人已不勝其田主之苛取，奴隸之姦欺矣。又稍稍積而至於富貴之家，以其田使鄉之人佃之，其苛取，其奸欺，甚至虐不可支，有舉室而逃，或捐性命以相嚮者矣。顧欲官買田而民佃之耶？今觀水心先以水心温州一郡爲準，欲繞城三十里内買其田一半，計穀九萬八千壹佰貳拾伍扛，以養兵貳千七佰貳拾二人，官吏卒掌之者七十六人，鄉官及保甲頭催之者七十人，作米者百二十人，出納期會下至畚箕苕帚之費，無不會計曲盡。水心自謂可以永免擾民矣。然必爲監官，爲鄉官，爲吏卒、甲頭者，人人水心也，世世水心其人也。則量租可無斛面，納租可無費錢，催租可無榷剥。其或我水心而人不水心也，此一時之人水心而後之人不水心也。

則今世官取斛面，往往倍正斛，是温州盡三十里所出，不足以供租入之半也。其奈何今世納官租之費石不下三數貫，是既盡三十里所出，又須别營錢以資納也？其奈何今世吏卒催租，雞犬爲盡，徒虧官額以飽私囊，是三十里倍錢納租之外，又將不勝其横擾且虧官也，其奈何，且其立法之細，亦多難久者，如監官廳子月支錢二貫，二貫果足以贍其養者乎？催租甲頭歲支穀一扛，一扛果足以償其勞者乎？脚子三十名無請給，無請給而有家食，官作者乎？大抵人情之於剥民，如蚊蝨吮血，苟有其隙，不約胥會。所謂監官一員，必且增監門，必且增斟面，必且以機察提督江湖乞丐之靡，必且干勢要挾闊書，求爲司門，求爲敖口，求爲催租官，况於吏卒，何可預防？數之一者必且增而十，數之十者必且增而百，况其私取，何可預限？官租之贏既倍，而吏卒之擾又煩。正恐佃户逃而追業主，業主逃而追親丁，不特繞城三十里地荒民散，四境亦蕭然矣。

水心乃曰：所行止傅城，而數百千里不預聞焉。豈但思其利，而不暇思其害者乎？且水心徧舉本朝法度，凡其爲利無一非害。祖宗之思慮亦深於水心矣，久且不能無害。豈水心之官田獨能保其無害者乎？嗚呼！必水心之言用也，天下之擾久矣。景定三年甲子春，後學黄震謹書。